자 본 시 장

-금융투자와 금융투자업-

송 지 영 저

청목출판사

머리말

최근 우리나라의 자본시장은 급격한 금융환경변화에 대응하여 변혁의 과정을 지속적으로 겪고 있다. 규제완화의 지속, 글로벌(global)화 및 증권화현상, 정보통신기술 내지는 금융기법의 발달 등의 금융환경의 변화는 금융업무의 겸업화의 진전, 세계적으로 거래소간 통합, 나아가서는 국가간의 시장통합으로 진전되어 시장간의 경쟁을 촉진시킴과 동시에 금융서비스의 융합화를 촉진시키고 있을 뿐만 아니라, 간접금융의 직접금융화에 따른 자금조달 및 자산운용측면에서의 자본시상의 중요성을 보다 심화시키고 있다.

이와 같은 환경변화에 대응하기 위해서 증권거래소, 코스닥증권시장, 선물거래소 등을 통합한 증권선물거래소를 2005년 1월 27일부로 출범시키는 등 각종 자본시장 관련 제도정비에 박차를 가해 왔으며, 마침내 규제개혁과 투자자보호를 통해 금융혁신과 경쟁촉진을 추구하여 자본시장에서의 금융빅뱅(Big bang)을 유도하기위해 「자본시장과 금융투자업에 관한 법률(본서에서는 「자본시장법」이라고 칭함)」을 제정, 2009년 2월 4일부로 시행하기에 이르렀다.

자본시장법은 종전의 증권거래법, 선물거래법, 신탁업법, 간접투자자산운용업법, 종합금융회사에 관한 법률, 한국증권선물거래소법 등 6개의 자본시장관련 법률을 통합한 것으로서, ① 취급 금융기관을 불문하고 경제적 실질이 동일한 금융기능은 동일하게 규율하는 기능별 규제체제로의 전환, ② 금융투자상품개념을 추상적으로 정의하여 향후 출연할 모든 금융투자상품을 법률의 규제대상으로 포괄하는 금융투자상품의 포괄주의 도입, ③ 모든 금융투자업 상호 간 겸영을 허용하는 등 업무범위의 확대, ④ 선진국수준의 투자자 보호장치 제도화 등을 기본방향으로 설정하고 있다.

이와 같은 자본시장법의 시행으로 자본시장의 자금중개기능 강화를 통한 자본시장의 활성화가 기대되는 한편, 금융투자회사의 경우 대형화를 추구하여 투자은행화하는 등 나름대로의 변신을 꾀하지 않으면 안 되는 환경에 직면하게 되었다. 또한 투자자나 자산운용자들도 단편적인 투자관리 수준을 넘어서 종합적이고 체계적인 투자관리에 대한 이해 및 필요성이 보다 증대되게 되었다.

이와 같은 관점에 의거 본서에서는 자본시장법 시행을 계기로 자본시장과 금융투자업에 대한 전반적인 이해와 더불어, 금융투자에 관한 체계적인 이해 및 적응능력을 높이는데 도움을 주고자 한다. 이러한 취지에 입각해 본서는 4편 20장으로 구성되어 있다.

제1편에서는 자본시장법 제정 및 시행과 관련하여 자본시장법의 목적, 기본방향, 주요내용에 대하여 살펴본 후, 자본시장법에서 규정하고 있는 금융투자상품과 관련하여 그 의의와 투자성에 대해 알아봄과 아울러 크게 증권과 파생상품으로 구분하여 구체적인 제반 사항을 살펴보고자 하였다.

제2편에서는 유가증권시장, 코스닥시장, 프리보드시장, 채무증권시장, 파생상품시장, 집합투자기구 등으로 구분하여 각 유형별 자본시장에 대하여 구체적으로 살펴보고자 하였다.

제3편에서는 금융투자와 관련하여 증권분석방법인 기본적 분석(경제분석, 산업분석, 기업분석), 기술적 분석에 대한 구체적인 내용과 분석기법을 알아보고, 채무증권투자와 관련한 제반이론 및 투자전략, 그리고 투자성과분석에 대하여 구체적으로 살펴보고자 하였다.

제4편에서는 자본시장법의 내용을 중심으로 금융투자업과 관련하여 금융투자업의 정의와 유형, 금융투자업의 규제(진입규제, 건전성규제, 영업행위규제 등), 업무영역 및 투자자보호에 대하여 구체적으로 살펴보고자 하였다.

이와 같이 본서는 자본시장 관련분야를 전공하거나 관심이 있는 대학생들과 실무자, 그리고 투자자들에게 자본시장과 금융투자, 그리고 금융투자업에 대한 보다 폭넓은 이해를 하는데 도움을 주고자 집필하였다. 또한 본서는 금융투자업 전문인력과 관계되는 자격시험인 증권투자상담사, 파생상품투자상담사 등을 준비하는 사람들에게도 도움을 줄 것으로 생각한다.

본서는 저자가 대학에서 증권시장론 등 자본시장 관련과목을 강의하면서 마련한 강의안과 각종 자료를 기초로 하여 집필한 것이지만, 자본시장법의 시행에 즈음하여 출간하는 관계로 자본시장법에서 새롭게 규정하고 있는 각종 제도와 용어의 변경을 빠짐없이 제대로 반영하였는가에 대해서는 부족한 점이 많음을 시인하지 않을 수 없다. 독자들의 아낌없는 조언과 질책이 있기를 바라며 미진한 부분은 계속 수정・보완해 나가고자 한다.

본서가 출간되기까지 도움을 준 모든 분들에게 감사드린다. 그리고 아낌없는 격려와 자료정리 등을 마다하지 않고 도와준 사랑하는 아내와 두 딸 인정, 인희에게도 감사한 마음을 전한다. 마지막으로 본서가 출간되도록 애써 주신 청목출판사의 유성렬 사장님과 최명성 부장님, 그리고 출판관계자 여러분께 감사드린다.

2009년 2월

저자 씀

차 례

제 4 부 금융투자업

제1부

자본시장법과 금융투자상품

제 1 장

자본시장법의 제정과 시행

「자본시장과 금융투자업에 관한 법률(이하에서는 「자본시장법」이라 함)」은 자본시장을 규율하는 종래의 증권거래법, 간접투자자산운용업법, 선물거래법, 신탁업법, 종합금융회사에 관한 법률, 한국증권선물거래소법의 규정들이 하나의 법으로 통합된 것으로 2007년 8월 3일 제정되어 2009년 2월 4일부터 시행되고 있다. 본 장에서는 자본시장법의 주요내용에 대하여 살펴보고자 한다.

제 1 절 자본시장법의 의의

1. 자본시장법의 목적

자본시장법에서는 "이 법은 자본시장에서의 금융혁신과 공정한 경쟁을 촉진하고 투자자를 보호하며 금융투자업을 건전하게 육성함으로써 자본시장의 공정성·신뢰성 및 효율성을 높여 국민경제의 발전에 이바지함을 목적으로 한다"(제1조)라고 정의하고 있다. 이와 같은 자본시장법의 제정배경은 다음과 같이 몇 가지로 나누어 살펴볼 수 있다.

첫째, 자본시장의 자금중개기능을 강화함으로써 자본시장을 활성화시키고자 하는 데에 있다. 즉 자본시장이 기업의 자금조달의 장으로서의 역할을 제대로 수행하지 못하였을 뿐만 아니라, 실물경제규모에 맞는 성장도 추구하지 못했던 것을 시정하기 위해서는 수요자의 요구를 충족시킬 수 있는 다양한 금융상품의 개발과 더불어 다양한 자금조달의 수단과 기법이 기업에게 제공될 필요가 제기되었던 것이다.

둘째, 투자자보호를 일층 강화하여 자본시장의 신뢰성을 제고시키고자 하는 데에 있다. 즉 선진화된 체계적인 투자자보호제도가 미흡하여 위험금융상품의 불완전판매 등으로 투자자의 자본시장에 대한 신뢰가 저하된 점 등을 시정하여 자본시장의 신뢰성을 제고하기 위해서는, 투자자간의 정보의 비대칭성을 해소하고 충분한 정보를 바탕으로 한 투자판단이 이루어질 수 있는 제도적 장치를 마련하고 금융투자업자의 이해상충행위와 시장에서의 불공정행위를 적절히 규제함과 아울러 손해를 입은 투자자에 대한 효율적인 구제조치를 제공할 필요성이 제기되었던 것이다.

셋째, 금융업 및 금융상품의 규제개혁을 통해 대형화된 금융투자회사 즉, 투자은행(investment bank)을 육성하여 금융투자업 나아가서는 자본시장의 효율성과 경쟁력을 제고시키고자하는 데에 있다. 즉, 증권업, 자산운용업 등 자본시장관련 금융업간 겸영을 엄격히 제한함으로써 선진투자은행에 비해 시너지효과를 통한 경쟁력 제고에 한계가 있을 뿐만 아니라, 증권과 파생상품의 종류를 법률에 제한적으로 열거함으로써 다양하고 창의적인 금융투자상품을 개발, 판매하는데 제약요인으로 작용하고 있는 점을 시정하여 금융투자업에서의 금융혁신과 경쟁을 촉진시키기 위해서는 업무영역의 광역화, 겸업금지의 해소, 취급가능한 금융상품의 제한 철폐 등 금융투자업의 영위와 관련된 제도적 제약을 없앨 필요가 제기되었던 것이다.

2. 자본시장법의 기본방향

첫째, 종전의 자본시장관련 금융업에서는 금융투자상품의 범위를 사전적으로 열거하여 제한하는 체제였으나, 자본시장법에서는 동법의 규율대상이 되는 상품, 즉 금융투자상품을 포괄주의에 입각하여 정의함으로써 상품의 범위를 획기적으로 확대하는 방향으로 전환하였다. 다시 말하면 금융투자상품 개념을 추상적으로 정의하여 향후 출현할 모든 금융투자상품을 법률의 규제대상으로 포괄적으로 규정하고, 금융투자회사의 취급가능 상품과 투자자 보호규율의 대상을 대폭 확대하였다.

둘째, 종전의 기관별 규제체제를 기능별규제체제로 전환하였다. 즉 금융투자업, 금융투자상품, 투자자를 경제적 실질에 따라 각각 재분류하고, 취급 금융기관을 불문하고 경제적 실질이 동일한 금융기능을 동일하게 규율하는 동일기능 동일규제의 원칙을 적용하기로 하였다.

셋째, 자본시장관련 금융업의 자유로운 겸영을 허용함으로써 종전의 증권업, 선물업, 자산운용업 등으로 한정된 업무영역을 대폭적으로 확대하였다. 자본시장법에서는 자본시장관련 금융업을 금융투자업으로 지칭하고 이를 경제적 기능에 따라 투자매매업, 투자중개업, 집합투자업, 투자자문업, 투자일임업, 신탁업 등 6개로 분류하고 있는데, 이들 모든 금융투자업 상호간에 겸영을 허용하였다. 따라서 단일의 금융투자회사가 각각의 업종진입조건을 갖추어 인가를 받으면 이들 금융투자업을 자유롭게 겸영할 수 있다. 이와 더불어 모든 부수업무의 영위를 허용하였으며, 금융투자업 관련 모든 외국환업무를 허용하였다. 또한 투자권유대행인 제도를 도입하였다.

넷째, 투자자보호를 강화하기 위한 제반제도를 도입하였다. 의무 및 적합성(suitability) 원칙을 도입하여 금융투자회사의 책임을 물을 수 있는 명시적 근거를 마련하였고, 발행공시의 적용범위를 확대하여 직접투자증권이나 수익증권 등도 발행공시의 대상이 되도록 하였다. 또한 종전의 증권업에 해당된다고 볼 수 있는 투자매매업 및 투자중개업과 종전의 자산운용업에 해당된다고 볼 수 있는 집합투자업의 겸영에 따른 이해상충방지를 위한 장치를 마련하였다.

제 2 절 자본시장법의 주요내용

1. 포괄주의 체제로의 전환

종전의 자본시장관련 금융법에서는 금융투자상품의 범위를 증권거래법상 유가증권의 개념,[1] 간접투자자산운용법상 간접투자의 대상, 선물거래법상의 투자대상 등 사전적으로 열거하여 제한하였고, 금융투자상품으로 열거되어 있는 상품에 대해서만 금융기관의 취급이 허용되었으며 투자자보호 규제가 적용되었다.

[그림 1-1] 금융투자상품의 포괄주의로의 전환

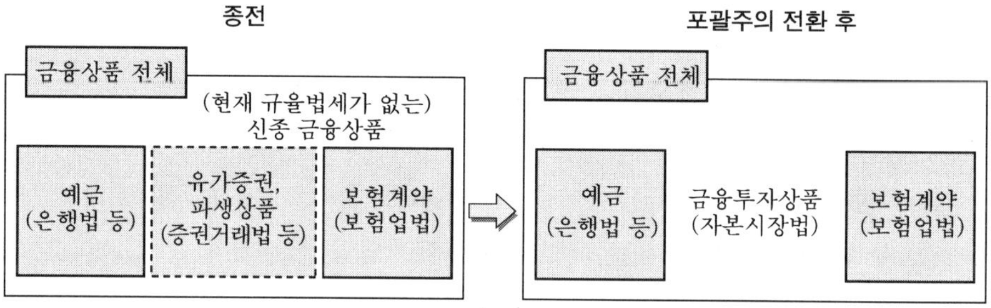

그런데 자본시장법에서는 「투자성(원본손실가능성)」이라는 특징을 갖는 모든 금융상품을 포괄하는 개념으로 금융투자상품을 추상적으로 정의하여, 동 정의에 해당하는 모든 금융투자상품의 설계·취급을 금융투자업자(금융투자회사)에게 허용하고, 모든 금융투자상품에 대해 투자자보호 규제를 적용하고 있다. 즉 자본시장법에서는 명칭과 형태를 불문하고 원본손실이 발행할 가능성, 즉 투자성이 있는 모든 금융상품을 금융투자상품으로 정의하고, 이를 다시 원본초과손실이 발행할 가능성이 있는지를 기준으로 하여 증권과 파생상품으로 구분하여 특히 후자에 대해서는 보다 강화된 투자자보호규제를 적용하고 있다.

한편 자본시장법은 증권을 주식, 사채 등과 같은 전통적 증권을 경제적 실질에 따라 채무증권, 지분증권, 수익증권, 증권예탁증권으로 분류하고 각각의 개념을 추상적으로 정의하여 포괄주의로 전환하면서, 집합투자증권과 같은 신종증권은 투자계약증권(Investment Contract Securities), 파생결합증권(Securities Derivatives)과 같이 새로운 추상적 개념을 도입하여 포괄주의로 전환하였다. 특히 파생결합증권과 투자계약증권의 개념이 도입된 것은 전통적인 증권개념으로 쉽게 포섭되지 않는 각종 구조화상품(structured product) 등 신종증권을 증권개념에 포괄하기 위한 것으로[2] 자본시장법이 채택하고 있는 포괄주의의 취지를 반영한 것이다.

1) 예를 들어 유가증권은 국채, 지방채, 특수채, 사채, 주식, 출자증권, 수익증권, 주식연계증권(ELS) 등 21개로 열거되었음.

〈표 1-1〉 증권의 포괄주의로의 전환

<table>
<tr><th colspan="3">명 칭</th><th>정 의</th><th>예</th></tr>
<tr><td rowspan="6">증
권</td><td rowspan="4">전통적
증 권</td><td>채무증권</td><td>-채무를 나타내는 것</td><td>국채증권, 지방채증권, 특수채증권, 사채권, 기업어음증권 등</td></tr>
<tr><td>지분증권</td><td>-출자지분을 나타내는 것</td><td>주권, 신주인수권,
출자증권, 출자지분 등</td></tr>
<tr><td>수익증권</td><td>-수익권을 나타내는 것</td><td>신탁수익증권, 투자신탁수익증권 등</td></tr>
<tr><td>증권예탁
증 권</td><td>-지분증권의 예탁을 받은 자가 발행하는 증권</td><td>KDR, GDR, ADR 등</td></tr>
<tr><td colspan="2">투자계약증권</td><td>-이익을 기대하여 공동사업에 금전을 투자하고 타인의 노력의 결과에 따라 대가를 받는 계약</td><td>집합투자증권, 비정형간접투자증권, 주식, 출자지분 등</td></tr>
<tr><td colspan="2">파생결합증권</td><td>-기초자산의 가격 등의 변동과 연계되어 이익을 얻거나 손실을 회피할 목적의 계약상의 권리</td><td>주가연계증권(ELS), ELW, 환율연계증권, 역변동금리채 등</td></tr>
</table>

2. 기능별 규제체제로의 전환

현행의 금융기관을 중심으로 규율하는 기관별 규제(Institutional Regulation)체제를, '경제적 실질이 동일한 금융기능'을 '동일하게 규제하는 기능별 규제(Functional Regulation)체제로 전환하였다.

기능별 규제체계의 기본이 되는 「금융기능」을 "투자자를 상대로 하는 금융투자상품의 금융투자업"으로 정의하고([그림 1-2] 참조), 금융투자업, 금융투자상품, 고객을 각각 경제적 실질에 따라 분류하였다.

2) 김병연 외 3인, 「자본시장과 금융투자업에 관한 법률이해」, 한국증권업협회증권연수원, 2008년 11월, p. 4.

[그림 1-2] 금융기능의 정의 및 적용

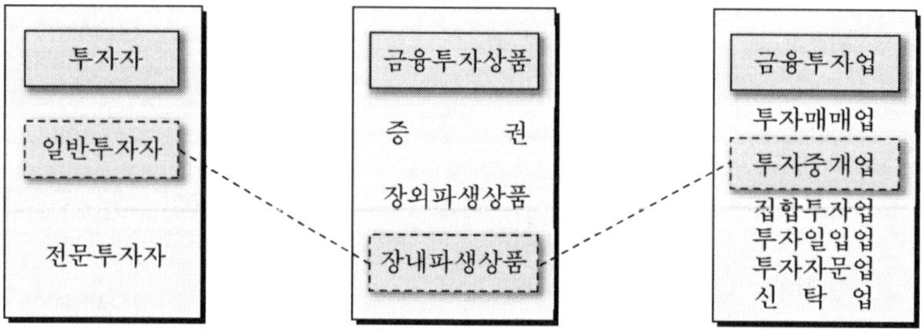

1) 금융투자업의 기능적 분류

자본시장 관련 금융업을 경제적 실질에 따라 다음과 같이 6개의 금융투자업으로 정의하였다.

① **투자매매업** : 자기의 계산으로 금융투자상품을 매도·매수, 발행·인수 또는 그 청약의 권유·청약·청약의 승낙을 하는 업

② **투자중개업** : 타인의 계산으로 금융투자상품을 매도·매수, 그 청약의 권유·청약·청약의 승낙 또는 발행·인수에 대한 청약의 권유·청약·청약의 승낙을 하는 업

③ **집합투자업** : 2인 이상에게 투자권유를 하여 모은 금전 등을 투자자 등으로부터 일상적인 운용지시를 받지 아니하면서 자산을 취득·처분 그 밖의 방법으로 운용하고 그 결과를 투자자에게 배분하여 귀속시키는 업

④ **투자자문업** : 금융투자상품의 가치 또는 투자판단에 관하여 자문을 하는 업

⑤ **투자일임업** : 투자자로부터 자산에 대한 금융투자상품에 대한 투자판단의 전부 또는 일부를 일임받아 투자자별로 구분하여 자산을 취득·처분 그 밖의 방법으로 운용하는 법

⑥ **신탁업** : 신탁업에 의한 신탁을 수탁하는 업

이와 같은 분류에 따라 종래 다수의 법률에 산재해 있던 금융투자업을 경제적 실질에 따라 분류하면 〈표 1-2〉와 같이 구분할 수 있다.

〈표 1-2〉 종래 자본시장 관련 금융법에 규정된 금융투자업의 기능별 분류

법 령	회 사 명	규정된 금융투자업	금융기능에 의한 분류
증권거래법	증권회사	매매업, 인수업, 매출업	①투자매매업
	증권회사	위탁매매업, 중개업, 대리업, 매매위탁의 중개·주선·대리업, 모집·매출의 주선업	②투자중개업
선물거래법	선물회사	선물거래법	
종합금융회사에 관한 법률	종합금융회사	중개업	
		매매업, 인수업	①투자매매업
		어음관리계좌업무	수신매매업
	자금중개회사	자금중개업	자금중개업
신탁업법	신탁회사	신탁업, 개인연금신탁업, 연금신탁업	⑥신탁업
자산운용업법	은행, 증권, 보험, 자산운용사	간접투자증권의 판매	①투자매매업 또는 ②투자중개업
	투자자문사	투자자문업	④투자자문업
	투자일임사	투자일임업	⑤투자일임업
	자산운용사	투자신탁재산의 운용·운용지시	③집합투자업
		투자회사재산의 운용업무	
	-	투자전문회사(PEF)의 업무집행사원 기능	
	수탁회사	투자신탁재산의 수탁업	⑥신탁업
	자산보관회사	투자회사의 자산보관업	
부동산투자회사(REITs)법	자산관리회사	위탁관리REITs자산의 투자·운용	③집합투자업
		CrREITs 자산의 투자·운용	
	자산보관기관	위탁관리REITs와 CrREITs 자산보관업	⑥신탁업
선박투자 회사법	선박운용회사	선박투자회사 자산의 운용	③집합투자업
	자산보관회사	선박투자회사 자산의 보관	⑥신탁업
중소기업 창업지원법	창업투자회사	창업투자회사조합의 업무집행조합원 기능	③집합투자업
산업발전법	CRC 등	기업구조조정조합의 업무집행조합원 기능	
벤처육성 특별법	창업투자회사, 일반인 등	벤처투자조합/개인투자조합의 업무집행 조합원 기능	
부품소재 특별법	창업투자회사, 상장법인 등	부품소재전문투자조합의 업무집행조합원 기능	
여신전문 금융업법	신기술사업 금융업자	신기술투자조합자금의 관리·운용	
문화산업 진흥법	문화사업자, 투자자 등	문화산업전문회사 자산의 운용	
	자산관리자	문화산업전문회사 자산의 보관·관리	⑥신탁업

자료: 재정경제부, "자본시장과 금융투자업에 관한 법률안 설명자료", 2006. 9.

한편, 현행 금융기관별로 적용되고 있는 업 규제(진입 · 건전성 · 영업행위 규제)를 금융기능에 대하여 적용하여 기능별 규제체제로 전환하였다.

진입규제의 경우, 동일한 금융기능(금융투자업 + 금융투자상품 + 투자자)에 대해서는 동일한 인가요건이 적용되도록 금융기능별로 진입요건을 마련하였으며, 금융투자회사는 필요한 업무단위를 추가하는 방식(add on방식)으로 업무영역을 확대할 수 있도록 하였다. 또한 각 금융기능별로 투자자가 노출되는 위험이 크기에 따라 인가제와 등록제를 적용하도록 하였다. 고객과 직접 채권채무관계를 가지거나(투자매매업), 고객의 자산을 수탁하는 금융투자업(투자중개업, 집합투자업, 신탁업)에 대해서는 인가제를, 고객의 자산을 수탁하지 않는 금융투자업(투자일임업, 투자자문업)에 대해서는 등록제를 각각 채택하도록 하였다.

2) 금융투자상품의 기능적 구분

금융투자상품을 위험의 크기를 기준으로 다음과 같이 증권과 파생상품으로 구분하였다.

① **증권** : 금융투자상품 중 추가지급 의무가 없어 최대 투자원금까지만 손실이 발생하는 상품

② **장내 파생상품** : 선도, 옵션, 스왑에 해당하는 것으로써 파생상품시장에서 거래되는 것.

③ **장외 파생상품** : 선도, 옵션, 스왑에 해당하는 것으로서 장내 파생상품이 아닌 것.

3) 투자자의 기능적 분류

투자자를 금융투자상품에 관한 전문성 구비여부, 소유자산자금의 규모 등에 비추어 투자에 대한 위험능력에 따라 다음과 같이 전문투자자와 일반투자자로 구분하였다.

① **전문투자자** : 금융투자상품에 관한 전문성 구비여부, 소유자산자금의 규모 등에 비추어 투자에 대한 위험능력이 있는 투자자로서 국가, 한국은행, 대통령령으로 정한 금융기관, 주권상장법인, 그 밖의 대통령령으로 정하는 자를 말하는데, 이들에 대해서는 투자자보호와 관련한 규제의 대부분을 적용대상에서 제외하고 있다.

② **일반투자자** : 전문투자자가 아닌 투자자를 말한다.

이와 같이 자본시장법은 금융투자업 규제를 금융기능에 대하여 적용하는 것을 원칙으로 하고 있는데, 결과적으로 금융기능은 금융투자업의 유형 + 금융투자상품 + 투자자의 조합에 의한 여러 가지 유형으로 규제를 받는다. 그리고 앞에서 언급한 바와 같이 금융투자업은 6개의 세부적인 업으로 구성되고, 금융투자상품은 증권, 장내파생상품, 장외파생상품으로 구분되며, 투자자는 전문투자자와 일반투자자로 분류되고 있다.

3. 업무범위의 확대

종전의 법령체계에서는 증권회사, 선물회사, 자산운용회사, 신탁회사 등 금융기관별로 금융투자업을 세분화하여 상호간 겸영을 제한하고 있는데 반해, 자본시장법에서는 경제적 실질에 따라 분류된 6개의 금융투자업(투자매매업, 투자중개업, 집합투자업, 투자자문업, 투자일임법, 신탁업)간에 겸영을 허용하고 있다. 즉 투자매매, 투자중개, 투자자문, 신탁업 등 모든 금융투자업을 종합적으로 영위하는 금융투자회사의 설립을 허용하고 있다.

한편 종전의 금융법은 금융업자가 영위할 수 있는 부수업무를 사전에 법령에서 열거하는 열거주의(positive 체제)를 채택하고 있는데 반해, 자본시장법에서는 모든 부수업무를 원칙적으로 허용하되, 예외적으로 금지하는 체제(negative체제)로 전환하였다.

다만, 겸영에 따른 금융투자회사와 투자자간 등의 이해상충을 방지하기 위해 금융투자회사에 대해 이해상충가능성의 파악·평가·관리의무를 부과하고 내부통제장치 설치를 의무화하였다. 이에 따라 금융투자회사는 이해상충가능성을 발견한 경우 그 사실을 투자자에게 즉시 알리고 이해상충가능성을 해소하기 전까지는 당해 투자자와의 거래를 금지하도록 하였으며, 이행상충가능성이 높은 금융투자업자간에는 매매에 관한 정보제공금지, 임직원의 겸직제한, 사무공간 등의 공동이용제한 등을 의무화하였다. 또한 투자매매·투자중개업과 집합투자업을 겸영함에 따라 발생하는 이해상충과 관련된 손해배상의 입증책임은 금융투자회사가 부담하도록 하였다.

한편 종전의 규제체하에서는 투자자가 다양한 금융투자상품을 구매하기 위해서는 직접 금융기관점포를 방문해야 하는 불편이 있었는데, 이를 개선하여 투자자가 금융투자회사의 영업점을 방문하지 않아도 금융투자상품에 대하여 보다 다양한 경로로 접근하여 금융투자상품을 매수할 수 있도록 하기 위해 금융투자회사의 위탁을 받아 금융두사상품 판매를 사실상 중개하는 투자권유대행인(Inducing Broker)제도를 도입하였다.[3)]

그리고 다음과 같이 집합투자업과 관련된 규제를 대폭적으로 완화하여 집합투자업의 업무를 확대함과 더불어 자율성이 제고되도록 하였다.

첫째, 종전의 금융법상 투자신탁, 투자회사(mutual fund), 합자회사(PEF)로 한정되어 있는 집합투자기구(Vehicle)를 확대하여 민법, 상법 등 현행법상 설립가능한 모든 Vehicle를 활용하여 집합투자가 이루어질 수 있도록 하였다.

둘째, 종전의 금융법에서 증권, 선물, 부동산, 실물자산, 어음, 보험금지급청구권, 어업권, 광업권 등으로 한정적으로 열거되어 있던 집합투자 대상자산을 재산적 가치가 있는 모든 재산(예: 지적재산권 등)으로 포괄적으로 정의함으로써 대상자산의 범위를 획기적으로 확대하였다.

셋째, 투자대상자산을 특정하지 않는 이른바 혼합자산 집합투자기구를 허용하여 집합투자업의 자율성을 높이고 다양한 투자자의 투자자수요를 충족시키고자 하였다.

4. 투자자보호의 강화

첫째, 투자권유와 관련하여 설명의무를 전면적으로 도입하여 모든 금융투자회사에 확대 적용하고 투자자의 특성을 파악할 의무와 투자권유 금지조항 등을 도입하여 투자자보호를 강화하였다.

금융투자업자(금융투자회사)가 투자자에게 모든 금융투자상품의 투자를 권유할 경우 상품의 내용과 위험 등을 투자자가 이해할 수 있도록 설명하도록 하였다. 특

3) 투자권유대행인은 위탁한 금융투자회사가 관리하도록 하고 불완전 판매로 손해를 끼친 경우 회사에게도 배상책임을 부과하고 있다.

히 투자위험 감수능력이 부족한 일반투자자를 보호하기 위해 투자를 권유하기 전에 투자목적, 재산상태, 투자경험 등을 파악하는 한편 이를 기초로 투자자의 특성에 맞게 투자를 권유하는 적합성원칙을 설정하였다. 금융투자상품 설명의 경우 그 내용을 투자자가 이해하였음을 확인받도록 하고 금융투자회사가 설명의무를 위반한 경우 손해배상책임을 부담하도록 하였다. 또한 불특정다수 투자자를 대상으로 TV, 홈쇼핑 등을 통하여 광고하는 경우 손실보전 또는 이익보장으로 오인될 수 있는 표시를 금하고 금융투자상품의 위험성 등 중요사항을 표시하도록 하는 한편, 적법하게 인가받지 않은 금융투자회사의 광고를 금지하였다.

둘째, 이해상충방지 체제를 강화하였다.

이해상충은 특정투자자의 이익을 희생하여 금융투자회사 또는 투자자의 이익을 추구하는 행위로 단일의 금융투자업 영위 시에도 발생하지만, 복수의 금융투자업간 겸영이 허용되면 발생가능성이 더 커질 수가 있다. 따라서 자본시장법에서는 금융투자회사 내부에 이해상충 관리시스템의 설치를 의무화함으로써 상시적으로 이해상충이 관리될 수 있도록 하였고, 이해상충행위 중에서 투자자의 이익에 대한 중대한 위험이 발생할 수 있는 행위를 금지하였으며, 위반 시에는 벌칙을 부과하도록 하였다. 이해상충관리시스템의 구체적인 내용은 종전의 증권거래법상 증권회사에 요구되었던 내부통제기준(증권거래법 제54조의 4)을 금융투자회사에 요구하고 있다(법 제44조). 이러한 이해상충 관리시스템은 법령에서 강제할 것이 아니고 금융투자회사가 평판위험(reputation risk)관리 차원에서 자율적으로 내부통제장치(internal control system)로서 도입되어야 하는 것이지만,[4] 투자자보호의 차원에서 이를 법령에서 의무화하고 있다. 또한 이해상충은 부적절한 정보의 교류를 통해 발생되고 있음을 감안하여 사전적으로 이해상충가능성이 크다고 인정되는 금융투자업자간에는 정보교류의 제한장치를 마련하도록 하였다. 이와 관련하여 이해상충이 큰 경우 금융투자업자간, 계열회사간에는 매매정보 제공금지, 임직원겸직제한, 사무공간 및 전산설비의 공동사용금지를 의무화하고 있다.

셋째, 발행공시 규제의 적용범위를 확대하였다.

투자자가 투자판단에 필요한 충분한 정보를 가지고 투자결정을 내릴 수 있도록

4) 김병연 외 3인, 상게서, p. 10.

발행공시규제가 적용되지 않고 있는 기존의 은행채, 집합투자증권, 수익증권 등에 대해서도 공모발행시에 적용되는 발행공시규제를 적용하는 것을 원칙으로 하였다.

제 2 장

금융투자상품

본 장에서는 자본시장법에서 규정하고 있는 금융투자상품의 의의와 투자성에 대해 살펴보고, 금융투자상품을 크게 증권과 파생상품으로 나누어 알아봄과 아울러, 주식과 채무증권, 파생상품, 집합투자증권에 대해 구체적으로 살펴보고자 한다.

제1절 금융투자상품의 의의와 투자성

1. 금융투자상품의 의의

자본시장법에서는 금융투자상품을 "이익을 얻거나 손실을 회피할 목적으로 현재 또는 장래의 특정시점에 금전 그 밖에 재산적 가치(이하 "금전 등"이라 함)를 지급하기로 약정함으로써 취득하는 권리로서, 그 권리의 취득을 위하여 지급하였거나 지급하여야 할 금전 등의 총액(판매수수료 등 대통령령이 정하는 금액[1])을 제외함)

1) 자본시장법 시행령 제3조(금융투자상품의 범위) ①법 제3조제1항 각 호 외의 부분 본문에서 "판매수수료 등 대통령이 정하는 금액"이란 다음의 각 호의 금액을 말한다.
   1. 법 제58조제1항에 따른 수수료, 법 제76조제4항에 따른 판매수수료(이하 "판매수수료"라 함), 그 밖에 용역의 대가로서 투자자, 그 밖의 고객이 지급하는 수수료
   2. 보험계약에 따른 사업비 및 위험보험료

이 그 권리로부터 회수하였거나 회수할 수 있는 금전 등의 총액(해지수수료 등 대통령령이 정하는 금액[2]을 포함함)을 초과하게 될 위험(이하 "투자성"이라 함)이 있는 것"으로 정의하고 있다(법 제3조 1항).

2. 금융투자상품의 투자성

자본시장법에서 금융투자상품의 투자성은 원금손실위험성을 의미한다. 즉 원금손실위험성은 금융투자상품의 취득을 위하여 지급하였거나 지급하여야 할 금전 등의 총액(판매수수료 등 대통령령이 정하는 금액을 제외함)이 그 권리로부터 회수하였거나 회수할 수 있는 금전 등의 총액(해지수수료 등 대통령령이 정하는 금액을 포함함)을 초과하게 될 위험을 의미하는데, 이와 같은 원본손실가능성을 자본시장법에서는 투자성으로 규정하고 있다.

금융투자상품에 있어서 원본손실위험성, 즉 투자성은 금융투자상품의 유통가능성을 전제로 하는 개념으로서 주로 시장위험(market risk)에 의한 손실가능성을 의미한다. 이는 신용위험(credit risk)에 의한 손실가능성(예를 들어 발행인의 도산) 과 같은 비시장적인 요소에 대하여, 금융투자상품을 "약정함으로써 취득하는 권리" 즉 계약상의 권리로 규정함으로써 투자성을 판단하는 데 있어서 비시장적 요소를 배제하고 있다는 것을 의미한다. 또한 금융투자상품의 구체적인 범위를 대통령령에서 정하도록 위임함으로써 보험상품에 있어서의 위험보험료, 예금의 중도해지수수료 등을 투자성의 고려대상에서 제외하고 있다.[3]

---

3. 그 밖에 금융위원회가 정하여 고시하는 금액

2) 법 시행령 제3조 (금융투자상품의 범위)

② 법 제3조제1항 각 호 외의 부분 본문에서 "해지수수료 등 대통령이 정하는 금액"이란 다음의 각 호의 금액을 말한다.

1. 법 제236조제2항에 따른 환매수수료(이하 "환매수수료"라 함), 그 밖에 중도해지로 인하여 투자자, 그 밖의 고객이 지급하는 해지수수료(이에 준하는 것을 포함함)
2. 제세금
3. 발행인 또는 거래상대방의 파산 또는 채무조정 등으로 인하여 투자자, 그 밖의 고객이 회수를 할 수 없는 금액
4. 그 밖에 금융위원회가 정하여 고시하는 금액

3) 김병연 외 3인, 전게서, p. 24.

제 2 절 증권과 파생상품

1. 증권과 파생상품의 기준

자본시장법에서는 금융투자상품을 크게 증권과 파생상품으로 구분하고 있는데, 이의 구체적인 기준으로서 추가지급의무의 존재여부를 제시하고 있다.

[그림 2-1] 금융상품의 경제적 실질에 따른 분류체계

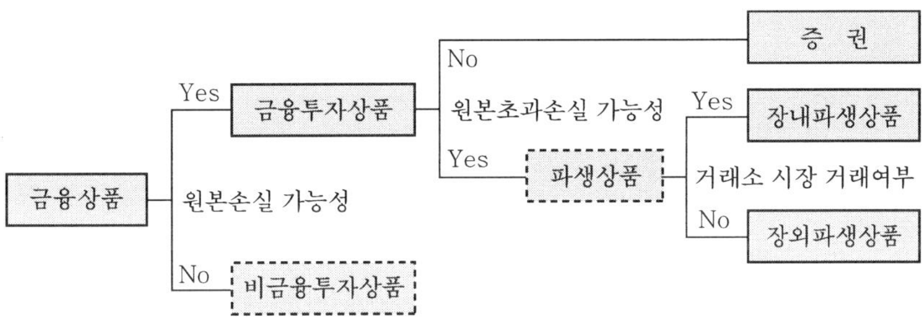

자본시장법에서는 금융투자상품의 개념정의에 있어서 단계적 정의방식을 채택하고 있다. 제1단계에서는 금융투자상품에 대하여 대상상품의 기능과 위험을 기초로 일반적, 기능적 정의를 규정하고 있는데, 각각 투자와 손실회피, 그리고 투자성을 의미한다.

제2단계에서는 명시적으로 금융투자상품에 포함되는 상품으로서 증권과 장내 파생상품 및 장외 파생상품을 세분화하여 규정하고 있다. 추상적으로 개념이 정의되어 있는 금융투자상품의 일반적 정의에 비해 구체적인 경우를 예시함으로써 어느 정도의 불확실성을 제거하고 있지만, 자본시장이 기본적으로 채택하고 있는 negative체제에 기인하여 증권과 파생상품에 대해서도 포괄적 정의를 제시하고 있다. 다만, 증권과 관련해서는 세부적인 유형을 제시함으로써 구체화를 시도하고 있다.

제3단계에서는 금융투자상품으로부터 명시적으로 배제되는 것을 몇 가지 열거하였다. 즉 금융투자상품에 포함되지 않는 상품으로서 원화로 표시된 양도성예금증서와 관리신탁의 수익권을 명시적으로 배제하는 규정을 두고 있다.[4] 양도성예금증서의 경우는 양도성이 인정되는 데에 기인하여 투자성의 요소가 크지 않고 또한 만기가 짧아 금리변동에 따른 가치변동이 적기 때문에 이를 명시적으로 배제한 것이며, 관리신탁의 수익권에 있어서 관리신닥은 수닥자에게 신탁새산의 처분권한이 부여되지 아니한 신탁을 말하는 것으로 원본손실위험이 인정되지 않으므로 금융투자상품에서 배제한 것이다.

이와 같은 금융투자상품의 개념판단의 구조는 〈표 2-1〉과 같이 정리할 수 있다.[5]

〈표 2-1〉 금융투자상품의 개념판단구조

구분	판단사항	판단결과		
기본원칙	금융투자상품의 정의는 자본시장법 제3조와 제4조 제1항, 동조 제3항 내지 제8항 및 제5조의 누적적 적용으로 확보			
1단계	제3조의 금융투자상품에 대한 일반적 정의에 해당하는가?	예	제2단계로	
		아니오	〈1〉예금 혹은 보험	
			〈2〉비금융상품	
2단계	제4조 제1항의 증권에 대한 일반적 정의에 해당하는가?	예	제3단계로	
		아니오	파생상품	
			장내	장내파생상품
			장외	장외파생상품
	제4조 제3항 내지 8항에 구체적으로 열거된 증권의 종류 중 어디에 해당하는가?			
	〈1〉채무증권, 지분증권, 수익증권, 증권예탁증권	예	채무증권 등	
		아니오	〈2〉로	
	〈2〉투자계약증권	예	투자계약증권	
		아니오	〈3〉으로	
	〈3〉파생결합증권	예	파생결합증권	

4) 법 제3조 1항 단서

5) 한국증권업협회, "자본시장통합법 해설서", 한국증권업협회, 2008년, p. 110.

2. 증권의 개념

앞에서도 살펴본 바와 같이 자본시장법에서의 증권에 대한 정의도 일반적 정의와 명시적 포함, 그리고 명시적 배제의 3단계 정의방식을 채택하고 있다. 〈표 2-2〉에서 보는 바와 같이 먼저 증권의 일반적 정의를 규정한 후, 명시적으로 포함되는 상품과 명시적으로 제외되는 상품을 열거하고 있다.[6)]

〈표 2-2〉 증권의 정의

구 분	내 용	비 고
일반적 정의	증권(제4조 제1항)	
명시적 포함	증권(제4조 제2항~제8항)	채무증권, 지분증권, 수익증권, 투자계약증권, 파생결합증권, 증권예탁증권
	증권으로 간주되는 것(제4조 제9항)	증권 미발행
명시적 제외	금융투자업의 적용배제(제7조)	

자료 : 김병연 외 3인, 「자본시장과 금융투자업에 관한 법률이해」, 한국증권업협회증권연수원, 2008년 11월, p. 27.

자본시장법은 증권을 “내국인 또는 외국인이 발행한 금융투자상품으로서 투자자가 취득과 동시에 지급한 금전 등 외에 어떠한 명목으로든지 추가로 지급의무(투자자가 기초자산에 대한 매매를 성립시킬 수 있는 권리를 행사하게 됨으로써 부담하게 되는 지급의무를 제외함)를 부담하지 아니하는 것”으로 정의하고 있다(법 제4조 1항).

3. 증권의 종류

자본시장법에서 증권의 종류는 전통적인 증권인 채무증권, 지분증권, 수익증권, 증권예탁증권과 새로운 증권인 투자계약증권과 파생결합증권으로 구분된다. 여기서 특히 새로운 증권유형으로서 추가된 투자계약증권과 파생결합증권은 포괄주의로의

6) 한국증권업협회, 상게서, p. 90.

전환에 입각해 도입된 것이다. 한편 세부적인 증권유형에 대해서는 현행법상 존재하는 증권유형을 열거하고 말미에 "이에 유사한 것"을 포함하여 포괄주의의 취지를 실현하고 있다.

1) 전통적인 증권

첫째, 채무증권은 국채증권, 지방채증권, 특수채증권(법률에 의하여 직접 설립된 법인이 발행한 채권), 사채권, 기업어음증권(기업사업에 필요한 자금을 조달하기위하여 발행한 약속어음으로서 대통령령이 정하는 요건[7]을 갖춘 것), 그 밖에 이와 유사한 것으로 채무를 표시한 것으로 정의되어 있다(법 제4조 3항).

둘째, 지분증권은 주권, 신주인수권을 표시하는 것, 법률에 의하여 직접 설립된 법인이 발행한 출자증권, 상법에 의한 합자회사, 유한회사, 익명조합의 출자지분, 민법에 의한 조합의 출자지분, 그 밖에 이와 유사한 것으로서 출자지분을 표시한 것으로 정의되어 있다(법 제4조 4항).

셋째, 수익증권은 금전신탁계약서에 의한 수익증권(법 제110조), 집합투자업자에 있어서 투자신탁의 수익증권(법 제189조), 그 밖에 이와 유사한 것으로서 신탁의 수익권이 표시되는 것으로 정의되어 있다.

넷째, 증권예탁증권은 채무증권, 지분증권, 수익증권, 투자계약증권, 파생결합증권을 예탁받은 자가 그 증권이 발행된 국가이외의 국가에서 발행한 것으로서 그 예탁받은 증권에 관련된 권리가 표시된 것을 말한다(법 제4조 8항).

2) 투자계약증권

투자계약증권은 "특정투자자가 그 투자자와 타인간의 공동사업에 금전 등을 투자하고 주로 타인이 수행한 공동사업의 결과에 따른 손익을 귀속받는 계약상의 권리가 표시된 것을 말한다.

---

7) 법 시행령 제4조에 의하면, 법 제4조제3항(기업어음증권의 요건)에서 "대통령령으로 정하는 요건"이란 기업의 위탁에 따라 그 지급대행을 하는 다음 각 호의 어느 하나에 해당하는 자가 교부한 "기업어음증권"이라는 문자가 인쇄된 어음용지를 사용하는 것을 말한다.
1. 은행(법 제22조제1호의 은행을 말한다. 이하 같다)
2. 한국산업은행법에 의한 한국산업은행
3. 중소기업은행법에 따른 중소기업은행

이와 같은 투자계약증권이라는 개념은 자본시장법이 취하고 있는 금융투자상품의 포괄주의 입장에서 도입된 것으로 볼 수 있는데, 이러한 관점에서 볼 때에 투자계약증권은 기존의 주식, 수익증권, 상법상 익명조합의 지분, 집합투자증권(간접투자증권)등의 전통적인 유형의 증권뿐만 아니라 비정형 집합투자지분과 같은 새로운 유형의 증권도 포괄하게 된다.[8]

한편, 집합투자증권과 투자계약증권과의 차이점과 관하여 구분하여 이해하는 견해도 없지 않으나, 투자계약증권이 모든 유형의 집합투자증권을 포괄하는 개념이므로 특정한 증권이 자본시장법상의 집합투자증권(법 제9조 21항)에 해당된다면 투자계약증권의 해당여부를 판단할 필요가 없이 자본시장법의 적용대상으로 보고(즉 금융투자상품으로서), 해당 집합투자기구에 관한 규정(즉 업 규제의 측면에서)의 적용을 받게 된다. 그런데 자본시장법상 허용된 vehicle을 활용하지 않는 등 집합투자증권의 요소를 충족하지 못하는 경우에는 투자계약증권으로 포섭하여(즉 금융투자상품으로서)자본시장법상의 투자자 보호규제를 적용하여야 할 것이다.[9]

3) 파생결합증권

파생결합증권은 "기초자산의 가격, 이자율, 지표, 단위 또는 이를 기초로 하는 지수 등의 변동과 연계하여 미리 정하여진 방법에 따라 지급금액 또는 회수금액이 결정되는 권리가 표시된 것"을 말한다(법 제4조 7항).

자본시장법에서는 기초자산의 범위를 확대하여 금융투자상품, 통화, 일반상품, 신용위험 그 밖에 자연적, 환경적, 경제적 현상 등에 속하는 위험으로서 평가가능한 것으로 포괄적으로 정의하고 있다(법 제4조 10항). 그런데 이와 같이 기초자산의 범위를 확대하게 되면 보험계약과의 구분 및 도박과의 구분이 문제시될 수 있다. 즉 기초자산의 종류와 레버리지의 수준에 따라서 금융투자상품에 대한 투자와 도박의 경계선이 모호해질 가능성이 있게 된다. 이러한 가능성에 대비하여 자본시장법에서는 금융투자업자가 영업으로서 행하는 금융투자상품거래는 형법상 도박죄에 해당하지 않는다는 규정을 두고 있다(법 제10조).

---

8) 김병연 외 3인, 전게서, p. 30.
9) 상게서, p. 30.

4. 파생상품의 개념

자본시장법에서는 파생상품을 선도, 옵션, 또는 스왑의 어느 하나에 해당하는 투자성있는 것으로 정의하고 있다(법 제5조 1항). 선도는 "기초자산이나 기초자산의 가격, 이자율, 지표, 단위 또는 이를 기초로 하는 지수 등에 의하여 산출된 금전 등을 장래의 특정시점에 인도할 것을 약정하는 계약"으로, 옵션은 "어느 한쪽의 의사표시에 의하여 기초자산이나 기초자산의 가격, 이자율, 지표, 단위 또는 이를 기초로 하는 지수 등에 의하여 산출된 금전 등을 수수하는 거래를 성립시킬 수 있는 권리를 부여하는 것을 약정하는 계약"으로, 그리고 스왑은 "장래의 일정기간동안 미리 정한 가격으로 기초자산이나 기초자산의 가격, 이자율, 지표, 단위 또는 이를 기초로 하는 지수 등에 의하여 산출된 금전 등을 교환할 것을 약정하는 계약"으로 각각 정의되어 있다(법 제5조 1항 및 2항).

〈표 2-3〉 원본대비 손실비율과 금융투자상품의 종류

범위	손실비율〈=0%	0%〈손실비율〈=100%	100%〈손실비율
	〈원본보전형〉	〈원본손실형〉	〈추가지급형〉
	예금, 보험	증권	파생상품

그런데 증권과 함께 투자성이 있는 것으로서 금융투자상품의 일부를 구성하고 있는 파생상품은 증권과의 구분이 문제가 된다.[10] 증권의 정의에 관한 자본시장법 제4조 제1항과 함께 제5조 제1항(파생상품의 정의)의 규정을 해석하면 구분기준은 결국 원본대비 손실비율의 정도에 있다(〈표 2-3〉 참조). 원본대비 손실비율과 금융투자상품의 종류에서 보는 바와 같이 원본대비 손실비율이 100% 이하인 경우를 증권, 100%를 초과하는 경우를 파생상품으로 보는 것이다.

이러한 구분기준은 파생상품이 장외에서 상대계약으로 거래되거나 장내에서 상장되어 거래되는 경우에는 문제되지 않을 것이며, 주로 파생상품이 증권의 형태를 취하고 있는 경우에 적용될 것이다. 따라서 예컨대 옵션을 매입하는 경우에는 프리

10) 이하의 내용은 한국증권업협회, 상게서, p. 110을 인용.

미엄을 원본으로 인식하여도 그 손실범위는 프리미엄에 한정되므로 원본손실형으로 증권에 해당한다는 지적이 있을 수 있다. 그러나 옵션이 장외에서 계약형으로 거래될 경우에는 이를 증권으로 구분할 필요가 없으며 파생상품으로 판단하여야 할 것이다.

제3절 주식

1. 주식의 의의

주식은 자본의 구성단위로서 주주권의 의미를 지니고 있다. 따라서 주식을 소유하고 있는 주주는 기업경영의 중대한 문제에 대한 의결권을 가지며, 또한 기업의 이익과 잔여재산에 대한 분배청구권을 갖는다.

〈표 2-4〉 주식과 채무증권의 비교

구 분	주 식	채 권
자금조달 방법	자기 자본	타인 자본
소유자의 지위	주주	채권자
존속기간	영구증권	기한부증권
원금상환의무	없음	있음
경영참여권리	있음	없음
원금상환권리	잔여재산분배청구권	우선적으로 원리금지급

주주의 권리는 주주평등의 원칙에 의하여 소유주식의 수에 비례해서 정해지며, 각각의 주식의 내용을 이루는 권리는 모두 평등한 것이 원칙이다. 그러나 회사는 정관의 규정에 따라 권리의 내용이 각기 상이한 주식의 내용과 수량은 정관에 기재할 뿐만 아니라 주식청약서, 등기부, 주주명부 및 주권 등에도 기재하도록 상법에 규정되어 있다.

주식회사의 자본은 5천만원 이상이어야 하며, 이를 주식으로 분할하여야 하고 권면액은 균일하여야 한다. 1주의 금액(액면금액)은 100원 이상으로 하여야 하며, 유가증권시장주권상장법인(코스닥시장상장법인 포함)이 액면금액이 5,000원 미만인 주식을 발행하는 경우에 1주의 금액은 100원, 200원, 500원, 1,000원, 2,500원으로 해야 한다.

그리고 발행주식의 액면총액이 주식회사의 자본금이 되며, 시가발행시 액면초과금액의 총액은 주식발행 초과금으로 자본잉여금이 된다.

2. 주식의 종류

1) 보통주 · 우선주 · 후배주 · 혼합주

특정 종류의 주식이 이익의 배당이나 잔여재산의 분배에 관하여 내용이 다를 때에 우선적 지위가 인정되는 주식을 우선주라고 하고, 그 표준이 되는 보통의 주식을 보통주라고 한다. 또한 이익배당에 있어서는 보통주에 우선하고, 잔여재산의 분배에 있어서는 열등한 지위에 있는 혼합주도 있다. 우선주는 일반적으로 보통주로의 전환조건이 있어야 하며, 세분하여 참가적 · 비참가적 우선주와 누적적 · 비누적적 우선주로 구분된다.

참가적 우선주와 비참가적 우선주의 구분은, 우선주가 일정률의 우선배당을 받은 다음에 남은 이익에 대하여도 보통주와 같이 배당에 참가하느냐 않느냐에 따른 구분이고, 누적적 우선주와 비누적적 우선주의 구분은 회계연도의 배당이 정해진 우선 배당률에 미치지 못하는 경우, 그 부족액을 다음 회계연도의 이익에서 우선적으로 배당받을 수 있는가 없는가에 따른 구분이다.

2) 의결권주와 무의결권주

의결권이라 함은 주주총회에 상정되는 여러 안건에 대한 주주의 결정권을 뜻하는데, 주식에는 의결권이 부여되는 것이 일반적이다. 원칙적으로 의결권은 1주당 하나가 부여되는 것이지만, 정관에 규정이 있는 배당 우선주에 대해서는 의결권이 없는 것으로 할 수 있다. 이 경우 무의결권주의 총수는 발행주식 총수의 4분의 1(유가증권시장 주권상장법인과 코스닥시장상장법인은 특례적용으로 2분의 1까지 가능)을 초과할 수 없다.

무의결권주는 통상 경영지배가 아닌 배당에만 관심이 있는 투자자를 대상으로 발행된다. 무의결권주는 우선적 배당을 전제로 의결권을 부여하지 않는 것이므로 소정의 배당 우선권이 실현되지 아니할 때에는 의결권이 부활된다.

3) 액면주와 무액면주

액면가액의 기재여부에 따라 액면주와 무액면주로 구분할 수 있다. 액면주란 주권에 그 주식의 액면가액이 기재되어 있는 주식을 말하고, 무액면주란 액면가액이 기재되어 있지 않은 것을 말한다.

액면가액은 회사 자본금의 구성단위이며, 회사에 최초로 자본을 출자한 주주의 출자 자본액의 기초인 동시에 주주의 유한책임한도를 표시하는 것이다. 그러나 주식의 액면가액은 최초의 주주가 출자한 자본일 뿐, 그 이후에는 시장가치가 기준이 되어 액면가는 무의미해지며, 시장가치에 따라 발행가액을 결정하는 경우에는 최초의 출자가치와는 괴리가 생기게 된다. 이러한 취지에서 발행된 것이 무액면주이다.

현재 우리나라의 상법에서는 무액면주를 인정되지 않고 있다.

4) 기명주와 무기명주

주주의 성명이 주권과 주주명부에 표시되는가 여부에 따라 기명주와 무기명주로 구분할 수 있다. 회사가 기명주식을 발행하는 경우에는 주주로서의 권리행사자를 명확하게 알 수 있고, 그 통지를 함에 있어서도 편리하다는 이점이 있는 반면, 무기명주식은 신속하게 유통될 수 있다는 장점이 있다.

우리나라 상법에서는 기명주를 원칙으로 하고, 무기명주식은 정관의 정함이 있는 경우에만 발행할 수 있도록 하고 있으며, 상호간의 전환권을 인정하고 있다.

〈표 2-5〉 주식의 종류

구 분	주식 명칭	특 징	현행상법상의 허용유무
배당 및 잔여재산	보통주	이익배당이나 잔여재산분배 등에서 표준이 되는 주식	허용
	우선주	이익배당이나 잔여재산분배 등에서 우선적인 지위가 인정되는 주식	허용
	후배주	이익배당이나 잔여재산분배 등에서 보통주보다 후위에 있는 주식	허용
	혼합주	이익배당에 있어서는 보통주에 우선하고 잔여재산분배에서는 열등한 지위에 있는 주식	허용
의 결 권	의결권주	의결권이 부여된 주식	허용
	무의결권주	의결권이 부여되지 않은 주식	정권에 기재된 경우에만
액면표시	액면주	주식의 액면가액이 기재된 주식	허용
	무액면주	주식의 액면가액이 기재되지 않은 주식	불허용
기명여부	기명주	주주의 성명이 주권과 주주명부에 기재된 주식	허용
	무기명주	주주의 성명이 주권과 주주명부에 기재되지 않은 주식	정관에 기재된 경우에만
기 타	상환주식	회사가 일정한 요건하에서 이익을 갖고 소각할 수 있는 주식	허용
	전환주식	한 종류의 주식을 다른 종류의 주식으로 전환할 수 있는 권리가 부여된 주식	허용

5) 상환주식

상환주식은 회사가 일정한 요건 하에 이익을 가지고 소각할 수 있는 주식을 말하는데, 기업이 자금조달의 필요상 주식을 발행하지만 장래 일정한 시기에 그 주식을 회수·소각함으로써 경리상의 부담을 덜고자 하는 경우에 발행된다. 상법은 이익배당에 관하여 우선적 내용이 있는 종류의 주식(배당우선주)에 한하여 이를 인정하고 있다.

6) 전환주식

전환주식이란 여러 종류의 주식을 발행하는 경우, 한 종류의 주식을 다른 종류의 주식으로 전환할 수 있는 권리가 부여된 주식을 말한다. 즉 우선주를 보통주로 전환시키거나 보통주를 우선주로 전환하는 것이 인정되는 주식이다.

3. 주식의 발행형태

회사의 재무활동의 관점에서 주식발행형태를 보면, 주식회사의 설립에 따른 주식발행, 유상증자에 의한 주식발행, 무상증자에 의한 주식발행 등이 있다.

1) 주식회사 설립시의 주식발행

이는 신규로 주식회사를 설립하는 경우와 개인기업 또는 그 외의 형태로 존재하는 기업이 주식회사 형태로 전환되는 경우에 행해지는 주식발행으로 구분할 수 있다.

① 신규 주식회사설립

신규로 주식회사를 설립하는 경우는 발기인이 정관을 작성하고, 공증인의 공증을 거쳐 설립등기를 하여야 한다. 그리고 정관에는 상법에 규정된 여러 사항과 함께 주식발행에 관한 사항이 규정되어야 한다.

주식회사의 설립은 주주모집의 방법에 따라서 발기설립과 모집설립으로 나누어진다.

발기설립은 주식회사의 발기인이 설립시 발행되는 주식의 총수를 인수하여 회사를 설립하는 방법으로, 소수의 발기인만이 주식을 인수함과 동시에 회사의 설립이 이루어지는 비교적 간단한 방법이다. 발기설립은 발기인의 출자만으로 창업에 필요한 자본을 조달할 수 있는 경우에 이용된다. 상법개정(2001년 7월 24일)을 계기로 현재 주식회사 설립시 요구하던 3인 이상의 발기인요건을 완화하여 1인 회사의 설립도 인정하고 있다.

모집설립은 회사설립 시에 발행되는 주식 중 일부를 발기인이 인수하고, 나머지 부분에 대하여는 발기인 이외의 주주로부터 모집하는 방법으로서 인척관계가 없는 다수의 주주를 모집하여야 한다. 이때 발행주식의 전부를 발기인, 연고자 등 특정관계자들에게만 인수시키는 경우를 비공모발행(연고모집)이라 하고, 불특정 다수의 일반투자자를 대상으로 인수시키는 경우를 공모발행이라고 한다.

② 기존기업의 조직변경에 의한 주식발행

개인기업 또는 다른 기업형태로 존재하고 있던 기업이 그 기업조직을 주식회사 형태로 변경할 때에는 기업의 법률적 형태가 변경되는 동시에 신규로 주식이 발행된다. 이와 같이 기업조직을 주식회사 형태로 변경·설립하는 경우로는 다음과 같은 유형이 있다.

첫째, 기존의 자본금을 그대로 두고 주식회사로 변경하는 경우이다. 이때 현재의 출자자는 각각의 출자액에 비례하여 주식을 교부받아 주주로서의 지위를 획득한다.

둘째, 기존의 자본금을 증자해서 변경하는 경우인데, 이때는 현 수준의 자본금에 대하여는 각 출자액에 비례하여 주식을 교부하고 증자되는 부분에 대해서는 추가적으로 출자자 지분에 비례한 배정, 회사 연고자들의 인수 또는 일반공모의 방법에 의한다.

셋째, 기존의 자본금을 감자하여 변경하는 경우이다. 이것은 기업규모의 축소를 의미하는데, 감자되는 부분은 출자자의 출자액에 비례해서 부담시키고, 그 나머지를 출자자 지분에 따라 주식으로 교부하게 된다. 이때 회사에 부채가 있는 경우에는 그것을 주식으로 대체함으로써 채권자를 주주로 참여시킬 수도 있다.

2) 유상증자에 의한 주식발행

증자에 의한 주식발행은 미발행 주식의 범위에서 그 일부 또는 전부를 이사회의 결의에 의해서 발행하는 것이다. 이러한 증자에는 회사의 재무정책 관점에서 주식회사가 실질적으로 자본규모를 확대하기 위한 추가자본의 조달책으로서 신주를 발행하여 주금을 납입하는 실질적 증자인 유상증자와 주금을 납입하지 않고 잉여금을 자본전입함으로써 신주를 발행하는 형식적 증자인 무상증자로 분류할 수 있다.

유상증자는 주식을 발행함으로써 주식수의 증가와 더불어 주식회사의 자산이 실질적으로 증가하는 실질적인 증자이다. 이는 주식발행에 의한 자기자본 확충방식으로서 기업의 재무구조를 개선하고 타인자본의존도를 줄이는 기본적인 방법으로 활용된다.

3) 무상증자에 의한 주식발행

무상증자는 기업의 준비금 및 자산재평가적립금을 주금의 납입이 없이 자본에 전입에 시키고, 증자된 자본금에 해당하는 만큼 신주를 발행하여 구주주에게 소유주식수에 비례하여 무상으로 배정·교부하는 증자방식이다. 여기서 자본전입이란 대차대조표상의 대변항목간의 이동을 말하며, 잉여금의 감소와 자본금의 증가로 나타난다.

이와 같이 무상증자는 재무제표상의 항목간의 변동을 통해 신주를 발행하는 형식적인 증자로서 자금조달을 목적으로 하지 않고 자본구성을 시정하거나 사내유보의 적정화 등을 실현하기 위한 방법으로 활용된다.

무상증자에 의한 주식발행형태는 준비금의 자본전입에 의한 무상증자와 자본전입에 의한 무상증자로 구분할 수 있다.

제4절 채무증권

1. 채무증권의 의의와 기본적 특성

1) 채무증권의 의의

채무증권은 확정된 금액을 특정한 날짜(만기)에 갚기로 하고 자금을 빌리는 데 사용되는 광의의 증권을 말하는데, 앞에서 언급한 것처럼 자본시장법에서는 채무증권을 국채증권, 지방채증권, 특수채증권(법률에 의하여 직접 설립된 법인이 발행한 채권), 사채권, 기업어음증권(기업사업에 필요한 자금을 조달하기 위하여 발행한 약속어음으로서 대통령령이 정하는 요건을 갖춘 것), 그 밖에 이와 유사한 것으로 채무를 표시한 것으로 정의하고 있다(이하에서는 채권을 광의의 개념인 채무증권으로 규정하여 내용을 전개한다).

채무증권은 정부, 공공기관, 특수법인, 주식회사 형태를 갖춘 사적기업 등이 불특정 다수인 투자자들로부터 비교적 장기의 자금을 집단적으로, 대량적으로 조달하고, 그 반대급부로 조달원금의 상환과 이자지급 등의 조건을 명확히 표시하여 발행하는 일종의 채용증서이다. 즉 채무증권이란 일반적으로 비교적 장기의 자금조달을 목적으로 하는 경제주체가 차입기간동안 약속된 방식에 의해 확정이자 및 원금의 지급을 약속한 증권이라고 말할 수 있다.

2) 채무증권의 기본적 특성

첫째, 채무증권은 보통의 채용증서와는 달리 법적의 제약과 보호를 받는다. 채무증권을 발행할 수 있는 발행주체의 자격요건 및 발행요건은 법률로 규정하고 있다. 일반석으로 성부, 공공기관, 특수법인, 상법상의 주식회사 등이 발행할 수 있으며, 정부가 발행하는 국채증권의 경우 국회의 동의를 받아야 하고, 주식회사가 사채권을 공모의 형태로 발행할 경우에는 금융위원회에 증권신고서 미리 제출하여야 한다.

둘째, 채무증권은 유통시장에서 자유롭게 거래된다.

셋째, 채무증권은 확정이자부증권이다. 채무증권은 발행시 혹은 매출시 채무자가 지급해야 할 이자, 상환금액이 확정 혹은 그 기준이 확정되어 투자원금에 대한 수익은 금리수준의 변동에 의한 예상치를 제외하고는 발행시 이미 결정된다. 따라서 채무증권투자 시에는 발행자의 원리금지급능력을 가장 중시한다. 왜냐하면 채무증권의 유통성은 원리금지급의 안정도에 비례하기 때문이다.

넷째, 채무증권은 원리금의 상환기간이 사전에 정해져 있는 기한부 증권이다. 주식발행에 의한 영구적인 자본조달과는 달리, 채무증권발행에 의한 자금조달은 한시적이어서 채무증권은 원리금에 대한 상환기간이 미리 정해진다. 이와 같이 채무증권이 확정부이면서 기한부증권인 관계로 잔존기간이 투자요소로 중요하다. 왜냐하면 이자율은 경제상황에 따라 변화하기 때문에 잔존기간의 여하가 투자시 중요한 요소로 부각된다.

다섯째, 채무증권은 자금운용의 수단으로서 이용된다. 채무증권은 기한부증권 및 확정이자부증권이라는 특성에 연유하여 가치평가에서 주식보다 금리체계내의 객관성을 보유하고 있어 전문투자자 등 투자자의 자금운용수단으로 이용된다.

2. 채무증권의 종류

채무증권은 그 내용이나 형식이 다양하여 간단히 분류하기는 어렵지만, 일반적으로 발행주체, 보증유무, 이자지급방법, 상환기간, 표시통화 등에 따라 다음과 같이 분류할 수 있다.

1) 발행주체에 의한 분류

채무증권은 발행주체에 따라 크게 국채증권, 지방채증권, 특수채증권, 사채권 등으로 구분할 수 있다.

① 국채증권

국채증권은 국채법에 의거하여 국회의 동의를 받고 정부가 발행하는 채권이다. 국채증권에는 일반재정적자보전 혹은 재정자금의 수급조절을 위하여 발행하는 일반국채증권, 특정사업의 재원조달을 위한 사업국채증권, 기금의 재원조달을 위한 기금국채증권, 국가의 보상재원마련을 위한 보상국채 등이 있다. 현재 우리나라에서 발행되고 있는 국채증권으로는 최근 국채증권발행의 중심을 이루고 있는 국고채권, 제1종, 제2종 및 제3종 국민주택채권, 재정증권, 공공용지보상채권 등이 있다. 기존에 발행되었던 양곡기금채권은 2000년 1월, 외국환 평형기금채권은 2003년 11월에 국고채권에 통합되었다.

〈표 2-6〉 주요 국채증권의 발행목적 및 발행조건

채무증권명	발행목적	발행방법	만기	표면금리	이자지급방법	원금상환
국고채권	각 회계, 기금의 부족 재원조달	경쟁입찰	3~20년	시장실세금리	6개월 단위 복리후급	만기일시상환
재정증권	정부회계의 일시적인 부족자금 조달 및 통화관리	경쟁입찰	1년 이내	시장실세금리	연단위 후급	만기일시상환
공공용지보상채권	용지보상비 대신 교부	교부발행	3년	시장실세금리	연단위 후급	만기일시상환
국민주택1종	국민주택 건설촉진을 위한 재원조달	첨가소화	5년	3.0%	연단위 후급	만기일시상환
국민주택2종		첨가소화	20년	3.0%	연단위 후급	만기일시상환
국민주택3종		첨가소화	10년	0%	-	-

자료 : 기획경제부

② 지방채증권

지방채증권은 지방자치법, 지방재정법에 의거 각 지방자치단체가 재원확보를 목적으로 발행하는 채무증권이다. 현재 각 시, 도가 발행하는 지역개발채권, 서울시에서 발행하는 도시철도공채, 부산시의 부산교통채권, 인천, 대구, 광주, 대전 등의 도시철도공채가 있다(〈표 2-7〉 참조). 지방채증권은 국채증권과 비교해 발행액수가 적고 신용도가 낮아 유동성이 낮은 실정이다.

〈표 2-7〉 지방채증권의 발행목적 및 발행조건

채무증권명	발행목적	발행방법	만기	표면이율	이자지급방법	원금상환
서울시 도시철도채권	지하철건설 재원조달	첨가소화	9년	6%	거치기간(5년)중에는 연복리 지급, 이후 연단위 미상환분에 대한 단리지급	5년거치 5년균등 상환
도시철도채권(인천, 대구, 광주, 대전)	지하철건설 재원조달	첨가소화	5년	6%	연복리	만기 일시 상환
부산 교통채	지하철건설 재원조달	첨가소화	5년	6%	연복리	만기 일시 상환
지역 개발채	지방재정 재원조달	첨가소화	5년	6%	연복리	만기 일시 상환

자료 : 기획경제부

③ 특수채증권

특수채증권은 한국도로공사, 한국토지개발공사 등 특별법에 의해 설립된 법인이 설립 근거법에 의거 발행하는 채무증권이다. 특수채증권에는 토지개발채권, 한국전력공사채, 기술개발금융채, 한국전기통신공사채, 예금보험공사채 등이 있다(〈표 2-8〉 참조).

〈표 2-8〉 주요 특수채의 발행목적 및 발행조건

채무증권명	발행목적	발행방법	만기	표면이율	이자지급방법	원금상환
토지개발채권	일반업무용 토지수용을 위한 자금조달	매출발행	2년	9%	6개월후급	만기일시상환
기술개발금융채	기술개발관련 자금지원	간접발행	3~5년	시장실세금리	3개월후급	만기일시상환
한국도로공사채	고속도로사업관련 재원조달	간접발행	3년	시장실세금리	3개월후급	만기일시상환
예금보험기금채	예금자보호를 위한 보험금지급	간접발행	3,5,7년	시장실세금리	3개월후급	만기일시상환

자료 : 기획경제부

④ 금융채증권

금융채증권은 특별법에 의하여 설립된 금융기관이 발행한 채무증권으로 특수채증권의 일종으로 보기도 한다. 대표적인 예로는 산업금융채권, 중소기업금융채권 등이 있다. 한편, 일반적으로 종합금융회사가 발행하는 종합금융채권, 여신전문업법에 의해 카드, 리스, 할부금융사들에 의해 발행되는 채권, 은행법에 의해 은행들에 의해 발행되는 은행채권, 한국은행이 발행하는 통화안정증권 등도 금융채증권으로 간주된다.

대부분의 금융채증권은 장기대출자금의 조달을 목적으로 발행되나, 한국은행의 통화안정증권과 같이 통화조절을 목적으로 발행되는 경우도 있다(〈표 2-9〉 참조).

〈표 2-9〉 주요 금융채증권의 발행목적 및 발행조건

채무증권명	발행목적	발행방법	만 기	표면금리	이자지급방법	원금상환
산업금융채권	주요산업개발자금지원	매출발행	1~10년	시장지정금리	발행시 선이자	만기일시상환
중소기업금융채권	중소기업자금지원	매출발행	1~5년	시장지정금리	할인, 복리이표식	1~10년만기액면상환
통화안정증권	한국은행의 통화조절	경쟁입찰, 창구매출	14 · 28 · 63 · 91 · 182 · 140 · 364 · 371 · 546일	시장지정금리	할인, 복리이표식	1~5년만기액면상환

자료 : 기획경제부

⑤ 사채권

상법상의 주식회사가 발행하는 채무증권을 말한다. 사채권은 일반적으로 3년에서 5년 사이의 만기로 발행되며, 매 3개월마다 이자를 지급받고 원금은 만기에 상환을 받는다. 사채권은 사실상 국가에 의해 직·간접적으로 원리금지급이 보장되는 국공채(국채증권, 지방채증권, 특수채증권)와 달리 원리금 상환능력이 발행기업에 따라 다르다.

2) 보증여부에 따른 분류

이는 원금상환 및 이자율지급이 이루어지지 않을 때 발행주체 이외에 제3자가 이를 보증하느냐 여부에 따른 분류이다. 이는 일반적으로 사채권에 적용되는 분류로서, 제3자의 원리금상환이 보증되는 보증사채권, 그렇지 않은 무보증사채권이 있다. 이외에 부동산이나 증권 등을 원리금지급의 담보로 제공되는 담보부사채권이 있다.

① 보증사채권

이는 원금상환 및 이자지급을 발행회사이외의 제3자가 보증하는 사채권을 의미한다. 원리금상환의 보증기관은 일반적으로 금융기관으로, 이에는 은행, 신용보증기금, 금융투자회사, 보증보험회사 등이 있다.

우리나라의 경우 보증사채권은 1998년 초까지는 사채권 중 가장 일반적 형태이었으나, 1997년 외환위기 이후 보증금융기관의 신뢰성이 저하됨에 따라 최근에는 우량대기업을 중심으로 한 무보증사채권의 비중이 사채권발행의 대부분을 차지하고 있다.

② 무보증사채권

이는 원리금상환에 대한 보증 혹은 담보제공없이 발행회사의 신용에 의거해 발행하는 사채권이다. 무보증사채권은 보증사채권이나 담보부사채권에 비해 원리금 적기지급의 안정성이 떨어지기 때문에 신용도가 우수한 주식회사만이 발행이 가능하다.

우리나라의 경우, 무보증사채권을 발행하기 위해서는 2개 이상의 신용평가기관으로부터 복수평가를 받아야 한다.

③ 담보부사채권

이는 담보부사채권 신탁법에 의거 사채에 물상담보권(物上擔保權)이 붙어 있는 사채권이다. 우리나라 기업의 경우, 담보로 제공할 수 있는 재산의 대부분이 은행차입담보로 설정되어 있어 담보부사채권이 발행되는 경우는 매우 드물다.

3) 이자 및 원금지급방법에 의한 분류

우리나라에서 채무증권에 적용되는 이자 및 원금지급방법은 단리채, 복리채, 할인채, 이표채, 그리고 특수한 형태로서 거치분할상환채로 분류할 수 있다.

① 단리채

이는 단리방식에 의해 이자금액이 원금과 함께 만기에 일시에 지급되는 방식이다.

$$S = F \times (1 + i \times N)$$

(S: 원리금, F: 액면금액, I: 표면이율, N: 만기년수)

국고채권의 일부가 단리채로 발행되고 있다.

② 복리채

이는 이자가 이자지급 단위기간 수만큼 복리로 재투자되어 만기시에 원금과 이자가 함께 지급되는 방식이다. 우리나라 채무증권에 적용되는 가장 일반적인 이자지급방식 중의 하나로서 이에는 ㉠ 연단위 재투자 복리채, ㉡ 3개월 단위 재투자 복리채가 있다.

㉠ 연단위 재투자 복리채

이는 이자와 원금이 전입되어 원금화되는 재투자단위기간이 연단위로 일어나는 복리채이다.

$$S = F \times (1+i)^N$$

(S: 원리금, F: 액면금액, I: 표면이율, N: 만기년수)

이에는 제1종 국민주택채권, 제2종 국민주택채권, 지역개발채권 등이 있다.

㉡ 3개월 단위 재투자복리채

이는 이자와 원금이 전입되어 원금화되는 재투자단위기간이 3개월 단위로 일어나는 복리채이다.

$$S = F \times (1 + I/m)^{N \times m}$$

(S: 원리금, F: 액면금액, I: 표면이율, N: 만기년수, m: 재투자횟수)

금융채증권들 중에서 복리채로 발행되는 채무증권들이 이에 해당된다.

③ 할인채

이는 만기시까지의 총 이자를 채무증권발행 혹은 매출시에 미리 공제하는 방식으로 선지급하는 형태의 채무증권이다. 따라서 만기시에는 투자원금에 해당하는 액면금액만을 지급한다.

$$\text{발행가액} = 10,000 \times (1 - iN)$$

(i: 표면이율, N: 만기년수)

우리나라의 경우 통화안정증권, 금융채증권 등이 대표적인 할인채이다.

④ 이표채

이는 이자를 일정기간마다 수령할 수 있는 이표가 첨부된 채무증권이다. 따라서 이자 지급일에 이표를 떼어내어 이자를 지급하는 형태를 취하고 있다.

우리나라의 경우 대부분의 사채권과 국채증권 및 금융채증권의 일부가 이표채방식으로 이자를 지급하고 있다.

예를 들어 표면이율이 8%, 만기 3년인 사채권이 3개월 이자지급 이표채일 경우, 3개월마다 이자지급액으로서 200원(= 10,000×0.08/4)을 수령하고, 만기일에 원금과 이자를 합해 10,200원을 수령한다.

⑤ 거치분할상환채

거치분할상환채는 원금과 이자가 일정기간 동안 거치된 후 지급되는 채무증권을 말한다. 우리나라의 대표적인 거치분할상환채로는 1999년 8월 이전에 발행된 서울도시철도채권을 들 수 있다(표면이율: 6%, 5년거치 5년 원금균등 분할상환방식).

〈표 2-10〉 서울도시채권의 원금상환표

(액면: 10,000원 기준, 단위: 원)

연 차	1년차	2년차	3년차	4년차	5년차	6년차	7년차	8년차	9년차
원 금	-	-	-	-	2,000	2,000	2,000	2,000	2,000
이 자	-	-	-	-	3,382[1)]	480[2)]	360[3)]	240	120
소 계	-	-	-	-	5,382	2,480	2,360	2,240	2,120

주 : 1) $10{,}000\times(1+0.06)^5-10{,}000=13{,}382-10{,}000=3{,}382$

2) $8{,}000\times0.06=(10{,}000-2{,}000)\times0.06=480$

3) $6{,}000\times0.06=(8{,}000-2{,}000)\times0.06=360$

자료 : 증권연수원, 「증권투자상담사Ⅲ」, 2008년, p. 28.

이 경우 채권의 첫 번째 이자 및 원금의 분할지급은 채권발행 후 5년차에 발생하고, 그 후 매년 정해진 비율에 따라 원금상환과 이자지급이 이루어지고 있다(〈표 2-10〉 참조).

4) 상환기간에 따른 분류

채무증권의 발행이후 상환(만기)까지의 기간을 기준으로 분류로, 기간에 대한 개념이 상대적이기 때문에 일률적으로 기준을 설정하기 어렵다. 우리나라의 경우 대체로 발행이후 상환(만기)기간이 1년 이하인 채무증권을 단기채, 1년 초과 5년 이하인 채권을 중기채, 5년을 초과한 채무증권을 장기채로 규정하고 있다.

① 단기채

일반적으로 상환(만기)기간이 1년 이하인 채무증권으로서 통화안정증권, 금융채증권 중 일부가 이에 해당된다.

② 중기채

상환(만기)기간이 1년 초과 5년 이하인 채무증권으로서, 대부분의 사채권 및 금융채증권을 포함한 특수채증권, 제1종 국민주택채권, 국고채권 중의 일부가 이에 해당된다.

③ 장기채

상환(만기)기간이 5년을 초과한 채무증권으로서 제2종 국민주택채권(20년), 서울도시철도채권(9년 또는 7년), 국채증권 중의 일부가 이에 해당된다.

5) 표시통화에 의한 분류

채무증권은 채무를 어떤 통화로 표시되었는가에 따라 자국통화표시채무증권과 외화표시채무증권으로 분류하기도 한다.

① 자국통화표시채무증권

이는 발행국가의 법정통화로 채무가 표시된 채무증권으로 우리나라의 경우 원화표시로 발행된 채무증권이 이에 해당된다.

② 외화표시 채무증권

이는 타국의 통화로 채무를 표시하는 증권으로 우리나라의 경우 해외발행 전환사채권 및 신주인수권부사채권, 외국환평형채권 등이 외화표시채무증권으로 발행되었다.

제5절 파생상품

1. 파생상품의 의의와 기능

앞에서 살펴본 바와 같이 자본시장법에서는 파생상품을 선도, 옵션, 또는 스왑의 어느 하나에 해당하는 투자성있는 것으로 정의하고(법 제5조 1항)[11], 이를 다시 장내파생상품과 장외파생상품으로 구분하여 장내파생상품은 "파생상품으로서 파생상품시장에서 거래되는 것 또는 해외 파생상품시장(파생상품시장과 유사한 것으로서 해외에 있는 시장과 대통령령으로 정하는 해외상품거래가 이루어지는 시장)에서 거

11) 구체적인 내용은 제2장 제2절 4. 파생상품의 개념 참조.

래되는 것"으로, 장외파생상품은 "파생상품으로서 장내파생상품이 아닌 것"으로 각각 정의하고 있다(법 제5조 2항). 본 절에서는 파생금융상품을 중심으로 살펴보고자 한다.

파생금융상품은 통화, 채권, 주식 등 기초금융자산(underlying financial asset)의 가치변동에 의해 그 가치가 결정되는 금융계약을 말한다. 구체적으로는 기초금융자산의 미래가격을 현시점에서 결정한 후, 미래의 계약만기일(결제일)에 미리 결정된 가격 및 방법으로 해당상품에 대해 매매, 교환 또는 권리의무의 이행 등을 행하는 형태의 계약을 말한다.

파생금융상품은 다음과 같이 여러 가지의 기능을 수행한다. 먼저 파생금융상품에 대한 투자는 기초자산에 투자하는 것보다 간편하고 또한 여러 가지의 이점을 제공한다. 즉, 파생금융상품 거래는 소액의 증거금 또는 프리미엄만으로 훨씬 규모가 큰 기초자산거래 전체에 영향을 미칠 수 있으며, 옵션을 비롯한 파생금융상품의 여러 계약형태를 적절히 이용하면 기초자산만으로 불가능한 다양한 포트폴리오를 구성할 수 있다.

또한 파생금융상품은 보다 높은 투자수익을 원하는 투자자에게는 고수익 투자수단을, 안정적인 재무관리를 필요로 하는 기업이나 금융기관에게는 효과적인 위험관리수단을 제공한다.

한편, 파생금융상품거래는 거래상대방의 채무불이행의 위험이 높고 거래구조가 복잡하여 투기적 거래에 대한 효과적인 내부통제가 이루어지지 않을 경우 재무적 위험에 처할 가능성이 높다. 특히, 최근에는 거래규모가 대형화되고 금융시장 간의 연계성이 심화되어 개별금융기관이 위험관리에 실패할 경우 그 영향이 전체금융시장시스템에 파급될 가능성이 증가하고 있다. 이에 따라 세계 각국에서는 파생금융상품거래의 잠재적 위험을 최소화하기 위해 금융하부구조 및 감독체계 등의 정비에 노력을 기울이고 있다.

파생금융상품은 계약형태에 따라 선도계약, 선물, 옵션, 스왑 등으로, 기초자산의 유형에 따라 통화, 금리, 주식관련상품 등으로, 거래장소에 따라 장내거래와 장외거래로 각각 구분된다(〈표 2-11〉 참조).

〈표 2-11〉 주요 파생금융상품의 종류

	장내거래	장외거래
주식관련	-주가지수선물(index futures) -주가지수옵션(index options) -주식옵션(equity options) -주가지수선물옵션(index futures options)	-주식옵션(equity options) -주식스왑(equity swaps)
금리관련	-금리선물(interest rate futures) -금리선물옵션(interest rate futures options)	-선도금리계약(forward rate agreements) -금리스왑(interest rate swaps) -금리옵션(interest rate options) -스왑옵션(swap otions)
통화관련	-통화선물(currency futures)	-통화선물옵션(currency futures options)

2. 계약형태에 따른 분류

앞에서 언급한 것처럼 파생금융상품은 계약형태에 따라 선도계약, 선물, 옵션, 스왑 등으로 구분할 수 있는데, 여기서는 개념과 특징을 중심으로 개괄적으로 비교해 보고자 한다.

선물거래(future trading)는 수량·규격·품질 등이 표준화되어 있는 특정대상물을 현재시점(계약시)에서 정한 가격(선물가격)으로 장래의 일정시점(결제일 또는 만기일)에 인수 및 인도할 것을 약속하는 거래로서, 거래소에서 규정한 정형화된 방법으로 거래하는 것을 의미한다.

선물거래의 특징은 현물거래, 선도거래, 옵션거래 등과의 비교를 통해 발전근거나 거래방식 등에 있어서의 차이점을 파악할 수 있다. 먼저 선물거래는 매매계약시점과 대상물의 수도 및 대금수수시점이 서로 다르다는 점에서 현재시점에서 대상물과 대금수수가 동시에 이루어지는 현물거래(spot trading)와 대응되는 개념이다(〈표 2-12〉 참조).

〈표 2-12〉 선물거래와 현물거래

	선 물 거 래	현 물 거 래
시장의 기능	위험전가 및 가격정보제공	자본형성
거래대상상품의 보유기간	한 정	제한 없음
공급물량	불확실	공급량이 공개되고 변화가 적음
레버리지효과	증권시장보다 큼	선물시장보다 작음
증거금의 성격	증거금은 통상 거래대금 총액의 10%내외로 이행보증금의 성격	주식매입대금의 일부지급성격

거래소 이외의 장소에서 개인간의 거래를 통해 이루어지는 사적 장래 인수도 계약을 선도거래(forward trading)라고 하는데, 선물거래와 선도거래는 장래 인수도 계약이라는 점에서 본질적인 개념은 같지만 거래장소, 거래조건, 거래방법, 거래형태 등에서는 차이가 있다(〈표 2-13〉 참조). 선물거래는 선도거래를 제도화, 규격화, 표준화한 거래라고 말할 수 있다.

〈표 2-13〉 선물거래와 선도거래

	선물거래	선도거래
거래장소	지정된 거래소	지정된 특정한 장소가 없음
매매계약체결방법	완전경쟁매매	개인간 상대매매
결제이행보증장치	증거금, 일일정산, 결제기관 등의 장치가 존재	계약상대방의 신용에 의존
결제일전 계약해소	반대매매에 의해 언제든지 가능	대부분 결제일에 계약이행
거래상대방	불특정 다수(거래용이)	계약조건이 합치하는 특정인(거래성립이 어려움)
신용위험	청산소에서 거래이행보증	계약불이행위험 존재

옵션(option)은 특정대상물을 사전에 정한 가격으로 일정한 기간(혹은 일정한 시점)내에서 살 수 있는 권리 또는 팔 수 있는 권리를 의미한다. 여기서 옵션의 대상이 되는 목적물을 기초자산(Underlying Asset)이라 하고, 사전에 정한 가격을 행사가격이라고 한다. 그리고 일정한 기간 내란 옵션계약에 따라 옵션의 매수자가 옵션의 매도자에 대해 특정한 가격으로 기초자산을 거래할 수 있는 기간인 권리행사기

간을 말하고, 사전에 정한 시점을 만기일이라고 한다. 옵션 중에는 살 권리를 콜(Call)옵션 또는 콜(Call)이라고 하고, 팔 권리를 풋(Put)옵션 또는 풋(Put)이라고 한다.

옵션거래는 옵션을 매매대상으로 하는 거래로서 옵션매입자와 옵션매도자간에 이루어진다. 옵션매도자는 옵션매수자에게 옵션(권리)을 제공하고, 옵션매수자는 옵션매도자에게 그 대가를 지급한다. 이와 같이 옵션매입사가 미리 정해진 조건으로 기초자산을 사거나 팔 수 있는 권리를 얻는 대신 옵션매도자에게 일정한 대가를 지불하는데, 이를 프리미엄 또는 옵션가격이라고 한다.

〈표 2-14〉 선물거래와 옵션거래

	선물거래	옵션거래
거래대상	대상자산 자체	대상자산을 매도·매수할 수 있는 권리
위 험	위험의 한정이 불가능	매수자 :위험한정 가능 매도자 :위험한정 불가능
증 거 금	매도자와 매수자 모두 납부	의무를 부담하는 매도자만 납부
인 수 도	결제시기에만 가능	만료일 이전가능(만료일이후 권리소멸)

선물거래와 옵션거래는 계약시점으로부터 상당기간 후에 대상물의 결제를 이행한다는 점과 경제적 기능이 유사하지만 〈표 2-14〉와 같은 차이점이 있다.

스왑은 일반적으로 두 개의 금융자산 또는 부채에서 파생되는 미래의 현금흐름을 교환하기로 하는 계약으로, 서로 다른 통화표시 채무의 원리금상환을 교환하기로 약정하는 통화스왑과 변동금리채무와 고정금리채무간의 이자지급을 교환하기로 약정하는 금리스왑 등으로 구분된다.

3. 기초자산의 유형에 따른 분류

앞에서 언급한 것처럼 파생금융상품은 기초자산의 유형에 따라 통화관련상품, 금리관련상품, 주식관련 상품 등으로 구분할 수 있는데, 이에 대해 여기서는 개념 및 특징을 중심으로 개괄적으로 살펴보고자 한다.

1) 통화관련상품

통화관련상품으로는 선물환(forward exchange), 통화선물(currency future), 통화옵션(currency option), 통화스왑(currency swap) 등이 있다. 먼저 선물환은 거래당사자가 특정통화의 거래규모와 환율을 정한 후 미래의 특정일에 미리 약정한 조건에 의해 수도결제하는 거래로서 환율변동위험을 회피하거나 환차익을 획득하기 위한 수단으로 활용된다. 한편 통화선물은 환리스크를 해지하거나 환차익을 얻기 위하여 특정통화를 미래의 특정시점에 미리 정해진 가격으로 매입 또는 매도하는 거래를 말한다. 통화선물은 거래대상통화, 거래단위, 결제일 등의 표준화된 형태로 장내시장인 거래소에서 거래되는 반면에, 선물환은 모든 계약조건이 거래당사자간의 합의에 의해 결정되고 장외시장에서 거래된다는 점에서 차이가 있다.

통화옵션은 계약체결일로부터 만기일(또는 계약기간동안)에 특정통화를 미리 약정한 환율로 매입하거나 매도할 수 있는 권리를 매매하는 거래를 말한다. 통화옵션거래에서 옵션매입자는 현물환율이 약정환율보다 불리하게 변동할 경우 약정환율로 옵션을 행사하여 손실을 방지하며 현물환율이 약정환율보다 유리하게 변동할 경우에는 옵션을 포기한다.

통화스왑은 거래당사간에 서로 필요로 하는 통화를 대가로 보유 외화자산을 매매하고 만기에 계약당시 약정한 환율로 당초 거래의 역으로 매매하는 거래를 말한다. 통화스왑은 주로 차입자가 각자 유리한 금융시장에서 자금을 조달한 후 각자 필요한 통화로 교환함으로써 차입비용의 절감이나 환율변동에 따른 리스크를 회피하는 수단으로 이용된다.

2) 금리관련상품

금리관련상품은 각종채권의 보유에 따른 금리변동을 회피하기 위한 상품으로 선도금리계약(forward rate agreement), 금리선물(interest rate future), 금리선물옵션(interest rate future option), 금리스왑(interest rate swap) 등이 있다. 먼저 선도금리계약은 미래의 일정시점으로부터 약정만기일까지의 계약기간 동안 적용될 금리를 거래당사자간에 미리 확정하는 것으로 계약기간 시작일에 약정금리와 시장금리에 의한 이자차액을 정산한다.

금리선물은 거래소에 상장된 금융자산을 시장참가자간에 자유롭게 결정되는 수익률 또는 할인율로 거래하되 일정기간 후 해당 금융자산을 인·수도하기로 약정하는 거래를 말한다. 그런데, 실제로 거래대상이 되는 기초자산은 금리자체가 아니라 금리수준에 따라 가치가 변동하는 국채 등 고정금리부 금융자산이다. 금리선물은 이들 거래대상 금융자산의 만기에 따라 단기금리선물(통화안정증권금리선물, CD금리선물 등)과 장기금리선물(3년 국채선물, 5년 국채선물 등)로 구분된다.

한편 금리선물옵션은 거래소에 상장된 금융자산을 일정기간 후 일정수익률로 매입 또는 매도할 수 있는 권리를 매매하는 거래를 말한다.

금리스왑은 차입금에 대한 금리리스크의 헤지(hedge)나 차입비용의 절감을 위하여 두 차입자가 각자의 채무에 대한 이자지급의무를 상호간에 교환하는 거래를 말한다. 금리스왑거래는 주로 같은 통화와 원금 및 만기가 같은 부채구조를 가지고 있는 두 당사간의 거래가 대부분이며, 자금의 흐름도 원금의 교환없이 이자차액만 주고받는다.

3) 주식관련상품

주식관련상품은 주가변동에 의거해 발생하는 위험을 회피하기 위한 상품으로, 대표적인 예로서는 주가지수선물, 주가지수옵션 등을 들 수 있다.

주가지수선물은 상장주식전체 또는 일부의 가격수준을 나타내는 주가지수를 대상으로 하여 미래의 특정시점에 미리 정한 가격으로 매매할 것을 약정하는 상품을 말한다.

주가지수옵션은 주가지수를 대상으로 하여 미래의 일정시점에 일정한 가격으로 거래할 수 있는 권리를 매매하는 상품을 말한다.

4. 거래장소에 따른 분류

파생금융상품시장은 장내시장과 장외시장으로 구분할 수 있다. 장내시장은 가격이외의 모든 거래요소가 표준화되어 있는 파생금융상품이 거래되는 시장으로서 거래소시장이라고도 한다. 반면에 장외시장은 표준화되어 있지 않은 파생금융상품이 거래소이외의 장소에서 시장참가자간에 직접 거래되거나 딜러나 브로커의 중개에 의하여 거래되는 시장을 말한다. 파생금융상품을 거래하는 장내거래와 장외거래를 비교해 보면 〈표 2-15〉와 같다.

〈표 2-15〉 장내거래와 장외거래의 비교

	장내거래	장외거래
거래 조건	-거래단위, 대상통화, 결제시기 등이 표준화	-거래당사자가 협의하여 거래금액, 통화, 기간 등을 자유롭게 결정
거래 장소	-거래소	-딜러나 브로커를 통하여 전화, 텔렉스 등으로 계약체결
거래참가자	-거래소회원만 거래, 기타참가자는 회원의 중개로 거래	-제한 없음
계약상대방	-거래소	-상호 거래상대방을 알고 있으므로 상대방의 신용을 감안하여 계약여부를 결정
결 제	-상품가격의 등락을 일일정산을 통해 증거금에 반영하여 대부분 만기전에 반대거래를 통하여 거래를 청산하고 차액만을 정산	-대부분 만기에 현물을 인·수도하며 중간정산은 하지 않음
증 거 금	-증거금을 예치	-딜러나 브로커가 고객별 신용한도를 설정하거나 담보금예치를 요구

우리나라의 경우 장내거래는 2005년 1월 거래소통합조치에 의거하여 한국증권선물거래소(현재의 한국거래소) 내의 선물시장에서 주가지수선물, 국채선물, 통화안정증권 금리선물, 미국달러선물, 엔선물, 유로선물, 금선물, 주가지수옵션, 개별주식옵션 등이 이루어지고 있다. 장외거래는 선물환, 스왑, 옵션, 선도금리계약 등 통화관련 상품이 주로 거래되고 있다.

제6절 집합투자증권

1. 집합투자증권의 개념

종래의 간접투자자산운용법에서는 간접투자라는 개념을 투자자로부터 자금 등을 모아서 일정한 자산에 운용하고 그 결과를 투자자에게 귀속시키는 것으로 정의하였는데, 자본시장법에서는 간접투자라는 개념대신에 집합투자라는 개념을 도입하였다.

자본시장법에서 집합투자란 2인 이상에게 투자권유를 하여 모는 금전 또는 국가재정법 제81조에 따른 여유자금을 투자자 또는 각 기금주체로부터 일상적인 운용지시를 받지 아니하면서 재산적 가치가 있는 투자대상자산을 취득·처분, 그 밖의 방법으로 운용하고 그 결과를 투자자 또는 각 기금관리주체에게 배분하여 귀속키는 것을 말한다(법 제6조 5항).

자본시장법에서는 집합투자증권을 집합투자기구에 대한 출자지분(투자신탁의 경우에는 수익권을 말한다)이 표시된 것으로 정의하고 있다(법 제9조 21항). 이와 같은 정의에 의거해 집합투자증권에 해당되기 위해서는 먼저 집합투자기구에 대한 출자지분이나 수익권이 표시된 것이어야 한다. 따라서 집합투자기구와 관련이 없는 출자지분이나 수익권이 표시된 것은 집합투자와 관련한 규제대상이 되지 않는다.[12)]

자본시장법에서는 종전의 간접투자자산운용법과는 달리 집합투자의 수단으로 활용가능한 기구(vehicle)의 범위를 최대한 확대하여 투자신탁, 투자회사(상법상 주식회사형태)외에도 투자유한회사(상법상 유한회사형태), 투자합자회사(상법상 합자회사형태), 투자익명조합(상법상 익명조합형태) 및 투자조합(민법상 조합형태), 사모투자전문회사(PEF) 등 다양한 법적형태의 집합투자기구를 인정하고 있다. 따라서 이들 집합투자기구가 발행한 지분증권이나 수익증권만이 집합투자증권으로 인정된다.

한편 집합투자증권이 되기 위해서는 집합투자기구에 대한 출자지분이나 수익권

12) 김병연 외 3인, 상게서, p. 265.

이 표시된 것이어야 하기 때문에, 투자신탁을 제외한 모든 집합투자기구의 투자자의 지위는 출자지분이 표시된 것, 즉 지분증권의 소유자가 될 것이며, 투자신탁의 투자자의 지위는 수익권이 표시된 것, 즉 수익증권의 소유자가 될 것이다.[13]

2. 집합투자기구의 종류

자본시장법에서는 종래의 간접투자자산운용법상의 7종류의 구분을 4종류로 재분류하고, 집합투자기구 종류별 운용대상 자산의 제한을 폐지함으로써 단기금융집합투자기구(MMF)를 제외한 모든 집합투자기구가 다양한 투자대상에 운용할 수 있도록 제도를 개선하였다.

〈표 2-16〉 집합투자기구 종류별 구분

구 분	증권집합투자기구	부동산집합투자 기구	특별자산집합투자기구	MMF	혼합자산집합투자기구
증 권	○	○	○	○	○
파생상품	○	○	○	×	○
부 동 산	○	○	○	×	○
실물자산	○	○	○	×	○
특별자산	○	○	○	×	○

자료 : 김병연 외 3인, 상게서, p. 348.

집합투자기구는 주요 투자대상 자산(집합투자기구 자산의 50%초과 투자자산)을 기준으로 증권집합투자기구, 부동산집합투자기구, 특별자산집합투자기구, 단기금융집합투자기구(MMF: Money Market Fund)로 구분된다(〈표 2-16〉 참조).

그런데 각 집합투자기구별 주요 투자대상 자산에 해당 기초자산 관련 파생상품을 포함시킴으로써 파생상품집합투자기구를 별도로 구분·설정하지 않았으며, 실물투자집합투자기구와 특별자산집합투자기구를 통합하여 특별자산집합투자기구로 일원화하였다. 또한 재간접투자기구는 운용대상 자산의 유형상 증권집합투자기구에 해당하여 별도로 분류하지 아니하고 증권집합투자기구에 포함하는 것으로 하였다.

13) 김병연 외 3인, 상게서, p. 266.

자본시장법상에서 집합투자기구의 종류를 분류함에 있어서 가장 특징적인 것은 주요투자대상 자산을 특정하지 않고 언제나 어떤 자산에나 자유롭게 운용할 수 있는 새로운 종류의 집합투자기구인 혼합자산집합투자기구를 신설하였다는 점이다.

제2부

자 본 시 장

제 3 장

자본시장의 기본적인 이해

자본시장은 증권 등 금융투자상품의 매매를 통해 직접금융의 기능을 담당하는 시장으로, 자본주의 경제체제가 지속적으로 성장, 발전하기 위해서는 필수적인 금융시장의 하나이다. 본 장에서는 자본시장의 의의와 기능, 구조 그리고 자본시장의 관계기관, 등에 대해 살펴봄으로써 자본시장에 대한 기본적인 이해를 향상시키고자 한다.

제 1 절　자본시장의 의의 및 기능과 구조

1. 자본시장의 의의와 기능

자본시장은 금융시장의 일환으로서 자금의 수요자와 공급자를 직접 연결하는 직접금융의 기능을 담당하는 시장을 의미한다. 즉 자본시장은 기업, 정부, 또는 지방자치단체 등이 장기자금을 조달하는 시장으로서, 넓은 의미에서는 은행시설자금대출 등 장기대출시장을 의미하나, 일반적으로는 좁은 의미로서의 증권 등 금융투자상품이 발행되고 유통되는 시장전반을 가리킨다.

이러한 의미를 지닌 자본시장은 국민경제적 측면에서 볼 때, ① 장기안정적인 산업자금의 공급, ② 금융자산의 운용, ③ 자산재분배 및 기업집중의 완화, ④ 재정금융정책의 수단 등의 기능을 수행하고 있다고 말할 수 있다.

1) 장기안정적인 산업자금의 공급

일반적으로 기업이 필요로 하는 자금은 공장의 건설, 기계의 설비 등 장기적으로 고정된 설비자금과, 원재료의 구입 내지는 임금지급 등에 충당되는 운전자금으로 분류할 수 있다. 또한 자금의 원천이라는 관점에서는 감가상각 내지는 내부유보와 같이 기업의 내부에서 조달하는 자금인 내부자금과, 금융거래를 통해 기업외부에서 조달하는 외부자금으로 구분할 수 있다. 외부자금은 기업이 주식이나 채권 등을 발행하여 자본시장을 통해 투자자로부터 직접자금을 조달하는 경우와 은행 등 금융중개기관을 통해 조달하는 경우로 구분할 수 있다. 그런데 일반적으로 자본시장을 통해 조달된 자금은 장기안정적인 자금이므로 장기적으로 고정된 설비자금을 조달하는데 적합하다고 말할 수 있다

한편 주식발행으로 조달된 자금은 부채가 아닌 자기자본을 구성하기 때문에 기업의 재무구조개선 및 재무위험을 감소시키는데 기여한다. 기업의 자기자본충실화는 특히 불황기에 고정금리로 지출되는 차입금과는 달리 저율배당 또는 무배당이 가능하여 경기대응능력을 제고시켜 기업경영과 체질강화에 기여한다.

이밖에도 자본시장을 통한 자금의 조달은 기업의 산업자금조달뿐만 아니라 금융채증권의 형태로 발행되어 금융기관의 자금조달원이 간접적으로 기업의 장기설비자금으로 충당되어진다. 이와 더불어 국채증권·지방채증권·특수채증권·사채권 등의 형태로 국가·지방자치단체·정부투자기관·기업 등의 일부소요자금이 자본시장을 통하여 조달된다.

2) 금융자산의 운용

투자자측면의 자본시장은 금융자산의 운용을 위한 투자시장으로서의 기능을 수행한다. 일반적으로 경제가 발전하고 국민소득수준이 높을수록 실물자산보다는 금융자산에 대한 투자수요가 늘어난다. 뿐만 아니라 금융자산의 투자형태에 있어서도 거래동기나 안전성을 중시하는 은행예금에서 수익성을 중시하는 주식과 채무증권 등 증권투자로 다양화해 가는 경향을 보이고 있다. 자본시장은 주식, 채무증권, 파

생상품 등의 금융투자상품을 제공하여 이를 직접 투자하고자 하는 투자자의 욕구(needs)에 부응하고 있다.

3) 자산재분배 및 기업집중의 완화

자본시장은 자산운용의 대상이 됨과 아울러 나아가서는 주식의 분산을 통한 대중자본주의를 실현으로 소득재분배에 기여하고 경제력집중을 완화하는 중요한 기능을 수행한다.

주식회사제도와 자본시장관련제도는 국민경제의 부의 원천인 기업이익을 소수의 대주주에 집중시키지 않고 기업성장의 몫을 불특정다수의 국민에게 골고루 나누어 줌으로써 소득재분배라는 경제적, 사회적 기능을 수행한다.

자본주의 경제의 발전에 따라 주식회사제도의 자본집중기능은 더욱 가속화되어 기업의 집중의 폐해로 나타난다. 따라서 주식분산을 통한 대중자본주의의 실현은 경제력집중을 완화하는 방법으로 기업은 소유와 경영을 분리하게 되어 경영의 합리화와 체질강화에 도움을 준다.

4) 재정금융정책의 수단

자본시장은 정부의 재정금융정책을 실현하는 효과적인 수단을 제공한다. 정부는 자본시장을 통해 국채증권을 발행하거나 상환함으로써 적자 또는 흑자 재정을 운용하는 등 자본시장을 보완적인 정책수단으로 활용한다. 또한 중앙은행은 자본시장에서의 공개시장조작을 통하여 통화량 및 이자율을 조절을 도모하는 등 금융정책의 수단으로 활용한다.

이외에도 자본시장에서의 자금의 조달과 운용은 자금공급자와 자금수요자간의 시장원리에 의해 성립되므로, 자본시장은 자금의 효율적인 분배를 통해 국민경제의 합리적인 운용을 촉진하는 기능을 수행한다.

2. 자본시장의 구조

자본시장의 구조는 여러 가지형태로 분류할 수 있지만, 시장의 기능에 의거하여서는 발행시장과 유통시장으로 구분할 수 있다.

발행시장은 발행주체(발행자)로부터 발행된 증권이 최초의 투자자에게 이전되는 거래가 이루어지는 시장을 말한다. 즉 자금의 수요자인 발행인이 증권을 새로이 발행하여 자금의 공급자인 투자자에게 제공함으로써 자금조달이 이루지는 과정으로 자본시장의 제1차적인 시장(primary market)이라고 말할 수 있다.

한편 유통시장은 발행시장과는 달리 일정한 장소에 필요한 시설을 갖춘 구체적이고 조직적인 시장으로서, 발행시장을 통해 이미 발행된 증권이 투자자상호간에 거래되는 시장을 말한다. 즉 자금조달과는 직접 관계없이 증권에 대한 투자하고자 하는 투자자와 증권을 팔아 투자자금을 회수하고자 하는 투자자상호간에 거래가 이루어지는 자본시장의 제2차적인 시장(secondary market)이라고 말할 수 있다.

투자자는 자신이 매입한 증권을 유통시장을 통하여 매각함으로써 투자자금을 회수할 수 있다. 따라서 발행시장이 「자본의 증권화」를 통해 산업자본의 조달기능을 수행한다면, 유통시장은 「증권의 자본화」를 통해 증권의 환금성을 보장한다고 말할 수 있다. 이와 같이 증권은 자유로운 유통을 본질로 하기 때문에, 증권의 발행자체는 유통시장의 존재를 전제로 한다.

발행시장과 유통시장은 상호 밀접한 관계가 있다. 발행시장측면에서 볼 때, 발행시장은 유통시장의 존재가 전제되어야만 비로소 산업자본의 조달기능을 원활히 수행할 수 있다. 왜냐하면 유통시장에서는 증권이라는 의제자본의 유통거래가 이루어질 뿐 실질적인 자본동원이 이루어지지 않으나, 발행시장에서는 증권의 환금성보장이라고 하는 유통시장의 기능이 없이는 자본동원기능을 수행할 수 없기 때문이다. 또한 유통시장에서 증권의 가격변동은 발행시장에 커다란 영향을 미친다. 예를 들어 유통시장에서 주가가 하락하는 경우 당해 기업은 주식발행을 통해 소요자본을 원활히 조달할 수 없다.

한편 유통시장측면에서 볼 때, 발행시장을 통한 증권의 공급이 있어야만 유통시장이 존재한다. 즉 유통시장이 증권이라는 금융투자상품을 거래대상으로 하기 때문에 「자본의 증권화」라는 발행시장의 기능이 없이는 유통시장은 존재할 수 없다는 논리가 성립된다.

또한 유통시장이 자본전환 내지는 가격발견이라는 기능을 원활히 수행하려면 발행시장을 통한 증권의 공급이 충분해야 하고, 발행된 증권의 분산이 잘 이루어져야 한다. 발행시장에서 증권의 공급이 충분히 이루어지지 않고 또한 이들 증권이 일반대중에게 분산되지 않으면, 유통시장에서의 증권의 원활한 거래와 이를 통한 공정한 가격형성은 기대할 수 없다.

제2절 발행시장

1. 발행시장의 의의 및 기능

발행시장은 자금의 수요자인 발행주체(발행인)로부터 자금의 공급자인 최초의 투자자에게 증권이 최초로 이전되는 추상적인 시장을 말한다.[1] 새로이 증권이 최초로 출현하는 시장이라는 점에서 신규시장 또는 제1차적 시장(primary market)이라고도 한다.

이와 같은 의미를 지니고 있는 발행시장은 다음과 같은 기능을 수행한다.

첫째, 장기산업자금의 조달시장으로서의 기능을 수행한다. 즉, 발행시장은 기업의 장기자금의 조달을 도와서 기업자본의 대규모화를 실현시키는 데에 기여한다.

둘째, 증권의 취득과정을 통하여 기업의 소유·지배 또는 기업상호간의 연결을 촉진시키는 등 경제의 양적·질적 고도화에 기여하는 기능을 수행한다. 예를 들어 발행시장을 통하여 신규발행되는 주권의 분산이 가능해지므로 기업의 소유·지배구조의 개선에 기여한다.

1) 발행시장을 추상적인 시장이라고 하는 이유는 증권발행을 위한 일정한 장소가 필요하지 않기 때문이다.

셋째, 투자자들에게 유리한 투자의 대상을 제공함으로써 소득분배를 촉진시키는 기능을 수행한다.

2. 발행시장의 형태

증권의 발행형태는 일반적으로 발행될 증권의 수요자를 구하는 방법에 따라 공모(모집과 매출)와 사모로 나누어지고, 발행에 따른 위험부담과 사무절차를 담당하는 방법에 따라 직접발행과 간접발행으로 구분된다. 통상 공모(모집과 매출)의 경우에는 간접발행의 형태를, 사모의 경우에는 직접발행의 형태를 취하는 것이 보통이다.

1) 공모(모집과 매출)와 사모

공모는 일반적으로 증권을 일반투자자에게 분산·취득시키기 위한 행위를 말하는데, 자본시장법에서는 공모를 모집과 매출로 정의하고 있다.

먼저 모집은 대통령령으로 정하는 방법에 따라 산출한 50인 이상의 투자자에게 새로 발행되는 증권의 취득의 청약을 권유하는 것을 말한다(자본시장법 제9조 7항). 즉 신규로 발행되는 증권의 취득청약의 권유를 하는 날로부터 과거 6개월 이내에 해당 증권과 동일한 종류의 증권에 대하여 모집이나 매출에 의하지 아니하고 청약의 권유를 받은 자를 합산하여 50인 이상의 투자자를 대상으로 취득의 청약을 권유하는 행위를 말한다.

매출은 대통령령으로 정하는 방법에 따라 산출한 50인 이상의 투자자에게 이미 발행된 증권의 매도의 청약을 하거나 매수의 청약을 권유하는 것을 말한다(자본시장법 제9조 9항). 즉 매도청약이나 매수청약의 권유를 하는 날로부터 과거 6개월 이내에 해당증권과 동일한 종류의 증권에 대하여 모집이나 매출에 의하지 아니하고 청약의 권유를 받은 자를 합산하여 50인 이상의 투자자를 대상으로 청약을 권유하는 행위를 말한다. 매출에 대하여 합산하는 경우에는 증권시장밖(자본시장법 제78조 1항에 따라 상장주권의 매매가 중개되는 경우에는 제외)에서 청약의 권유를 받은 자를 기준으로 그 수를 산출한다.

이와 같이 자본시장법에서는 모집과 매출에 대해 과거 6개월을 통산하여 불특정

다수인에게 한 청약의 권유를 말하며, 이때 불특정다수이란 모집과 매출의 상대방이 50인 이상이 되는 것을 의미한다. 한편 자본시장법 시행령에서는 통상 50인의 산정 시에 제외되는 자를 크게 전문가와 연고자로 구분하여 열거하고 있다(령 제11조 1항 제1호, 제2호)

〈표 3-1〉 증권의 모집과 매출산출시 제외되는 자의 범위

① 전문가

-전문투자자(국가, 한국은행, 대통령령으로 정하는 금융기관, 대통령으로 정하는 자 등 자본시장법 시행령 제10조제1항제1호부터 제4호까지의 자)
-법률에 따라 설립된 기금 및 그 기금을 관리・운용하는 법인과 법률에 따라 공제사업을 경영하는 법인 중 금융위원회가 정하여 고시하는 자
-공인회계사법에 의한 회계법인
-신용정보의 이용 및 보호에 관한 법률에 따른 신용평가사
-발행인에게 회계, 자문 등의 용역을 제공하고 있는 공인회계사, 감정인, 변호사, 변리사, 세무사 등 공인된 자격증을 소지하고 있는 자
-그밖에 발행인의 재무상황이나 사업내용 등을 잘 알 수 있는 전문가로서 금융위원회가 정하여 고시하는 자

② 연고자

-최대주주 및 5%이상의 주주
-발행인의 임원(상법 제401조의 2 제1항 제1호에 따른 최대주주포함)
-근로자복지기본법에 따른 우리사주조합원
-발행인의 계열회사와 그 임원
-발행인이 주권비상장법인인 경우 그 주주(공모실적 주권을 모집하거나 매출한 실적이 있는 법인 제외)
-외국법령에 의해 설립된 외국기업인 발행인이 종업원의 복지증진을 위한 주식배수세도 등에 따라 국내계열회사의 임직원에게 해당 외국기업의 주식을 매각하는 경우 그 국내계열회사의 임직원
-발행인이 설립중인 회사의 경우에는 그 발기인
-그 밖에 발행인의 재무상황이나 사업내용을 잘 알 수 있는 연고자로서 금융위원회가 정하여 고시하는 자

모집과 매출의 차이는 공모대상인 증권이 신규로 발행되는 것인지(모집), 아니면 이미 발행된 것인지(매출)에 있다. 또한 모집을 하는 주체는 발행인임에 반해 매출을 하는 주체는 증권의 보유자가 된다. 그리고 모집과 대출에 해당하는지 여부를

따지는 실익은 증권신고서 제출과 같은 발행공시 의무를 부과할 것인지를 결정하는 데 필요하다.

사모란 새로 발행되는 증권의 취득의 청약을 권유하는 것으로서 모집에 해당하지 아니한 것을 말한다. 따라서 사모는 발행인(발행주체)이 특정의 수요자를 대상으로 증권을 발행하고 자금을 조달하는 방법을 의미한다. 주권의 경우, 발행주권을 발기인만을 내상으로 발행한다든가 또는 연고자에게 인수시키는 방법을 말하는데, 그 대상이 일반 대중이 아니라는 점에서 사모라 일컫는다.

대부분의 증권 발행은 공모(모집과 매출)에 의해 이루어지는데, 그 이유는 사모에 비해 상대적으로 발행방법과 절차가 투명하게 이루어지기 때문이다.

2) 직접발행과 간접발행

직접발행은 발행인(발행주체)이 자기의 책임과 계산으로 발행위험을 부담하고 발행사무를 모두 담당하여 발행하는 것을 말하며, 직접모집 또는 자기모집이라고도 한다. 만약 주식의 발행총액이 응모총액에 미달할 때에는 발행주체가 이사회결의를 통하여 잔량을 처리하여야 하며, 만일 인수능력이 없을 때에는 회사의 설립자체가 성립되지 아니한다. 그러므로 모집할 능력이 충분하거나 발행규모가 적어 상대적으로 발행위험이 적고 발행사무가 비교적 간단한 경우에만 이용이 가능한 방법이다.

간접발행은 발행인(발행주체)이 중개인인 발행기관을 거쳐서 간접적으로 발행하는 방법으로, 전문적인 지식과 조직을 가지고 있는 금융투자회사(금융업자 구체적으로는 투자매매업자)나 금융기관 등의 전문기관(발행기관)에 발행업무를 의뢰하여 발행하므로 모집발행이라고도 한다. 이 경우 발행주체는 원칙적으로 발행 및 모집사무 또는 발행위험을 전문기관에 부담시키고, 이에 따른 수수료를 부담한다.

간접발행은 발행위험의 부담정도에 따라서 다음과 같이 구분된다.

① 위탁모집(모집주선, best-effort basis)

제3자인 발행기관이 수수료를 받고 발행인을 위하여 당해 증권의 모집 또는 매출을 주선하거나, 기타 직접 또는 간접으로 증권의 모집 또는 매출을 분담하는 방법이다.

이 방법은 발행회사 또는 발행인이 스스로 발행위험을 부담하지만 모집업무와 같은 발행사무를 발행기관에 위탁하는 데에 그 특징이 있다. 일반적으로 이 방법은 발행위험이 비교적 높기 때문에 제3자인 발행기관에 부담시키는 것이 용이하지 않아, 발행사무만을 위탁하는 경우에 이용된다. 이 경우 발행기관은 발행사무만을 담당하고 소화되지 않은 증권은 발행인에게 되돌려 주게 된다. 따라서 3가지의 간접발행방법 중 수수료가 가장 싸다.

② 잔액인수(stand-by agreement)

발행 및 모집사무와 인수위험을 분리하여 발행기관(인수기관)에 위임하는 방법으로 일단 발행기관에 발행 및 모집사무를 위탁하고 일정기간 동안 모집을 한 다음, 그 기간이 경과 후 모집부족액이 발생하였을 경우 그 잔량에 대해서만 기 체결된 인수계약으로 잔량을 인수기관에 인수시키는 방법이다.

모집수탁기관과 인수기관은 다른 것이 원칙이나 같아도 무방하며, 이 경우 발행증권을 일반투자자들로부터 모집하고 만약 응모총액이 모집총액에 미달할 경우 잔액을 인수기관이 자기의 책임과 계산으로 당초 정해진 발행가액으로 당초 정한 계약물량을 인수계약에 따라 인수수수료를 받고 인수하여야 한다.

③ 총액인수(firm commitment)

대표주관회사가 구성한 인수기관들의 집단인 인수단이 공모증권 발행총액의 전액을 자기의 책임과 계산 하에 인수하고 이에 따른 발행위험(인수위험)과 발행 및 모집사무 모두를 담당하는 방법으로, 인수매출이라고도 한다. 따라서 불리한 가격변동에 따르는 손해 등 모든 위험은 발행인으로부터 인수단으로 이전되며 인수단은 인수를 위하여 많은 자금을 필요로 할 뿐 아니라 매출하기까지의 기간동안 매출잔량을 보유하여야 하므로 발행증권의 가격변동에 따른 모든 위험을 부담하게 된다.

간접발행의 대부분은 이 총액인수방식을 사용하며 인수기관의 부담이 큰 만큼 인수수수료율도 가장 높다. 우리나라의 경우, '74년 이후 잔액인수체제에서 총액인수체제로 전환되어 현재에 이르고 있다.

3. 발행시장의 조직

발행시장의 가장 간단한 형태는 자금을 조달하는 자인 발행주체와 자금을 공급하는 자인 투자자로 구성된다. 이는 앞에서 설명한 직접발행의 경우로서, 이 경우 발행주체는 증권발행에 관한 모든 지식을 갖추어야 하며, 매출하려는 증권을 충분히 소화할 수 있는 능력이 있는 자여야 한다. 그러나 대부분의 기업이 이러한 능력을 갖추기는 어려운 일이므로 발행주체와 투자자 사이에서 증권발행의 사무절차와 발행위험을 담당하는 전문기관, 즉 발행기관이 존재하게 된다.

1) 발행주체(발행인)

발행주체는 발행시장에서 증권을 발행하는 자로서, 증권의 공급자인 동시에 자금수요의 주체가 되는 자를 말한다. 이에는 주식회사, 국가 및 공공단체 그리고 특수법인 등이 해당한다.

2) 발행기관

발행기관은 증권의 발행자와 투자자 사이에 개입하여 증권발행에 따른 사무처리 및 모집주선업무를 수행하고, 발행에 따르는 위험을 발행주체(발행인)를 대신하여 부담하는 기관을 말한다. 발행기관은 발행자에게 조언을 하거나 사무적인 발행절차를 대행하는 일을 하지만, 가장 중요한 기능은 증권을 모집하거나 매출할 때 인수기능을 수행하는 데에 있다.[2)]

증권 발행에 있어서 발행기관의 역할은 매우 중요한데, 이는 증권의 발행에 따르는 책임과 위험을 지며, 불특정 다수인으로부터 증권을 모집·매출하는 일을 수행하는 등, 간사기능·인수기능·청약대행기능 등을 수행하기 때문이다. 이러한 책임과 위험을 분산하고 발행증권의 매출을 원활히 하기 위하여 여러 발행기관이 공동으로 하나의 증권의 발행에 참여하는 것이 보통인데, 이와 같이 공동으로 참여한 발행기관의 집단을 인수단(syndicate)이라고 하며, 발행기관은 주관회사, 좁은 의미의 인수단, 청약회사로 그 역할을 달리하고 있다.

주관회사는 증권의 발행자와 투자자사이에서 원활한 증권의 이전 및 배분이 이루어지도록 인수단을 구성하고 증권발행에 따른 사무처리, 발행자에 대한 조언 및 사무절차를 대행하는 기관을 말한다. 주관회사는 그 역할에 따라 주무를 담당하는 대

2) 인수란 자기의 책임과 계산 하에서 증권을 발행자로부터 직접매입 하는 것을 말한다.

표주관회사와 주관회사로 구분되는데, 현재 주식의 경우 금융투자회사(금융투자업자, 구체적으로는 투자매매업자)만이 주관회사의 자격을 갖고 있다.

[그림 3-1] 발행시장의 조직

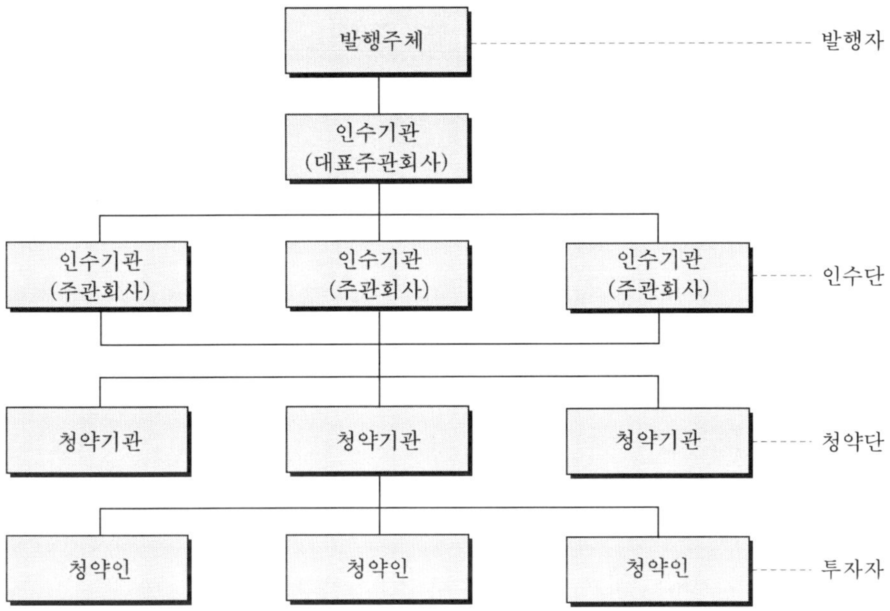

좁은 의미의 인수단은 발행기관의 가장 중요한 기능을 하는 발행기관의 집단으로서 증권을 발행자로부터 직접 매입하는 인수기능을 수행하고 있다. 현재 인수단의 자격은 금융투자회사(금융투자업자 구체적으로는 투자매매업자) 은행의 신탁계정에게 부여하고 있다.

청약기관(청약단)은 불특정다수를 대상으로 모집하여 청약을 대행해 주는 기관이다.[3] 따라서 청약기관은 단순히 청약만을 대행하며 모집내역을 집계하여 인수단에게 직접 청약하는 역할을 수행한다. 청약기관에는 특별한 자격이 없어 불특정 다수인을 모집할 수 있는 기관이면 청약단의 자격을 부여받을 수 있는데, 현재 실제로는 금융투자회사(금융투자업자, 구체적으로는 투자중개업자)가 청약단의 역할을 대

3) 청약은 인수기관에게 매입수량만큼 매출할 것을 요청하는 것으로, 인수와 달리 자기의 책임과 계산으로 하지 않고 투자자를 대신하여 매입이 이뤄진다.

행하고 있다.

3) 투자자

투자자는 발행시장에서 모집 또는 매출에 응하여 최종적으로 증권을 취득하는 최초의 투자자로서, 이것을 다시 유통시장에서 매각하는 자를 말한다. 발행주체에 대하여는 자금의 공급자가 되며, 유통시장과의 관계에서는 최초의 투자자가 이에 해당된다.

투자자는 투자의 형태에 따라 개인자격으로 증권투자를 하는 개인투자자와 법인의 형태를 취하고 있는 기관투자자로 나눌 수 있다. 기관투자자의 예로는 은행, 금융투자회사, 보험회사, 연금기관, 각종 재단, 기타 금융기관 등을 들 수가 있다.

자본시장법에서는 투자자를 전문투자자와 일반투자자로 구분하고 있다(자본시장법 제9조 5·6항). 전문투자자란 금융투자상품에 관한 전문성 구비여부, 소유자산규모 등에 비추어 투자에 따른 위험감수능력이 있는 투자자로서, 국가, 한국은행, 대통령령으로 정하는 금융기관, 주권상장법인, 그 밖에 대통령령이 정하는 자[4]가 해당된다. 한편 일반투자자는 전문투자자가 아닌 투자자를 말한다. 그런데 전문투자자 중 대통령령으로 정하는 자가 일반투자자와 같은 대우를 받겠다는 의사를 금융투자업자에게 서면으로 통지하는 경우 금융투자업자는 정당한 사유가 있는 경우를 제외하고는 이에 동의하여야 하며, 금융투자업자가 동의한 경우에는 해당 투자자는 일반투자자로 본다.

4) 이에는 예금보험공사 및 정리금융기관, 한국자산관리공사, 한국주택금융공사, 한국투자공사, 협회, 예탁결제원, 거래소, 금융감독원, 집합투자기구, 신용보증기금, 기술신용보증기금, 법률에 따라 설립된 기금, 법률에 따라 공제사업을 경영하는 법인, 지방자치단체, 해외 증권시장에 상장된 주권을 발행한 국내법인, 다음 각 항목의 요건을 모두 충족하는 법인 또는 단체(① 금융위원회에 ② 항목의 요건을 충족하고 있음을 증명할 수 있는 관련 자료를 제출할 것 ② 관련자료를 제출한 날 전날의 금융투자상품 잔고가 100억원 이상일 것 ③ 관련 자료를 제출한 날부터 2년이 지나지 않을 것), 다음 각 항목의 요건을 모두 충족하는 개인(① 금융위원회에 ② 항목 및 ③ 항목의 요건을 모두 충족하고 있음을 증명할 수 있는 관련 자료를 제출할 것 ② 관련자료를 제출한 날 전날의 금융투자상품 잔고가 50억원 이상일 것 ③ 관련자료를 제출한 날부터 2년이 지나지 않을 것), 외국정부, 조약에 따라 설립된 국제기구, 외국 중앙은행, 앞에서 열거한 대통령령으로 정하는 자에 준하는 외국인

제3절 유통시장

1. 유통시장의 의의와 기능

유통시장은 발행시장에서 기 발행된 증권이 투자가들 상호간에 매매, 거래되는 시장을 말한다. 발행시장이 발행주체가 발행한 증권이 최초의 투자가에게 이전되는 1차적 시장이라고 한다면, 유통시장은 발행된 증권을 소유하고 있는 투자자와 다른 투자자간에 거래되는 2차적 시장을 의미한다.

유통시장은 ① 증권의 시장성과 유동성을 제고시켜 투자를 촉진시킴으로써 발행시장에서의 장기자본의 조달을 원활화하게 하고, ② 경쟁에 의거한 공정한 가격형성을 촉진시킴으로써 투자가에게 투자판단을 제공하며, ③ 유통시장에서 형성된 가격은 향후 증권을 발행할 때의 가격 형성에 기여한다. ④ 또한 적정가격형성으로 현금화를 가능하게 함과 아울러, 증권의 담보력을 향상시킴으로써 증권을 담보로 한 차입을 용이하게 해주는 기능을 수행한다.

2. 유통시장의 분류

일반적으로 유통시장은 시장의 형태에 따라 거래소시장과 장외시장으로 구분할 수 있다.

거래소시장은 거래소가 금융투자상품의 매매거래를 위해 개설·관리하는 구체적이고 조직적인 시장으로, 상장대상 금융투자상품을 일정한 장소에서 일정시간에 계속적으로 거래가 이루어지는 정형적인 시장이다. 우리나라의 경우 거래소가 개설하는 금융투자상품 거래시장으로서 유가증권시장 및 코스닥시장, 파생상품시장이 있다. 장외시장은 거래소시장 밖에서 당사자간에 상대매매의 형태로 증권이 거래되는 비조직적 시장으로, 주로 금융투자회사(금융투자업자, 구체적으로는 투자중개업자)의 창구에서 매매 당사자간의 거래가 이루어지기 때문에 점두시장(OTC Market: Over The-Counter Market)이라고도 한다.

그러나 이러한 구분은 최근 정보·통신기술 등의 발달로 그 의미가 퇴색되어 장외시장도 점차로 제도화되어 거래소시장과 대등한 조직적인 시장으로 변모해 가고 있다. 우리나라의 경우, 코스닥[KOSDAQ(Korea Securities Dealers Association Quotation)]시장(2005년 1월 27일부터 거래소로 통합), 프리보드 등이 이에 해당한다.

제 4 절 자본시장의 관계기관

1. 한국투자금융협회

한국금융투자협회(이하 협회라고 함)는 회원상호간의 업무질서 유지 및 공정한 거래를 확립하고 투자자를 보호하며, 금융투자업의 건전한 발전을 위하여 회원조직으로서 설립된 법인을 말한다. 협회는 종전의 증권업협회, 선물협회, 자산운용협회를 통합하여 설립된 것으로 자율규제기관이다.

협회가 아닌 자는 금융투자협회, 증권업협회, 선물협회, 자산운용협회 또는 이와 유사한 명칭을 사용하는 것이 금지되며, 협회의 회원이 될 수 있는 자는 ① 금융투자업자, ② 금융투자업과 관련된 업무를 영위하는 자로서 대통령령으로 정하는 자(일반사무관리회사, 집합투자기구평가회사, 채권평가회사, 그밖에 협회 정관에서 회원으로 정하는 자)가 된다.

협회는 다음과 같은 업무를 수행한다.

- 회원간의 건전한 영업질서유지 및 투자자보호업무를 위한 자율규제업무
- 회원의 영업행위와 관련된 분쟁의 자율조정에 관한 업무(당사자의 신청이 있는 경우에 한함)

- 전문인력 종사자의 등록 및 관리업무(투자권유자문인력, 조사분석인력, 투자운용인력, 기타 대통령령으로 정하는 주요직무종사자)
  *대통령령으로 정하는 주요직무종사자
  - ·투자권유자문 관리인력
  - ·제276조 제3항에 따른 집합투자재산 계산전문인력
  - ·제280조 제2항에 따른 집합투자기구 평가전문인력
  - ·제285조 제3항에 따른 증권분석전문인력과 집합투자재산 평가전문인력
  - ·그 밖에 투자자를 보호하거나 건전한 거래질서를 위하여 등록 및 관리가 필요하다고 금융위원회가 고시하는 자(이에는 위험관리전문인력이 해당)
- 증권시장에 상장되지 아니한 주권의 장외매매거래에 관한 업무
- 금융투자업 관련제도의 조사·연구에 관한 업무
- 금융투자업 관련 연수업무
- 이법 또는 다른 법령에 위탁받은 업무
- 대통령령으로 정하는 경우
  - ·금융투자업자의 임직원의 징계기록 유지와 관리에 관한 업무
  - ·금융투자업자의 영업용순자본 및 총위험액의 비교공시에 관한 업무
  - ·채무증권의 매매거래(증권시장 밖에서의 매매거래만 해당)에 대한 정보관리 및 공시에 관한 업무
  - ·금융투자업자 임직원의 직무 및 윤리교육에 관한 업무
  - ·투자광고의 자율심의에 관한 업무
  - ·그 밖에 정관에서 정하는 업무

자본시장법에서는 협회가 자율규제기관으로서 자율규제 업무수행의 법적근거를 획득하고 권한과 책임, 그에 따른 의무가 규정되고 자율규제기능을 협회의 업무로 구체적으로 명시하고 있다.

협회는 영업행위와 관련한 분쟁의 자율조정을 담당하며, 이를 위해 분쟁조정규정을 정하고 분쟁의 조정을 위하여 필요하다고 인정되는 경우에는 당사자에 대하여 사실의 확인 또는 자료의 제출 등으로 요구할 수 있다. 또한 당사자, 그 밖의 이해

관계인의 의견을 들을 필요가 있다고 인정되는 경우에는 이들에게 회의에 출석하여 의견을 진술할 것을 요청할 수 있다.

한편 협회는 금융감독원장의 검사를 받아야 하며, 업무에 관한 규정을 제정·변경·폐지하는 경우 지체없이 금융위원회에 보고해야 한다. 또한 금융위원회로부터 업무정지 내지 임원해임요구권이 부과될 수 있으며 직원에 대해서도 금융위원회는 면직, 6개월 이내의 정직, 감봉, 견책, 경고, 주의 등을 협회에 요구할 수 있다.

2. 한국거래소

1) 설립 및 조직

한국거래소(이하 거래소라고 함)는 증권시장과 장내파생상품시장을 운영하는 주체로서 자본시장법에 의해 법정 설립되었다. 따라서 자본시장법은 유사시설 개설금지, 유사명칭 사용금지에 있어서 사실상 독점적 지위에 있기 때문에 거래소의 조직, 업무, 지배구조, 감독 등의 전반적인 운영에 개입하고 있다. 즉 조직에 있어서는 자본금 및 본점소재지를, 지배구조에 있어서는 이사의 수와 이사후보추천위원회의 구성 등, 이해상충의 해소를 위한 독립적인 시장감시위원회의 설치, 소유제한 규정을 두고 있다.

거래소는 자본금 1천억원 이상의 주식회사이며, 상법상 주식회사에 관한 규정을 적용받는 것이 원칙이다. 거래소의 본점은 부산광역시에 두고 필요한 곳에 지점을 둘 수 있다.

자본시장법은 거래소가 개설하는 시장에 대하여서는 정의조항을 두고 있지만[5], 거래소자체의 개념정의는 하고 있지 않다. 다만 거래소의 본질적 성격 및 기능을 고려한다면 상장대상에 대한 대량의 수요와 공급을 통하여 유동성을 제고하고 공정

5) 법 제9조(그 밖의 용어의 정의) ⑬ 이 법에서 증권시장이란 증권의 매매를 위하여 거래소가 거래소가 개설하는 시장으로서 다음 각 호의 것을 말한다.
1. 제4조 제2항 각 호의 증권의 매매를 위하여 개설하는 시장(이하 유가증권시장이라 한다)
2. 제4조 제2항 각 호의 증권 중 대통령령으로 정하는 증권의 매매를 위하여 개설하는 시장(이하 코스닥시장이라 한다)
⑭ 이 법에서 파생상품시장이란 장내파생상품의 매매를 위하여 거래소가 개설하는 시장을 말한다.

한 가격을 형성함으로써 다수에 의해 거래되는 곳이라고 말할 수 있다.[6)]

2) 주요업무

자본시장법에서 정하고 있는 거래소의 업무는 다음과 같다(법 제377조).

① 유가증권·코스닥시장 및 파생상품시장의 개설·운영에 관한 업무

② 증권 및 장내파생상품의 매매에 관한 업무

③ 증권 및 장내파생상품의 거래에 따른 매매확인, 채무인수, 차감, 결제증권·결제품목·결제금액의 확정, 결제이행보증, 결제불이행에 따른 처리 및 결제지시에 관한 업무

④ 장내파생상품의 매매거래에 따른 품목인도 및 대금지급에 관한 업무

⑤ 증권의 상장에 관한 업무

⑥ 장내파생상품매매의 유형 및 품목의 결정에 관한 업무

⑦ 상장법인의 신고·공시에 관한 업무

⑧ 증권 또는 장내파생상품 매매품목의 가격이나 거래량이 비정상적으로 변동하는 거래 등 대통령령으로 정하는 이상거래(이하 이상거래 한다)의 심리 및 회원(거래소가 개설한 유가증권시장·코스닥시장 또는 파생상품시장에서의 거래에 참가할 수 있는 자로서 제387조 제1항의 회원감리규정에 따른 자를 말한다. 이하 같다)의 감리에 관한 업무

⑨ 증권의 경매업무

⑩ 유가증권·코스닥시장 및 파생상품시장 등에서의 매매와 관련된 분쟁의 자율조정(당사자의 신청이 있는 경우에 한한다)에 관한 업무

⑪ 유가증권시장·코스닥시장 또는 파생상품시장의 개설에 수반되는 부대업무

⑫ 제1호부터 제11호까지의 업무외에 이 법 및 다른 법률에 따라 부여된 업무

⑬ 그 밖에 정관에서 정하는 업무

한편 증권시장(유가증권시장, 코스닥시장)의 청산기관은 거래소 결제기관은 예탁결제원인데 반해, 파생상품시장에서의 청산기관 및 결제기관은 모두 거래소이다.

6) 김병연 외 3인, 상게서, p. 452.

3) 시장관련 규제

거래소가 개설하는 금융투자상품거래시장은 유가증권시장 · 코스닥시장 및 파생상품시장으로, 거래소가 아닌 자는 거래소가 개설하는 시장 또는 이와 유사한 시설을 개설하거나 유사한 시설을 이용하여 증권 또는 장내파생상품의 매매거래를 해서는 안 된다(법 제386조).

거래소의 회원이 아닌 자는 증권시장 및 파생상품시장에서의 매매거래를 하지 못한다. 다만, 회원관리규정에서 특정한 증권의 매매거래를 할 수 있도록 정한 경우에는 그 특정한 증권의 매매거래를 할 수 있다(자본시장법 제388조제1항).

거래소회원은 거래소 ① 결제회원, ② 매매전문회원, ③ 그 밖에 대통령령으로 정하는 회원으로 구분된다. 여기서 대통령령으로 정하는 회원은 ① 증권회원, ② 파생상품회원, ③ 증권시장내의 일부 시장이나 일부종목에 대하여 결제나 매매에 참가하는 회원, ④ 파생상품시장내의 일부 시장이나 일부종목에 대하여 결제나 매매에 참가하는 회원, ⑤ 회원관리규정으로 정하는 회원 의 어느 하나에 해당하는 회원을 말한다.

회원은 증권시장 또는 파생상품시장에서의 매매거래에 따른 채무의 불이행으로 인하여 발생하는 손해를 배상하기위하여 거래소에 손해배상공동기금(이하 공동기금이라 한다)을 적립하여야 한다. 이러한 공동기금은 증권시장 또는 파생상품시장으로 구분하여 적립해야 하는데, 이는 회원의 결제불이행으로 인하여 발생하게 되는 증권시장 또는 파생상품시장의 불안정성을 보완하기 위함이다.

또한 거래소의 회원은 증권시장 또는 파생상품시장에서의 매매거래와 관련하여 발생할 수 있는 채무의 이행을 보증하기 위해서 거래소에 회원보증금과 증권시장업무규정 및 파생상품시장업무규정이 정하는 바에 따른 거래증거금을 각각 예치해야 한다.

4) 시장감시 및 분쟁조정

거래소는 시장감시위원회를 통하여 ① 시장감시, 이상거래의 심리 및 회원에 대한감리, ② 유가증권시장 · 코스닥시장 및 파생상품시장 간의 연계감시, ③ 이상거래의 심리, 회원에 대한 감리, 유가증권시장·코스닥시장 및 파생상품시장 간의 연계감시의 결과에 따른 회원에 대한 징계 및 관련 임직원에 대한 징계요구의 결정, ④ 유가증권·코스닥시장 및 파생상품시장 등에서의 매매와 관련된 분쟁의 자율조정(당사자의 신청이 있는 경우에 한한다)에 관한 업무에 따른 분쟁의 자율조정에 관한 업무, ⑤ 시장감시규정에 따른 시장감시규정 및 분쟁조정규정에 따른 분쟁조정규정의 제정·변경 및 폐지, ⑥ 그 밖에 제①항으로부터 제⑤항까지의 업무에 부수하는 업무를 수행한다(법 제403조).

3. 한국예탁결제원

한국예탁결제원(이하 예탁결제원이라 함)은 증권 등의 집중예탁과 계좌간 대체 및 매매거래에 따른 결제업무 및 유통의 원활화를 위하여 자본시장법에 의하여 설립된 법인으로, 우리나라 단일의 증권 중앙예탁 및 결제기관이다.

증권거래에 있어 증권의 실물이동을 최소화하는 결제방법으로 대체결제가 있다. 대체결제는 증권을 일정한 장소에 집중적으로 예탁해 두고 매매거래가 발생할 경우 증권의 수수를 실물로 행하지 않고, 계좌간 대체로 결제하는 것을 말하는 데, 우리나라에서는 예탁결제원이 이 기능을 수행하고 있다.

예탁결제기관으로서 예탁결제원은 금융투자회사 등으로부터 증권을 집중예탁받아 증권거래에 따른 권리이전을 장부기재방식으로 처리하고 예탁증권의 제반권리를 집중관리하고 있다.

구체적으로 예탁결제원이 취급하고 있는 업무를 살펴보면, 증권 집중예탁업무, 계좌간 대체업무, 증권시장에서의 증권의 매매거래에 따른 증권인도와 대금지급 및 결제이행·불이행결과의 거래소 통지에 관한 업무, 증권시장 밖에서의 증권 등의 매매거래에 따른 증권 등의 인도와 대금의 지급에 관한 업무, 증권의 명의개서 대행업무(증권 등에 대한 배당, 이자 및 상환금의 지급대행 업무와 증권 등의 발행대행업무를 포함), 증권 등의 보호예수업무, 외국예탁결제기관간 연계에 의한 국제결제업무 등이 있다.

4. 증권금융회사

증권금융이란 증권시장에서 증권과 관련하여 이루어지는 모든 신용공여행위 또는 증권을 담보로 하거나 증권과 관련하여 이루어지는 자금이나 증권의 유통 등 증권과 관련한 금융행위를 말한다. 이러한 증권금융을 담당하는 기관에 관해서는 증권금융전담기관을 두는 경우와 증권금융기관을 다원화하는 경우로 구분할 수 있는데, 우리나라와 일본의 경우에는 전자에 해당된다.

증권금융회사는 다음과 같은 요건을 갖추어야 금융위원회의 인가를 받을 수 있다. ① 상법에 따른 주식회사일 것, ② 자본금 20억원 이상으로서 자기자본 500억원을 갖출 것, ③ 사업계획이 타당하고 건전할 것, ④ 투자자를 보호하고 영위하고자 하는 업무를 수행하기에 충분한 인력 및 전산설비, 그 밖의 물적 설비를 갖출 것, ⑤임원의 자격으로서 결격사유가 없을 것, ⑥ 대주주가 충분한 출자능력, 건전한 재무상태 및 사회적 신용을 갖출 것, ⑦ 이해상충방지체계를 구축하고 있을 것 등이 이에 해당된다. 현재 한국증권금융(주)만이 증권금융영업을 영위하고 있다.

증권금융회사의 취급업무는 다음과 같다.

- 금융투자상품의 매도·매수, 증권의 발행·인수 또는 그 청약의 권유·청약·청약의 승낙과 관련하여 투자매매업자 또는 투자중개업자에 대하여 필요한 자금 또는 증권을 대여하는 업무
- 증권시장 및 파생상품시장에서의 매매거래에 필요한 자금 또는 증권을 자본시장법 제378조 제1항에 따른 청산기관인 거래소를 통하여 대여하는 업무
- 증권을 담보로 하는 업무
- 그 밖에 금융위원회의 승인을 받는 업무

  * 자본시장법 또는 다른 법률의 인가, 허가, 등록을 받아 영위하는 업무

  · 투자매매업 및 투자중개업 중 환매조건부매매, 환매조건부매매의 중개·주선또는 대리업무, 집합투자증권을 대상으로 하는 투자매매업·투자중개업

  · 신탁업무

· 집합투자재산의 보관 · 관리업무
· 증권대차업무
· 보호예수업무
· 그 밖에 금융위원회의 승인을 받은 업무

5. 기타기관

1) 자금중개회사

자금중개회사는 대통령령으로 정하는 금융기관 등 간 자금거래의 중개업무를 영위하는 상법상의 주식회사로서, 자기자본이 10억원 이상이어야 하며 금융위원회의 인가를 받아야 한다.

2) 단기금융회사

단기금융회사는 1년 이내에서 대통령령으로 정하는 기간(1년)이내에 만기가 도래하는 어음의 발행 · 할인 · 매매 · 중개 · 인수 및 보증업무와 그 부대업무로서 대통령령으로 정하는 업무(어음을 담보로 한 대출업무)를 영위하는 자로 ① 은행, 그 밖에 대통령령으로 정하는 금융기관[7]으로서, ② 200억원 이상으로서 대통령령으로 정하는 금액(300억)이상의 자기자본을 갖추고, ③ 사업계획이 타당하고 건전하며, ④ 투자자를 보호하고 영위하고자 하는 업을 수행하기에 충분한 인력 및 전산설비, 그 밖의 물적 시설을 갖추고, ⑤ 대주주가 충분한 출자능력, 건전한 재무상태 및 사회적 신용을 갖출 것 의 요건을 모두 갖추어 금융위원회의 인가를 받아야 한다.

단, 투자매매업 또는 투자중개업에 관한 금융투자업 인가를 받은 자가 기업어음증권에 대한 투자매매업 또는 투자중개업을 영위하는 경우에는 이를 단기금융업무로 보지 않는다(법 제362조 1항). 그리고 단기금융회사(종합금융회사포함)가 해당 업무를 영위하는 경우에는 이를 기업어음증권에 대한 투자매매업 또는 투자중개업

7) 대통령령으로 정하는 금융기관이란 중소기업은행법에 따른 중소기업은행, 금융산업의 구조개선에 관한 법률 제2조제1호에 따른 금융기관 중 종합금융회사를 흡수합병하는 금융기관, 금융산업의 구조개선에 관한 법률 제3조에 따라 종합금융회사가 다른 금융기관으로 전환하는 경우에는 그 금융기관을 말한다.

으로 보지 않는다(법 제362조 2항).

3) 명의개서대행회사

명의개서대행회사는 증권발행회사를 대신하여 주주명부의 관리와 증권의 관리업무의 대행, 배당금 지급 대행 및 증권발행업무 등을 하는 자로서 금융위원회에 등록한 자이어야 한다. 여기서 금융위원회에 등록이 가능한 자는 전산설비 등 대통령령으로 정하는 물적 설비 및 대통령령으로 정하는 이해상충방지체계를 구축한 자로서 예탁결제원 또는 전국적인 점포망을 갖춘 은행에 한한다.

명의개서대행회사는 부수업무로서 증권의 배당·이자 및 상환금의 지급을 대행하는 업무와 증권의 발행을 대행하는 업무를 영위할 수 있다.

4) 기타 금융투자단체

투자자보호 및 건전한 거래질서를 위하여 투자자 또는 대통령령으로 정하는 자로 구성되는 단체를 설립하고자 하는 자는 금융위원회의 허가를 받아야 한다(법 제370조). 여기서 대통령령으로 정하는 자에는 투자권유대행인, 주요직무종사자가 해당된다. 한편 금융위원회는 허가시 설립취지, 해당 단체의 재산상황과 수지전망, 발기인 및 임원의 인적구성, 증권시장 또는 파생상품시장에 대한 기여도 등을 고려하여 허가여부를 결정하여야 한다.

제 4 장

유가증권시장(I)

자본시장법에서는 증권시장을 증권의 매매를 위하여 거래소가 개설하는 시장으로서 유가증권시장과 코스닥시장으로 규정하고 있다. 이하에서는 유가증권시장을 크게 발행시장과 유통시장으로 나누어 살펴보고자 한다. 이에 따라 본장에서는 먼저 상장의 의의 및 신규상장의 종류, 상장의 효과, 상장법인의 혜택 등 상장과 관련하여 기본적으로 알아야 할 사항에 대하여 살펴보고, 구체적인 상장요건과 상장절차에 대하여 알아본다. 다음으로 유상증자, 무상증자, 기타주식발행과 관련하여, 각각의 주식발행이 지닌 의의와 구체적인 방법, 진행절차 등에 대하여 알아본다.

제 1 절 상장에 대한 기본적인 이해

1. 상장의 의의

1) 기업공개의 의의

기업공개(going public)는 주식회사가 발행한 주식을 일반대중에게 널리 분산하고 재무내용을 공시함으로써 명실상부한 주식회사의 체계를 갖추는 것을 의미한다.

즉 개인이나 가족 등 소수의 대주주가 소유해 왔던 주식을 일반대중에게 분산시켜 시장에서 자유롭게 거래될 수 있게 함으로써 기업자금조달의 원활화를 기하고 기업내용을 일반대중에게 공시함으로써 소유와 경영의 분리를 통한 경영합리화를 도모함과 더불어 공적 기업으로서의 역할을 제고하는 것을 의미한다.

구체적으로 기업공개는 주식회사가 구주주의 신주인수권을 전액배제하고 일반투자자를 대상으로 균일한 조건으로 공모하거나, 대주주 소유주식의 일부를 매출하여 다수의 주주에게 주식의 소유권을 분산하는 것이다. 따라서 공모한 주식에는 시장성과 유동성이 확보되어야만 일반투자자들의 확보가 가능한데, 그러기 위해서는 매매거래가 활발하여야 한다. 이러한 취지에서 기업공개를 원활히 하기 위해 일반적으로 유가증권시장상장이나 코스닥시장상장이라는 수단을 활용하게 된다.

금융투자협회의 「증권인수업무에관한 규정」에 의하면 기업공개는 유가증권시장 또는 코스닥시장에 주권(외국증권예탁증권을 포함)을 신규로 상장하거나 유가증권시장(코스닥시장)의 주권상장법인이 코스닥시장(유가증권시장)에 주권을 신규로 상장하기 위하여 행하는 공모를 말하고(제2조 3항), 장외법인공모는 유가증권시장 또는 코스닥시장에 주권이 상장되지 아니한 자가 행하는 주식의 공모로서 기업공개를 제외한 공모를 말한다.

2) 상장의 의의

상장(listing)이란 거래소가 정한 상장요건을 충족하는 증권에 대하여 유가증권시장에서 집단적 · 대량적으로 매매 거래될 수 있도록 자격을 부여한 것을 의미한다.

따라서 상장하고자 하는 법인은 수익성, 규모, 재무건전성 및 유통가능성 측면에서 거래소가 정하는 일정한 요건을 충족하여야 상장이 가능하다. 이와 더불어 증권을 거래소에 상장하는 기업은 관계법령과 거래소의 규정에 따라 투자자에게 기업내용을 공시하고 투자자의 이익을 보호할 의무를 가지게 된다.

2. 상장의 효과

1) 직접자금 조달기회 및 능력의 확대

유가증권시장 주권상장법인[1]은 유가증권시장을 통해 필요한 자금을 일시에 대량적으로 조달할 수 있다. 특히 기업내용이 양호한 회사일수록 시가발행을 통한 유상증자와 전환사채권 및 신주인수권부사채권 등의 주식관련 사채권발행을 통해 장기적·안정적이고 유리한 조건의 대규모 자본조달이 용이하다.

2) 기업의 홍보효과와 공신력 제고

유가증권시장 주권상장법인은 국내외 투자자를 비롯한 많은 사람들의 관심의 대상이 되며, 기업의 재무내용이나 경영상황이 신문, TV, 금융투자관계기관의 각종 자료 등을 통하여 국내외에 전달됨으로써 기업의 인지도를 제고하는 홍보효과를 얻을 수 있다.

또한 회사의 지명도와 상품의 지명도를 연계함으로써 홍보효과를 증대시킬 수 있고, 해외진출 및 해외합작투자를 모색할 경우에 상장법인으로서의 지명도가 큰 도움이 될 수 있다.

3) 경영합리화의 도모

유가증권시장 주권상장법인은 회사의 중요한 재무 및 경영내용을 공시해야 하므로 타 상장 경쟁회사와 경영실적의 비교하지 않을 수 없을 뿐만 아니라, 주가를 통해 객관적으로 평가받기 때문에 자연히 경영합리화를 도모하여 재무구조의 개선, 매출증대, 조직의 합리화 등을 위해 노력하게 된다.

---

1) 「자본시장법」에서는 증권시장에 상장된 주권을 발행한 법인을 주권상장법인, 주권상장법인을 제외한 법인을 주권비상장법인, 증권시장에 상장된 증권을 발행한 법인을 상장법인, 상장법인을 제외한 법인을 비상장법인으로 각각 정의하고 있는데, 이하에서는 유가증권시장에 상장된 주권을 발행한 법인을 유가증권시장 주권상장법인, 코스닥시장에 상장된 주권을 발행한 법인을 코스닥시장 상장법인이라고 칭한다.

4) 소유와 경영의 분리 가속화

유가증권시장 주권상장법인은 거래소가 정한 주식분산 요건을 충족시켜야 하는 등 주식소유와 관련하여 제도적 감시를 많이 받을 뿐만 아니라, 투자자본의 회수가 가능하기 때문에, 지분분산이 원활히 이루어져 소유와 경영의 분리가 가속화하는 효과를 기대할 수 있다.

3. 상장의 종류

거래소에 상장할 수 있는 증권은 자본시장법상 증권으로 채무증권(국채증권, 지방채증권, 특수채증권, 사채권, 기업어음증권 등), 지분증권(주권, 신주인수권이 표시된 것, 출자증권, 출자지분), 수익증권, 투자계약증권, 파생결합증권, 증권예탁증권 등이 있다.

한편, 상장은 현재 증권의 종류에 따라 주권(외국주권포함), 외국주식예탁증권(DR : Depository Receipts),[2] 채무증권,[3] 신주인수권증권, 신주인수권증서, 수익증권, 투자회사주권 및 부동산투자회사주권, 주식워런트증권, ETF(Exchange Traded Fund : 상장지수펀드)[4] 상장 등으로 구분할 수 있다. 이하에서는 주권의 상장을 중심으로 살펴본다.

주권의 상장에는 ① 신규상장, ② 신주상장, ③ 변경상장, ④ 재상장 등이 있다.

1) 신규상장

신규상장은 유가증권시장에 주권이 상장되어 있지 아니한 주권의 발행인이 기업

2) 주식예탁증권(DR: Depository Receipts)의 상장은 외국법인이 발행한 원 주식을 근거로 국내예탁기관(예탁결제원)이 발행한 주식예탁증권을 상장하는 것을 말한다.

3) 채무증권은 일괄상장신청제도에 의거해 상장할 수 있다. 여기서 일괄상장신청제도란 연중 계속 매출되고 월별로 특정일에 발행되는 채무증권(국채증권, 지방채증권, 특수채증권 등)의 발행인이 매년 당해 채무증권발행계획의 확정 후 발행예정금액을 일괄하여 상장신청할 수 있는 제도를 말한다.

4) ETF(Exchanged Traded Fund)란 주가지수에 연동하여 운용되는 투자계약증권으로 일반 뮤추얼 펀드나 수익증권과 달리 주가지수에 연동하도록 편입종목 및 편입비율이 결정되며, 주식과 마찬가지로 실시간 매매가 가능한 증권을 말한다.

을 공개하여 일반에게 주식을 매각한 후, 처음으로 주권을 상장하는 것을 말하는데, 이에는 공모상장과 직상장이 있다.

공모상장은 거래소의 상장예비심사결과 주식분산을 전제로 적격통보를 받은 법인이 모집 또는 매출을 통해 주식분산을 하고 자금조달을 한 후 상장을 하는 형태의 신규상장을 말한다. 즉 상장요건 중 분산요건을 충족하지 못하는 법인이 상장을 추진하는 과정에서 일반 투자자들을 대상으로 주식을 분산하고 자금조달을 한 후 상장하는 형태이다.

한편 직상장은 이미 분산요건을 충족하는 법인이 거래소의 상장예비 심사 후 모집 또는 매출을 통한 주식분산을 하지 않고 주권을 바로 상장하는 형태의 신규상장을 말한다. 즉 상장을 추진하는 과정에서 자금조달이 수반되지 않는 형태이며 우리나라의 경우 코스닥시장상장법인과 공공적 법인에 한하여 허용되고 있다.

〈표 4-1〉 주권상장의 종류와 내용

상장방법	내 용
신규상장	- 기업을 공개하여 일반에게 주식을 매각한 후 처음으로 유가증권시장에 주권을 상장 - 공모상장(상장법인이 모집 또는 매출을 통해 상장)과 직상장(이미 분산요건을 충족한 법인이 상장예비심사 후 공모절차없이 주권을 상장)으로 구분
신주상장	- 기 상장된 주권의 발행인이 새로이 주권을 상장 (예: 유상 또는 무상증자, 기업합병, 전환사채권 등의 권리행사, 주식배당 등).
변경상장	- 당해주권의 종목(상호),종류(우선주, 보통주), 액면금액, 수량 등을 변경 후 주권을 상장
재 상장	- 상장폐지된 법인이 회사를 정상한 후 상장(재상장 신청시기: 상장폐지일로부터 5년 이내) - 유가증권시장 주권상장법인의 분할 또는 분할합병에 의하여 설립된 법인이나 유가증권시장 주권상장법인 간의 합병에 의하여 설립된 법인의 상장

2) 신주상장

신주상장은 기상장된 주권의 발행인이 우선주의 발행, 유상증자 또는 무상증자, 기업합병, 전환사채권 등의 권리행사, 주식배당 등과 같이 새로이 주권을 발행하여 상장하는 것을 말한다.

3) 변경상장

변경상장은 당해 주권의 종목(상호), 종류(우선주, 보통주), 액면금액(100원 이상 허용), 수량(자본감소, 병합 등으로 주식수 감소) 등을 변경한 후 새로이 발행한 주권을 상장하는 것을 말한다.

4) 재상장

재상장은 상장폐지된 주권의 발행인, 상장법인간 분할·분할합병(물적분할에 의한 분할·분할합병포함)에 의해서 설립된 법인, 상장법인간 합병에 의해서 설립된 법인이 상장신청시 재상장절차를 거쳐 상장하는 것을 말한다. 즉 재상장은 신규상장요건보다는 완화된 요건을 적용하여 보다 용이하게 다시 상장하는 것으로, 재상장을 신청할 수 있는 시기는 상장폐지된 법인의 경우 상장이 폐지된 날로부터 5년 이내, 분할·분할합병에 의해 설립된 법인은 설립등기일이 속하는 사업연도의 결산재무제표승인을 위한 정기주주총회 전에 하여야 한다.

4. 상장법인의 혜택

① 주식 양도소득세 비과세

유가증권시장 주권상장법인이 발행한 주권(코스닥시장상장법인이 발행한 주권 포함)의 경우에는 대주주가 양도하는 것과[5] 유가증권시장(코스닥시장 포함)을 통하지 않고 양도하는 것 등을 제외하고는 주권양도에 따른 양도소득세를 부과하지 않으나, 비상장주권의 경우 양도차익의 20%(중소기업의 경우 10%)를 세금으로 납부하여야 한다.

---

5) 일반적으로 대주주라고 하면 최대주주를 의미하나, 여기서 말하는 대주주는 다음 중 하나 이상에 해당하면 대주주로 간주한다(소득세법 94조).

1. 주주1인 및 기타주주(당해 주주1인과 국세기본법상 특수관계에 있는 주주)가 소유하는 당해 법인의 주식합계가 3% 이상이 되는 경우
2. 지분율과 관계없이 보유주식 시가총액이 100억원 이상일 경우

② 증권거래세의 탄력세율적용

주권비상장법인의 주권을 양도하는 경우 0.5%의 증권거래세율을 적용하나, 유가증권시장을 통해 양도되는 주권에 대하여는 0.15% 코스닥시장에서 양도되는 주권은 0.3%)의 탄력세율을 적용한다.

③ 상속 및 증여재산에 대한 시가평가

상속 및 증여의 경우 주권비상장법인의 주권은 상속세 및 증여세법에서 정한 산식으로 평가하나, 상장주권(코스닥시장상장주권 포함) 평가는 평가기준일 전·후 각 2개월간의 종가평균으로 평가한다.

④ 자기주식의 취득

유가증권시장 주권상장법인(코스닥시장상장법인 포함)은 상법의 자기주식취득금지 규정에도 불구하고 자기주식을 취득할 수 있으며, 종업원에게 상여금으로 지급하거나 주가안정 또는 일정한 지분을 확보하거나 적대적 M&A에 대한 방어를 할 수 있도록 하기 위하여 자기주식의 취득을 허용하고 있다.

이 경우 자기주식의 취득은 유가증권시장(또는 코스닥시장)에서 취득하거나 공개매수의 방법을 사용하여 취득하여야 한다. 또한 무한정 자기주식을 취득할 수는 없으므로 상법에 의한 이익배당을 할 수 있는 한도[6] 내에서 취득해야 한다. 신탁계약을 통한 자기주식의 취득도 자기주식의 취득에 포함되며 한도의 감소로 한도를 초과하게 된 경우에는 3년 내에 그 초과분을 처분하여야 한다.

⑤ 일반공모 증자 용이

유가증권시장 주권상장법인(코스닥시장상장법인 포함)은 정관이 정하는 바에 따라 이사회의 결의로써 구주주의 신주인수권을 배제하고 불특정 다수인을 대상으로 한 일반공모증자방식에 의한 유상증자를 할 수 있다.

⑥ 주식매수선택권(stock option)의 부여

유가증권시장 주권상장법인(코스닥시장상장법인 포함)은 정관이 정하는 바에 따

6) 상법 규정에 따라 대차대조표상의 순재산액에서 자본금, 그 결산기까지 적립된 자본준비금과 이익준비금의 합계액, 그 결산기에 적립하여야 할 이익준비금 등을 공제한 금액을 한도로 하여 이익배당을 할 수 있다(상법상의 이익배당한도).

라 주주총회의 특별결의로써 당해 법인의 설립·경영과 기술혁신 등에 기여하거나 기여할 수 있는 당해 법인의 임직원(최대주주 및 그 특수관계인과 주요 주주 및 그 특수관계인 제외)과 해외영업에 기여한 관계회사의 임직원에게 첫째, 주식매수선택권의 행사가격으로 새로이 주식을 발행하여 교부, 둘째, 자기주식을 교부, 셋째, 주식매수선택권의 행사가격과 시가와의 차액(행사가격이 시가보다 낮은 경우의 차액)을 현금 또는 자기주식으로 교부하는 방법으로 당해 법인의 주식을 매수할 수 있는 권리(주식매수선택권, stock option)를 부여할 수 있다.

⑦ 주권비상장법인과의 합병

유가증권시장 주권상장법인(코스닥시장상장법인 포함)이 주권비상장법인을 합병하면 그 주권비상장 법인이 자동상장(또는 코스닥시장상장)되는 효과가 있다. 이 경우 유가증권시장 주권상장법인 또는 코스닥시장상장법인은 금융위원회와 거래소에 합병요건·절차 등 합병기준에 따라 합병관련사항을 신고하여야 한다.

⑧ 의결권 없는 주식의 발행한도 특례

상법상 의결권이 없는 주식은 발행주식총수의 25%까지 발행할 수 있으나 유가증권시장 주권상장법인(코스닥시장상장법인 포함)이 외국에서 주식을 발행하거나 외국에서 발행한 전환사채권, 신주인수권부사채권 기타 주식과 관련된 증권 또는 증서의 권리행사로 주식을 발행하는 경우 의결권이 없는 주식은 위 발행한도의 계산에 산입하지 않는다. 다만 의결권 없는 주식의 총수는 발행주식총수의 2분의 1을 초과해서는 안 된다.

⑨ 주식배당의 특례

상법상 주식배당은 이익배당총액의 1/2을 초과하지 못하나 유가증권시장 주권상장법인(코스닥시장상장법인 포함)의 경우에는 시가[7]가 액면가액 이상인 경우 이익배당총액에 상당하는 금액까지 주식배당을 할 수 있다.

⑩ 신종사채권의 발행 및 사채발행의 한도의 특례

유가증권시장 주권상장법인(코스닥시장상장법인 포함)은 전환사채권과 신주인수

7) 사업연도 초일부터 주총 전일까지의 종가평균과 주총전일종가 중 낮은 가액

권부사채권 이외에도 이익참가부사채권, 교환사채권 등의 신종사채권을 발행할 수 있으며, 유가증권시장 주권상장법인(코스닥시장상장법인 포함)이 발행한 전환사채권이나 신주인수권부사채권 중 주식으로 전환 또는 신주인수권의 행사가 가능한 분에 해당하는 금액은 상법상 사채권발행한도[8]의 제한을 받지 않는다.

따라서 주권비상장법인이 발행한 전환사채권이나 신주인수권부사채권은 사채권발행한도 범위 내에서 발행해야 하며, 교환사채권이나 이익참가부사채권은 발행할 수 없다. 또한 유가증권시장 주권상장법인(코스닥시장상장법인 포함)이 발행한 교환사채권이나 이익참가부사채권은 사채권발행한도 범위 내에서 발행해야 한다.

⑪ 우리사주조합원에 대한 우선배정

유가증권시장 주권상장법인 또는 주식을 신규로 상장하고자 하는 법인이 주식을 모집 또는 매출하는 경우에 당해 법인의 우리사주조합원은 모집 또는 매출하는 주식총수의 20% 범위 내에서 우선적으로 주식의 배정을 받을 권리가 있다.[9]

⑫ 보증금 등의 대신납부

국가, 지방자치단체 또는 정부투자기관에 납부할 보증금 또는 공탁금 중 입찰보증금, 계약보증금, 하자보수보증금 및 공탁금은 거래소에서 정한 대용가격으로 평가하여 상장증권으로 대신 납부할 수 있다.

⑬ 주주총회의 소집절차의 간소화

상법상 주주총회의 소집통지는 각 주주에게 서면으로 하게 되어 있으나, 유가증권시장 주권상장법인(코스닥시장상장법인 포함)은 의결권 있는 발행주식총수의 1% 이하를 소유하는 주주에 대하여는 주주총회일 2주전에 2개 이상의 일간신문에 각각 2회 이상 공고함으로써 주주총회 소집통지에 갈음할 수 있다.

⑭ 액면미달발행에 대한 특례

상법상 주식의 액면미달발행시 법원의 인가를 받도록 되어 있으나 유가증권시장 주권상장법인(코스닥시장상장법인 포함)은 법원의 인가 없이 주주총회 특별결의만

---

8) 상법 제470조에 의거 사채의 총액은 최종의 대차대조표에 의하여 회사에 현존하는 순자산액의 4배를 초과하지 못한다.

9) 코스닥시장상장법인에게는 의무적으로 적용되지 않으므로 코스닥시장상장법인은 배정하든 안 하든 무방하다.

으로 주식의 액면미달발행이 가능하다. 이 경우 당해 주주총회에서 최저발행가액을 정해야 하며, 그 최저발행가액은 시가[10]의 70% 이상으로 하여야 하고 주식의 발행은 주총에서 달리 정하는 경우를 제외하고는 주총일로부터 1개월 내에 해야 한다.

⑮ 중간배당에 대한 특례

유가증권시장 주권상장법인(코스닥시장상장법인 포함)은 정관에 그 근거규정을 두고 결산기가 1년인 경우에 사업년도 중 1회에 한하여 일정한 날(주로 반기말로 정하는 경우가 많음)을 정하여 그 날의 주주에게 이사회결의로써 금전으로 이익배당을 할 수 있으며 이것을 중간배당이라 한다. 중간배당을 위한 이사회결의는 그 일정한 날로부터 45일 내에 해야 하고, 그 이사회 결의일로부터 1개월 이내에 중간배당금을 지급해야 한다.

중간배당은 직전 결산기말 대차대조표상의 순재산액(자본총계)에서 직전 결산기말의 자본금, 자본준비금, 이익준비금, 배당금 및 중간배당에 따라 당해 결산기말에 적립하여야 할 이익준비금[11]을 공제한 금액을 한도로 한다. 또한 상법상의 배당한도가 없는 경우 중간배당을 해서는 안 된다.

제 2 절 상장심사요건

1. 상장관련 적용원칙

유가증권시장 상장과 관련하여 다음과 같은 원칙이 적용되고 있다.

첫째, 증권의 상장은 당해 증권발행인으로부터 상장신청이 있어야만 가능하다.

둘째, 주권을 상장하고자 하는 경우 이미 발행한 주권 중 그 일부만을 상장 신청

10) 다음 각 가격 중 높은 가격
1. 주주총회소집을 위한 이사회 결의일 전일부터 과거 1월간의 종가평균
2. 주주총회소집을 위한 이사회의 결의일 전일부터 과거 1주간 종가평균
3. 주주총회소집을 위한 이사회의 결의일 전일의 종가

11) 상법 제458조에 의하면 자본금의 2분의 1이 될 때까지 매 결산기 현금배당금의 10분의 1 이상의 금액을 이익준비금으로 적립하여야 한다.

할 수 없으나, 예외적으로 우선주 등 보통주를 제외한 주식의 경우에는 종목별로 상장신청을 하지 않을 수 있다. 단, 상장을 신청한 종목은 당해 종목의 발행주식전체를 상장해야 하며, 그 중 일부만을 상장하는 것은 허용되지 않는다.

셋째, 주권을 상장하고자 하는 법인이 상장 신청한 주권이 신주효력발생과 관련하여 소송의 분쟁이 발생한 경우와 주권의 배당기산일이 주식의 종류별로 동일하지 않은 경우에는 그 사유가 해소될 때까지 상장을 유예할 수 있다.

넷째, 상장 신청한 주권의 1주 금액이 5,000원 미만인 경우에는 1주의 금액은 100원, 200원, 500원, 1,000원 및 2,500원 중에 하나이어야 한다.

다섯째, 증권 상장과 관련하여 적용하는 재무내용에 관한 사항은 주식회사의 외부감사에 관한 법률에 의한 감사인의 감사보고서상 수정된 재부제표를 기준으로 한다.

2. 신규상장심사요건

기업을 공개하여 주식을 신규로 유가증권시장에 상장시키기 위해서는 거래소에서 요구하는 다음의 일정 요건을 충족시켜야 한다(〈표 4-1〉 참조).

1) 영업활동기간

신규상장 심사신청인은 상장예비심사청구일 현재 설립 후 3년 이상 경과하고 계속적으로 영업을 하고 있어야 한다. 다만 합병, 분할, 분할합병 또는 다른 회사의 영업전부의 양수가 있는 경우에는 실질적인 영업활동기간을 고려할 수 있다.

2) 기업규모 및 상장예정주식수

상장예비심사청구일 현재 자기자본이 100억원 이상이거나, 기준시가총액이 200억원이상(코스닥시장에서 유가증권시장으로 시장이전시에는 300억원이상)이고,[12] 상장예정주식총수가 100만주 이상이어야 한다. 이 경우 상장예비심사청구 후 모집하는 법인은 신규상장신청일 현재의 자기자본 및 상장예정주식총수를 기준으로 한다.

12) 기준시가총액 = 공모가격 × 상장예정주식수
(시장이전기업 또는 2차상장외국기업의 경우 증권시장시세)

〈표 4-2〉 유가증권시장 신규상장 심사요건

요 건	내 용
- 영업활동기간	· 3년 이상(계속적인 영업활동)
- 기업규모	· 자기자본 100억 이상이거나 기준시가총액 200억원 이상
- 상장예정주식수	· 100만주 이상
- 경영성과	(가, 나, 다 중 하나의 요건충족)
가. 매출액 및 이익 등	· 최근 매출액 300억원 이상 및 3년평균 200억원 이상이고, · 최근 사업년도에 영업이익 법인세차감전 계속사업이익 및 당기순이익 각각 실현하고 있으며, · 다음중 하나의 요건충족 ① 자기자본이익률 최근 5% 이상이고 10억원 이상 공모 ② 이익액 : 최근 25억원이고 3년 합계 50억원 이상 ③ 자기자본 1,000억원 이상기업 : 최근 자기자본이익률 3% 또는 이익액 50억원 이상이고 영업현금흐름이 양(+)일 것
나. 매출액 및 기준시가총액	· 최근 매출액 500억원 이상이고 기준시가총액 1,000억원 이상일 것
다. 매출액, 기준시가총액 및 영업현금흐름	· 최근 매출액 700억원 이상이고 최근기준시가총액 500억원 이상이면서 최근 영업현금이 20억원 이상
- 주식분산요건	· 별표 참조
- 감사의견	· 최근 3년간 적정의견(최근 직전 2년 한정가능)
합병 등	· 합병, 분할, 분할합병(물적 분할 포함), 영업의 양·수도 및 감자의 경우 3개월 이상 기간을 가지는 결산 확정되어야 함
- 최대주주 변동제한	· 상장예비심사청구일 이전 1년 동안 최대주주의 변경이 없을 것
- 주식양도의 제한	· 제한하지 아니할 것

3) 매출액

다음 각목의 어느 하나에 해당해야 한다.

가. 매출액 및 이익 등

① 매출액

매출액이 최근 3사업연도 평균 200억원 이상이고, 최근사업연도에 300억원 이상이어야 한다.

② 이익 등

최근사업연도에 각각 영업이익, 법인세 차감전 계속사업이익 및 당기순이익이 있고, 다음 중 하나를 충족해야 한다.

㉠ 최근사업연도의 자기자본이익률이 5% 이상으로 최근 3사업연도의 자기자본이익률 합계가 10% 이상이어야 한다. 이 경우 자기자본이익률은 당해 사업연도의 영업이익, 법인세 차감전 계속사업이익, 당기순이익 중 적은 금액 및 당해 사업연도말의 자기자본을 기준으로 산정한다.

㉡ 최근사업연도의 이익이 25억원 이상으로 최근 3사업연도의 이익액합계가 50억원 이상이어야 한다. 이 경우 이익액은 당해 사업연도의 영업이익, 법인세 차감전 계속사업이익, 당기순이익 중 적은 금액으로 한다.

㉢ 대형법인(상장예비심사청구일 현재 자기자본 1,000억원 이상인 법인)의 경우는 최근사업연도에 영업이익, 법인세 차감전 계속사업이익 및 당기순이익이 있고, 최근 사업연도의 자기자본이익률이 3%이상이거나 또는 이익액이 50억원 이상이며, 최근사업연도에 영업활동으로 인한 현금흐름이 양(+)이어야 한다. 이 경우도 자기자본이익률 및 이익액은 당해 사업연도의 영업이익, 법인세 차감전 계속사업이익, 당기순이익 중 적은 금액을 기준으로 한다.

나. 매출액 및 기준시가총액

매출액이 최근 사업연도에 500억원 이상이고 기준시가총액이 1,000억원 이상이어야 한다.

다. 매출액, 기준시가 및 영업현금흐름

매출액이 최근사업연도에 700억원 이상이고 기준시가총액이 500억원 이상으로서 최근사업연도에 영업현금흐름이 20억원 이상이어야 한다.

4) 주식의 분산요건

상장예비심사청구일 현재 〈표 4-3〉의 요건을 충족해야 하고, 상장예비심사청구 후 모집 또는 매출하는 법인은 신규상장신청일을 기준으로 동 요건을 충족해야 한다.

〈표 4-3〉 주식분산요건

	발행주식총수 및 의결권 있는 주식총수의
1. 소액주주의 소유주식수 (다음 중 어느 하나에 해당될 것)	
가. 소액주주의 소유주식의 총수 및 의결권 있는 주식의 총수	25% 이상
나. 모집 또는 매출한 주식의 총수 및 의결권 있는 주식의 총수	25% 이상
다. 상장예비심사청구 후 모집 또는 매출한 주식의 총수 및 모집 또는 매출한 의결권 있는 주식의 총수가 각각 신규상장신청일 현재	
A. 상장예비심사청구일 현재의 자기자본을 기준으로	10%이상으로써
(1) 자기자본 500억원 이상 1,000억원 미만인 법인	100만주 이상
(2) 자기자본 1,000억원 이상 2,500억원 미만인 법인	200만주 이상
(3) 자기자본 2,500억원 이상인 법인	500만주 이상
B. 신규상장일 현재의 기준시가총액을 기준으로	
(1) 기준시가총액 1,000억원 이상 2,000억원 미만인 법인	100만주 이상
(2) 기준시가총액 2,000억원 이상 5,000억원 미만인 법인	200만주 이상
(3) 기준시가총액 5,000억원 이상인 법인	500만주 이상
라. 국내외 동시공모하는 법인의 경우, 국내외 동시공모한 주식의 총수	10%이상이면서
국내에서 모집 또는 매출한 주식의 총수	100만주 이상
2. 상장예비심사청구 후 모집 또는 매출한 주식의 총수 및 모집 또는 매출한 의결권 있는 주식의 총수(코스닥상장법인 제외)	5% 이상
3. 의결권 있는 주식을 소유하고 있는 소액주주의 수	1,000명 이상

5) 감사인의 감사의견

최근 3사업연도의 재무제표에 대한 감사인의 감사보고서의 감사의견이 각각 적정의견(최근사업연도의 직전 2사업연도의 경우 한정의견도 가능)이어야 한다.

6) 합병 등

합병, 분할, 분할합병, 영업의 전부 또는 중요한 일부의 양도·양수를 한 경우(이하에는 "합병 등"이라 함)에는 당해 합병 등의 기일이 속한 사업연도의 결산재무제표가 확정되어야 있거나 또는 합병 등의 기일로부터 당해 사업연도말까지의 기간이 3개월 미만인 경우에는 반기재무제표에 대한 감사인의 감사보고서를 제출해야 한다. 다만, 코스닥시장 경우에는 피흡수합병법인이 최근 사업년도에 당기순손실이 발생하지 아니한 경우에는 그러하지 아니한다.

7) 최대주주의 변경제한

상장예비심사청구일로부터 1년 전의 날 현재 최대주주가 상장예비심사 청구일 전 1년 이내의 기간 동안 변동해서는 안 된다. 다만, 정부 등의 소유주식매각, 상속 또는 유증으로 인한 경우로서 최대주주의 변경이 기업경영에 계속성을 저해하지 않는다고 인정되는 경우는 그러하지 아니한다.

8) 주식양도의 제한

유가증권시장에 상장되기 위해서는 주식의 자유로운 유통이 보장되어야 하므로 주식의 양도에 대한 제한이 없어야 한다.

그러나 다른 법령에 의하여 주식의 양도가 제한되는 경우 그 제한이 유가증권시장에서의 매매거래를 저해하지 않는다고 인정되는 때에는 양도제한의 불가피성을 인정하고 있다.

3. 신규상장요건의 적용특례

1) 건설업영위법인에 대한 신규상장심사요건

건설업을 주된 사업으로 하는 법인에 대해서는 업종의 특성상 일반법인보다 강화된 요건을 적용하고 있다. 따라서, 건설회사의 신규상장심사요건은 앞에 나온 일반법인의 신규상장심사요건 외에 추가로 ㉠ 상장예비심사청구일 현재 건설업을 10년 이상 계속적으로 영위하고 있어야 하고, ㉡ 건설공사 시공능력평가액이 500억원 이상이어야 한다.

2) 상장심사요건의 적용 특례

다음에 해당하는 법인은 공공성이 강한 법인으로서 거래소가 공익과 투자자보호를 위하여 상장이 필요하다고 인정하는 경우에는 주식양도의 제한을 제외한 나머지

요건과 주권의 질적 심사요건에 대해서는 그 적용이 면제된다.

다만, ② 및 ③에 해당하는 법인의 경우에는 분산요건을 적용한다.

① 공공적 법인

② 특별한 법률에 의하여 설립된 법인

③ 공공기관의 운영에 관한 법률 제4조제1항제3호의 규정에 의한 공공기관 중 정부가 100분의 50 이상의 지분을 가지고 있는 기관 및 기타 세칙이 정하는 공공기관

④ 공기업의 경영구조개선 및 민영화에 관한 법률 제2조의 규정에 의한 법인

4. 주권의 질적 심사요건

주권을 상장하는 것이 공익과 투자자보호상 필요하다고 인정되는지 여부에 대하여 다음과 같은 사항을 종합적으로 고려하여 심사한다. 이 경우 외국법인에 대해서는 본국법, 사용언어, 시차 또는 지리적 여건 등을 고려하여 심사할 수 있다.

① 영업, 재무상황 및 경영환경 등에 비추어 기업의 계속성이 인정될 것

② 기업지배구조 내부통제제도, 공시체제 및 특수관계인과의 거래 등에 비추어 경영투명성이 인정될 것

③ 법적 성격과 운영방식측면에서 상법상 주식회사로 인정될 것

④ 기타 투자자보호 및 유가증권시장의 건전한 발전을 저해하지 않는다고 인정될 것

제 3 절 유가증권시장 상장절차

1. 상장의 준비단계

1) 외부감사인 지정

유가증권시장에 신규상장하고자 하는 법인은 상장요건상 최근 3사업연도의 재무제표에 대한 감사인의 감사보고서의 감사의견이 각각 적정의견(최근사업연도의 직전 2사업연도가 한정의견이라도 가능)이어야 하고, 상장예비심사 청구시 최근 3사업연도의 재무제표에 대한 감사인의 감사보고서를 제출해야 하므로 최소한 3사업연도에 걸쳐 외부감사인 중에서 회계법인으로부터 감사를 받아야 한다.

특히, 상장을 추진하는 법인의 경우 감사인과의 유착관계가 형성되지 않도록 상장 직전 사업연도에 한하여 증권선물위원회가 지정한 회계감사인의 회계감사를 받도록 하고 있다.

2) 대표주관계약의 체결

유가증권시장에 주권을 상장하기 위해서는 대표주관회사와 대표주관계약을 체결해야 한다. 한편, 대표주관회사는 대표주관계약 체결 후 5영업일 이내에 이를 금융투자협회에 신고해야 한다.

3) 정관정비

수권주식수의 조정, 회사가 발행할 주식의 종류, 1주의 금액, 구주주 신주인수권의 배제 및 제약에 관한 조항, 주주총회의 소집공고에 관한 사항, 명의개서 대행제도의 채용에 관한 조항, 신주의 배당기산일에 관한 사항 등 상장과 관련하여 필요한 제반 정관에 관한 사항을 정비한다.

4) 명의개서 대행계약 체결

유가증권시장 주권상장법인이 되면 주주수가 많아지고 매매거래가 빈번해짐에 따라 주주명부 및 주권의 관리 등 주식사무의 양이 방대해지므로 주식명의개서 및 주권발행업무 등 주식사무를 전문적으로 대행하는 전문 명의개서 대행회사에 위임할 필요가 있다.13)

유가증권시장상장규정에서는 특별한 법인(은행법에 의하여 설립된 금융기관, 제32조 제4항 제3호의 규정에 의한 공공기관[정부전액출자법인이 출자하고 있는 지주회사포함] 등)을 제외하고는 의무적으로 명의개서 대행회사를 선임하도록 규정하고 있어 상장에 앞서 이사회결의를 거쳐 명의개서 대행회사를 선정하고 명의개서 대행계약을 체결해야 한다.

5) 우리사주조합 결성 및 지주관리 위탁계약

유가증권시장 주권상장법인 또는 주식을 신규로 상장하고자 하는 법인이 주식을 모집 또는 매출하는 경우에 당해 법인의 우리사주조합원은 모집 또는 매출하는 주식총수의 20% 범위 안에서 우선적으로 주식을 배정받을 권리가 있다. 따라서, 우리사주조합을 반드시 결성해야 한다.14)

우리사주조합원이 취득한 주식은 종업원지주제도의 취지에 따라 1년간 보유하도록 의무화하고 있으며, 이를 위하여 한국증권금융㈜와 지주관리 위탁계약을 체결하여야 한다. 우리사주조합을 통하여 취득한 주식은 취득일(주권교부일 또는 매입일)로부터 1개월 이내에 우리사주조합이 일괄하여 한국증권금융㈜에 예탁하여야 한다. 그리고 예탁된 주식은 퇴직하거나 예탁 후 1년이 경과한 경우에 인출이 허용된다(단, 주택구입이나 치료비마련 등 특별인출사유가 발생한 경우에는 인출이 허용된다).

---

13) 현재 명의개서 대행회사는 예탁결제원, 국민은행, 하나은행만이 할 수 있다.

14) 우리사주조합은 회사의 종업원으로서 이들에게 자기회사의 주식을 취득, 보유케 하여 회사의 경영 및 이익분배에 참여시킴으로써 종업원의 재산형성을 촉진시키는 제도를 말한다. 우리사주조합원의 자격은 당해 법인에 계속하여 고용되어 있는 근로자에게 부여되며 주주총회에서 선임된 임원, 소액주주를 제외한 당해 법인의 주주 및 일용근로자는 가입할 수 없다.

6) 이사회(또는 주주총회)의 결의

주권의 신규상장을 위해 신주를 발행하는 경우 정관에 규정이 없으면 이사회(정관으로 주주총회에서 결정하기로 한 경우에는 주주총회)가 다음 사항에 대해 결정하여야 한다.15)

한편, 증자 없이 구주매출을 통해 주권을 상장하는 경우에 최대주주로부터 매출주식수 및 매출가액 등 구주매출에 관한 제반사항에 대한 위임을 받아 이사회결의에 따라 공모를 한다.

2. 상장단계

1) 주권상장예비심사청구서 제출

신규상장신청 전에 거래소에 주권상장예비심사청구서를 제출하여 상장적격여부에 대해 심사를 받아야 한다. 12월 결산법인의 경우 결산확정, 외부감사보고서의 제출 및 주주총회의 일정을 감안하여 제출시기를 정해야 하며, 심사청구 신청시기가 당해 사업연도의 6월이 경과한 때에는 반기재무제표에 대한 외부감사인의 검토보고서 제출을 감안해야 한다. 분산요건은 공모 후 신규상장신청시에 충족여부를 확인한다.

2) 상장예비 심사결과의 통지

거래소의 상장예비 심사결과는 거래소에 설치된 유가증권시장상장위원회의 심의를 거쳐 확정되며, 거래소는 주권상장예비심사청구서를 접수한 날부터 2개월 내에 그 상장예비 심사결과를 당해 주권의 신규상장신청인과 금융위원회에 문서로 통지하여야 한다. 다만, 주권상장예비심사청구서 및 첨부서류의 정정 또는 보완, 기타 불가피한 사유가 있는 때에는 그 결과통지를 연기할 수 있으며 그 사유와 예상처리

15) 신주의 종류와 수, 신주의 발행가액과 납입예정일, 신주의 인수방법, 우리사주조합에 대한 우선배정에 관한 사항, 구주주의 신주인수권 배제에 관한 사항, 공모일정 및 기타 사항 등을 결정해야 한다.

기간을 명시하여 당해 신규상장신청인에게 문서로 통지하여야 한다. 그러나 공공적 법인, 특별법인, 공공기관 중 정부가 100분의 50이상의 지분을 가지고 있는 기관,, 공기업의 경영구조개선 및 민영화에 관한 법률 제2조의 규정에 의한 법인, 주요 자회사가 모두 주권상장법인인 지주회사의 경우는 유가증권시장상장위원회의 심의를 거치지 않아도 된다. 적격의 심사결과를 통지받은 신규상장신청인은 금융위원회에 증권신고서를 제출하고 공모절차를 신행하게 된다.

3) 증권신고서의 제출

거래소로부터 적격의 상장예비 심사결과를 통지받은 신규상장신청인이 증권신고서를 금융위원회에 제출하고 동 신고서가 수리되어 효력이 발생되어야 모집·매출을 할 수 있다.[16] 한편 자본시장법에서는 금융위원회로 하여금 증권신고서의 형식적 요건을 갖추지 못하거나 증권신고서 중 중요한 사항에 관하여 거짓의 기재 또는 표시가 있거나 중요사항이 기재 또는 표시하지 아니한 경우를 제외하고는 수리를 거부하지 못하도록 하고 있다(자본시장법 제120조 제2항).

① 정정신고서 제출

신고서상의 불비, 보완, 기재사항의 변경, 발행조건의 변경이 있는 경우 정정신고서를 제출해야 하며, 정정신고서가 수리된 날에 당해 증권신고서가 수리된 것으로 본다.

---

16) 증권신고서 제출시의 기재사항과 필요한 첨부서류는 다음과 같다.
① 증권신고서의 기재사항
ㄱ. 대표이사 및 신고업무를 담당하는 이사의 서명
ㄴ. 모집·매출에 관한 사항
ㄷ. 발행인에 관한 사항
② 증권신고서 첨부서류
ㄱ. 정관 또는 이에 준하는 것으로 조직운영 및 투자자의 권리의무를 정한 것
ㄴ. 증권의 발행을 결의한 주주총회 또는 이사회의사록 사본, 그 밖의 증권의 발행결의를 증명할 수 있는 서류
ㄷ. 행정관청의 인허가 또는 승인증명서류(필요시)
ㄹ. 인수계약서 사본(계약을 체결하였을 경우)
ㅁ. 법인등기부 등본 또는 이에 준하는 것으로서 그 설립을 증명할 수 있는 서류
ㅂ. 예비투자설명서(사용하려는 경우), 간이투자설명서(사용하려는 경우)
ㅅ. 그 밖에 투자자를 보호하기 위해 필요한 서류로서 금융위원회가 정하여 고시하는 서류

② 증권신고서의 효력발생

지분증권(주식)의 모집 또는 매출의 경우 신고서 수리 후 15일이 경과하면 효력이 발생하며, 모집가액, 매출가액 및 이와 관련된 사항의 변경으로 인해 정정신고서를 제출한 경우 정정신고서가 수리된 날로부터 3일 경과 후 효력이 발생한다. 한편 금융위원회는 증권신고의 효력발생시기를 앞당길 필요가 있는 경우로 인정되는 경우 효력발생기간을 단축하여 효력발생시기를 따로 정하여 고시할 수 있다.

③ 예비투자설명서 제출

증권을 모집 또는 매출하고자 하는 법인은 증권신고서의 효력발생 전에 예비투자설명서를 작성하여 당해 증권의 취득 또는 매수의 청약을 권유하는 데 사용할 수 있으며, 이 경우 증권신고서와 함께 예비투자설명서를 제출한다.

④ 발행가액(공모가액)의 결정

수요예측은 발행가액(발행가격)이 시장수요를 반영하여 시장원리에 따라 결정되도록 하기 위해 도입된 제도이다. 이는 주식을 공모함에 있어서, 공모가액(공모가격)을 결정하기 위해 대표주관회사가 당해 기업의 주식가치에 영향을 미치는 중요사항(발행회사가 속한 산업의 동향, 재무상태 및 영업실적, 주식시장상황, 공모규모 등)을 분석하여 결정한 공모희망가액을, 미리 기관투자가와 일반투자자분을 대표하는 금융투자회사(금융투자업자 구체적으로는 투자매매업자 또는 투자중개업자)들에게 제시하여 그에 대한 수요사항을 파악해서 적정공모가격을 결정하는 제도이다.

최종 공모가격은 수요예측의 결과를 감안하여 대표주관회사를 포함한 인수회사와 발행회사가 협의하여 자율적으로 정한다. 다만, 공모예정금액이 50억원 미만인 경우는 ① 인수회사와 발행회사간에 정한 단일가격, ② 대표주관회사가 사전에 정한 방법에 따라 청약자로부터 경매의 방식으로 청약을 받은 후 일정가격(최저공모가격) 이상의 청약에 대해 배정하는 경우에는 당해 청약자의 청약가격, ③ 대표주관회사가 사전에 정한 방법에 따라 청약자로부터 경매의 방식으로 청약을 받은 후 산정한 단일가격, 중에서 하나의 방법으로 공모가격을 결정할 수 있다.

초과배정옵션은 주식을 공모하면서 대표주관회사와 발행회사가 일정분의 주식을 신규로 인수할 수 있는 계약을 체결해 두고, 시장상황에 따라 당초공모예정물량에 일정한 비율을 더한 수량을 청약자에게 배정하는 제도이다. 이는 수급조절을 통해 공모주식의 가격을 안정시키기 위한 수단으로 활용되고 있다.

초과배정옵션을 보유하는 대표주관회사는 수요예측에 참가한 기관투자자에게 공모물량 이상으로 초과배정을 한 이후, 초과배정분을 시장상황에 따라 처리한다. 즉, 당해주식이 유가증권시장상장 후 그 시장가격이 공모가격을 상회할 경우에는 초과배정옵션의 일부 또는 전부를 행사하여 발행회사로부터 공모가격에서 인수수수료를 차감한 가격으로 해당 초과물량을 매수하여 초과 배정자에게 인도하고, 시장가격이 공모가격을 하회할 경우에는 시장에서 시장가격으로 매수하여 초과배정자에게 인도한다.

대표주관회사가 발행회사와 초과배정옵션에 대한 계약을 체결할 경우, 초과배정주식수량은 공모주식수량의 15% 이내에서, 초과배정옵션의 행사일은 매매개시일로부터 30일 이후 40일 이내에서 대표주관회사와 발행회사가 정한다.

그리고 초과배정옵션에 대한 계약을 체결한 대표주관회사가 초과배정으로 인한 순매도포지션의 해소를 위해 유가증권시장에서 당해 주식을 매수하는 경우, 그 매수가격은 공모가격의 90% 이상으로 하여야 한다.

⑤ 투자설명서 제출

투자설명서는 증권의 모집 · 매출을 위해 발행인이 불특정다수인인 일반투자자에게 제공하는 투자권유문서로서 발행회사의 본 · 지점, 금융위원회, 거래소 및 청약사무를 취급하는 장소에 비치하여 일반인이 공람할 수 있게 해야 한다. 발행회사는 증권신고의 효력발생일에 금융위원회에 제출해야 한다.

⑥ 청약 및 납입

ㄱ. 청약

기업공개 또는 코스닥상장공모를 위한 주식의 인수회사는 일반청약자의 1인당 공모주식 청약한도를 당해 회사가 인수한 공모주식 중 일반청약자에게 배정하는 전체수량의 10%이내에서 청약금 대출규모, 공모물량 및 발행가격 등을 고려하여 적정하게 설정한다.

한편, 대표주관회사가 공모규모, 시장상황 등을 고려하여 자율적으로 청약방법을 정할 수 있도록 청약절차 및 방법에 대한 규정이 삭제됨에 따라, 청약대행 금융투자회사에 대한 강제 배정제도를 폐지하여 대표주관회사가 자신 또는 인수단에 참여한 금융투자회사의 고객만을 대상으로 공모주식을 배정할 수 있다(단, 공모주식 배정비율은 〈표 4-4〉 준수).

청약은 증권신고서의 효력이 발생한 후 통상 2일간 대표주관회사 및 판매대행회사(청약회사)에서 실명확인의 절차를 거쳐 접수하여 사전에 공시한 청약기준에 따라 실시한다.

이때 청약자는 청약서를 작성하고 청약의 불이행을 방지하기 위해 일정률의 청약증거금을 납부한다(청약증거금률은 시장상황, 공모주식수 등에 따라 자율적으로 정하고 있다). 청약증거금은 발행회사별로 청약증거금을 표시하여 증권금융회사 또는 은행에 별도로 예치해야 한다(공모주식청약에 대한 배정비율은 〈표 4-4〉와 같다).

ㄴ. 납입

대표주관회사는 배정된 주식에 대한 납입금액을 청약증거금에서 대체시키는데 청약증거금이 주금납입금에 미달한 경우 청약자는 납입기일 전일까지 미달금액을 추가로 납입하여야 한다. 추가납입부족분에 대하여는 부족액에 해당하는 배정주식을 인수회사가 자기계산으로 인수하게 되고 납입금을 초과하는 청약증거금은 납입기일 전일부터 환불한다.

〈표 4-4〉 공모주식 배정비율

구 분	배 정 비 율
① 기관투자자	잔여주식
② 일반청약자	20% 이상
③ 우리사주조합	20% (20%)

주 : 1) ( )은 코스닥시장상장 공모의 경우의 배정비율.
2) 코스닥시장상장을 위한 공모의 경우 우리사조조합에 대한 배정은 의무사항이 아님.
3) 공모주식의 배정비율은 수시로 바뀌므로 증권협회홈페이지(http://www.ksda.or.kr) 등을 통해 점검하는 것이 바람직함.

ㄷ. 증자등기 및 주금수령

주금납입이 완료되면 발행회사는 납입은행이 발행한 납입완료증명서와 인수단의 주식청약서, 총액인수 및 모집·매출계약서 사본, 정관 및 이사회의사록 등을 첨부하여 증자등기를 하게 되며, 구주매출의 경우에는 증자등기가 필요 없다.

⑦ 증권발행실적보고

증권의 모집·매출이 완료되면 발행인은 금융위원회에 증권발행실적보고서를 제출해야 하며, 그 사본을 거래소에 제출한다.

⑧ 주권의 발행 및 교부

청약단위별 배정주식수가 확정되면 명의개서 대행회사는 예탁결제원에 주권용지 사용신청을 하고, 발행회사는 지정된 인쇄소와 가쇄계약 체결 및 주권 문안을 작성하여 거래소에 문안등록을 해야 한다. 주권문안등록 시에는 등기부등본, 문안, 정관 및 이사회의사록을 거래소에 제출해야 한다. 신주의 발행일은 납입일의 익일이 되며 이때부터 주주로서의 권리가 발생한다.

4) 주권신규상장신청서 제출

모집·매출을 마친 발행인은 납입일까지 주권신규상장신청서 및 첨부서류를 거래소에 제출하여야 한다.

상장신청서가 제출되면 거래소는 상장신청인의 주식분산요건 등을 확인한다.

5) 상장승인 및 매매개시

거래소는 신규상장신청일로부터 지체없이 당해 신규상장신청인에게 신규상장 승인 여부를 통보해야 한다. 신규상장 당일의 최초매매거래는 단일가격에 의한 개별경쟁매매(동시호가 적용)에 의하여 하루 1번 체결한다.

[그림 4-1] 상장절차

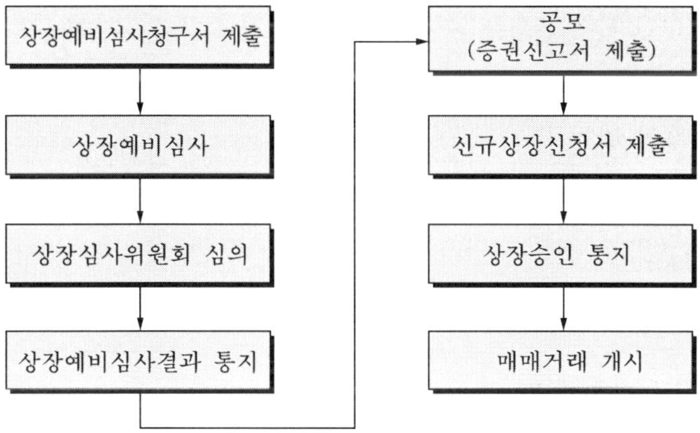

제4절 유상증자

1. 유상증자의 의의

증자는 기업의 설립 이후 신주발행을 통해 자본금을 증가시키는 것을 말하는데, 현재 채택하고 있는 수권자본제도 하에서는 회사가 발행할 수 있는 주식의 총수를 정관에 정하고 수권자본금의 범위 내에서 만 신주발행을 할 수 있다. 따라서 회사 설립 이후에는 시설자금, 운전자금, 부채상환, 재무구조개선 등 필요에 따라 수시로 이사회의 결의를 거쳐 수권자본 내에서 신주를 발행할 수 있다.

신주의 발행은 신주를 인수하는 주주로부터 기업의 주금(주식대금)이 납입되는 유상증자와 주금의 납입이 없이 신주가 발행되는 무상증자로 구분된다. 따라서 유상증자시에는 자본의 증가와 더불어 실질적인 재산이 증가하는 반면에, 무상증자시에는 자본은 증가하지만 실질적인 재산은 증가하지 않는다.

이와 같이 유상증자는 기업이 자금 등의 재산수요를 충족시키기 위해 주주에게 현금이나 현물로 출자시키는 행위로서 회사의 재산이 실질적으로 증가한다. 즉, 유상증자는 주식을 발행함으로써 자기자본을 확충시키는 방법이기 때문에 기업의 재무구조를 개선하고 타인자본의존도를 줄이는 가장 기본적인 방법으로 활용되고 있다.

2. 유상증자의 방법

유상증자의 방법은 신주의 발행가격과 배정 및 인수방식에 따라 다음과 같이 구분할 수 있다.

1) 발행가격에 따른 구분

① 액면발행

액면발행은 유상증자시 구주의 시가와 관계없이 액면가로 신주를 발행하고 이에 해당하는 주금을 납입하는 방법이다.

우리나라의 경우 주식에 액면이 표기되어 있어 이 액면가가 신주발행시의 납입주금이 되는 경우가 액면발행이다. 이 방법은 구주주배정에 의한 신주발행방법을 사용시 흔히 사용된다.

② 시가발행

시가발행은 신주의 발행가격이 액면가와 상관없이 기존주식의 주식시장 거래시 형성되는 주식가격에 의해 결정되는 방법이다.

영미계와 같이 무액주가 보편화되어 있는 나라에서 흔히 볼 수 있는 방법이다. 그런데 실제로는 시가발행이라 하더라도 발행에 따르는 인수업자의 수수료와 투자자들에 대한 투자유인의 제공 등을 위해 시가에서 일정한 할인율을 감한 가격으로 신주발행이 이루어지는 경우가 일반적이다.[17)]

최근 우리나라의 경우도 유상증자의 대부분이 시가발행방법에 의해 이루어지고 있다.

17) 우리나라와 같이 그 할인율이 상당한 경우에는 시가할인발행이라고 부르기도 한다.

2) 배정 및 인수방법에 따른 구분

① 구주주배정방법(주주배정방법)

가장 일반적인 유상증자의 방법으로 신주의 인수권을 기존주주(구주주)에게 부여하고 배정하는 방법으로 실권주는 이사회결의로써 처리한다. 정관에 다른 정함이 없으면 상법에 따라 회사의 주주는 그가 가진 주식의 수에 따라 신주의 배정을 받을 권리를 가진다.

이 방법은 ㉠ 주주의 지위, 특히 의결권의 비례적 지위의 변동을 막을 수 있고, ㉡ 신주의 발행가격이 시가와 차이가 있는 경우에 주주의 재산상의 피해를 방지할 수 있으며, ㉢ 일반공모에 비해 발행비용이 적게 들고 절차가 비교적 간단하다는 등의 장점이 있는 반면에, 발행규모가 대규모인 경우에는 적합하지 못하다는 단점이 있다.

일반적으로 구주주배정방법의 경우 인수기관의 역할은 발행사무에 국한되는 것이 대부분이기 때문에, 모집부족의 위험은 발행회사가 부담하게 된다.

② 제3자배정(연고자배정)방법

특별법, 회사의 정관, 주주총회 특별결의 등에 의해 특정의 제3자에게 신주인수권을 부여하는 경우로서 연고자 배정방법이라고도 한다. 이는 기존주주의 이해관계 및 회사의 경영권 변동에 중대한 영향을 미치므로, 정관에 특별히 정하거나 주주총회특별결의 등 엄격한 규제를 가하고 있다.

정부, 해외합작투자, 거래선 등 회사와 특별한 관계에 있는 자 등에게 신주인수권을 부여하는 경우가 많으며, 외자유치, 정부출자 등에 많이 사용하는 방식이다.

③ 일반공모

구주주의 신주인수권을 완전히 배제하고 인수단(대표주관회사 등)의 연명으로 일반투자자에게 청약을 받는 방식으로 완전공모라고도 한다.

이 방법은 불특정 다수를 대상으로 신주를 모집하기 때문에 발행사무가 번거롭고 복잡해서 발행회사가 발행실무를 담당하기 어렵고, 또한 발행된 주식의 판매에 대한 보장도 없다. 따라서 인수단이 발행사무를 대행할 뿐만 아니라 발행주식 판매를 보장하는 역할을 담당하게 된다.

총액인수방식의 경우 청약미달이 발생하면 인수단이 자기의 책임과 계산하에 인수비율만큼 미달액 전액을 인수하게 되고, 모집주선의 경우 청약 미달이 발생하면 발행회사의 이사회결의로써 처리하게 된다.

일반공모는 구주주에게 신주를 배정하는 절차가 필요하지 않아 일정이 길지 않고 절차가 매우 간단하며, 기존주주에게 피해를 주지 않기 위해 발행가격이 시가에 가장 가깝게 나오도록 하고 있다.

이 방법은 유상증자 시가발행제도의 정착을 위해 필요한 증자방식이라 할 수 있다.

④ 주주우선공모

유가증권시장 주권상장법인 및 코스닥시장상장법인이 신주를 모집하는 경우 인수단(대표주관회사 등)이 유상증자분을 총액인수한 후, 구주주와 우리사주조합에게 우선 배정하여 청약을 받고, 그 청약 미달분(실권주)은 발행회사의 이사회의 결의로 일반투자자를 대상으로 추가로 청약을 통해 일반공모를 시행하는 방법이다.

이는 구주주배정방법과 일반공모방법을 혼합한 형태로, 실권주 청약 후 잔여주식이 발생할 경우 인수단이 인수하기 때문에, 발행회사 입장에서는 신주발행에 따른 위험을 부담하지 않는다는 장점이 있다(구주주배정방법과 주주우선공모방법의 증자비교 〈표 4-5〉 참조).

〈표 4-5〉 구주주배정방법의 증자와 주주우선공모방법의 증자와의 비교

구 분	구주주배정방법	주주우선 공모방법
실권위험	높다	낮다
실권주처리절차	이사회결의에 의한 실권주처리	일반투자자에 공모
증여세부담	실권주이익에 대한 증여세 부담	증여세 면제
소요기간 및 일정	약 2개월	길다(10일정도 더 소요)
신주발행비용	기본증자비용	인수수수료 추가
인수 및 모집사무 분담	발행회사가 부담 (직접모집)	대표주관회사가 부담 (간접모집)
신주인수권증서 발행	필요함	필요함
효력발생기간	7일	10일
우리사주조합 우선배정분 청약	주주청약일 20일 전에 청약을 실시하여 실권분 주주배정 가능	주주우선청약분과 동시 청약 (양쪽 실권분 모두 공모)

⑤ 직접공모

인수기관을 통하지 않고 발행회사가 직접 자기의 책임과 계산 하에서 신주를 공모하는 방법이다. 주권비상장법인의 경우 발행가액의 적정성에 대하여 증권 분석전문기관(금융투자회사, 신용평가회사, 회계법인)의 평가를 받아야 한다. 일반적으로 비상장금융기관이 주로 사용하는 방법으로서 자체모집능력이 있는 발행주체에 유리한 방식이라 할 수 있다.

3. 유상증자 발행가액의 결정

1) 주주배정방법 및 주주우선 공모방법의 유상증자

이론권리락주가(주주우선 공모증자의 경우 '조정주가'라 함) 또는 기준주가(시가를 의미)에 유가증권시장 주권상장법인(코스닥시장상장법인 포함)이 자율적으로 정하는 시가발행할인율을 적용하여 산정하며, 인수기관이 있을 경우에는 대표주관회사와 협의하여 정하고 있다.

최종발행가액은 권리락실시 이전의 주가로 산정하는 1차 발행가액과 권리락 이후에 산정되는 2차 발행가액 중 낮은 가액으로 결정되며, 일반적으로 100원 미만은 절상한다. 할인율은 규정상 제한이 없으며, 유가증권시장 주권상장법인의 경우 대체로 30% 내외에서 자율적으로 정하고 있다(코스닥시장상장법인의 경우 50% 내외).

① 1차 발행가액의 산정

ㄱ. 기준주가의 산정

신주배정기준일(주주우선공모인 경우 주주확정일) 전 제3거래일을 기산일로 하여 기산일로부터 소급한 1개월 평균종가, 1주일 평균종가, 최근일종가를 산술평균하여 산정하되 그 산정가액이 최근일종가를 상회하는 경우에는 최근일종가를 기준주가로 한다. 이때 평균종가는 거래량으로 가중평균하여 계산하며 구주의 거래형성이 없는 때에는 신주 중 거래량이 가장 많은 신주의 종가를 구주의 종가로 한다.

이 기준주가는 권리락 이전의 시가를 가지고 산정한 기준주가이므로 이 기준주가에 대한 이론권리락주가를 구하여 그 이론권리락주가에 시가발행할인율을 적용하여

1차 발행가액을 구한다.[18]

ㄴ. 1차 발행가액 산정

$$이론권리락주가(조정주가) = \frac{기준주가 + 발행가액 \times 유상증자비율}{1 + 증자비율} \cdots ⓐ$$

$$발행가액 = 이론권리락주가 \times (1 - 할인율) \cdots\cdots ⓑ$$

위 ⓐ, ⓑ의 산식으로부터 ⓑ식을 ⓐ식에 대입하면 아래와 같은 산식이 도출된다.

$$이론권리락주가 = \frac{기준주가}{1 + 유상증자비율 \times 할인율}$$

따라서

$$1차\ 발행가액 = \frac{기준주가 \times (1 - 할인율)}{1 + 유상증자비율 \times 할인율}$$ 이 된다.

② 2차 발행가액의 산정

ㄱ. 기준주가의 산정

2차 발행가액의 산정시 기준주가는 권리락 이후인 청약일 전 제3거래일로부터 소급한 거래량으로 가중평균한 1주일 평균종가 및 최근일종가를 산술평균하여 산정하되 그 산정가액이 최근일종가를 상회하는 경우에는 최근일종가를 기준주가로 한다.

ㄴ. 2차발행가액 산정 : 2차 발행가액=기준주가×(1-할인율)이 된다.

③ 최종 발행가액

최종 발행가액은 1차 발행가액과 2차 발행가액 중 낮은 가액으로 한다.

2) 일반공모방법의 유상증자시 발행가액의 결정

일반공모방법은 1, 2차 발행가액의 구분 없이 청약일 전 제5거래일을 기산일로 한 기준주가만으로 산정한다. 아울러 일반공모는 구주주의 신주인수권을 배제하고 전액 일반투자가에게 배정하는 형식이므로 최대한 구주주 피해를 줄이고 공모청약

18) 무의결권우선주가 발행되어 있지 않은 유가증권시장 주권상장법인(코스닥시장상장법인 포함)이 무의결권우선주를 발행하고자 하는 경우에는 유가증권시장(코스닥시장)에 상장되어 있는 다른 유가증권시장 주권상장법인(코스닥시장상장법인 포함)의 무의결권우선주의 주가와 시장상황 등을 고려하여 이를 산정한다.

을 원활하게 하기 위해 그 발행가액을 기준주가의 70% 이상으로 정하고 있다.

대신 기준주가는 기산일로부터 소급하여 거래량으로 가중평균한 1개월 평균종가, 1주일 평균종가 및 기산일종가 중 높은 가격이다. 즉 기존 구주주의 피해를 조금이라도 방지하고자 기준주가 자체가 다른 방식의 기준주가보다 높게 산정되도록 되어 있다.

3) 제3자배정방법의 유상증자시 발행가액의 결정

제3자배정방법은 구주주에 대한 신주의 배정(신주인수권)을 배제하므로 권리를 받을 주주에 대한 결정의 절차가 필요 없어 1, 2차 발행가액의 구분없이 유상증자를 위한 이사회결의일(발행가액을 결정한 이사회결의가 이미 있는 경우에는 그 이사회결의일로 할 수 있다) 전일을 기산일로 한 기준주가만으로 산정한다.

아울러 제3자배정방법은 공모의 절차나 기회도 없이 구주주의 신주인수권을 배제하고 전액 특정의 제3자에게 배정하는 형식이므로 기존 구주주나 일반투자자에게 피해를 주지 않기 위해 그 발행가액을 기준주가의 90% 이상으로 정하고 있다. 즉 10% 이내의 범위 내에서만 할인할 수 있어 10% 이내의 할인율로 기준주가에 (1－할인율)을 곱한 금액으로 정한다. 다만, 할인율이 낮은 대신에 기준주가는 일반공모방법에 비해 조금 낮게 산정되게 하여 조금이나마 할인이 더 되게 하고 있다.

따라서, 기준주가는 이사회결의일 전일인 그 기산일로부터 소급한 1개월 평균종가, 1주일평균종가 및 최근일종가를 산술평균하여 산정하되, 그 산정가액이 최근일종가를 상회하는 경우에는 최근일종가를 기준주가로 한다. 즉 그 산술평균가액과 최근일종가(기산일종가) 중 낮은 가액이 된다.

4. 유상증자의 절차

주주배정방법과 주주우선공모방법에 의한 유상증자의 절차는 〈표 4-6〉과 같다.

〈표 4-6〉 유상증자의 절차

<table>
<tr><th colspan="2">주주배정</th><th colspan="2">주주우선공모</th></tr>
<tr><th>일정</th><th>진행절차</th><th>일정</th><th>진행절차</th></tr>
<tr><td>~ D-1</td><td>신주발행 이사회 결의
증자결의내용 공시</td><td>~ D-1</td><td>신주발행 이사회 결의
증자결의내용 공시
대표주관회사선정, 인수계약체결</td></tr>
<tr><td>D</td><td>증권신고서 제출</td><td>D</td><td>증권신고서 제출</td></tr>
<tr><td>D+8</td><td>증권신고서 효력발생
투자설명서 제출</td><td>D+11</td><td>증권신고서 효력발생
투자설명서 제출</td></tr>
<tr><td rowspan="2">D+9</td><td>신주발행 및 신주배정기준일(주주명부폐쇄)공고</td><td rowspan="2">D+12</td><td>신주발행 및 주주확정일(주주명부폐쇄)공고</td></tr>
<tr><td>1차 발행가액 산정</td><td>1차 발행가액 산정</td></tr>
<tr><td>D+24</td><td>신주배정기준일(명부폐쇄)</td><td>D+27</td><td>주주확정일(명부폐쇄)</td></tr>
<tr><td>D+30 전까지</td><td>우리사주조합 청약</td><td colspan="2"></td></tr>
<tr><td>D+34</td><td>주주명부 확정</td><td>D+37</td><td>주주명부 확정</td></tr>
<tr><td rowspan="3">D+35</td><td>신주배정통지 및 신주청약서 등 발송</td><td rowspan="3">D+38</td><td>신주청약서 발송</td></tr>
<tr><td>발행가액 확정</td><td>발행가액 확정</td></tr>
<tr><td>확정가액통지 · 공고</td><td>확정발행가액 통지 · 공고</td></tr>
<tr><td>D+50~51</td><td>주주청약</td><td>D+53~54</td><td>우리사주조합 및 주주청약</td></tr>
<tr><td rowspan="5">D+53</td><td rowspan="5">실권주 처리</td><td>D+57</td><td>일반공모청약 공고</td></tr>
<tr><td>D+58~59</td><td>일반공모청약</td></tr>
<tr><td>D+61</td><td>공모청약집계 및 배정</td></tr>
<tr><td>D+62</td><td>배정 및 환불공고</td></tr>
<tr><td>D+63</td><td>환불</td></tr>
<tr><td>D+54</td><td>주금납입</td><td>D+64</td><td>주금납입</td></tr>
<tr><td>D+55</td><td>증자등기</td><td>D+65</td><td>증자등기</td></tr>
<tr><td rowspan="2">D+55~</td><td>증권발행실적보고서</td><td rowspan="2">D+65~</td><td>증권발행실적보고서</td></tr>
<tr><td>주권발행 · 교부 및 신주상장</td><td>주권발행 · 교부 및 신주상장</td></tr>
</table>

제 5 절 무상증자 및 기타 주식발행

1. 무상증자의 의의 및 절차

무상증자는 주식회사에 실질적인 자본금의 증가가 이루어지지 않는 증자를 말한다. 이는 이사회 또는 주주총회의 결의로 자본잉여금 전부, 이익준비금, 기업합리화적립금, 재무구조개선적립금 등 법정준비금을 자본에 전입하고 증가된 자본금에 해당하는 만큼의 신주를 발행하여 구주주에게 소유주식수에 비례하여 무상으로 배정 · 교부하는 방법이다.

이와 같이 무상증자는 자금조달을 목적으로 하지 않고 자본구성의 시정, 사내유보의 적정화 또는 주주에 대한 자본이득의 환원을 목적으로 총자산의 변화 없이 재무제표상의 항목변경을 통한 신주를 발행하는 것을 의미한다.

유가증권시장 주권상장법인(코스닥시장상장법인 포함)은 무상증자에 관한 결정이 있을 때 사유발생 익일까지 금융위원회와 거래소에 신고하여야 한다.

무상증자의 절차는 〈표 4-7〉과 같다.

〈표 4-7〉 무상증자의 절차

일 정	진행절차
D	이사회 결의 및 공시
D+1	배정기준일 및 주주명부 폐쇄 공고
D+16	배정기준일
D+17	증자등기
D+28	신주배정통지 및 주권용지 교부신청
D+29	신주상장 신청
D+38	주권의 발행 및 교부
D+45	신주상장

2. 주식배당

주식배당은 기업의 영업성과에 따라 발생한 이익잉여금의 자본전입을 위한 것으로 회사의 이익을 주주에게 현금으로 배당하는 대신 신주를 발행하여 주는 것을 말한다. 즉 주식배당은 사외유출될 자금을 자본화시켜 주식으로 지급하기 때문에 자산이 그만큼 유보되어 「이익의 자본화」라고도 한다.

주식배당의 경우 주주에 대한 배당으로 간주하여 배당소득세를 원천징수한다. 주식배당에 대한 한도는 상법에서 이익배당총액의 1/2 이내로 규정하고 있으나, 유가증권시장 주권상장법인(코스닥시장상장법인 포함)의 경우에는 이와 같은 상법상의 규정에도 불구하고 시장에서 형성된 시가가 액면가를 초과하는 경우에 한하여 이익배당의 전부를 주식배당으로 할 수 있다.

유가증권시장 주권상장법인은 주식배당을 하고자 하는 경우 그 예정내용을 당해 사업연도 말 15일 전까지 이사회에서 결정하여 금융위원회에 신고하여야 한다.

3. 기타 주식발행

1) 전환사채권의 주식전환

전환사채권자가 전환권을 행사하여 사채권을 주식으로 전환시킴으로써 주식을 발행하는 경우로 전환액에 상당하는 부채가 감소하고 자본이 증가하나 자산의 변화는 없다.

유가증권시장 주권상장법인 등이 전환사채권을 발행하는 경우 그 전환가액은 전환사채권 발행을 위한 이사회결의일 전일을 기산일로 하여 그 기산일부터 소급한 1개월 평균종가, 1주일 평균종가 및 최근일 종가를 산술평균한 가액과 최근일 종가 및 청약일(청약일이 없는 경우에는 납입일) 3거래일전의 종가중 높은 가액이상으로 한다.

유가증권시장 주권상장법인의 경우 전환사채권 발행 후 1년이 경과한 후 전환권을 행사할 수 있다. 다만, 국내에서 공모형식으로 발행하는 경우 또는 외국에서 공모형식으로 발행하는 경우에는 발행 후 1개월이 경과한 후 전환권을 행사할 수 있다.

2) 신주인수권부사채권의 신주인수권행사

신주인수권부사채권자가 신주인수권을 행사함으로써 신주를 발행하는 경우 현재 분리형과 대용납입이 가능하다.

유가증권시장 주권상장법인(코스닥시장상장법인 포함)의 경우 신주인수권행사가액은 신주인수권부사채권발행 이사회결의일 전일부터 소급하여 거래량으로 가중평균한 1개월 평균종가, 1주일 평균종가, 최근일종가를 산술평균한 가액과 최근일 및 청약일 3거래일 전의 종가 중 높은 가액 이상으로 한다.

유가증권시장 주권상장법인 등이 신주인수권부사채권을 발행하는 경우 각 신주인수권부사채권에 부여된 신주인수권의 행사로 인하여 발행할 주식의 발행가액의 합계액은 각 신주인수권부사채권의 발행가액을 초과할 수 없다.

또한 유가증권시장 주권상장법인 등이 공모방식 외의 방법으로 분리형 신주인수권부사채권을 발행하는 경우에는 사채권의 발행일부터 당해 사채 만기의 3분의 1에 해당하는 기간(그 기간이 1년 이하인 경우에는 1년)이 경과하기 전까지는 당해 신주인수권부사채권의 신주인수권이 분리된 사채권만을 매입하지 않는 조건으로 이를 발행하여야 한다.

3) 전환주식의 전환권행사

전환에 의하여 전환주식(구주식)이 소멸하고 새로운 종류의 신주식이 발행됨에 따라 신 · 구 양 주식의 발행주식수가 증감하는데, 전환비율이 1 : 1이 아닌 때에는 회사의 발행주식총수가 증감하므로 이에 따른 변경등기가 필요하다.

4. 합병 등 기타 주식발행

1) 합병에 의한 주식발행

합병으로 인하여 존속하는 회사가 소멸하는 회사의 주주에게 신주를 발행하여 교부하게 되는 경우이다.

2) 주식병합에 의한 주식발행

회사가 발행한 주식의 총수가 감소하고 1주의 금액이 변경되며 주주의 권리는 단주에 의하여 소멸되지 않는 한 병합 후의 신주식에 존속하며 그 지분의 변동은 없으나 1주의 금액이 변경된 신주식을 발행하여 교부하여야 한다.

3) 주식분할에 의한 주식발행

주식병합과 반대되는 개념으로서 회사가 자본이나 재산을 변경시키지 아니하고 기존의 주식을 세분화하여 발행주식총수를 증가시키는 것을 말한다.

분할에 의하여 발행되는 주식은 각 주주의 지분율에 따라 배분되므로 주주의 실질적인 지위, 회사의 자본금 및 자산에는 아무런 변화가 없다.

이와 같은 주식분할은 고주가의 경우 시장성을 증대시키기 위해서, 회사의 공개·상장의 전제로서, 또는 주주에 대한 이익환원의 정책으로서 활용된다. 특히 미국과 같이 무액면주가 일반화되어 있는 경우에는 주식분할이 용이하며, 주식분할은 무상교부와 같은 의미를 가진다.

제 5 장

유가증권시장(II)

본장에서는 유가증권시장을 유통시장을 중심으로 상장증권관리제도, 기업내용공시제도, 매매제도, 시장관리제도 등에 대한 구체적인 내용을 알아봄으로써 유가증권시장에 대한 전반적인 이해를 증진시키고자 한다.

제 1 절 상장증권의 관리

상장증권의 관리는 부실증권의 유통을 방지하고 정확한 투자정보를 투자자에게 제공함과 더불어, 자본시장의 건전한 발전을 위하여 자본시장 관리기관이 상장증권의 상장요건 충족여부와 기업내용의 적시공시 실시여부를 파악하는 일련의 과정을 의미한다.

1. 매매거래 정지제도

상장법인의 주권에 지대한 영향을 미칠 사유가 발생할 경우 그 사실을 투자자에게 충분히 주지시켜 선의의 투자자를 보호할 필요가 있을 때, 거래소는 당해 상장법인이 발행한 증권의 매매거래를 정지시킬 수 있는데, 이를 매매거래정지라고 한다(매매거래 정지사유 및 정지기간은 〈표 5-1〉 참조).

〈표 5-1〉 매매거래 정지사유 및 정지기간

구 분	매매거래 정지사유	매매거래 정지기간
상장규정	- 주권상장 폐지기준에 해당 - 관리종목 지정기준에 해당	- 당해 매매거래 정지사유 해소시까지 - 매매일 기준 1일간. 단, 필요시 매매거래 정지를 해제하지 아니할 수 있음
	- 상장증권 중 위조 또는 변조 증권이 발생	- 매매일 기준 1일간. 단, 필요시 매매거래 정지를 해제하지 아니할 수 있음
	-주식의 병합 또는 분할 등을 위하여 주권의 제출을 요구 -보통주를 제외한 주권이 예탁결제원에 보호예수되거나, 상당기간 유통성이 없다고 인정되는 경우 -유가증권시장 주권상장법인이 유가증권시장 주권상장법인과의 합병, 포괄적 주식교환, 영업 또는 자산양수 및 현물출자(주권비상장법인의 주식에 한함)에 의한 신주발행에 대한 결의 또는 결정에 대한 신고가 있는 경우	- 당해 매매거래 정지사유 해소시까지 - 당해 매매거래 정지사유 해소시까지 -당해 매매거래 정지사유 해소시까지
	-유가증권시장 주권상장법인이 유가증권시장 주권비상장법인과의 영업 또는 자산양수신고서 제출일이후 6월이내 제3자배정에 의한 신주 및 주식관련사채권의 발행에 대한 신고가 있는 경우 -유가증권시장 주권상장법인이 유가증권시장 주권상장법인의 최대주주 등에 대하여 제3자배정신주 배정을 하고자 하는 결의 또는 결정에 대하여 신고 후 법원의 심사결과 당해신고에 대한 정정신고가 있는 경우	-최대주주 변경 등 요건충족여부확인일까지 -최대주주 변경 등 요건충족여부확인일까지
	-유가증권시장 주권상장법인이 회생절차개시신청이 있는 경우 -법원의 회생절차개시신청이후 당해 법인의 재무상태, 영업실적 또는 회생계획의 이행여부 등을 고려하여 거래소가 투자자보호 및 시장관리를 위해 필요하다고 인정되는 경우 -그 밖에 공익과 투자자보호 및 시장관리를 위하여 거래소가 필요하다고 인정되는 경우	-법원의 회생절차개시결정일까지. 단, 거래소가 공익과 투자자보호 및 시장관리를 위하여 필요하다고 인정되는 경우에는 매매거래정지를 해제하지 않을 수 있다. -당해 매매거래정지사유 해소시까지
공시규정	- 조회공시 불이행 - 공시번복, 중요한 내용의 공시변경	-지정일 당일 1일간
	- 주가 또는 거래량에 중대한 영향을 주는 공시사항 발생	-공시시점부터 30분 경과시점

한편, 매매거래가 정지된 경우에 일정한 기간이 경과하거나 매매거래정지 사유가 해소되면 매매거래를 재개하는데, 이를 매매거래 정지해제라고 한다.

2. 상장폐지

상장폐지란 상장된 증권에 대하여 유가증권시장에서 매매거래대상이 될 수 있는 적격성을 상실시키는 조치를 말한다. 상장법인의 기업내용에 중대한 변화가 발생하여 당해 증권을 계속 상장시킬 경우 투자자에게 커다란 손실이 발생하거나, 유가증권시장의 신뢰에 해가 된다고 판단될 경우 상장폐지 조치를 취할 수 있다.

상장폐지는 당해 상장법인의 신청에 의하는 경우도 있으나(이를 신청폐지라고 함), 거래소의 직권에 의해 상장을 폐지(이를 직권폐지라고 함)하는 경우가 일반적이다. 당해 상장법인이 상장폐지를 신청하는 경우 거래소는 이를 거부할 수 있다.

한편, 거래소는 관련 투자자를 보호하기 위해서 상장폐지기준에 해당될 우려가 있는 상장법인에 대하여 사전에 상장폐지기준에 해당될 우려가 있음을 예고하고 있다. 예고대상은 반기·분기보고서 미제출, 감사의견, 자본잠식, 주식분산요건 미달, 사외이사 미선임 등 지배구조 미구축, 거래량 및 매출액 요건 미충족으로 관리종목으로 지정되는 경우이다.

상장폐지기준은 관리종목 지정기준과 상장폐지기준으로 이원화하여 적용하고 있다(〈표 5-2〉 참조).

상장폐지가 결정이 된 종목은 투자자에게 최종매매기회를 주기 위해 7일 동안 정리매매를 할 수 있도록 한 후에 상장폐지하고 있다. 한편, 상장법인이 감사의견 부적정·의견거절, 영업정지, 주가·시가총액기준 등에 의하여 상장폐지기준에 해당되는 경우에는 이 사실을 통보받은 후 7일 이내에 이의제출 또는 의견진술을 할 수 있으며, 이 경우 거래소는 15일 이내에 상장위원회 심의를 거치고 이로부터 3일 이내에 최종 상장폐지여부를 결정한다.

〈표 5-2〉 상장폐지기준과 관리종목지정기준

항 목	기 준	상장폐지	관리종목지정
형식적 요건	- 사업 · 반기 · 분기보고서 미제출 - 사업보고서 미제출후 10일이내 미제출 - 반기 · 분기보고서 미제출후 차기보고서 미제출 - 감사의견 부적정 · 의견거절 - 감사범위제한 한정의견 - 반기검토의견 부적정 · 의견거절	- 해당시 해당시 해당시 1회추가 -	해당시 - - - 해당시 해당시
실질적 요건	- 주된 영업활동정지, 혹은 조업의 전부중단, 또는 이에 준하는 상태 - 최종부도발생 또는 은행거래정지 - 자본잠식 - 소액주주비율 10% 미만	해당시 해당시 전액 잠식 50%이상 2년계속 1회 추가	- - - 50%이상 잠식 해당시
회생절차 개시 등	- 회생절차개시신청 - 회생절차개시신청으로 관리종목지정 후 법원의 회생절차개시신청 기각, 회생절차개시결정 취소 -거래소 심사결과 주권상장법인으로서의 적격성이 인정되지 않는 경우	- 해당시 해당시	해당시 - -
사외이사 등	- 사외이사 미선임 등 지배구조 미구축	1회 추가	해당시
불성실공시	- 고의, 상습적인 공시의무 위반	해당시	불성실공시법인지정등 벌점이 15점이상
반기 월평균거래량	- 1%미만	1회 추가	해당시
연간 매출액	- 50억 미만	2년 계속	해당시
액면가	- 20% 미만 30일 계속	90일 동안 20%이상인 상태가 10일 이상 계속되지 않고 누적일수가 30일이상인 경우	해당시
시가총액	- 50억 미만 30일 계속	90일동안 50억원이상인 상태가 10일 이상 계속되지 않고 누적일수가 30일 이상인 경우	해당시
재무요건 등 신규상장요건 미충족	-주권비상장법인과의 합병, 포괄적 주식교환, 영업 또는 자산양수 및 현물출자와 관련된 최대주주변경 등에 있어서 신규상장요건 미충족	해당시	-

〈표 5-2〉 계속

해산	-해산사유	해당시	-
주시양도	-주시양도에 제한을 받을 경우	해당시	-
기업의 계속성, 경영의 투명성, 공익과 투자자보호 등	-유상증자, 분할 등을 통한 재무구조개선 행위가 상장폐지기준에 해당되는 것을 회피하기 위한 것으로 인정되는 경우	해당시	-
	-당해법인에게 상당한 규모의 재무적 손실을 가져올 것이 인정되는 횡령·배임 등과 관련한 공시가 있거나 사실 등이 확인된 경우	해당시	-
	-외부감사 및 회계 등에 관한 규정 제48조에 의한 감리결과 중요한 회계처리기준 위반행위 등이 확인된 경우	해당시	-
	-그 밖에 공익과 투자자보호를 위하여 당해주권의 상장폐지가 필요하다고 인정되는 경우	해당시	

제 2 절 기업내용공시제도

1. 기업내용공시제도의 의의 및 요건

기업내용공시제도란 상장법인으로 하여금 투자자를 포함한 이해관계자들에게 기업의 내용을 정기·수시로 공개하도록 하여 시장참가자를 보호하고 증권시장의 효율성을 제고하고자 하는 제도이다.

기업내용을 투자자에게 신속하고 정확하게 제공하는 기업내용공시제도의 역할은 공시내용을 모든 투자자가 공평하게 할 수 있도록 함으로써 증권거래의 공정성을 도모하고 주식거래를 위한 투자판단자료를 제공해 주는 기능을 한다.

이와 같은 기업내용공시제도가 투명성확보와 투자자보호라는 목적을 달성하기 위해서는 다음가 같은 요건이 충족되어야 한다.

첫째, 공시의 신속성, 즉 투자판단에 필요한 최신의 정보를 신속히 공개하여야 한다.

둘째, 정보의 정확성, 즉 공시되는 정보가 정확하여 투자판단자료로서 신뢰성이 있어야 한다.

셋째, 공시내용 이해 및 접근의 용이성, 즉 공시되는 정보를 투자자가 용이하게 접근하고 이해할 수 있어서 투자의사결정에 필요한 정보를 언제든지 쉽게 이용할 수 있어야 한다.

넷째, 공시내용전달의 공정성, 즉 투자자간에 정보의 비대칭성이 발생하지 않도록 모든 투자자에게 공정하게 전달될 수 있도록 해야 한다.

2. 기업내용공시제도의 분류

기업내용공시에 대해서는 주로 자본시장법과 이에 근거한 관계규정에서 구체적으로 규정하고 있는데, 일반적으로 발행시장 공시와 유통시장 공시 그리고 수시공시로 구분된다.

발행시장 공시는 증권의 발행과 관련하여 발행기업과 발행증권에 대한 진실성확보를 통해 발행사기를 방지하고 투자자의 올바른 투자판단에 도움을 주기위하여 운용하는데, 증권신고서, 투자설명서, 증권발행실적보고서 등의 공시가 이에 해당한다.

유통시장 공시는 증권의 현재 또는 미래의 투자자에게 기업의 경영활동과 관련된 모든 정보를 완전하게 공시하도록 하여 증권의 취득 · 처분에 필요한 정보를 제공하는데, 이는 크게 정기공시와 수시공시로 구분된다. 정기공시에는 사업보고서, 반기보고서, 분기보고서 등이 있고, 수시공시에는 주요 경영사항 공시 등이 있다.

특수공시는 주주의 권리변동을 초래하는 법인의 중요한 결정이 있는 경우에 그 권리행사를 지원하거나, M&A의 공정성 확보 등 특수한 목적을 위하여 이루어지는 공시를 말하는 데, 합병 · 분할 · 영업양수도신고서, 자기주식취득 · 처분신고서, 공개매수신고서 등이 이에 해당한다.

이와 같은 공시는 자본시장법과 금융투자관계기관의 공시관련규정에 그 근거를 두고 있는데, 이에는 자본시장법, 주식회사의 외부감사에 관한 법률에 의해 금융위원회에 신고하는 사항, 거래소의 유가증권시장공시규정 및 코스닥시장공시규정 등이 있다.

3. 공시제도의 운영체계

상장법인이 금융위원회와 거래소에 동시에 신고해야 하는 공시의무사항은 금융위원회가 운영하는 전자공시시스템(DART)을 통하여, 거래소규정에 의해 거래소에만 신고해야만 하는 공시의무사항은 거래소가 운영하는 전자공시시스템(KIND)을 통하여 신고한다.

거래소는 당해 신고사항에 대한 매매거래정지, 불성실공시법인 지정 등 시장조치 필요여부를 점검한 후 전자공시시스템과 정보문의단말기 및 증권시장지 등에 당해 내용을 일반투자자에게 공표한다.

한편 상장법인이 제출하는 모든 신고사항은 전자문서에 의한 방법으로 제출이 가능하며 전자문서제출인 또는 제출대행인을 등록하여야 한다.

그리고 상장법인은 책임의 명확화와 효율적인 적시공시를 위하여 공시책임자 1인을 지정하여야 하며 이 경우 공시를 성실히 이행하겠다는 내용의 서류를 첨부하여 이를 거래소에 등록하여야 한다. 또한 상장법인은 당해 법인의 신고 또는 공시업무를 담당하는 공시담당자2인 이상(코스닥시장 1인 이상)을 지정하여 거래소에 등록하여야 하고, 공시 담당자는 신규지정 또는 상장일로부터 6개월 이내에 주식전문연수과정 등 소정의 교육과정을 이수하여야 한다.

4. 자율공시, 조회공시, 공정공시, 기업설명회

1) 자율공시

기업의 자율공시문화 정착과 공시업무의 국제적 정합성제고를 위해 기업의 자율적 판단 및 책임 하에서 이루어지는 공시가 자율공시이다.

유가증권시장 주권상장법인은 공시의무사항이외에 회사의 경영·재산 및 투자자의 투자판단에 중대한 영향을 미칠 수 있다고 판단되는 사항에 대하여 사유발생일로부터 1일 이내에 자율적으로 공시할 수 있다. 그런데 자율공시한 내용을 변경 또는 반복하는 경우도 불성실공시법인으로 지정된다.

또한 유가증권시장 주권상장법인은 장래계획에 관한 사항 또는 공시의무사항외의 주요경영사항에 대하여 투자자에게 알릴 필요가 있다고 판단되는 경우에는 그 발생사실 또는 결정내용을 사유발생일 다음날까지 거래소에 자진하여 신고할 수 있다.

2) 조회공시

조회공시는 ① 수시공시사항 또는 이에 준하는 주요 경영사항과 관련한 풍문이나 보도가 있는 경우 그 사실여부 ② 풍문 등이 없더라도 주가 및 거래량이 급변하는 경우 투자자의 투자판단에 영향을 미칠 수 있는 미공개정보가 있는 지의 여부를 거래소가 상장법인에게 확인하여 공시하도록 하는 제도를 말한다.

조회공시 시점은 풍문 또는 보도의 경우 조회공시요구시점이 오전인 경우에는 당일 오후까지, 오후인 경우에는 익일 오전까지 공시하여야 하며, 시황급변에 의한 경우에는 익일까지 공시하여야 한다. 다만, 부도, 해산, 영업활동정지, 회생절차 개시 등 퇴출기준에 해당하는 중요사항의 경우에는 요구일로부터 1일이내에 공시해야 한다.

조회요구사항이 사실일 경우 그 내용을 확정사항으로 공시하여야 하며, 사실이 아닐 경우에는 '사실무근' 또는 '중요한 정보없음'으로 공시하여야 한다. 또한 미확정내용에 대해서는 그 공시일로부터 1월 이내에 확정내용 또는 진척사항을 제공하여야 한다. 다만, 확정내용 또는 진척사항의 재공시가 사실상 곤란하다고 인정되는 경우에는 기한을 명시하여 재공시할 수 있다.

3) 공정공시

상장법인의 미공개정보의 특정인에 대한 선별적 제공에 따른 정보불균형의 문제가 확대됨에 따라 이를 금지하여 투자자간 정보의 공평성을 확보함으로써 미공개정보를 이용한 불공정거래 가능성을 예방하고 수시공시제도의 미비점을 보완하기위하여 도입된 것이 공정공시제도이다.

공정공시는 상장법인과 관련하여 공시되지 아니한 중요정보(공정공시대상정보)를 그 기업의 관계자가 특정인에게 선별하여 제공하고자하는 경우에 사전에 모든 시장참가자들이 알 수 있도록 거래소를 통하여 공시하도록 하는 것을 말한다.

공정공시대상정보는 장래사업계획, 매출액·영업손익·경상손익·당기순순익 등에 대한 전망 또는 예측, 정기보고서와 관련된 영업실적, 수시공시의무사항과 관련된 사항 등을 말하며, 공정공시정보제공자는 유가증권시장 주권상장법인, 그 대리인 및 임원(사실상 임원포함)·직원(관련부서 직원에 한함)이고, 공정공시정보제공대상자는 기관투자자, 언론사 또는 증권정보사이트 운영자 및 그 임직원, 공정공시 대상정보를 이용하여 매수 또는 매도가 예상되는 주주, 기타 공정공시 대상정보를 당해 법인홈페이지에 게재시 정보에 접근 가능한 자 등을 말한다.

원칙적으로 당해 정보 제공전 까지 신고하여야 하나, 경미한 과실 또는 착오로 제공한 경우에는 제공한 당일에 이를 신고하여야 하며, 당해 유가증권시장 주권상장법인의 임원이 그 제공사실을 알 수 없었음을 소명하는 경우에는 이를 알게 된 날에 신고할 수 있다. 공정공시의무 위반 시에도 불성실공시의 조치대상이 된다.

4) 기업설명회

기업설명회(IR : Investor Relations)는 상장법인의 경영내용, 사업계획 및 전망 등에 대한 설명회로 이를 실시할 경우에는 공개적으로 하여야 하며, 설명자료의 작성은 공정성과 객관성을 유지해야 한다.

상장법인은 기업설명회(IR : Investor Relations)를 실시하는 경우 그 일시, 장소, 설명회내용 등을 문서로 거래소에 신고하여야 하며, 거래소는 이를 인터넷에 공표해야 한다.

기업설명회의 내용이 실제사실과 상당히 다르다고 인정되는 경우 불성실공시법인으로 지정할 수 있다.

5. 불성실공시

1) 불성실공시의 유형

불성실공시 유형에는 공시불이행, 공시번복, 공시변경이 있는데, 공시불이행은 공시한 내에 공시하지 않은 경우이며, 공시번복은 이미 공시한 내용을 전면취소 또는 부인하는 경우이고, 공시변경은 이미 공시한 내용 중 중요한 내용에 대한 변경이 있는 경우이다.

다만 다른 법령, 규정 등에 의하여 불가피한 경우, 경제사정의 급격한 변동 기타 공익 또는 투자자 보호상 필요한 경우에는 불성실공시에 대한 적용을 배제할 수 있다.

2) 불성실공시에 대한 조치

거래소는 상장법인의 신속하고 정확한 공시를 담보하기 위해 공시의무를 위반하는 경우 불성실공시법인으로 지정하여 매매거래정지, 관리종목 지정 또는 주권상장폐지 등 제재조치를 취하고 있다.

즉, 공시불이행, 공시번복, 공시변경에 해당하는 경우 불성실공시법인 지정예고를 하고, 당해법인이 이에 대한 이의가 있는 경우 통보한 날로부터 7일(매매일 기준) 이내에 거래소에 이의 신청을 할 수 있으며, 이의 신청이 있는 경우 거래소는 신청일로부터 3일이내에 불성실공시지정여부 및 부과벌점을 결정하여야 한다.

만약 당해법인의 이의 신청이 없는 경우 이의 신청기간종료일 익일 불성실공시법인으로 지정하고 지정당일 1일간 당해 종목에 대하여 매매거래를 정지한다.

한편, 불성실공시법인으로서 지정되는 경우 지정사실 및 부과벌점을 공시매체에 일정기간 공표하고 과징금부과 등 공정규제를 위해 금융위원회에 통보하며, 또한 개선계획서의 제출을 요구할 수 있으며, 당해 종목에 대한 매매심리(내부자 거래 등 불공정거래혐의종목은 금융위원회에 통보)를 실시할 수 있다.

그리고 불공실공시법인의 공시책임자 및 공시담당자는 거래소가 실시하는 불성실공시재발방지 및 예방을 위한 교육을 의무적으로 이수하여야 한다.

제 3 절 매매거래제도

1. 매매거래의 절차

유가증권시장에서 매매를 할 수 있는 자는 금융위원회로부터 금융투자업허가를 받은 법인(일반적으로 금융투자회사, 구체적으로는 증권에 대해 인가를 받은 투자매매업자 또는 투자중개업자)으로서 거래소의 회원인 자에 한한다(유가증권시장의 경우에는 증권거래회원). 따라서 일반투자자가 유가증권시장에서 증권을 매매하고자 하는 경우에는 거래소회원인 금융투자회사(금융투자업자, 구체적으로는 투자중개업자)에서 위탁하여야 하며, 위탁을 받은 금융투자회사는 고객의 주문을 전산화된 금융투자회사시스템을 통하여 거래소에 직접 전달하여 매매거래를 체결시킨다([그림 5-1] 참조).

[그림 5-1] 매매거래 절차

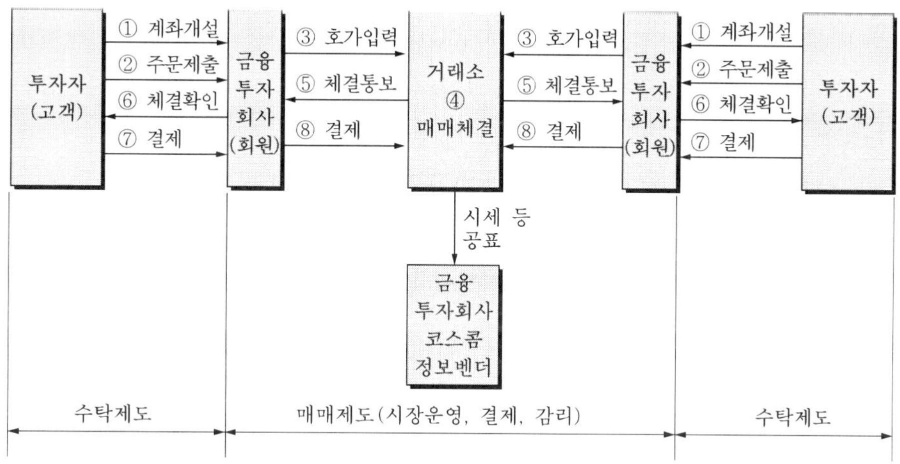

1) 계좌의 설정

신규고객(위탁자)이 매매거래를 하고자 하는 경우에는 사전에 거래소회원인 금융투자회사(투자중개업자)와 매매거래계좌를 설정해야 하는데, 동 계좌를 설정하고자 할 경우에는 사전에 회원과 매매거래계좌설정계약을 체결해야 한다.

매매거래계좌계약은 매매거래계좌약정서에 의해 이루어지는데, 이는 금융투자회사와 위탁자간에 위탁조건에 관한 계약이 성립한다는 것을 의미하며, 동 계약조건에 의해 개별적인 매매거래의 위탁이 이행된다.

2) 매매거래의 수탁

계좌가 설정되면 회원(투자중개업자)은 고객(위탁자)으로부터 주문을 받게 되는데, 회원(투자중개업자)이 주문을 수탁하는 방법에는 ① 문서에 의한 수탁, ② 전화 등에 의한 수탁, ③ 전자통신에 의한 수탁(home trading)이 있다. 여기서 수탁이란 투자자가 유가증권시장에서 증권을 매매하고자 할 경우, 거래소회원인 투자중개업자에게 주문을 위탁하는 것을 의미하고, 주문이란 고객이 계좌를 설정한 후 매수 또는 매도의 의사를 표시하는 행위를 의미한다.

① 문서에 의한 수탁은 회원인 금융투자회사(금융투자업자 구체적으로는 투자중개업자)의 영업점에서 이루어지는 수탁방법으로, 회원은 위탁자가 수기로 수탁내용을 기재(매매거래의 종류, 주문유형 등 15가지의 기재사항이 포함)하고, 기명날인한 주문표에 의하여 수탁한다.

② 전화 등에 의한 수탁은 위탁자가 전화 또는 전신, 팩스 등의 방법으로 금융투자회사(금융투자업자 구체적으로는 투자중개업자)에 매매거래를 위탁하는 방법이다. 이 경우 금융투자회사(투자중개업자)의 주문의 접수자는 위탁자 본인임을 확인한 후 주문표를 작성하고 기명 날인하여야 하며, 주문사항을 입증할 수 있도록 녹음 등의 방법을 이용할 수 있다. 그리고 매매성립 후에는 지체없이 위탁자에게 통보해야 한다.

③ 전자통신에 의한 수탁(home trading)은 최근 전자통신기술의 발달로 급증하고 있는 인터넷주문 등을 수용하기 위한 수탁방법으로, 금융투자회사(투자중개업자)의 영업인력을 거치지 않고 위탁자가 입력한 주문이 직접 회원시스템에 전달된다는 점에서 다른 수탁방법과 근본적인 차이가 있다. 이를 통해 주문을 제출하기 위해서는 사전에 위탁자와 전자통신방법에 의한 수탁계약을 체결해야 한다.

회원(금융투자회사, 금융투자업자 구체적으로는 투자중개업자)은 고객(위탁자)으로부터 매매주문을 위탁받은 경우에는 원칙적으로 이를 거부할 수 없다. 다만, 공익과 투자자보호 또는 거래질서의 안정을 위하여 필요한 경우에는 이를 거부할 수 있으며, 이 경우 회원은 거부사유를 명시해야 한다.[1)]

---

1) 일반적으로 ① 금지되는 공매도나 공매도호가의 가격제한에 해당하는 매도주문, ② 불공

3) 위탁증거금의 징수

위탁증거금은 회원이 고객으로부터 증권의 매매를 위탁받은 경우(유가증권시장에서는 증권거래회원으로서 결제회원인 경우), 결제를 위한 담보를 확보함으로써 원활한 결제를 통한 거래의 안정을 도모하기 위해 징수하는 현금이나 증권을 말한다.

거래소는 회원으로 하여금 고객으로부터 매매거래를 위탁하는 경우에 위탁증거금을 징수할 수 있는데, 매수의 경우에는 현금, 매도의 경우에는 현금이나 당해 매도증권을 위탁증거금으로 징수할 수 있다.

위탁증거금의 징수율과 징수방법은 회원이 자율적으로 결정하는데, 징수율을 정하거나 변경한 경우에는 시행일로부터 5일이내에 거래소에 보고해야 한다. 다만 결제일까지 매수대금(10만원 이하인 경우에는 제외)을 납부하지 않거나 매도증권을 납부하지 않은 투자자에 대해서는 결제일의 다음 매매일로부터 30일(매도증권을 납부하지 않은 경우에는 90일)동안 위탁증거금을 100% 징수하도록 하되, 투자자의 불편을 최소화할 수 있도록 미수가 해소된 경우에는 매도금액의 범위내에서 재매수할 수 있도록 허용하고 있다.

또한 천재·지변·전시·사변·경제사정의 급격한 변동, 기타 이에 준하는 사태가 발생하거나 결제가 정상적으로 이루어지지 않는 경우 등 시장관리상 필요하다고 인정할 때에는 거래소가 증거금의 최저징수율을 정할 수 있다.

한편, 위탁증거금은 현금에 갈음하여 증권(대용증권)으로 납부할 수 있으며, 대용증권 및 대용가격은 거래소가 정한 당해 증권의 시장가치나 시세변동 등을 감안하여 정하고 있는데, 회원은 대용증권의 담보가치, 환금성 등을 감안하여 거래소가 정하는 사정비율이내에서 사정비율을 변경할 수 있고, 대용증권의 징수비율은 회원이 자율적으로 정한다.

4) 위탁수수료의 징수

위탁수수료는 회원이 투자자의 위탁매매주문의 처리와 제공되는 각종서비스에

정거래에 해당하는 주문, ③ 공익과 투자자보호 또는 시장거래질서의 안정을 위하여 필요한 경우, 등에는 주문의 수탁을 거부할 수 있다.

대한 대가로서 결제시에 위탁자로부터 징수한다.

위탁수수료는 징수율의 설정방법에 따라 고정제(정율제), 교섭제, 제한적 교섭제 등으로 구분할 수 있고, 또한 징수방법에 따라 매매체결 시마다 징수하는 방법과 금융투자회사에 예탁된 자산규모에 따라 일정기간 동안의 수수료를 징수하는 방법이 있다.[2]

우리나라의 경우 위탁수수료의 징수율과 징수방법을 금융투자회사(금융투자업자 구체적으로는 투자중개업자)가 자율적으로 결정하도록 하고 있다. 다만 징수율을 정하거나 이를 변경한 경우에는 그 시행일로부터 5일이내에 거래소에 보고해야 하며, 투자자가 사전에 알 수 있도록 이를 공표해야 한다.

2. 매매거래의 기준

1) 매매거래시간

유가증권시장은 매매시간에 따라 정규시장과 시장외시장으로 구분할 수 있다. 현재 정규시장은 오전장 오후장의 구분없이 오전 9 : 00부터 15 : 00까지 운영하는 것을 원칙으로 하되, 장종료시의 가격결정을 위해 단일가매매 참여호가의 범위를 연장하는 종목의 경우에는 15:00 이후 5분 이내에서 당해가격이 결정되는 시점까지로 하고 있다. 시장외시장은 장개시전 시간외장외시장과 장종료후 시간외시장으로 구분하고 있는 데, 전자의 경우는 7 : 30부터 8 : 30까지, 후자의 경우는 15 : 10부터 18: 00까지 각각 운영되고 있다.

한편, 전산장애발생, 호가폭주, 연초개장 등 거래소가 필요하다고 인정하는 경우에는 매매거래시간을 변경할 수 있다.

2) 매매거래의 종류

매매거래의 종류는 체결일과 결제일의 시간적 간격에 따라 ① 당일결제거래, ② 익일결제거래, ③ 보통결제거래로 구분할 수 있다.

2) 이의 대표적인 예로서 랩어카운트(wrap accont)를 들 수 있다.

① 당일결제거래

이는 현물거래(spot transaction)형식으로 이루어지는 매매방법을 말한다. 현물거래는 매매계약과 동시에 증권을 인수·인도하고 매매대금을 결제하는 방법으로 우리나라에서는 채무증권매매는 모두 당일결제거래만 하고 있다.

② 익일결제거래

이는 매매계약을 체결한 다음날(익일)에 결제하는 거래를 말한다. 우리나라의 경우 국채전문유통시장의 매매거래는 익일결제거래를 하고 있다.

③ 보통결제거래

이는 현물거래와 선도거래(forward transaction)를 절충한 매매방법으로,[3] 보통결제거래란 매매계약을 체결한 날부터 3일째 되는 날(T+2) 매매대금과 증권의 인수·인도의 결제가 이루어지는 거래를 말한다. 한편, 결제기간 이전에 매수한 증권을 재매각하거나 매도증권을 재매수하는 반대매매는 가능하나, 이 경우에도 당초의 매매계약일로부터 3일째 되는 날에 반드시 인수·인도결제가 이루어져야 한다.

우리나라의 경우 주권은 모두 보통거래로 이루어지고 있으나, 예외적으로 상장법인이 정부 등으로부터 시간외대량매매의 방법으로 자기주식을 취득하는 경우에 한하여 당일결제거래를 허용하고 있다.

3) 호가 및 매매거래의 단위

① 호가의 종류

호가란 고객의 주문을 반은 금융투자회사(회원, 구체적으로는 투자중개업자)가 시장에서 매매거래를 위하여 매매의사표시를 하는 행위를 의미하는데, 호가는 당일에만 유효하고 시간외시장에서는 효력을 발휘하지 못한다. 따라서 시간외시장에서는 별도의 호가를 제시해야 한다. 호가의 종류 및 내용은 다음과 같다.

㉠ 지정가호가

이는 상장증권의 종목, 수량, 가격 등을 지정하는 호가로서 회원이 지정한 가격이

3) 여기서 선도거래란 매매계약체결일 이후 상당기간 경과한 시점에서 증권의 인수·인도와 매매대금결제가 이루어지는 매매방식을 말한다.

나 그보다 유리한 가격으로 매매 거래를 하고자 하는 호가를 말한다. 따라서 매수호가의 경우 지정된 가격이나 그보다 낮은 가격, 매도호가의 경우 지정된 가격이나 그보다 높은 가격에서 매매거래성립이 가능하다.

이와 같이 지정가호가는 매매체결가격에 중요성을 두는 호가로서 투자자가 지정한 가격보다 불리한 가격으로 매매가 체결되지 않는다는 장점이 있는 반면에, 상대호가가 없을 경우에는 매매체결이 되지 않을 수 있다는 단점도 있다.

㉡ 시장가호가

이는 종목, 수량은 지정하되, 가격은 지정하지 않는 호가로서, 현 시점에서 가장 유리한 가격조건, 혹은 시장에서 형성되는 가격으로 매매 거래를 하고자 하는 호가이다. 시장가호가는 지정가호가에 우선하여 매매체결이 이루어진다.

시장가호가는 매매체결가능성을 중요시하는 호가로서 매매거래가 신속히 이루어지는 장점이 있으나, 매도 및 매수 중 일방의 호가가 충분하지 않은 상태에서 시장가 호가만 접수되면 가격이 급등락할 우려가 있고, 유동성이 낮은 종목의 경우에는 예상치 못한 가격으로 매매체결이 이루어질 수 있다. 따라서 현재 신주인수권증서, 신주인수권증권, 주식워런트증권(ELW), 수익증권 및 채무증권의 경우에는 시장가호가를 허용하고 있지 않다.

㉢ 조건부 지정가호가

이는 지정가호가와 시장가호가의 특성을 절충한 호가로서, 시장종료전 까지는 지정가호가로 매매에 참여하다가, 종가결정을 위한 호가접수시간 개시(현재 14시 50분)전까지 매매체결이 안 되었을 경우에는 종가결정을 위한 호가접수시간 개시(현재 14시 50분)시점에서 자동적으로 시장가호가로 전환하여 종가가격결정에 참여하는 호가이다.

조건부 지정가호가는 지정가호가의 가격보장기능을 유지하면서 장종료 전까지 체결이 안될 경우에는 시장가호가로 전환되므로 환금성확보가 가능하다.

주권, 외국주식예탁증권(DR) 및 상장지수펀드(ETF)의 경우에는 지정가호가, 시장가호가, 조건부지정가호가, 최유리지정가호가 및 최우선지정가호가를 사용할 수 있다.

㉣ 최유리 지정가호가

이는 종목 및 수량은 지정하되, 가격은 매도의 최유리 지정가호가의 경우 당해 호가의 접수시점에서 가장 높은 매수호가의 가격이 되고,[4] 매수의 최유리 지정가호가의 경우 당해 호가의 접수시점에서 가장 낮은 매도호가의 가격이 된다.[5]

㉤ 최우선 지정가호가

이는 종목 및 수량은 지정하되, 매도의 최우선 지정가호가의 경우에는 가장 낮은 매도호가의 가격(매도호가가 없을 경우에는 직전의 가격)으로 하고, 매수의 최우선 지정가호가의 경우에는 가장 높은 매수호가의 가격(매수호가가 없을 경우에는 직전의 가격)으로 매매거래하는 호가이다.

㉥ 목표가 주문

당일의 거래량 가중평균(VMAP)등 주문제출 당시에는 결정되지 않고 장종료 이후 등 향후에 결정될 가격 또는 그와 근접한 가격으로 매매를 원하는 경우, 목표로 하는 가격에 근접하여 체결될 수 있도록 회원(금융투자회사)이 재량으로 당해 주문을 장중에 수차례 분할하여 증권시장에 호가하는 주문형태를 말한다. 이때 회원(금융투자회사)은 목표가주문을 지정가 또는 시장가 등의 형태로 시장에 호가를 제출한다.

② 공매도 호가

공매도란 주식을 보유하지 않고 매도하거나 차입한 주식을 매도하는 것을 말하는데, 이때에 적용되는 호가를 공매도 호가라고 한다. 즉 공매도호가란 주식을 보유하지 아니한 위탁자 또는 주식을 차입한 위탁자로부터 매매거래의 위탁을 받거나 금융투자회사가 주식을 보유하지 않거나 주식을 차입하여 매도하는 호가를 말한다.

현재, 주식을 보유하지 않고 매도하는 것은 원칙적으로 금지되어 있으며, 차입한 주식을 매도하는 대주·대차, 유·무상증자 또는 주식배당 등으로 취득한 주식을 매도하는 경우처럼 결제일까지 결제이행이 보장되는 경우에만 허용된다.

4) 단, 매수호가가 없을 때에는 가장 낮은 매도호가의 가격보다 1호가격단위 낮은 가격으로 하고, 매도호가와 매수호가가 없을 때에는 직전의 가격으로 한다.
5) 다만, 매도호가가 없는 경우에는 가장 높은 매수호가의 가격보다 1호가격단위 높은 가격으로 하고, 매도호가와 매수호가가 없을 때에는 직전의 가격으로 한다.

③ 호가의 제한

㉠ 시장가 및 조건부지정가호가의 제한

아래와 같이 시장가 및 조건부지정가호가의 제한을 하는 경우에는 지정가호가만 제출할 수가 있다.

- 신규상장종목 등의 최초의 가격 결정시
- 정리매매종목.
- 차입공매도, 대량매매, 자사주매매, 시간외 매매 등.

㉡ 차입공매도호가의 가격제한

차입공매도호가의 경우, 원칙적으로 직전의 가격보다 낮은 가격으로 호가할 수 없다. 다만, 직전의 가격이 그 직전의 가격보다 높은 경우에는 직전의 가격으로 호가할 수 있으며, 지수차익거래 및 주식옵션거래와 연계한 주식차익거래와 ETF와 연계한 차익거래의 경우에는 가격제한을 받지 않는다.

㉢ 프로그램매매호가의 일시정지제도(side car)

프로그램매매는 시장분석, 투자시점판단, 주문제출 등의 과정을 컴퓨터로 처리 하는 거래기법을 통칭하며, 업무규정상 프로그램매매는 지수차익거래와 비차익거래로 구분된다.

지수차익거래란 KOSPI200 선물 또는 옵션의 가격차이를 이용하여 이익을 얻을 목적으로 주식집단과 선물 또는 옵션을 연계하여 거래하는 매매기법을 말한다. 한편 비차익거래는 동일인이 일시에 KOSPI구성종목 중 15종목이상을 거래하는 것을 말한다.

side car 제도란 KOSPI200선물거래종목 중 직전일의 거래량이 가장 많은 종목의 가격이 급변하는 경우(선물거래 3, 6, 9, 12월물 중 거래가 가장 많은 종목), 프로그램호가에 대해 일정시간동안 효력을 정지하는 제도를 말한다.

즉, 선물가격이 기준가격 대비 5%이상 상승 또는 하락하여 1분간 지속되는 경우, 프로그램매매호가를 5분간 효력 정지 후 가격결정에 참여시킨다(단, 장종료 40분전 이후에는 적용하지 않음).

한편, 프로그램매매호가의 효력정지예고제를 두고 있는데, 거래량이 가장 많은 가격이 기준가격대비 5%이상 상승(또는 하락)하는 경우 프로그램매매호가의 효력이 정지될 수 있다는 사실을 예고할 수 있다.

④ 호가의 단위

호가의 수량단위는 호가를 위한 대상증권의 단위수량으로서 호가가격단위를 산정할 때의 계산기준이 되는 수량을 의미한다. 현재 주권 및 ETF는 1주, 외국주식예탁증권은 1증권, 신주인수권증서는 1증서, 신주인수권증권은 1증권, 수익증권은 1좌로 하고 있다.

호가가격단위는 가격대별로 호가할 수 있는 최소단위의 가격을 말하며(〈표 5-3〉 참조), 호가가격단위는 거래를 표준화하고 가격협상을 용이하게 하기 위하여 설정하고 있다.

〈표 5-3〉 호가가격단위

구 분	호가가격단위
주권 · ETF(1주), 신주인수권증서(1증서), 신주인수권증권(1증권), 수익증권(1좌)의 가격이	
-5,000원 미만인 종목	5원
-5,000원 이상 10,000원 미만인 종목	10원
-10,000원 이상 50,000원 미만인 종목	50원
-50,000원 이상 100,000원 미만인 종목	100원
-100,000원 이상 500,000원 미만인 종목	500원
-500,000원 이상인 종목	1,000원

⑤ 매매수량단위

매매수량단위는 유가증권시장에서 매매할 수 있는 최저수량을 의미하는 것으로 투자자의 최저투자규모를 결정지어 주는 단위이다. 현재 유가증권시장에서 적용하고 있는 매매수량단위는 〈표 5-4〉와 같다.

〈표 5-4〉 매매수량단위

구 분		매매수량단위
주권, ETF		10주
신주인수권증서		10증서
신주인수권증권, 외국주식예탁증권		10증권
수익증권		10좌
채 권	소액채권 및 외화표시채무증권을 제외한 채무증권	액면 10만원
	소액채권	액면 1,000원
	외화표시채무증권	최소권면금액
	국채전문유통시장의 매매거래	10억원

주 : 단, 5만원 이상 종목의 매매수량단위는 1주로 함.

3. 매매계약 체결

1) 매매계약의 체결방법

증권의 매매계약을 체결하는 방법은 크게 상대매매, 경매매 및 경쟁매매로 구분된다.

상대매매는 매도자 1인과 매수자 1인이 사이에서 이루어지는 거래방법으로, 매매당사자 상호간의 교섭에 의해 수량, 가격, 결제방법 등이 결정된다. 이 방법은 장외시장에서 당사들 간에 거래시 흔히 이용된다.

경매매는 매매쌍방 중 어느 한쪽이 다수, 상대방은 1인으로 입찰방식에 의해 거래가 이루어지는 것을 말하는데, 이 방법은 거래소내의 시장의 경매시장에서 사용되는 체결방식이다.

경쟁매매는 다수의 매도자와 다수의 매수자가 상호 경쟁하여 매매거래를 성립시키는 방법으로 현재 거래소에서 채택하고 있는 매매체결방식이다. 경쟁매매방식은 다시 집단경쟁매매와 개별경쟁매매 방식으로 구분할 수 있다.

집단경쟁매매는 일정한 장소에서 일정한 시간에 매도측과 매수측의 회원의 시장

대리인이 모여 거래소직원의 리드에 따라 각 시장대리인이 손짓이나 소리를 내어 가격과 수량을 경합시켜 매도수량과 매수수량이 합치되는 가격에서 매매계약을 체결시키는 방법이다. 거래소직원이 가격이 결정되는 순간 격탁을 치기 때문에 격탁매매라고도 한다. 우리나라의 경우 집단경쟁매매는 1975년에 폐지되었다.

개별경쟁매매는 거래소의 입회장에 설치된 포스트(post)에서 각 회원별로 제출된 호가간에 일정한 매매원칙에 따라 수요와 공급을 일치시켜 가격을 결정하는 방법으로, 거래소의 포스트에서 매매가 성립되기 때문에 포스트매매라고도 한다. 우리나라의 경우 개별경쟁매매만을 실시하고 있는데, 다만 1997년 9월부터 매매체결의 전면전산화에 따라 포스트에서의 매매는 사라졌다.

한편, 개별경쟁매매는 단일가격에 의한 경쟁매매와 복수가격에 의한 경쟁매매로 구분된다.

2) 개별경쟁매매시의 매매체결우선원칙

유가증권시장에서의 매매거래는 다수의 호가가 동시에 참여하여 신속하고 유리한 가격으로 매매하기 위해 경쟁하는 것이 불가피하다. 따라서 이들 호가간에 체결의 우선순위를 정하기 위한 일정한 원칙이 있으며, 우선순위에 따라 매도·매수호가간에 매매체결이 이루어진다.

① 가격우선의 원칙

저가의 매도호가는 고가의 매도에 우선하고, 고가의 매수호가는 저가의 매수호가에 우선한다는 원칙이다.[6] 호가별로는 시장가호가는 지정가호가에 가격적으로 우선한다. 단, 매도시장가호가와 하한가매도호가, 매수시장가호가와 상한가매수호가는 동일한 가격호가로 간주한다.

② 시간우선의 원칙

시간우선의 원칙은 호가가 행해진 시간의 선후에 따라 먼저 접수된 호가가 나중에 접수된 호가에 우선한다는 원칙이다. 따라서 동일한 가격의 호가는 먼저 접수된 호가가 뒤에 접수된 호가에 우선한다.

---

6) 여기서 우선한다는 말은 다른 호가보다 먼저 체결될 권리가 있음을 의미한다.

이는 단일가격에 의한 경쟁매매와 복수가격에 의한 경쟁매매에 모두 적용된다. 단, 단일가 매매로서 동시호가가 적용되는 경우에는 이를 적용하지 않는다.

③ 위탁매매우선의 원칙

이는 동일한 가격에서 고객의 위탁매매호가가 금융투자회사(구체적으로는 투자매매업자)의 자기매매호가보다 우선한다는 원칙이다. 이 원칙은 단일가매매 중 동시호가가 적용되는 경우에 적용된다. 즉, 동일가격의 동시호가매매체결에 있어서 위탁매매호가의 전량을 체결시킨 후에 자기매매호가를 체결시킨다는 것이다.

④ 수량우선배분의 원칙

이는 동일가격의 호가간에 그 시간의 선후가 분명치 않은 경우에는 수량이 많은 호가가 수량이 적은 호가에 우선한다는 원칙이다. 수량우선배분의 원칙은 단일가매매 중 동시호가인 경우에 위탁매매호가간(위탁매매호가가 전량체결된 후에는 자기매매호가간)에 적용된다. 즉 동시호가간에는 시간적으로 동일하게 취급하기 때문에 가격 및 시간외에 제3의 우선순위가 필요한데, 이러한 우선순위가 동시호가간의 수량배분우선의 원칙이다. 수량배분우선의 원칙은 수량이 많은 호가를 우선하되, 소액투자자의 호가도 매매체결에 참여할 수 있도록 수량이 많은 호가로부터 적은 호가 순으로 6단계에 걸쳐 순차적으로 수량을 배분한다.

3) 개별경쟁매매의 구분

① 단일가격에 의한 개별경쟁매매(단일가 매매)

이는 일정시간 동안 호가를 접수하여 거래가 가장 많이 이루어질 수 있는 가격, 즉 매도호가와 매수호가의 합계수량이 합치되는 하나의 가격으로 매매를 체결시키는 방법이다.

매매체결은 접수된 호가 중 가장 낮은 매도호가와 가장 높은 매수호가간에 순차적으로 체결하여, 다음과 같은 조건을 충족시키면서 거래가 가장 많이 이루어질 수 있는 하나의 가격(합치가격)으로 이루어진다.

〈표 5-5〉 단일가매매의 적용대상 및 범위

적용대상	범 위
• 장 개시 시점의 최초가격	- 호가개시시점부터 장 개시시점까지
• 시장의 전부 또는 일부 정지 후의 재개 • 주식시장 등의 매매거래중단(CB)후 재개 • 개별종목의 매매거래정지 후 재개 등	- 시장 또는 개별종목의 매매거래 재개 시점부터 10분간
• 장 종료시의 가격	- 장종료 10분전부터 장 개시시점까지
• 상장폐지를 위한 정리매매종목	- 장 개시시점부터 30분 간격

* 합치가격에 미달하는 매도호가와 합치가격을 초과하는 매수호가의 전수량
* 합치가격의 호가에서는 매도호가 또는 매수호가의 어느 일방의 전수량
* 합치가격의 호가에서는 타방의 호가수량 중 당해 종목의 매매수량단위 이상의 수량

단일가 매매에서는 가격우선원칙과 시간우선원칙만이 적용되고 동시호가는 예외적으로 적용된다.

〈단일가매매시의 매매체결의 예〉

매 도	가 격	매 수
	50,200	
	50,100	⑤ 200
④ 100	50,000	⑥ 100
③ 100	49,900	⑦ 200, ⑧ 100
① 50, ② 250	49,800	⑨ 150
	49,700	

-체결가격 : 49,900원
체결기래량 : 400주(매도 :①50, ②250, ③100, 매수: ⑤200, ⑥100, ⑦100)
* ①, ② 등 번호는 호가접수 순서임
* 가격우선의 원칙 및 시간우선의 원칙에 따라 매도호가의 경우 가장 낮은 가격인 49,800원부터 높은 가격순으로, 매수호가의 경우 가장 높은 가격인 50,100원으로부터 낮은 가격으로 각각 매매체결을 성립시키면, 매도수량과 매수수량이 같게 되는 가격(합치가격)인 49,900원에서 최종 체결가격이 성립된다.
* 49,900원보다 낮은 매도호가의 전체수량(①, ②), 49,900원보다 높은 매수호가의 전체수량(⑤, ⑥), 49,900원에서는 어느 일방(매도)의 전체수량(③)과 다른 방향(매수)의 수량 중 매매수량 단위 이상의 수량(⑦)의 매매체결이 성립되므로 49,900원은 앞에서 언급한 합치가격 요건을 충족시킨다.

한편 장개시(장종료) 5분전부터 장개시(장종료)시까지(08:55~09:00 또는 14:5

5~15:00)의 예상체결가격 중 가장 높거나 가장 낮은 예상체결가격이 잠정적인 시가(종가)를 기준으로 5%이상 괴리가 발생하고, 직전의 가격과 잠정시가(잠정종가) 간에 1%이상 괴리가 발생하는 종목의 경우, 단일가격결정이 최대 5분까지 연장된 후 5분이내의 임의의 시각에 시가(종가)를 결정하는 단일가 결정시간 임의종료제도(Random End)를 실시하고 있다.

이와 같이 단일가 결정시간 임의종료제도를 마련한 것은 허수성 호가에 의한 가격왜곡을 방지하고 시장의 투명성을 제고함과 더불어 균형가격의 발견기능을 강화하고자하는데 목적이 있다.

한편, 단일가매매를 위한 호가접수시간 중 호가정보의 공개는 종전에는 예상최우선호가만을 공개하였으나 최근에는 예상3우선호가까지 공개하고 있다.

② 동시호가가 적용되는 경우

동시호가란 단일가매매를 위하여 접수된 호가 중 일정한 경우에 시간의 선·후를 구별하지 않는 호가를 의미한다. 이와 같은 동시호가가 적용되는 경우는 단일가격에 의한 개별경쟁매매로서 ㉠ 시가 및 종가를 결정하는 경우, ㉡ 시장의 전부 또는 일부정지 후 재개, ㉢ 주식시장 등의 매매거래중단(CB: Circuit Breakers)후 재개, ㉣ 개별종목의 매매거래정지 후 재개, ㉤ 신규상장종목 등의 최초가격 결정시, 그 가격이 상한가 또는 하한가로 결정되는 경우 당해 상한가 매수호가간 또는 하한가 매도호가간에 적용된다.

동시호가의 적용범위는 ㉠ 상한가로 체결되는 경우에는 호가접수시간까지 접수된 상한가호가로서 당해 호가수량이 전량체결될 때까지, ㉡ 하한가로 체결되는 경우에는 호가접수시간까지 접수된 하한가호가로서 당해 호가수량이 전량체결될 때까지이며, 동시호가의 적용이 배제되면 그 때부터는 시간우선원칙에 따라 매매체결을 한다.

한편, 동시호가가 적용되는 경우 동일한 호가간에 매도 및 매수수량이 일치되지 않을 때에는 수량을 배분하는데, 종전의 3단계를 〈표 5-6〉에서와 같이 6단계로 확대하여 시행하고 있다.

〈표 5-6〉 동시호가 처리시의 수량배분

주권, 외국인예탁증권(DR), 수익증권	소액채권
-호가별 수량배분- ① 매매수량단위(10주)의 10배 ② 매매수량단위의 50배 ③ 매매수량단위의 100배 ④ 매매수량단위의 200배 ⑤ 잔량의 1/2 ⑥ 잔량	① 1,000만원 ② 5,000만원 ③ 3억원 ④ 5억원 ⑤ 잔량

<동시호가 적용시의 매매체결의 예>

□ 호가상황(시가 결정전)

매도호가(수량)	가 격	매수호가(수량)
4,000 1,500 600 (6,100)	20,150	(16,200) 1,000① 200② 10,000③ 5,000④
1,700 1,500 (3,200)	20,100	500 700
1,300 1,000 (2,300)	20,050	400
800 (800)	20,000	
700 (700)	19,950	
13,100	합 계	16,200

□ 매매체결과(시가 결정시)

구 분	③번 호가 (10,000주)	④번 호가 (5,000주)	①번 호가 (1,000주)	②번 호가 (200주)
① 매매 수량단위 10배	100	100	100	100
② 매매 수량단위 50배	500	500	500	100
③ 매매 수량단위 100배	1,000	1,000	400	-
④ 매매 수량단위 200배	2,000	2,000	-	-
⑤ 잔량의 1/2	3,200	700	-	-
⑥ 잔 량	800	-	-	-
체결 수량(13,100주)	7,600	4,300	1,000	200

③ 복수가격에 의한 경쟁매매(접속매매)

단일가격에 의한 개별경쟁매매로 가격을 결정한 직후부터는 호가접수순서에 따라 매매를 체결하는 데, 이를 복수가격에 의한 개별경쟁매매라고 한다. 이 경우의 매매는 가격조건이 부합하는 경우마다 매매체결을 성립시키기 때문에 복수의 가격이 형성된다. 즉, 매도호가와 매수호가의 경합에 의하여 가장 낮은 매도호가와 가장 높은 매수호가가 합치되는 경우 선행호가의 가격으로 하며, 가격우선의 원칙과 시간우선의 원칙에 따라 합치되는 호가간에 매매거래를 성립시킨다.

이와 같은 복수가격에 의한 개별경쟁매매는 매매시간 중에 계속적으로 복수의 가격이 형성되기 때문에 접속매매라고도 한다.

이 방법은 단일가격에 의한 개별경쟁매매가 종료된 후(시가 결정 후)부터 종가결정(단일가매매)을 위한 호가접수시간 개시 전(14시50분)까지의 가격결정에 적용된다.

〈접속매매시의 매매체결의 예〉

매 도	가 격	매 수
	50,700	
② 200	50,600	
	50,500	① 200
③ 200	50,400	
	50,300	

-체결가격 : 50,500원(선행호가의 가격)
-체결수량 : 200주 (①200 - ③ 200)
*①, ②, ③ 은 호가접수 순서

4) 매매체결의 조건

한편, 주문(호가)시 ㉠ 전량 체결되지 않으면 전량취소[전량체결조건 : FOK(Fill or Kill)] 또는 ㉡ 체결 후 미체결잔량을 즉시 취소[즉시체결조건: IOC(Immediate or Cancel)]의 조건을 부여할 수 있다(조건부지정가 및 최우선지정가 주문(호가)은 제외).

4. 유동성공급자(LP : Liquidity Provider)제도

1) 유동성공급자제도의 개요

유동성공급자제도란 매매거래가 부진한 종목에 대해 유동성공급자계약(이하 LP 계약이라고 칭함)을 체결한 금융투자회사가 지속적으로 매도・매수호가를 제시함으로써 안정적인 가격형성을 유도하기 위한 제도를 말한다.

금융투자회사는 상장법인과 LP계약을 체결하여 당해 종목에 대해 유동성공급의무를 부담하는 한편, 유동성공급과 관련하여 상장법인으로부터 일정한 수수료를 받게 된다.

일반적으로 유동성공급자(LP)는 시장에서 매도·매수호가간 가격격차가 큰 경우 이를 축소시키는 방향으로 일정수량이상의 호가를 제시하여 투자자주문에 대응하게 된다.

2) 유동성공급자제도의 주요내용

① 금융투자회사의 유동성공급자(LP) 자격요건

금융투자회사는 다음의 요건을 충족하는 경우 유동성공급자(LP)업무를 수행할 수 있다.

*자기매매업의 허가를 받은 결제회원으로 유동성공급자(LP)업무를 담당하는 직원을 정할 것

*유동성공급자(LP)업무의 평가가 3회 연속 가장 낮은 등급을 받은 경우 1년 이상 경과할 것

② 유동성공급자(LP)의 유동성 공급 의무

유동성공급자(LP)는 시장내에서 최우선매도·매수호가간 스프레드가 유동성공급자(LP)와 상장회사간 계약에서 정한 스프레드비율(단, 3%이내)이상 괴리된 경우, 5분이내에 이를 동 스프레드비율 이내로 축소시킬 수 있도록 매도·매수호가를 의무적으로 제출해야 한다.

유동성공급자(LP)호가는 매도·매수 양방향(two-way)으로 제출하여야 한다. 단, 매도 또는 매수호가 어느 일방에 당해 회원이 이미 제출한 유동성공급자(LP)호가가 있는 경우나 유동성공급자(LP)가 소유한 수량이 최소호가수량 미만인 경우에는 어느 일방향으로만 호가를 제출할 수 있다.

유동성공급자(LP)호가는 당해 종목의 매매수량단위의 최소 5배 이상으로 유동성공급자(LP)와 상장회사간 계약에 의하여 정하여진 수량이상으로 제출하여야 한다.

한편, 다음과 같은 경우에는 유동성호가를 제출하지 않아도 된다.

*시장에서의 최우선매도·매수호가간 스프레드가 약정 스프레드비율이내인 경우
*단일가매매 호가접수시간 및 당해시간 종료 후 5분 이내
*회원이 소유 중인 수량이 최소호가수량 미만인 경우의 매도호가
*유동성공급자(LP)에 의한 거래규모가 일정수준 이상이 되면 유동성공급자(LP) 의무를 면제하도록 계약서에 정한 경우로서 유동성공급자(LP)에 의한 거래가 당해 거래규모 이상인 경우 등

③ 유동성공급자(LP)의 유동성공급방법

호가의무가 발생하면 유동성공급자(LP)는 매도·매수중 어느 일방의 호가를 제출하고 즉시 타방의 호가도 제출하여야 한다.

〈매도호가를 먼저 제출한 경우〉

매 도	가 격	매 수
	10,450	
100	10,400	
	10,350	
	10,300	
	10,250	
	10,200	
	10,150	
	10,100	
	10,050	
	10,000	100
	≀	
	9,900	

*매도호가 10,400원, 매수호가 10,000원으로 호가 스프레드가 3%를 초과하므로, LP의 호가 의무 발생
*LP는 최우선 매도호가인 10,400원부터 최우선 매수호가인 10,000원 + 1 호가 단위의 가격까지 매도호가 가능

매 도	가 격	매 수
	10,450	
100	10,400	
	10,350	
	10,300	
	10,250	
	10,200	
	10,150	
	10,100	
	10,050	
	10,000	100
	≀	
	9,900	

*LP가 10,200원에 매도호가를 우선적으로 제시한 경우, 당해 매도호가 가격(10,200원)-1 호가 낮은 가격에서부터 시장에서의 최우선 매도호가(10,200원)보다 3% 낮은 가격까지 매 수호가 가능(10,150원~9,900원)

〈매수호가를 먼저 제출한 경우〉

매 도	가 격	매 수
	10,450	
100	10,400	
	10,350	
	10,300	
	10,250	
	10,200	
	10,150	
	10,100	
	10,050	
	10,000	100
	~	
	9,900	

*매도호가 10,400원, 매수호가 10,000원으로 호가 스프레드가 3%를 초과하므로, LP의 호가의무 발생

*LP는 최우선 매수호가인 10,000원부터 최우선 매도호가인 10,400원-1호가단위의 가격까지 매수호가 가능

매 도	가 격	매수
	10,450	
100	10,400	
	10,350	
	10,300	
	10,250	
	10,200	
	10,150	
	10,100	
	10,050	
	10,000	
	~	
	9,900	

*LP가 10,050원에 매수호가를 우선적으로 제시한 경우, 당해 매수호가 가격(10,050원)-1 호가 높은 가격에서부터 시장에서의 최우선 매수호가(10,050원)보다 3% 높은 가격까지 매도호가 가능(10,100원~10,350원)

먼저 제출하는 호가는 매도호가와 매수호가 사이에 위치하여야 하고, 나중에 제출하는 호가는 먼저 제출하는 호가를 기준으로 3%이내의 범위내 존재하여야 하며, 이 경우 매도·매수중 어느 일방의 호가를 먼저 제출하여도 무방하다.

따라서 유동성공급자(LP)호가는 이미 시장에 제출되어 있는 호가와 직접 체결할 수 없으며, 시장에 호가를 제출한 상황에서 새로이 유입되는 일반투자자의 호가에 의해 매매체결이 이루어져야 한다.

5. 매매계약체결의 특례

1) 장중대량·바스켓매매

대량매매제도는 대량호가를 시장에서 원활히 처리함으로써 투자자에게 편의를 제

공하기 위해 거래소가 정한 특정방법으로 매매를 체결시키는 방법으로서, 종목 및 수량이 동일한 매도호가와 매수호가에 대해 회원이 사전에 협의한 가격으로 매매거래를 체결시키고자 신청하는 경우 그 가격으로 매매거래를 체결시키는 방법이다.

장중대량·바스켓매매제도는 정규시장의 매매거래시간(09:00~15:00) 동안 일정요건을 충족하는 개별종목 또는 주식집단의 매도와 매수 쌍방호가에 대하여 매매를 체결시켜 주는 제도이다. 수량요건, 매매수량단위, 체결방법 등은 시간외대량·바스켓매매와 동일하나 호가가격은 당해 호가제출까지 정규시장에서 형성된 최고가격과 최저가격이내의 가격으로 제한하고 있다(〈표 5-7〉 참조).

〈표 5-7〉 장중대량매매

구 분	내 용
대상증권	- 상장주권 전종목
호가시간	- 09 : 00 ~ 15 : 00
매매상대방	- 지정
호가수량	- 매매수량의 500배 또는 1억원 이상(수량×전일종가) - 매도호가와 매수호가 중 어느 일방은 단일회원의 호가이어야 함
호가가격	- 가격지정 - 호가제출시점까지의 최고·최저가이내의 가격

2) 시간외 매매

시간외 매매란 정규매매거래시간 이전 또는 이후 일정시간 동안에 호가를 접수하여 정규시간매매와는 별도의 방법으로 매매거래를 성립시키는 것을 말한다. 이는 정규매매시간 중 매매거래의 기회를 갖지 못한 투자자에게 추가적인 매매기회를 부여하거나, 대량매매와 같이 일반경쟁매매를 통해 수용하기 어려운 매매수요에게 정규매매시간 중의 매매와는 다른 매매체결수단을 제공하는 등 다양한 유형의 거래를 수용하여 투자자의 욕구를 충족시킴과 더불어, 거래비용의 절감과 매매체결의 신속성을 도모하기 위해 도입되었다.

시간외 매매는 크게 ① 시간외 종가매매, ② 시간외 대량매매, ③ 시간외 바스켓매매, ④ 시간외 단일가매매로 구분된다.

① 시간외 종가매매

시간외 종가매매는 정규매매시간 개시 전 일정시간동안(07 : 30~08 : 30) 혹은 종료 후 일정시간동안(15 : 00~15 : 30)에 매도·매수호가를 받아 당일종가(장개시전 시간외 종가매매의 경우 전일종가)로 접수순(시간우선의 원칙)에 의거 매매를 체결시키는 방법이다(주요 내용은 〈표 5-8〉 참조).

〈표 5-8〉 시간외 종가매매

구 분	내 용
대상증권	- 상장주권 전종목 및 ETF - 당일(혹은 전일)거래 미형성종목 및 기세종목은 제외
호가접수시간	- 1시간 30분(07 : 30~08 : 30, 15 : 00~15 : 30)
매매 시간	- 1시간 20분(07 : 30~08 : 30, 15 : 10~15 : 30)
매매수량단위	- 1주
호가유형	- 종가호가(당일 종가로 매매체결을 원하는 호가) - 매도·매수 공히 호가가격을 지정하지 않고 종가로 호가 - 당일 매매가 형성되지 않은 경우(기세로 형성되는 경우 포함) 호가 불가
호가가격	- 당일종가(장개시전 시간외 종가매매의 경우 전일종가)
호가의 정정·취소	- 가격정정은 불허하고, 매매체결 전까지 취소가능
매매체결	- 시간우선원칙(접수순)

② 시간외 대량매매

시간외 대량매매는 일정수량이상의 매도, 매수쌍방호가에 대해 회원의 신청이 있을 시, 당해호가간에 우선적으로 매매체결을 시켜주는 방법이다(〈표 5-9〉 참조).

이는 쌍방의 합의가 이루어진 대량매매가 시장장내에서 원활하게 이루어짐과 아울러, 호가시의 체결가격을 쌍방이 정할 수 있도록 하고 그 가격의 선택폭도 확대시킴으로써 정규매매시간 내에서 운용되고 있는 장중대량매매의 단점을 보완하는 취지에서 도입되었다.

시간외 대량매매는 시간외시장의 매매거래시간(07 : 30~08 : 30, 15 : 10~18 : 00) 동안 매매수량단위의 500배이상 또는 1억원 이상의 호가로서 종목 및 수량이 동일한 매도호가와 매수호가에 대하여 회원이 당일 종가(장개시전 시간외 대량매매의 경우 전일종가)를 기준으로 당일의 상·하한가 범위이내의 가격으로 매매거래를 성립시키기 위하여 신청하는 경우 그 가격으로 매매거래를 성립시키는 방법이다.

이 경우 장중대량매매와 마찬가지로 매도호가와 매수호가 중 어느 일방은 단일회원의 호가이어야 한다(〈표 5-9〉 참조).

〈표 5-9〉 시간외 대량매매

구 분	내 용
대상증권	- 상장주권 전종목 및 ETF - 당일(혹은 전일)거래 미형성종목 및 기세종목은 제외
호가접수시간	- 4시간(07 : 30~08 :30, 15 :00~18:00)
매매시간	- 3시간 50분(07 : 30~08 :30, 15 :10~18:00)
매매수량단위	- 1주
호가유형	- 매도·매수쌍방의 호가 - 매도와 매수의 수량과 가격이 일치하는 상대매매호가
호가가격	- 당일 상·하한가범위이내의 가격
호가수량	- 매매수량단위의 500배 또는 금액 1억원 이상(수량×전일종가)
호가의 정정·취소	- 매매체결 전까지 정정 및 취소가능

③ 시간외 바스켓매매

바스켓 매매는 일정 수 이상의 다수종목으로 구성된 포트폴리오에 대하여 일시에 매매거래를 성립시키는 매매방법을 의미한다. 따라서 시간외 바스켓매매는 시간외시장의 매매거래시간 동안에 바스켓을 구성하는 각각의 종목에 대해 수량 및 가격이 동일한 매도호가와 매수호가로 회원이 매매거래를 신청하는 경우 당해 바스켓을 구성하는 종목을 일괄하여 매매거래를 성립시키는 매매방법을 말한다(〈표 5-10〉 참조).

〈표 5-10〉 시간외 바스켓매매

구 분	내 용
대상증권	- 상장주권 전종목 및 ETF - 당일(혹은 전일)거래 미형성종목 및 기세종목은 제외
호가접수시간	- 4시간(07 : 30~08 :30, 15 :00~18:00)
매매시간	- 3시간 50분(07 : 30~08 :30, 15 :10~18:00)
매매수량단위	- 1주
호가유형	- 호가내용이 일치하는 매도·매수쌍방의 호가
호가가격	- 당일 상·하한가 범위이내의 가격
호가수량	- 수량 5종목이상 그리고 금액 10억원 이상(수량×전일종가) - 매도·매수호가는 각각 단일회원이어야 함

④ 시간외 단일가매매

시간외 단일가매매는 장종료 후 시간외 시장에서 30분단위로 매매체결되는 단일가매매방법으로 주요내용은 〈표 5-11〉과 같다.

〈표 5-11〉 시간외 바스켓매매

구 분	내 용
대상증권	- 상장주권 전종목 및 ETF - 당일(혹은 전일)거래 미형성종목 및 기세종목은 제외
매매시간	- 2시간 30분(15: 30~18:00) - 총 5회 거래
매매수량단위	- 1주
가격변동범위	- 종가±5% 및 당일 상·하한가범위이내의 가격

3) 신규상장종목의 최초가격결정

신규상장종목의 최초가격결정은 정규시장의 호가접수 개시시간부터 장 개시시간까지(단일가 호가접수시간)접수된 최저호가가격과 최고호가가격 이내의 가격의 매도호가와 매수호가를 접수하여 단일가격으로 매매한다.

이때의 최저호가가격은 다음과 같은 평가가격의 90%(우선주의 경우 50%), 최고호가가격은 평가가격의 200%에 해당하는 가격으로 한다. 이때 해당가격이 호가가격단위 미만일 경우는 호가가격단위로 절상한다.

평가가격은 다음과 같다.

① 공모상장의 경우 모집·매출한 가격

② 코스닥시장상장종목의 신규상장의 경우 코스닥시장에서 10일간 종가의 단순평균가격과 최종일가격 중 낮은 가격

③ 기타의 경우 주당순자산가치(이 경우 최저호가가격은 평가가격의 50%)

4) 주권상장법인의 자기주식매매

유가증권시장 주권상장법인(코스닥시장상장법인 포함)은 이익배당을 할 수 있는 한도 내에서 유가증권시장을 통하여 자기주식 취득이 가능하다. 유가증권시장 주권

상장법인이 자기주식의 매매거래를 위탁하기 위해서는 금융투자회사에 자기주식매매거래계좌를 별도로 설정해야 하고, 또한 유가증권시장 주권상장법인이 자기주식을 취득(처분)하고자 할 때에는 자기주식취득(처분)신고서를 금융위원회와 거래소에 제출해야 한다.

유가증권시장 주권상장법인이 자기주식을 취득하고자 하는 경우, 회원은 다음과 같은 방법으로 자기주식매매거래를 수탁하여 호가해야 한다.

① 장개시전 매수호가를 하는 경우 전일종가와 전일종가를 기준으로 5% 높은 가격범위 이내의 가격으로 호가하여야 한다.

② 매매거래시간중에 매수호가하는 경우 당해호가의 접수직전까지의 최고가격과 최우선매수호가의 가격중 높은 가격을 상한으로 하고 직전의 가격과 최우선매수호가의 가격중 높은 가격으로부터 10호가가격단위 낮은 가격을 하한으로 하는 범위 이내의 가격으로 호가하여야 한다.

③ 장개시전 매도호가를 하는 경우 전일종가와 전일종가보다 2호가가격단위 낮은 가격범위 이내의 가격으로 호가하여야 한다.

④ 매매거래시간중 매도호가하는 경우 직전의 가격과 최우선매도호가의 가격중 낮은 가격과 그 가격으로부터 10호가가격단위 높은 가격 이내의 가격으로 호가하여야 한다.

⑤ 시간외대량매매에 의한 방법으로 매도하고자 하는 경우에는 당일종가와 당일종가보다 2호가가격단위 낮은 가격범위 이내의 가격으로 호가를 하여야 한다.

매매거래시간 중 주문을 정정하고자 하는 경우에는 매매거래시간중의 호가범위 이내에서 정정이 가능하며, 장종료 30분전 이후에는 호가를 할 수 없으며, 호가의 취소는 인정되지 않는다.

1일 주문수량은 총 발행주식수의 1%를 초과하지 않는 한도에서 유가증권시장 주권상장법인이 거래소에 신고한 총취득(처분)예정수량의 10%에 해당하는 수량과 최근 1개월간 일평균거래량의 25%에 해당하는 수량 중 많은 수량 이내의 범위에서 주문이 가능하다.

한편, 공기업의 민영화 및 금융기관 기업구조조정 추진을 원활하게 할 수 있도록 하기 위해서 정부, 한국은행, 예금보험공사, 한국산업은행, 중소기업은행, 한국수출입은행 기타 정부가 납입자본금의 100분의 50 이상을 출자한 법인으로부터 유가증권시장 주권상장법인이 자기주식을 매수하는 경우 또는 공정경쟁촉진·공기업 민영화 등 정부의 정책목적 달성을 위하여 금융위원회가 자기주식 매수를 승인한 유가증권시장 주권상장법인이 자기주식을 매수하는 경우에는 시간외대량매매에 의한 방법으로 할 수 있도록 하고 있다.

6. 매매거래의 결제

결제는 시장에서 성립된 계약을 이행하는 절차로서 결제가 이행됨으로써 매매거래가 최종적으로 종결된다.

증권시장에서의 결제는 거래와 마찬가지로 다수의 매매당사간에 이루어지고 그 종목의 수나 수량에 있어서도 다양하고 규모가 크기 때문에 고도의 정형화된 결제방법이 요구된다. 이와 같은 취지에서 증권시장에서의 거래에 대한 결제이행책임을 지고 있는 거래소에서는 결제방법, 결제절차 등 결제와 관련한 구체적인 사항을 정하고 있다.

1) 결제방법

① 실물결제와 차금결제

실물결제는 증권과 대금을 실질적으로 수수하여 결제하는 방법으로 실물거래에 적용되는 거래방법이고, 차금결제는 반대매매에 의한 차금만을 수수하여 결제하는 방법이다.

② 전량결제와 차감결제

전량결제는 한 회원의 결제대금 또는 결제증권을 매도·매수별로 매매한 전량 및 대금의 전액을 결제하는 방법이고, 차감결제는 회원별, 종목별로 매도·매수를 차감하여 잔액 혹은 잔량만 수수하여 결제하는 방법이다.

③ 집중결제와 개별결제

집중결제는 매매거래의 결제업무를 결제기구에서 집중적으로 취급하여 결제하는 방법이고, 개별결제는 매매당사간에 결제하는 방법이다.

이와 같은 결제방법 중에서 우리나라의 경우 원칙적으로 증권과 대금을 실질적으로 수수하므로 실제결제방식을, 회원별, 종목별로 매도·매수를 차감하여 잔액이나 잔량만을 결제하므로 차감결제를, 그리고 거래소의 결제기구를 통하여 결제가 이루어지므로 집중결제를 채택하고 있다고 말할 수 있다.

2) 결제의 관리

① 결제시한

매매거래의 결제시한은 당일결제일의 16：00까지이다. 다만, 거래소의 전산장애, 매매거래의 폭주 등 거래소가 필요하다고 인정되는 경우에는 결제시한을 변경할 수 있다.

② 결제장소

매매거래의 결제는 반드시 거래소의 결제기구를 통해서 시행해야 한다. 다만, 예탁결제원이 회원으로부터 증권을 집중예탁받아 계좌대체를 한 경우에는 거래소의 결제기구를 통한 것으로 간주한다.

③ 결제의 위임의 금지

회원은 매매거래를 결제함에 있어서 거래소가 지정한 증권금융(주)을 제외하고는 이를 제3자에게 위임할 수 없다.

④ 결제대용증에 의한 결제

보통거래의 결제에 있어서 회원은 ㉠ 회원의 착오매매로 인하여 위탁매매분을 자기매매분으로 정정하는 경우, ㉡ 외국인 또는 외국법인 등의 매도로서 결제시한까지 결제지시가 이루어지지 않는 경우, ㉢ 당해 매도증권이 사고증권인 경우 등의 사유로 인하여 매도증권의 납부가 불가능한 경우 매수회원의 동의를 얻어 거래소가 발행한 결제대용증으로 결제할 수 있다.

제 4 절 시장관리제도

1. 가격제한폭제도

유가증권시장은 기본적으로 시장원리에 입각해 자유경쟁에 의해 성립되는 시장이기 때문에 매매거래에 관하여 인위적인 제한을 하면, 정보의 효율적 반영이 저해받을 수 있다. 그러나 일시적인 수급의 편중이나 과당경쟁, 심리적인 요인 등에 의하여 증권의 가격이 안정을 유지하지 못하고 단기간에 급등락하면 선의의 투자자가 예상치 못한 손실을 입을 우려가 있다.

이와 같은 제반 문제를 고려하여 우리나라의 거래소는 증권의 가격의 급등락을 완화하고 투자자에게 주의를 환기시켜 가격형성의 안정성을 도모하기 위해 하루에 변동할 수 있는 가격의 상하폭을 일정한 범위로 제한하는 장치를 두고 있는데, 이것이 가격제한폭제도이다.

가격제한폭을 적용할 경우에는 원칙적으로 전일 종가를 기준가격으로 하며, 전일 종가가 없는 경우에는 최근 매매거래일의 종가를 기준가격으로 사용한다.[7] 다만, 신규상장 및 재상장종목, 배당락·권리락종목, 투자회사 발행주권, 주식분할 및 병합종목, 신주상장종목 등의 경우에는 예외로 하고 있다.

현재 우리나라의 가격제한폭은 주식, DR(외국주식예탁증권)의 경우, 기준가격의 상하 15%로 되어 있다. 따라서 가격제한폭은 기준가격에 0.15를 곱하여 산출한 금액으로 하며, 동 금액 중 호가가격단위 미만의 금액은 절사한다. 다만 금액이 5원 미만인 경우에는 5원으로 하고 있다. 그리고 기준가격에 상하로 각각 제한폭을 더한 가격이 호가가격과 일치하지 않는 경우에는 호가가격과 일치하는 범위를 가격제한폭으로 한다.

장기 휴장 이후 최초로 매매거래를 재개하는 경우와 시장상황급변 등으로 가격제한폭을 변경할 필요가 있는 경우에는 가격제한폭을 변경할 수 있다.

7) 기준가격은 가격제한폭을 설정함에 있어서 기준이 되는 가격을 말한다.

2. 매매거래의 중단 및 재개

매매거래의 중단은 시장전체의 주가가 폭락할 경우, 특정종목의 거래폭주 또는 풍문 등과 관련하여 주가 및 거래량이 급변하거나 급변할 우려가 있는 경우에 매매거래를 일시적으로 중단하는 제도이다. 이는 시장상황이나 풍문 등의 진위를 투자자에게 전달해 줌으로써 신중한 투자판단과 시황급변에 따른 손실을 방지하는데 근본적인 취지가 있다.

이와 같은 매매거래의 중단은 크게 ① 시장전체의 매매거래의 중단과 ② 종목별 매매거래의 중단으로 구분할 수 있다.

① 시장전체의 매매거래의 중단(Circuit Breakers)

이는 가격급변시 투자자에게 시장상황을 냉정하게 판단할 수 있는 시간을 제공하여 무분별한 매매에 따른 피해를 최소화하기 위해, 가격연속성을 저해하지 않는 범위내에서 매매를 일시적으로 중단하는 제도이다.[8)]

우리나라의 유가증권시장의 경우 KOSPI가 전일종가보다 10%이상 하락하여 1분간 지속되는 경우에는 주식시장 및 주식시장관련 선물・옵션시장의 모든 종목의 거래를 중단할 수 있다. 동 사유로 인한 매매중단은 1일 1회에 한하며, 사유발생 후 20분이 경과되면 매매거래를 재개할 수 있다. 단, 장종료 40분 전 이후에는 중단하지 않는다.

매매거래를 재개시할 경우의 최초가격은 재개시점부터 10분 동안 호가를 접수하여 단일가 매매방법에 의해 결정하며, 그 이후에는 접속매매방법으로 매매를 성립시킨다.

② 종목별 매매거래의 중단

이는 매매거래 중 풍문과 관련하여 주가 및 거래량이 급변하는 경우나, 매매개시 전에 풍문 등과 관련하여 주가 및 거래량의 급변이 예상되는 종목, 매매거래가 폭

8) Circuits Breakers는 1987년 10월 19일 소위 블랙 먼데이(Black Monday) 이후 NYSE가 최초로 도입하였으며, 우리나라의 경우 주식은 1998년 12월 17일, 선물은 1996년 5월 3일 각각 도입되었다.

주하여 신속한 매매거래 성립이 불가능하다고 인정되는 종목 등에 대하여 매매거래를 중단하는 것을 말한다.

풍문 등과 관련하여 매매거래가 중단된 종목에 대하여서는 이후 중단사유에 대한 조회결과를 공시한 후 30분이 경과한 때부터 매매거래를 재개한다. 다만, 공시시점이 장종료 60분전 이후인 경우는 그 다음 매매거래일부터 매매거래를 재개할 수 있다.

매매거래의 폭주와 관련하여 매매거래가 중단된 경우에는 호가상황 및 매매거래 상황을 감안하여 매매거래를 재개할 수 있다.

3. 투자경고종목 및 투자위험종목지정제도

종전의 업무규정에서 정하고 있던 이상급등종목이 시장감시규정으로 이관됨에 따라 투자경고종목 및 투자위험종목으로 이원화된 것으로, 불공정거래의 예방과 투자자보호를 위하여 일정기간동안 주가가 급등하는 종목을 투자경고종목으로, 투자경고종목 중 가격이 지속적으로 상승한 종목을 투자위험종목으로 각각 지정한다.

투자경고종목 및 투자위험종목을 매수하고자 하는 경우에는 매수금액전액을 위탁증거금(현금)으로 징수해야 한다. 그리고 투자위험종목은 대용증권에서 제외되며, 투자위험종목 지정 후에도 주가가 급등한 경우 시장감시규정에 의하여 요청된 경우 일정기간 매매거래정지가 가능하다.

① 투자경고종목의 지정 및 해제

단기급등 외에 중장기적 주가상승 등의 경우에도 투자경고종목으로 지정하는데 다음 중 하나에 해당하는 경우 투자경고종목으로 지정한다.

* 최근 5일간 주가상승률이 75%인 경우가 2일간 연속되고 2일째 되는 날의 주가가 최근 20일 중 최고가이며, 2일째 되는 날을 기준으로 최근 5일간 주가상승률이 동업종산업별주가지수(코스닥시장의 경우 코스닥지수)상승률의 6배 이상인 경우
* 최근 20일간 주가상승률이 150%이상이면서 주가상승일이 15일 이상인 경우가 2일간 연속되고 2일째 되는 날의 주가가 최근 20일 중 최고가이며, 2일째 되는 날을 기준으로 최근 20일간 주가상승율이 동업종산업별지수(코스닥시장의 경우

코스닥지수)상승률의 4배 이상인 경우

* 최근 20일간 소수지점·계좌거래집중종목 5회 이상 지정되고 주가상승률이 50%이상인 경우가 2일간 연속이고 2일째 되는 날의 주가가 최근 20일 중 최고가인 경우

투자경고종목 지정일로부터 10일 후 지정예고 요건에 다시 해당하지 않는 경우에는 투자경고종목의 지정을 해제한다.

② 투자위험종목의 지정 및 해제

투자경고종목 지정 후, 30일 이내에 지정요건에 다시 해당하는 경우에는 투자위험종목으로 지정된다.

투자위험종목의 지정일로부터 10일 후, 지정예고 요건에 다시 해당하지 않는 경우 그 지정을 해제한다.

한편, 투자위험종목 지정 후 주가가 그 지정일 전일보다 높고 직전일 대비 3일 연속 상승하는 경우 1일간 매매거래정지를 요청할 수 있으며, 이에 따라 해당시장은 1일간 매매거래를 정지할 수 있다.

4. 관리종목

이는 상장폐지기준에 해당될 우려가 있는 종목을 관리종목으로 지정하여 1일간 매매거래를 정지함으로써 투자자의 주의를 환기시키기 위한 제도이다. 관리종목으로 지정된 경우 지정사유의 해소전망을 고려하여 상장폐지하거나 또는 지정해제조치를 취하게 된다.

관리종목으로 지정되더라도 일반종목과 동일한 매매방법으로 매매거래할 수 있으나, 신용거래종목에서 제외되고 대용증권으로 사용할 수 없으며, 증권금융(주)의 담보제공도 불가능하다.

관리종목지정요건은 다음과 같다.

* 사업보고서 또는 반기·분기보고서 미제출
* 감사범위제한 한정의견
* 감사인의 반기검토보고서상 검토의견 부적정 또는 의견거절

* 자본 50%이상 잠식
* 소액주주 지주비율 10%(200명)미만
* 회생절차개시의 신청이 있는 경우
* 사외이사 미선임 등 지배구조 미구축
* 반기 월평균거래량 1%미만
* 연간 매출액 50억미만
* 액면가 20% 미만 30일 계속
* 시가총액 50억원 미만 30일 계속
* 불성실공시법인지정 등으로 1년이내 누계벌점이 15점 이상인 경우

5. 예납조치

거래소는 지나친 투기 등으로 불공정거래가 발생하거나 발생할 우려가 있어서 시장관리상 필요하다고 인정하는 경우에는 매수대금 또는 매도증권을 사전에 미리 납부시킬 수 있다.

이와 같은 예납조치는 증시주변자금의 유동성을 억제하여 증시안정화를 도모하는 조치로서 호가전예납과 결제전예납의 두 가지의 경우가 있다.

6. 대용증권

대용증권은 현금과 갈음하여 사용할 수 있도록 별도로 거래소가 지정한 증권을 말한다. 이는 위탁증거금, 신용거래보증금 등으로 사용될 뿐만 아니라 기타 보증금, 공탁금, 담보증권으로도 사용되고 있다.

대용증권으로는 상장주권, 상장채무증권, 상장외국주식예탁증권(DR), 상장지수펀드(ETF), 코스닥시장상장주권 및 수익증권 등이 사용된다. 단, 상장규정상 즉시 퇴출사유 등에 해당되어 매매거래 정지된 종목은 대용증권에서 제외된다.

대용증권의 가격은 기준시세에 대용가치를 인정해 주는 사정비율을 곱해 산출하고 있는데, 상장주권, 코스닥시장상장주권, 상장외국주식예탁증권(DR) 등은 그 비

율이 70%이다.[9]

7. 배당락조치

배당락조치라 함은 이익배당을 받을 권리가 소멸되었음을 투자자에게 주지시켜 주기 위한 일련의 시장조치를 말한다.

주식회사의 정기주주총회에서의 주주권 행사자를 확정하기 위하여 권리확정일을 매 사업년도 최종일로 하고, 사업년도 종료 익일부터 동 주주총회의 종료일까지 주주명부를 폐쇄하여 주식의 명의개서를 인정하지 않고 있다.

따라서 주식을 새로이 보유하는 자는 전사업년도의 결산에 따른 이익배당을 받을 권리가 소멸되므로, 이러한 사실을 투자자에게 주지시키기 위하여 거래소는 이날부터 배당락조치를 취하고 있다.

배당락 조치시기는 보통거래의 경우 매매체결일로부터 3일째 되는 날에 결제가 이루어지므로 명의개서정지 개시일인 사업년도 종료 익일에 결제되는 매매분, 즉 사업년도 종료일 전일 매매분부터 배당락조치를 한다.

[그림 5-2] 배당락조치의 예(결산기가 6월인 경우)

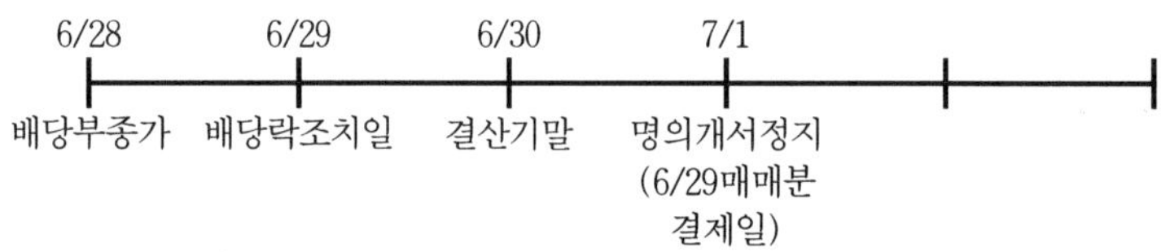

8. 권리락조치

권리락은 주식회사가 증자를 하는 경우 신주배정기준일이 경과하여 신주를 배정받을 권리가 없는 상태를 말한다.

9) KOSPI50 구성종목의 경우 80%를 적용하고 있다.

주식회사가 증자하는 경우 신주인수권을 확정하기 위해 신주배정기준일을 정하는데, 이때 그 기준일의 익일 이후 결제되는 주권에는 신주인수권이 없어진다.

따라서 유가증권시장에서는 배당락시와 마찬가지로 보통거래 결제시한을 감안하여 신주배정기준일 전일에 권리락조치를 취함으로써 주가가 합리적으로 형성되도록 관리하고 있다.

즉 신주배정기준일 이틀 전까지 권리부가 되어 신주인수권을 가진다.

[그림 5-3] 권리락조치의 예(신주배정기준일이 8월 31일인 경우)

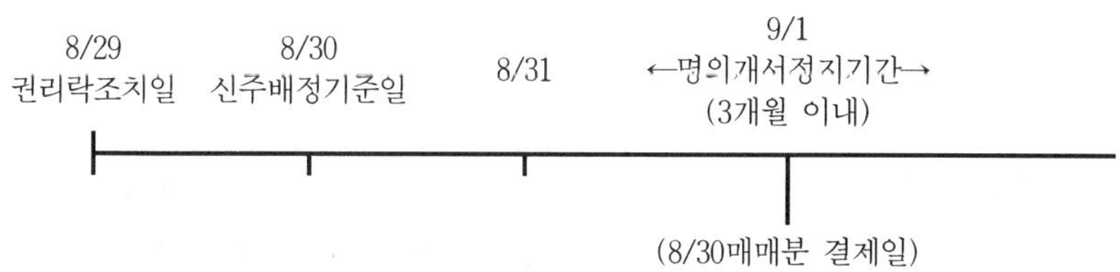

제 6 장

코스닥 시장

코스닥시장은 장외시장과는 차별화되는 거래소에 속하는 제도화한 시장으로, 벤처기업 및 유망중소기업에의 자금조달을 용이하게 해주기 위해 형성된 시장이다. 본 장에서는 코스닥시장을 중심으로 코스닥시장의 의의와 기능, 코스닥시장의 발전과정에 대해 살펴본 후, 코스닥시장의 상장제도, 매매제도, 시장관리제도, 상장폐지제도 등에 대한 구체적인 내용을 알아봄으로써 코스닥시장에 대한 전반적인 이해를 증진시키고자 한다.

제 1 절 코스닥시장의 의의와 기능

1. 코스닥시장의 의의

1) 코스닥시장의 의의

코스닥시장은 한국거래소(이하에서는 "거래소"라고 한다)가 운영하는 증권시장으로, 성장성과 기술력을 지니고 있는 기업들을 코스닥시장에 상장하도록 하고 이들이 발행한 주권을 일정한 거래질서 하에서 다수의 매매당사간의 경쟁매매에 의하여 거래하는 시장을 말한다.

이와 같이 코스닥시장은 일정한 거래질서 하에서 경쟁매매가 행해지므로 장외시장과는 차별화되는 시장으로 유가증권시장과 더불어 거래소에 공존하는 제도화된 또 하나의 증권시장이라고 말할 수 있다.

이러한 중소·벤처기업을 위한 증권시장의 운영방식으로는 거래소가 운영하는 3부시장과 또는 병행시장(쥬니어마켓) 형태의 유럽식과 증권업협회가 운영하는 미국·일본방식으로 구별할 수 있는데, 우리나라는 미국의 나스닥(NASDAQ : National Association of Securities Dealers Automated Quotations) 시장을 벤치마킹(benchmarking)하여 코스닥(KOSDAQ : Korea Securities Dealers Automated Quotations) 시장이라고 칭하고 있다.

2) 코스닥시장의 특징

첫째, 코스닥시장은 성장기업 중심의 시장이다. 코스닥시장에서는 주로 기업규모는 작지만 성장 잠재력이 높은 벤처기업, 유망중소기업 등이 용이하게 자금을 조달할 수 있는 시장이다.

둘째, 코스닥시장은 유가증권시장에 대해 경쟁시장으로서의 역할을 수행한다. 이는 코스닥시장이 유가증권시장의 성장을 지원하기 위한 전 단계적, 보완적 시장이 아닌 독립된 경쟁시장으로서의 역할을 수행하고 있음을 말한다.

셋째, 코스닥시장은 금융투자회사의 역할과 책임이 중시되는 시장이다. 왜냐하면 코스닥시장의 참여기준은 유가증권시장 상장기준에 비하여 상당히 완화된 수준이므로 우량종목 발굴에 대한 금융투자회사의 선별 기능이 중요하기 때문이다.

넷째, 코스닥시장은 투자자의 자기책임 원칙이 강조되는 시장이다. 이는 코스닥시장이 고위험 고수익(high risk, high return)의 새로운 투자수단을 제공해 주는 시장이기 때문에 투자자의 자기책임 원칙이 무엇보다도 중요하기 때문이다.

2. 코스닥시장의 기능

첫째, 코스닥시장은 유가증권시장에 상장하기 어려운 벤처기업, 유망중소기업 등이 발행한 주권에 대하여 환금성을 부여함으로써 이들 중소·벤처기업이 모집·매출

등을 통해 장기안정적인 자금을 조달할 수 있는 기회를 제공한다. 또한 이를 통하여 중소·벤처기업은 재무구조를 개선하고 기업의 경쟁력을 제고시킬 수 있다.

둘째, 코스닥시장은 투자자에게 기존의 상장주권 이외에 성장가능성이 높은 유망기업 주권에 투자할 수 있는 수단을 제공한다. 특히 코스닥시장은 유가증권시장에 비해 투자자의 투자위험 선호도 및 위험부담능력에 맞는 고위험 고수익(high risk, high return) 투자상품을 제공한다.

셋째, 코스닥시장은 벤처산업의 육성에 기여한다. 이는 벤처기업에 투자를 전문으로 하는 벤처금융(Venture Capital) 회사들이 코스닥시장을 통하여 투자한 자금을 회수할 수 있고, 새로운 유망벤처기업을 발굴하여 자금 등을 지원할 수 있기 때문이다.

제 2 절 코스닥시장의 발전과정

1. 주식장외시장의 조직화

1986년 12월 24일 재무부(현재의 기획재정부)가 발표한 '중소기업 등의 주식거래 활성화를 위한 시장 조직화 방안'에 따라 증권업협회(현재의 금융투자협회)가 기존의 거래소와는 별도로 주식장외시장을 조직화(1987년 4월)함으로써 출범하였다.

일정요건을 충족하는 중소·벤처기업을 증권업협회(현재의 금융투자협회)에 등록하도록 하고 등록된 기업의 주식을 증권회사(현재의 금융투자회사)의 창구에서 매매할 수 있도록 허용하였으며, 또한 증권회사(현재의 금융투자회사)에서 이루어진 상대매매의 내용을 수집하여 다음날 증권시장지에 공표하도록 하였다.

2. 주식장외거래중개실의 설치

등록종목에 대한 호가 및 매매거래가 각각의 증권회사(현재의 금융투자회사)로 분할되어 있는 시장을 통합하기 위하여 증권업협회(현재의 금융투자협회)내에 주식장외거래중개실을 설치(1991년 10월)하였다.

호가 및 매매거래 상황을 주식장외거래중개실에 집중하도록 하고 이를 모든 증권회사(현재의 금융투자회사)에 실시간 정보로 제공하도록 하였으며, 매매계약의 체결은 각 증권회사(현재의 금융투자회사)가 상대매매방식에 의해 이루어지게 되었다.

3. 코스닥증권(주)설립

고객과 증권회사(현재의 금융투자회사)간, 중개실을 이용한 증권회사(현재의 금융투자회사)상호간 상대매매방식에 의해 이루어지던 거래방식을 경쟁매매방식으로 전환하기위해 매매의 중개를 전문하는 코스닥증권(주)를 설립하였다(1996년 5월).

이에 따라 증권업협회(현재의 금융투자협회)에 등록된 법인이 발행한 주식을 거래하고자 하는 주문을 코스닥증권(주)에 집중하도록 하고, 코스닥증권(주)이 일정한 매매계약체결원칙에 따라 매매를 중개하도록 하였다.

4. 코스닥시장의 법제화

거래소 상장주권 이외에 증권업협회(현재의 금융투자협회) 등록주권의 매매가 이루어지는 시장으로서 코스닥시장을 증권거래법에 반영(1997년 4월)하였으며, 코스닥시장의 유가증권시장 유사시설행위에 대한 논란의 소지를 제거하여 거래제도를 선진화하는 조치를 취하였다.

또한 내부자거래, 시세조종 등 불공정거래 규제 및 코스닥상장법인에 대한 정기보고서(사업보고서, 반기보고서, 분기보고서)제출 의무부여를 시행함으로서 투자자보호 기능을 강화하였다.

5. 코스닥위원회의 설치

코스닥시장 운영의 공공성을 제고하기 위하여 시장운영에 관한 의사결정을 공정하고 객관적으로 추진할 코스닥위원회를 설치하여 담당하도록 하는 시장개편방안을 마련하였으나, 외환위기로 인하여 시행이 지연되다가 1998년 8월에 9명으로 구성된 비상근위원장체제의 위원회가 설치되었다.

그 이후 1999년에는 코스닥시장의 활황과 더불어 공개와 상장의 분리가 진전되면서 상장심사기구인 코스닥위원회의 전문성과 독립성을 강화하기 위한 조치로서 코스닥시장업무를 전담하는 상근위원제를 도입하였고, 위원회의 전문성과 공공성제고를 위해 위원회 구성체제를 개편(기관투자자 대표, 벤처기술전문가, 회계사 등 전문가비중을 확대)하였다.

6. 한국증권선물거래소(현재의 한국거래소)로의 통합

2005년 1월 기존의 증권거래소, 코스닥위원회, 코스닥시장, 선물거래소의 4개 기관이 한국증권선물거래소로 합병되었다. 합병 후 한국증권선물거래소는 5개의 본부(유가증권시장본부, 코스닥시장본부, 선물시장본부, 시장감시본부, 경영지원본부)로 분리됨에 따라 코스닥시장은 코스닥시장본부에서 관리·운영하고 있다.

한편 자본시장법의 제정 및 시행을 계기로 한국증권선물거래소가 한국거래소로 변경되었으며, 코스닥시장을 유가증권시장과 더불어 거래소가 개설하는 증권시장으로 규정되었다.

제 3 절 코스닥시장의 상장제도

1. 코스닥시장상장의 의의

코스닥시장상장이란 코스닥시장에서 거래를 하기 위한 자격을 부여하는 것을 의미한다. 따라서 코스닥시장상장은 주권비상장법인 중 일정한 요건을 갖춘 법인에 대해 거래소가 코스닥시장의 매매대상 종목으로 승인하는 행위라고 말할 수 있다.

코스닥시장은 불특정다수의 투자자들이 참여하여 코스닥시장에 상장된 주권을 매매하기 때문에 일정한 요건을 갖춘 법인에 한하여 코스닥시장상장을 허용하고 있다. 따라서 코스닥시장에 상장하고자 하는 법인은 기업의 안정성, 성장성, 업종의 특성 및 유통가능성 등의 소정요건을 갖추어야 한다.

코스닥시장상장은 거래대상물을 시장에 상장하는 것으로, 유가증권시장에서의 상장과 구분하기 위해 코스닥시장상장이라는 용어를 사용하기도 한다. 따라서 코스닥시장에 상장된 법인을 코스닥시장상장법인이라고 말할 수 있다.[1)]

2. 코스닥시장상장법인의 혜택

1) 자금조달 기능의 확충

코스닥시장상장법인으로 신규상장하는 경우(기상장법인 포함)에는 기업공개시와 같이 불특정 다수인을 상대로 주식을 공모하여 필요한 자금을 조달할 수 있으며, 주식의 유동성이 부여되고 주식의 분산이 이루어져 유상증자시 대주주의 자금부담이 경감되므로 증자가 용이하다.

① 신규상장시 모집을 통한 자금조달용이

신규상장하고자 하는 법인은 거래소에 상장예비심사청구서를 제출하여 승인을 받아야 하는데, 이때 상장적격성을 인정받은 코스닥시장상장예정법인은 금융위원회에 증권신고서를 제출하고 신주를 모집할 수 있다.

② 코스닥시장상장 후 공모증자 용이

코스닥시장상장법인은 주식이 분산되어 있으므로 유상증자시 대주주의 자금부담이 경감되는 대신에 다수의 투자자들로부터 자금을 조달할 수 있다.

---

1) 자본시장법에서는 증권시장(유가증권시장과 코스닥시장)에 상장된 증권을 발행한 법인을 상장법인, 상장법인을 제외한 법인을 비상장법인, 증권시장에 상장된 주권을 발행한 법인을 주권상장법인, 주권상장법인을 제외한 법인을 주권비상장법인으로 규정하고 있는데(자본시장법 제9조 제15항), 이와 같은 관점에 의거할 경우에는 코스닥시장에 상장된 법인을 상장법인(혹은 주권상장법인)으로 정의내릴 수 있는데, 이하에서는 코스닥시장상장법인과 (주권)상장법인을 경우에 따라 사용하기로 한다.

③ 일반공모증자 용이

코스닥시장상장법인의 경우 주식이 널리 분산되어 있고 또한 시장에서 시세가 형성되어 있으므로 기존주주를 배제하고 불특정다수인을 대상으로 청약을 권유하는 증자인 일반공모증자가 용이하다.

④ 의결권 없는 주식발행한도 특례

상법에서는 의결권 없는 주식의 발행을 발행주식총수의 4분의 1까지 허용하고 있으나, 코스닥시장상장법인이 외국에서 발행하는 의결권 없는 주식 및 외국에서 발행한 전환사채권, 신주인수권부사채권 등의 권리행사로 인하여 발행하는 의결권 없는 주식은 위의 발행한도 계산에 산입하지 않는다. 다만, 의결권 없는 주식의 총수는 발행주식총수의 2분의 1을 초과하지 못한다.

⑤ 신종사채권의 발행 및 사채권발행한도의 특례

코스닥시장상장법인은 주권비상장법인이 발행할 수 있는 전환사채권 및 신주인수권부사채권뿐만 아니라 이익참가부사채권, 교환사채권 등의 신종사채권을 발행할 수 있다.

그리고 주권비상장법인이 발행한 전환사채권이나 신주인수권부사채권은 상법상의 사채권발행한도 내에서[2] 발행해야 하나, 코스닥상장법인이 발행한 전환사채권이나 신주인수권부사채권 중 주식으로 전환 또는 신주인수권의 행사가 가능한 분에 해당하는 금액은 상기의 상법상의 사채권발행한도의 제한을 받지 않는다.

2) 세제상 혜택

① 양도소득세 비과세

코스닥시장에 상장하기 위하여 매출하는 경우 및 코스닥시장을 통하여 양도하는 경우에는 양도소득세를 과세하지 않는다. 단 발행주식총수의 5%이상 또는 시가총액 50억원 이상에 상당하는 주식을 보유한 주주(특수관계인 포함)가 양도하는 경우에는 양도소득세 과세대상이 된다.

2) 상법 제470조에 의거 사채권의 총액은 최종의 대차대조표에 의하여 회사에 현존하는 순자산의 2배를 초과하지 못한다.

② 배당소득세 분리과세

소액주주의 배당소득은 분리과세되며, 대주주는 다른 소득과 합산하여 종합과세된다.

③ 증권거래세율 인하효과

코스닥시장을 통하여 주식을 양도하는 경우에는 양도가액의 1000분의 3에 해당하는 금액을 증권거래세로 납부해야 한다(주권비상장법인의 경우에는 양도가액의 1000분의 5에 해당하는 금액을 증권거래세로 납부).

④ 상속 및 증여재산 평가시 코스닥시장 시세의 인정

코스닥시장상장법인의 주식을 상속 또는 증여할 때 동 주식의 평가액은 평가기준일 이전·이후 각 2개월간 주가의 평균액으로 한다.

3) 기타 효과

코스닥시장상장법인은 경영실적, 주가, 주요 경영관련 변동사항 등 당해 법인과 관련된 정보가 신문 등 언론매체를 통하여 공표되므로 홍보효과를 누릴 수 있다.

이와 같은 홍보효과를 통하여 기업이 대내외적으로 알려지므로 기업의 신인도가 제고되어 기업의 인력확보, 마케팅, 시장지배력 등의 면에서 유리할 수 있다.

이외에도 경영성과가 주가에 반영되므로 경영자가 경영합리화를 위해 노력하게 되고, 자기주식의 취득을 통해 주가안정과 경영권 방어를 도모할 수 있는 등의 효과를 누릴 수 있다.

3. 신규코스닥시장상장요건

코스닥시장에 신규상장하기 위해서는 코스닥시장상장규정에서 정하는 소정의 요건을 충족시켜야 한다. 코스닥시장신규상장요건은 기업의 성격(벤처기업, 일반기업, 투자회사), 기업의 규모 등에 따라 선택할 수 있도록 하고 있다.

벤처기업과 일반기업의 코스닥상장요건은 벤처기업과 일반기업 모두에게 공통적으로 적용되는 항목과 벤처기업과 일반기업 각각에 적용되는 항목으로 구성되어 있다.

1) 공통요건(투자회사 제외)

벤처기업과 일반기업 모두에게 공통적으로 적용되는 항목에는 감사의견, 주식의 분산, 유·무상증자의 제한, 주식양도의 자유보장, 최대주주의 변경제한 등이 있다.

① 감사의견

최근사업년도의 감사인의 감사의견이 적정의견이어야 한다. 이 경우의 감사인의 감사보고서는 '주식회사의 외부감사에 관한 법률'에 의하여 회계감사를 받은 보고서로서 결산승인을 위해 정기주주총회에 보고된 것이어야 한다.

② 주식의 분산

주식의 분산요건은 크게 세 가지로 구분되어 적용하고 있다.

㉠ 공모분산 Ⅰ(상장예비심사청구를 하여 승인을 받은 후 금융위원회에 증권신고서를 제출하여 효력이 발생한 후 모집하는 경우)

먼저, 상장예비심사청구일 현재 소액주주가 소유하고 있는 주식의 총수가 발행주식총수의 100분의 25 미만인 경우에는 상장예비심사 후 상장신청일까지 모집한 주식의 총수가 100분의 10 이상이어야 하며(이 경우 상장신청일 현재 소액주주가 소유하고 있는 주식의 총수는 100분의 25이상이어야 함), 다음으로 상장신청일 현재 소액주주가 소유하고 있는 주식의 총수가 발행주식총수의 100분의 25이상(모집만으로 이루어진 경우를 제외)인 경우에는 상장예비심사 후 상장신청일까지 모집한 주식의 총수가 100분의 5 이상이어야 한다. 이와 같은 결과 양자 공히 우리사주조합(1인)을 포함한 소액주주가 500명 이상이어야 한다.

㉡ 공모분산 Ⅱ(대규모기업의 주식분산의 경우)

상장신청일 현재 소액주주의 수(우리사주조합은 주주 1인으로 봄)가 500인 이상이고 상장예비심사후 상장신청일까지 모집 또는 매출한 주식의 총수가 상장신청일 현재 발행주식총수의 100분의 10 이상으로서 자기자본 또는 기준시가총액을 기준으로 다음의 어느 하나에 해당하면 된다.

(가) 상장예비심사청구일 현재 자기자본을 기준으로

a. 자기자본 500억원 이상 1,000억원 미만인 법인 : 100만주 이상

b. 자기자본 1,000억원 이상 2,500억원 미만인 법인 : 200만주 이상

c. 자기자본 2,500억원 이상인 법인 : 500만주 이상

(나) 기준시가총액을 기준으로

a. 기준시가총액 1,000억원 이상 2,000억원 미만인 법인 : 100만주 이상

b. 기준시가총액 2,000억원 이상 5,000억원 미만인 법인 : 200만주 이상

c. 기준시가총액 5,000억원 이상인 법인 : 500만주 이상

㉢ 기분산(이미 주식이 광범위하게 분산되어 모집절차를 생략하고 직상장이 허용되는 경우)

상장예비심사청구일 현재 소액주주(우리사주조합원은 제외)의 수가 500인이상이고, 그 소액주주가 모집에 의해 소유하고 있는 주식의 총수가 발행주식총수의 100분의 25 이상이거나, 100분의 10 이상으로서 자기자본 또는 기준시가총액을 기준으로 ㉡에서 규정하는 분산요건을 충족해야 한다(다만, 주금납입일을 기준으로 상장예비심사청구일전 6월 이내에 모집 또는 매출을 한 경우 소액주주의 수 및 당해 주주의 소유주식수 산정시 당해 모집 또는 매출분을 제외).

㉣ 상장예비심사후 상장신청일까지 모집 또는 매출한 주식의 총수가 상장신청일 현재 발행주식총수의 100분의 25이상이고 소액주주의 수가 500인 이상일 것.

㉤ 국내외 동시공모(상장예비심사청구 후 모집 또는 매출과 병행하여 거래소가 지정하는 해외증권시장에 상장할 목적으로 당해 외국의 증권법령에 따라 주권 또는 주식예탁증권을 발행하는 경우를 말한다)하는 법인으로서 국내외동시공모한 주식의 총수가 상장신청일 현재 발행주식총수의 100분의 20이상이면서 국내에서 모집 또는 매출한 주식의 총수가 30만주이상일 것. 다만, 이 경우 상장신청일 현재 소액주주의 수(국내에서 모집 또는 매출한 주식을 기준으로 하며, 우리사주조합은 소액주주 1인으로 본다)가 500인 이상이어야 한다.

③ 자본금의 변경

자본금의 변경은 유상증자의 제한과 무상증자의 제한(잉여금의 자본전입제한)으로 구분되어 적용되고 있다.

㉠ 유상증자제한

상장예비심사청구일전 1년 이내에 이루어진 유상증자(전환사채권, 신주인수권부

사채권과 신주인수권의 권리행사 및 합병으로 증가한 자본금을 포함)금액과 상장예비심사청구일까지 행사되지 아니한 전환권 및 신주인수권의 행사로 인하여 증가될 자본금의 합계액(모집으로 인한 자본금의 증가액은 제외)이 상장예비심사청구일로부터 2년 전의 날이 속하는 사업연도말 현재 자본금의 100% 이하이어야 한다(다만, 유상증자한도(100분의 100)를 초과하여 증자를 한 경우에는 당해 초과분을 취득한 주주가 상장일로부터 1년간 예탁결제원에 예탁되어 매매를 하지 않도록 조치를 하는 경우에는 그러하지 아니한다).

㉡ 무상증자의 제한(잉여금의 자본전입제한)

상장예비심사청구일전 1년 이내에 잉여금을 자본에 전입한 경우(무상증자를 시행하는 경우) 당해 자본전입총액(무상증자금액)이 상장예비심사청구일로부터 2년 전의 날이 속하는 사업연도말 현재 자본금의 100% 이하이어야 한다. 이때 상장예비심사청구일로부터 2년전의 날이 속하는 사업 연도 말이 없는 신설법인은 설립시 자본금이 기준이 된다(다만, 무상증자한도(100분의 100)를 초과하여 증자를 한 경우에는 당해 초과분을 취득한 주주가 상장일로부터 1년간 예탁결제원에 예탁되어 매매를 하지 않도록 조치를 하는 경우에는 그러하지 아니한다).

④ 합병 등 조직변경이 있는 경우 일정기간 경과 필요

합병, 분할 또는 분할합병(물적분할에 의한 분할 또는 분할합병을 포함)이나 중요한 영업의 양도·양수(이하 합병등이라 함)를 한 경우에는 조직변경으로 인한 경영상태의 변화를 알 수 있도록 당해 합병 등의 기일이 속한 사업연도의 결산재무제표가 확정되었어야 한다. 다만, 합병 등의 기일부터 당해 사업연도말까지의 기간이 3월미만인 경우에는 다음 사업연도의 반기재무제표에 대한 감사인의 감사보고서를 제출해야 한다.

⑤ 자본상태

최근 사업연도(상장예비심사청구일이 속하는 사업연도와 상장신청일이 속하는 사업연도가 다른 경우로서 상장신청일 현재 결산이 확정되지 아니한 경우에는 상장예비심사청구일을 기준으로 한다)말 현재 자본잠식이 없어야 한다.

⑥ 경영성과

최근 사업연도의 법인세비용차감전계속사업이익이 있어야 한다.

⑦ 주식양도의 자유보장

정관 등에 주식의 양도제한이 없어야 한다.

⑧ 액면가액

100원, 200원, 500원, 1,000원, 2,500원, 5,000원 중 하나이어야 한다.

⑨ 최대주주 등의 변경제한

상장예비심사청구일로부터 1년 전의 날 현재 최대주주가 상장예비심사청구일전 1년 이내에 변경이 없어야 한다. 다만, 정부 및 예금보험공사의 소유주식 매각으로 인한 경우로서 최대주주의 변경이 기업경영의 계속성을 저해하지 아니한다고 거래소가 인정하는 경우에는 그러하지 아니 한다.

⑩ 상근감사

최근사업연도 말 자산총액이 1,000억원 이상인 법인은 1인 이상의 상근감사를 두어야 한다.

⑪ 사외이사

일반기업과 최근사업연도 말 자산총액이 1,000억원 이상인 벤처기업은 사외이사 요건을 충족해야 한다.

⑫ 질적 요건

계량적 요건 이외에 기업의 특성 등에 따라 질적 요건을 두고 있는데 질적 요건은 다음과 같다.

ㄱ. 영업, 재무상황 및 기타 경영환경 등에 비추어 기업의 계속성이 인정될 것

ㄴ. 기업지배구조, 내부통제제도, 공시체제 및 특수관계인과의 거래 등에 비추어 경영투명성이 인정될 것

ㄷ. 상장전 증자나 주식거래, 상장업무 관련 이해관계자의 주식투자 등으로 경영안정성 및 주주이익이 침해되지 않을 것

ㄹ. 기타 투자자보호 및 코스닥시장의 건전한 발전을 저해하지 않는다고 인정될 것

2) 일반기업의 상장요건

벤처기업 또는 투자회사가 아닌 일반기업은 앞에서 언급한 공통요건이외에 〈표 6-1〉의 요건을 충족해야 한다.

3) 벤처기업의 상장요건

벤처기업은 지방중소기업청에서 벤처기업으로 지정한 기업을 의미하는데, 우리나라의 경우 "벤처기업육성에 관한 특별조치법"에 의해 벤처기업의 요건을 정하고 있다(〈표 6-2〉 참조).

다만, 벤처캐피탈투자기업이 벤처기업요건으로 코스닥시장에 신규상장하고자 할 때에는 당해 지분율 또는 투자비율에 해당하는 투자가 있는 날로부터 1년이 경과하여야 한다(지방소재 벤처기업은 제외한다).

벤처기업은 앞에서 언급한 공통요건 이외에 〈표 6-2〉의 요건을 충족하여야 한다. 그런데 벤처기업에 대해서는 코스닥시장을 보다 용이하게 이용할 수 있도록 지원하기위하여 일반기업보다 완화된 요건을 적용하고 있다.

특히 벤처기업 중에서 기술력과 성장성이 인정되는 경우에는 신규상장심사요건의 특례를 적용하고 있다. 즉 전문기술 평가기관의 기술평가 결과 A등급이상인 성장형 벤처기업은 앞서 언급한 공통요건에 속하는 경영성과와 선택사항인 이익규모, 매출액 및 기준시가총액의 요건을 적용하지 않는다.

〈표 6-1〉 벤처기업의 지정요건

유 형	지 정 요 건	확인기관
① 벤처 투자기업	1. 벤처투자기관으로부터 투자받은 금액이 자본금의 10%이상일 것 2. 투자금액이 5천만원 이상일 것 3. 상기 1,2의 투자내역을 벤처확인요청일의 직전연속하여 6개월 이상유지할 것	한국벤처캐피탈협회
② 연구개발기 업	1. 기술개발촉진법 제7조규정에 의한 기업부설연구소를 보유할 것 2. 최근4분기 연구개발비가 5천만원 이상일 것 3. 연간 총매출액에 대한 연구개발비의 합계가 5%이상으로서 중 기청장 고시 업종별 비율 이상일 것(창업 후 3년이 경과하지 않은 기업은 적용하지 않음) 4. 연구개발기업 사업성평가기관으로부터 사업성이 우수한 것으로 평가받을 것	기술보증기금 중소기업진흥공단
③ 기술평가 보증·대출기업	1. 기보의 보증 또는 중진공의 대출을 순수신용으로 받을 것 2. 기보 또는 중진공으로부터 기술성이 우수한 것으로 평가받을 것 3. 보증 또는 대출금액이 8천만원(창업1년미만 4천만원)이상이고, 당해기업의 총자산에 대한 보증 또는 대출금액비율이 5%이상(창업 1년미만, 보증/대출금액 10억원이상 미적용)일 것	기술보증기금 중소기업진흥공단

〈표 6-2〉 일반기업 및 벤처기업의 코스닥시장 상장요건 선택사항

	일반기업	벤처기업
회사 규모	-상장예비심사청구일 현재 자기자본 30억원 이상이거나 기준시가총액이 90억원 이상일 것	-15억원 이상이거나 기준시가 총액이 90억원 이상일 것
영업 기간	-상장예비심사청구일 현재 설립된 지 3년 이상 경과하고 계속적으로 영업하고 있을 것. 이 경우 합병, 분할, 분할합병, 종속회사의 편입 또는 영업양수가 있는 경우에는 실질적인 영업활동기간을 고려할 수 있음	-
이익규모, 매출액 및 기준시가 총액	-최근사업연도의 자기자본이익률이 10% 이상이거나 최근 사업연도의 당기순이익이 20억원 이상일 것. 또는 최근사업연도의 매출액이 100억원 이상이고 기준시가 총액이 300억원 이상일 것	-최근사업연도의 자기자본이익률이 5%이상이거나 최근사업연도의 당기순이익이 10억원이상일 것. 또는 최근사업연도의 매출액이 50억원 이상이고 기준시가총액이 300억원 이상일 것

4) 일반기업 중 건설업종의 상장요건

앞에서 언급한 공통요건 및 일반법인의 요건을 적용하되, 예외적으로 ① 설립경과년수 5년 이상, ② 건설산업기본법 등에 의해 공시된 건설공사 시공능력평가액이 300억원 이상 등의 요건을 추가로 갖추어야 한다.

5) 투자회사(Mutual Fund)의 상장요건

앞에서 언급한 공통요건 중 주식양도의 자유보장에 해당하는 것을 충족시켜야 하며, 상장신청일 현재 자본금이 4억원 이상이고, 모집 또는 매출한 실적이 있으면 된다.

이 경우 당해 회사가 상장예정일로부터 1년 이내의 기간 중에 사모의 방법으로 주식을 발행한 사실이 있는 때에는 당해 주식을 발행일로부터 1년에 해당하는 잔존기간동안 예탁결제원에 의무예탁하여 인출이나 매각이 되지 않도록 하여야 한다.

6) 상장지수집합투자기구투자회사 및 상장지수집합투자기구투자신탁 수익증권의 상장요건

① 상장지수집합투자기구투자회사(주식형 ETF)의 상장요건

공통요건 중 정관 등 주식양도의 자유보장 등의 요건을 충족하고, 상장신청일 현재 자본금이 100억원 이상이고 발행주식수가 10만주 이상이어야 하며, 2사 이상의 지정참가회사(AP : Authorized Participant)가 있어야 한다(AP 중 금융투자회사 1사 이상과 유동성공급자계약이 체결되어 있어야 한다).

또한 정관에 추적대상지수(시가총액을 기준으로 당해 투자회사가 목표로 하는 지수)구성주식을 시가총액기준으로 95% 이상 편입해야 하며 추적대상지수 구성종목수의 50% 이상을 자산으로 편입해야 한다. 이와 더불어 ETF의 특성상 존속기간에 정함이 없어야 한다는 사항이 기재되어 있어야 한다.[3)]

② 상장지수집합접투자기구 투자신탁 수익증권(수익증권형 ETF)의 상장요건

상장신청일 현재 신탁의 원본액이 100억원 이상이고 수익증권수가 10만좌 이상이

3) 거래소가 산출하는 지수를 추적대상으로 하는 경우에는 추적대상지수 사용과 관련된 계약을 거래소와 체결해야 한다.

어야 하며, 2사 이상의 지정참가회사(AP : Authorized Participant)가 있어야 한다(AP 중 금융투자회사 1사이상과 유동성공급자계약이 체결되어 있어야 한다).

또한 신탁약관에 추적대상지수 구성주식을 시가총액기준으로 95% 이상 편입해야 하며 추적대상지수 구성종목수의 50% 이상을 자산으로 편입해야 한다. 이와 더불어 ETF의 특성상 신탁계약기간에 정함이 없어야 한다는 사항이 기재되어 있어야 한다.[4)]

7) 부동산투자회사(REITs)의 상장요건

공통요건 중 주식양도의 제한이 없을 것 등의 요건을 충족할 뿐만 아니라, 자본금이 100억원 이상이어야 하며 모집 또는 매출한 주식의 수가 발행주식총수의 30%이고 주주수가 100명 이상이어야 한다. 또한 상장신청일 현재 총자산 중 부동산의 비중이 100분의 70 이상이어야 한다.

8) 신규상장요건의 적용예외

국가기간산업 등 국민경제상 중요한 산업을 영위하는 법인으로 지정된 법인, 특별한 법률에 의하여 설립된 회사, 공공기관의 운영에 관한 법률에 의한 공공기관 중 정부지분이 50%이상인 정부투자기관, 공기업의 경영구조개선 및 민영화에 관한 법률에 의한 법인 등에 대하여서는 주식의 양도제한, 최대주주의 변경제한, 액면가액, 상근감사 및 사외이사요건 이외의 것은 적용하지 않을 수 있다.

한편, 유가증권시장 주권상장법인(관리종목제외)으로서 상장신청일 현재 유가증권시장에 상장된 기간이 2년이상 경과한 법인의 경우는 자본금변경, 합병 등 조직변경이 있는 경우 일정기간 경과필요, 질적 요건의 요건을 적용하지 아니 할 수 있다.

4. 코스닥시장 상장절차

발행회사가 코스닥시장에 신규로 상장하기 위해서는 먼저 상장주선인(대표주관

4) 거래소가 산출하는 지수를 추적대상으로 하는 경우에는 추적대상지수 사용과 관련된 계약을 거래소와 체결해야 한다.

회사)을 통하여 상장예비심사를 받아야 한다.

상장예비심사를 청구할 때에는 상장예비심사청구서뿐만 아니라, 최근 사업연도의 재무제표 및 감사인의 감사보고서, 최근 사업연도말 현재 주주명부 및 상장예비심사청구일전 1년간의 최대주주 등의 소유주식변동상황명세서 및 제3자배정 증자배정명세서, 최대주주 등과 계속보유의무자의 주식 등의 계속보유확약서, 예탁결제원이 발행한 계속보유의무자의 소유주식 등의 보관증명서, 정관, 법인부 등기부등본 등 세칙이 정하는 서류를 제출해야 한다.

주식의 매각이 제한되는 주주와 그 제한기간(보호예수기간)은 다음과 같다.

① 최대주주와 그 특수관계인, 상장예비심사청구 전 1년 이내에 제3자 배정으로 신주를 취득하거나 최대주주 등의 소유주식을 취득하는 경우에는 상장일로부터 1년간(단, 6개월이 경과한 경우 매 1월마다 보유주식의 5%씩 매각 가능)

② 벤처기업에 투자한 벤처금융의 경우 투자기간(상장예비심사청구일을 기준)이 상장일로부터 2년 미만이면 1월간

③ 사모증자한도초과분은 1년간

④ 벤처기업에 투자한 전문투자자는 투자기간 1년 이내 주식 등(모집 또는 매출에 의하여 취득한 주식 등은 제외)은 1월간

여기서 계속보유의무자의 주식 등의 계속보유기간은 벤처금융 및 전문투자자의 투자금액일 경우 상장신청일 현재 자본금을 기준으로 100분의 10에 상당하는 한도까지의 주식 등의 보유기간을 말한다.

〈표 6-3〉 코스닥 상장절차

일 정	진행절차	내 용	비 고
1. 주식인수의뢰	- 주식인수의뢰	- 발행회사가 대표주관회사에 주식인수의뢰	
2. 대표주관계약 체결	- 대표주관계약 체결	-발행회사와 대표주관회사가 계약 체결	
3. 대표주관계약체결일로부터 5영업일이내	- 대표주관계약체결 신고	- 협회에 체결일로부터 5영업일 이내에 신고	
4. 상장예비심사청구서제출일 전월 초일까지	- 상장예비심사청구 계획서 제출	- 거래소 코스닥시장본부에 제출	
5. 상장예비심사청구서 제출일	- 상장예비심사청구서 제출	- 거래소 코스닥시장본부에 제출	
6. 상장예비심사청구서 제출후 2개월 이내	- 상장예비심사	- 상장요건 예비심사	
7. 상장예비심사승인	- 상장예비심사승인	- 코스닥위원회에서 상장예비심사승인	
8. 상장예비심사결과 통지	- 상장예비심사결과 통지	- 금융위, 발행회사 및 대표주관회사에 통보	
9. 증권신고서제출	- 증권신고서제출	- 주식분산을 위해 공모를 하고자 하는 기업은 금융위에 증권신고서 제출	
10. 증권신고서 제출 후 15일	- 증권신고서 효력발생		
11. 유가증권신고서효력발생일 익일(1일간)	- 기업설명회(IR) 개최		
12. 수요예측(1일간)	- 수요예측실시	- 수요예측의 방법 및 절차를 대표주관회사가 정하여 수요예측 실시하여 공모가격 확정	공모예정금액이 50억원 미만인 경우, 경매방식 가능
13. 공모가결정(3일정도)	- 공모가격 결정	- 수요예측의 결과를 감안하여 인수회사와 발행회사가 협의하여 공모가격 결정	
14. 공모수청약(2일정도) 실시	- 공모주청약 실시	- 모든 투자자를 대상으로 공모주 청약 실시	
15. 주식 배정 및 환불	- 주식배정 및 환불	- 청약결과를 바탕으로 주식 배정 및 환불	
16. 환불일 또는 환불일 익일	- 주금납입	- 발행회사가 정한 계좌로 주금 납입	
17. 환불일 후 1~4일	-코스닥상장 신청	- 거래소 코스닥시장본부에 상장신청	
18. 상장신청후 지체없이	-코스닥상장(매매 개시)		

5. 우회상장

우회상장은 주권비상장법인이 (주권)상장법인과 합병 등을 통해 상장심사 등의 상장절차를 거치지 않고 상장되는 것을 말하는데, 포괄적 주식교환, 영업(자산)양수 등과 제3자배정 유상증자의 결합형태인 주식스왑 등의 경우 실질적으로 주권비상장법인의 주식이 장내에서 거래되는 것과 유사한 효과가 발생하게 된다.

이에 따라 우회상장에 대한 규제의 필요성이 대두되게 되었는데, 이는 크게 두 가지의 흐름으로 분리해서 살펴볼 수 있다. 첫째는 합병 등을 통한 부실한 주권비상장법인의 우회상장을 원천적으로 차단하여 (주권)상장법인의 재무건전성을 유지하고자 하는 것이고, 둘째는 매각제한규제를 통해 우회상장의 의사결정권자인 주권비상장법인의 최대주주 등의 부당한 상장차익 획득방지 및 일반투자자에 대한 냉각기간을 제공하고자 하는 데에 있다.

먼저, 코스닥시장상장법인의 경영권변동이 발생하는 합병, 포괄적 주식교환, 주식스왑 등의 경우, 우회상장대상 주권비상장법인이 일정요건 미충족시 존속법인의 상장을 폐지하도록 하였다. 여기서 우회상장의 범위는 코스닥시장상장법인과 주권비상장법인이 합병, 포괄적 주식교환, 영업양수와 연계한 제3자배정 유상증자, 주식스왑 등을 하는 경우로서 코스닥시장상장법인의 경영권변동이 발생하는 경우를 말하는데,[5] 경영권 변동이 발생하는 우회상장의 경우, 주권비상장법인이 〈표 6-4〉와 같은 요건을 미충족할 경우 우회상장법인의 상장을 폐지한다는 것이다.

---

5) 우회상장의 판단기준이 되는 경영권변동의 기준은 다음과 같다.
* 합병(주식교환, 영업양수 등)으로 인하여 당해 주권비상장법인의 최대주주 등이 코스닥시장상장법인의 최대주주가 되는 경우
* 합병(주식교환, 영업양수 등)신고서 제출일 이전 1년 이내에 당해 주권비상장법인의 최대주주 등이 코스닥시장상장법인의 최대주주가 되는 경우
* 주권비상장법인의 5%이상 주주 및 최대주주 등이 합병(주식교환, 영업양수 등)결과 소유하게 되는 코스닥시장상장법인 주식의 합계가 코스닥시장상장법인의 기존 최대주주 등이 소유한 주식보다 큰 경우(다만, 주권비상장법인의 5%이상 주주 및 최대주주 등이 신고서 제출전 1년 이전에 코스닥시장상장법인의 최대주주가 된 경우는 제외)

〈표 6-4〉 주권비상장법인에 적용되는 우회상장요건

요 건	합병	주식교환	주식스왑	영업양수
법인세비용차감전계속사업이익이 있을 것[1]	적용	적용	적용	적용
자본잠식이 없을 것	적용	적용	적용	부채초과 무
최근연도 감사의견이 적정일 것	적용	적용	적용	적용[2]
유·무상증자제한(1년)	적용	적용	-	-
6월간 최대주주 등 지분율변동제한	적용	적용	-	-
소송 등 중요한 분쟁이 없을 것	적용	적용	적용	-
부도사유가 해소(6월 전)	적용	적용	적용	-
타법인과의 합병, 분할(합병), 영업양수·도시 결산확정(3월미만 시 차기)	적용	적용	적용	-

주 : 1) 재무요건은 최근사업연도(말)기준으로 하되, 영업양수는 양수대상 영업부문을 대상으로 함.
2) 양수대상 영업부문의 부문별 재무제표가 기재된 영업양도 회사의 최근 사업연도 재무제표에 대한 감사보고서상 감사의견을 말함.

한편, 현물출자방식의 우회상장에 대해서도 규제를 부과하고 있다. 코스닥시장상장법인의 제3자배정 증자시 주권비상장법인의 최대주주 등이 주식을 현물출자하여 코스닥시장상장법인의 경영권을 인수하는 경우, 즉 경영권이 변동되는 현물출자로서 주권비상장법인이 법인세비용차감전계속사업이익이 있을 것, 자본잠식이 없을 것, 감사의견이 적정일 것 등의 요건을 충족하지 못할 경우 코스닥시장상장법인의 상장을 폐지하도록 하고 있다.

〈표 6-5〉 우회상장 유형별 시장조치내용

<table>
<tr><th colspan="3">우 회 상 장 유 형</th><th>시장조치 내용</th></tr>
<tr><td rowspan="3">합병 및 포괄적
주식교환</td><td colspan="2">경영권 불변</td><td>매각제한 (1년)</td></tr>
<tr><td rowspan="2">경영권 변경</td><td>요건 충족</td><td>매각제한 (2년) &
우회상장표시(2년)</td></tr>
<tr><td>요건 비충족</td><td>상장폐지</td></tr>
<tr><td rowspan="3">주식스왑 및
영업양수·도</td><td colspan="2">경영권 불변</td><td>매각제한(1년)</td></tr>
<tr><td rowspan="2">경영권 변경</td><td>요건 충족</td><td>매각제한 (2년) &
우회상장표시(2년)</td></tr>
<tr><td>요건 미충족</td><td>상장폐지</td></tr>
</table>

다음으로 주권비상장법인 최대주주 등이 현물출자의 대가로 보유하게 되는 코스닥시장상장법인의 주식에 대해 상장 후 일정기간 동안(경영권 변동이 있는 경우는

2년간, 경영권변동이 없는 경우는 1년간) 매각을 제한하고 있다.

그리고 주권비상장법인이 상기요건을 충족 시 당해 기업이 '우회상장종목'임을 2년간 공표함으로써 투자자의 주의를 환기시키고 있다(〈표 6-5〉 참조).

제4절 매매거래제도

[그림 6-1] 코스닥시장에서의 매매절차

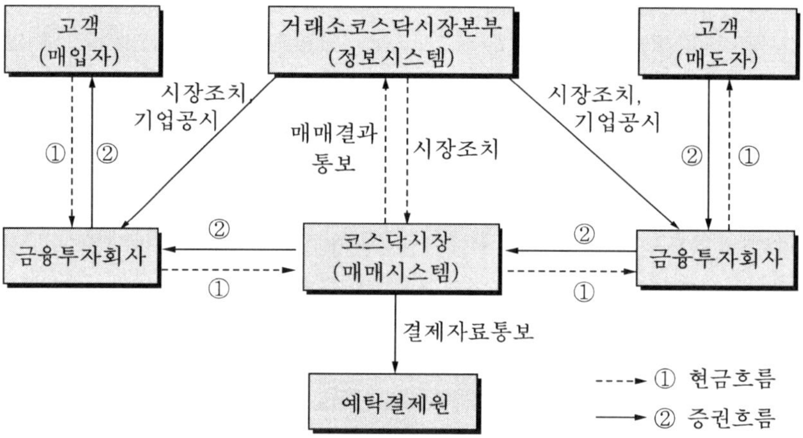

1. 매매거래 절차와 매매거래비용

1) 매매거래절차

① 계좌의 개설

코스닥시장에서 거래를 하고자 하는 고객은 금융투자회사(금융투자업자 구체적으로는 증권에 대해 인가를 받은 투자매매업자 또는 투자중개업자)에 계좌를 개설하고 통장 또는 증권카드를 교부받아야 한다. 다만, 위탁계좌를 개설한 고객은 이들

계좌를 이용하여 거래가 가능하다. 한편, 컴퓨터를 통해 홈트레이딩을 하고자 하는 고객은 별도의 사이버거래를 위한 약정을 하고 CD를 받거나 인터넷을 이용하여 트레이딩 프로그램을 설치하여 이용한다.

② 위탁증거금의 확인

위탁증거금은 고객으로부터 증권의 매매를 위탁받은 경우, 결제를 위한 담보를 확보함으로써 원활한 결제를 통한 거래의 안정을 도모하기 위해 징수하는 현금이나 증권을 말하는데, 위탁증거금의 징수율과 징수방법은 금융투자회사(금융투자업자 구체적으로는 투자중개업자)가 자율적으로 결정한다.

③ 주문

금융투자회사에 주문을 위탁하는 방법에는 직접 금융투자회사의 영업점을 방문하여 매매하고자 하는 종목, 수량, 가격 등을 주문표에 기재한 후 직원에게 제출하는 방법, 전화로 종목, 가격, 수량을 제시하는 방법, 인터넷을 이용한 홈트레이딩 등 전자통신에 의한 방법 등이 있다.

④ 결제

매매거래의 결제는 주문이 체결된 날로부터 3일째 되는 날에 이루어진다.

2) 매매거래비용

① 위탁수수료

금융투자회사(투자중개업자)는 고객을 대신하여 주문을 전달하고 거래결과를 알려주며, 또한 거래와 관련한 각종정보를 제공하는데, 이러한 서비스의 대가로 고객은 금융투자회사(투자중개업자)에 대해 위탁수수료를 지불해야 한다.

위탁수수료율의 결정은 금융투자회사(투자중개업자)가 자율적으로 정하고 있으며, 고객의 신용도에 따라 다를 수도 있다. 위탁수수료는 매도 및 매수시에 지불해야 하며, 매매거래가 성립하지 않은 주문은 지불하지 않는다.

② 증권거래세

증권거래세는 매수 시에는 지불하지 않고, 매도시 주문이 체결되었을 때, 양도가액의 0.3%에 해당하는 금액을 지불해야 한다.

2. 매매거래의 기준

1) 매매거래시간

코스닥시장의 매매거래시간은 정규시장의 경우 9시부터 15시까지이며(단일가매매시간 : 08 : 00～09 : 00, 14 : 50～15 : 00), 시간외매매시장의 경우 7시 30분부터 8시 30분까지, 15시 10분부터 18시까지이다.

한편, 전산장애 발생, 연초의 개장일의 경우, 그 밖의 거래소가 매매거래시간의 변경이 필요하다고 인정하는 경우 등에는 매매거래시간을 임시로 변경할 수 있다.

2) 호가의 단위

코스닥시장에서의 호가의 가격단위는 〈표 6-6〉과 같다.

〈표 6-6〉 호가의 가격단위

매매기준가격	호가가격단위
5,000원 미만	5원
5,000원 이상 10,000원 미만	10원
10,000원 이상 50,000원 미만	50원
50,000원 이상	100원

매매수량단위는 코스닥시장에서 매매할 수 있는 최저수량을 의미하는 데, 코스닥시장에서는 매매수량단위를 1주 단위로 하고 있다.

3) 호가의 종류

코스닥시장에서도 유가증권시장과 같이 ① 지정가호가, ② 시장가호가, ③ 조건부지정가호가, ④ 최유리지정가호가, ⑤ 최우선지정가호가가 가능하다.

공매도는 원칙으로 금지하고 있으나, 다만 결제일까지 매도한 주식을 실질적으로 확보할 수 있는 경우에는 예외적으로 인정하고 있다. 이와 같은 차입공매도호가는 직전의 매도가격보다 낮은 가격으로 호가할 수 없다. 다만 지수차익거래 등의 경우에는 예외로 한다.

3. 매매거래 체결

코스닥시장에서는 유가증권시장에서와 같이 단일가격에 의한 개별경쟁매매(단일가 경쟁매매)와 복수가격에 의한 개별경쟁매매(접속매매)방식에 의해 매매가 체결된다.

1) 매매체결의 일반원칙

① 가격우선의 원칙

저가의 매도호가는 고가의 매도에 우선하고, 고가의 매수호가는 저가의 매수호가에 우선한다는 원칙이다. 호가별로는 시장가호가는 지정가호가에 가격적으로 우선한다.

② 시간우선의 원칙

호가가 행해진 시간의 선후에 따라 먼저 접수된 호가가 나중에 접수된 호가에 우선한다는 원칙이다. 따라서 동일한 가격의 호가는 먼저 접수된 호가가 뒤에 접수된 호가에 우선한다.

이는 단일가격에 의한 경쟁매매와 복수가격에 의한 경쟁매매에 모두 적용된다. 단, 단일가매매로서 동시호가가 적용되는 경우에는 이를 적용하지 않는다.

③ 위탁매매우선의 원칙

이는 동일한 가격에서 고객의 위탁매매호가가 금융투자회사(금융투자업자, 구체적으로는 투자매매업자)의 자기매매호가보다 우선한다는 원칙이다. 이 원칙은 동시호가가 적용되는 경우에 적용된다. 즉, 동일가격의 동시호가매매체결에 있어서 위탁매매호가의 전량을 체결시킨 후에 자기매매호가를 체결시킨다는 것이다.

④ 수량우선배분의 원칙

이는 위탁매매호가간, 자기매매호가간에는 호가별로 수량이 많은 호가가 수량이 적은 호가(수량이 동일한 때에는 매매시스템상의 기록순위로 한다)에 우선한다는 원칙이다. 수량우선의 원칙은 단일가매매 중 동시호가가 적용되는 경우에 적용한다.

단, 수량이 많은 호가를 우선으로 하되, 소액투자자의 호가도 체결시켜 주도록 하기 위해서 〈표 6-7〉과 같이 단계별로 수량배분을 시행하고 있다.

〈표 6-7〉 수량배분

단 계	수 량 배 분
1단계	매매수량단위의 100배(100주)
2단계	매매수량단위의 500배
3단계	매매수량단위의 1,000배
4단계	매매수량단위의 2,000배
5단계	잔량의 1/2
6단계	잔량

2) 단일가 경쟁매매

이는 일정시간 동안 호가를 접수하여 매도호가와 매수호가의 합계수량이 합치되는 하나의 가격으로 매매를 체결시키는 방법이다. 이 경우 코스닥시장에서는 가격우선→시간우선의 원칙에 의거 체결수량을 결정한다.

현재 코스닥시장에서도 ① 시가 및 장종료시의 가격결정시, ② 시장의 전부 혹은 일부가 정지된 후 재개하여 최초의 가격결정시, ③ 매매거래가 중단, 정지된 후 재개하여 최초가격 결정시, ④ 정리매매시 ⑤신규상장종목 등의 최초가격결정 등에 이 방법을 적용시키고 있다.

단, 동시호가로 간주되는 상한가 매수호가 또는 하한가 매도호가의 경우에는 그 수량이 전량 체결될 때까지 위탁매매우선→수량우선배분의 원칙을 적용시키고 있다.

〈단일가격에 의한 경쟁매매의 예 1〉

매도	가격	매수
	520	100
	510	200
100	500	④100 ③200
100	490	50
①50 ②150	480	
100	470	
*매도체결예정수량(500주)		*매수체결예정수량(600주)

*매도호가합계수량과 매수호가의 합계수량이 일치하는 가격은 500원으로 500주 거래가 이루어지며, 매수잔량은 100주가 된다.

〈단일가격에 의한 경쟁매매의 예 2〉

매도호가	가격	매수호가
	520	50 100
	510	③150 ④50
	500	
①150 ②50	490	
100 200	480	
*매도체결예정수량(500주)		*매수체결예정수량(350주)

*매도호가수량과 매수호가수량의 합계수량이 일치하는 가격은 510원과 490원 중에서 매도체결예정수량이 매수체결예정수량을 초과하므로 매도예정가액 490원이 체결가액이 됨.

3) 접속매매(복수가격에 의한 경쟁매매)

단일가 경쟁매매 이후의 매매는 미체결된 잔량과 그 이후 접수된 호가를 대상으로 거래가 이루어지는데, 이를 접속매매(복수가격에 의한 개별경쟁매매)라 한다.

접속매매의 가격결정은 매도호가와 매수호가의 경합에 의하여 가장 낮은 매도호가와 가장 높은 매수호가가 거래 가능한 호가로 합치되는 경우 먼저 접수된 호가의 가격으로 체결한다.

〈복수가격에 의한 경쟁매매의 예〉

매도호가	가격	매수호가
	10,000	① 5,000주 ③ 500주
② 6,000주	9,950	

*①,②,③은 호가접수순

*체결가격(수량) : 10,000원(5,000주), 9,950원(500주)

4. 매매계약의 특례

1) 장중대량매매

장중대량매매는 정규시장의 매매거래시간(09:00~15:00)동안 일정요건을 충족하는 개별종목 또는 주식집단의 매도와 매수 쌍방호가에 대하여 매매를 체결시켜주는 제도이다. 수량요건, 매매수량단위, 체결방법 등은 시간외대량매매와 동일하나 호가가격은 당해 호가제출까지 정규시장에서 형성된 최고가격과 최저가격이내의 가격으로 제한하고 있다

2) 시간외 시장

시간외 시장을 장개시전 시간외시장과 장종료후 시간외시장으로 구분하여 운영하고 있다. 장개시전 시간외시장의 매매거래시간은 오전 7시 30분부터 8시 30분까지이며, 장종료후 시간외시장의 매매거래시간은 오후 3시 10분부터 오후 6시까지이다.

① 시간외종가매매

이는 시간외시장의 호가접수시간동안 호가를 접수받아 당일 종가로 매매거래를 성립시키는 방법이다. 다만, 당일 종가가 기세로 형성되는 경우에는 매매거래를 성립시키지 아니한다.

당일 종가를 적용함에 있어 장개시전 시간외시장의 경우에는 전일 종가를 적용시키되, 호가를 하는 날에 배당락, 권리락, 주식분할 또는 액면병합되는 종목의 경우

에는 그 날의 기준가격을 적용시킨다.

② 시간외 대량매매

이는 시간외시장의 호가접수시간동안 종목, 수량 및 가격이 동일한 매도호가 및 매수호가로 금융투자회사가 매매거래를 성립시키고자 거래소에 신청하는 경우 당해 종목의 매매거래를 성립시키는 방법이다 다만, 당일 정규매매시간중 거래가 형성되지 않은 종목(기세로 당일 종가가 형성된 종목 포함)은 매매거래를 성립시키지 아니한다.

매도・매수호가 중 일방은 단일 금융투자회사의 호가이어야 하며, 호가가격에 호가수량을 곱한 금액이 1억원 이상이어야 한다. 한편, 호가가능가격은 당일(장개시전 시간외시장의 경우에는 전일)의 가격제한폭 이내이다.

3) 신규상장종목의 최초가격결정

코스닥시장에서 신규로 상장되는 종목은 공모법인의 경우에는 공모가격을, 기분산요건을 충족하고 있어 공모절차 없이 직상장한 법인의 경우에는 증권의 분석을 통해 산출된 본질적 가치를, 각각 평가가격으로 삼는다.

신규상장종목의 최초매매가격은 정규시장의 호가접수 개시시간부터 장개시시간까지 접수된 최저호가가격과 최고호가가격 이내의 매도호가와 매수호가를 접수하여 단일가매매 방법으로 결정한다. 이때 최저호가가격은 평가가격의 90%, 최고호가가격은 평가가격의 200%에 해당하는 가격으로 하며, 호가가격미만일 경우 호가가격 단위로 절상한다.

한편 투자회사 및 상장지수펀드의 경우에는 순자산가치 중 상장일을 기준으로 가장 최근에 공표된 금액을 기준으로 하여 ±15% 범위내에서 호가를 제출받아 최초매매가격을 결정한다.

4) 코스닥시장상장법인의 자기주식매매

코스닥시장상장법인은 이익배당을 할 수 있는 한도 내에서 코스닥시장을 통하여 자기주식 취득이 가능하다. 코스닥시장상장법인이 자기주식의 매매거래를 위탁하기 위해서는 금융투자회사에 자기주식매매거래계좌를 별도로 설정해야 하고, 또한 코스닥시장상장법인이 자기주식을 취득(처분)하고자 할 때에는 자기주식취득(처분)신고서를 금융위원회와 거래소에 제출해야 한다.

코스닥시장상장법인이 자기주식을 취득하고자 하는 경우, 회원은 다음과 같은 방법으로 자기주식매매거래를 수탁하여 호가해야 한다.

① 장개시전 매수호가를 하는 경우 전일종가와 전일종가를 기준으로 5% 높은 가격범위 이내의 가격으로 호가하여야 한다.

② 매매거래시간중에 매수호가하는 경우 당해호가의 접수직전까지의 최고가격과 최우선매수호가의 가격중 높은 가격을 상한으로 하고 직전의 가격과 최우선매수호가의 가격중 높은 가격으로부터 10호가 가격단위 낮은 가격을 하한으로 하는 범위 이내의 가격으로 호가하여야 한다.

③ 장개시전 매도호가를 하는 경우 전일종가와 전일종가보다 2호가 가격단위 낮은 가격범위 이내의 가격으로 호가하여야 한다.

④ 매매거래시간중 매도호가하는 경우 직전의 가격과 최우선매도호가의 가격중 낮은 가격과 그 가격으로부터 10호가 가격단위 높은 가격 이내의 가격으로 호가하여야 한다.

⑤ 시간외대량매매에 의한 방법으로 매도하고자 하는 경우에는 당일종가와 당일종가보다 2호가 가격단위 낮은 가격범위 이내의 가격으로 호가를 하여야 한다.

매매거래시간 중 주문을 정정하고자 하는 경우에는 매매거래시간중의 호가범위 이내에서 정정이 가능하며, 장종료 30분전 이후에는 호가를 할 수 없으며, 호가의 취소는 인정되지 않는다.

1일 주문수량은 총 발행주식수의 1%를 초과하지 않는 한도에서 코스닥시장상장법인이 거래소에 신고한 총취득(처분)예정수량의 10%에 해당하는 수량과 최근 1개월간 일평균거래량의 25%에 해당하는 수량 중 많은 수량 이내의 범위에서 주문이 가능하다.

한편, 공기업의 민영화 및 금융기관 기업구조조정 추진을 원활하게 할 수 있도록 하기 위해서 정부, 한국은행, 예금보험공사, 한국산업은행, 중소기업은행, 한국수출입은행 기타 정부가 납입자본금의 100분의 50 이상을 출자한 법인으로부터 코스닥시장상장법인이 자기주식을 매수하는 경우 또는 공정경쟁촉진·공기업 민영화 등

정부의 정책목적 달성을 위하여 금융위원회가 자기주식 매수를 승인한 코스닥시장 상장법인이 자기주식을 매수하는 경우에는 시간외대량매매에 의한 방법으로 할 수 있도록 하고 있다.

제5절 시장관리제도

1. 가격제한폭

가격제한폭은 매매기준가격에 0.15를 곱하여 산출한 금액(호가가격단위 미만 금액은 절사)을 더하거나 차감한 범위내에서 설정하고 있으며, 이때에 적용하는 기준가격은 전일의 종가가 되는 것이 일반적이다.[6)]

2. 매매거래의 중단 및 재개

매매거래의 중단은 크게 시장전체의 매매거래중단과 종목별 매매거래의 정지로 구분할 수 있다.

1) 시장전체의 매매일시중단(Circuit Breakers)

거래소는 코스닥시장에서 발표하는 종합주가지수(1996년 7월 1일을 기준일로 하여 산출한 시가총액방식의 주가지수)의 수치가 직전 매매거래일의 최종수치보다 10% 이상 하락하여 1분간 지속되는 경우에는 코스닥시장의 모든 종목의 매매거래를 중단할 수 있다. 매매거래를 중단한 후 20분이 경과한 때에는 매매거래를 재개한다. 매매중단은 당일 중 1회에 한하며 정규시장 종료 40분 전(즉 14시 20분)이후에는 중단하지 않는다.

6) 유·무상증자로 인한 권리락조치를 시행할 때나 액면분할·병합할 때, 배당락조치를 시행할 때에는 전일의 종가를 기준으로 조정하여 정한다.

2) 종목별 매매거래중단

거래소는 투자자 보호 및 시장관리상 필요한 경우에는 당해 종목의 매매거래를 중단할 수 있다(〈표 6-8〉 참조).

〈표 6-8〉 매매거래정지사유 및 정지기간

매매거래정지사유	매매거래정지기간
- 풍문 등으로 주가급변 예상시	- 조회결과를 공시한 후 30분, 조회공시 등으로 미해소시 매매거래재개 연기가능
- 거래폭주로 신속하게 거래를 성립시킬 수 없는 경우	- 사유 해소시까지
- 액면분할 또는 병합 등을 위한 주권제출이 요구되는 경우	- 사유 해소시까지
- 투자회사 또는 부동산투자회사가 배당(금전)배분 목적으로 주주명부를 폐쇄한 경우	- 사유 해소시까지
- 결제불이행 또는 그 우려가 있다고 인정되는 경우	- 사유 해소시까지
- 투자위험종목으로 지정되어 매매거래정지가 요청된 경우	-요청받은 기간
-투자자보호를 위하여 거래소가 필요하다고 인정하는 경우	-사유 해소시까지

3. 투자경고종목과 투자위험종목지정제도

종전의 업무규정에서 정하고 있던 이상급등종목이 시장감시규정으로 이관됨에 따라 투자경고종목 및 투자위험종목으로 이원화된 것으로, 불공정거래의 예방과 투자자보호를 위하여 일정기간동안 주가가 급등하는 종목을 투자경고종목으로, 투자경고종목 중 가격이 지속적으로 상승한 종목을 투자위험종목으로 각각 지정한다.

투자경고종목 및 투자위험종목을 매수하고자하는 경우에는 매수금액전액을 위탁증거금(현금)으로 징수해야 한다. 그리고 투자위험종목은 대용증권에서 제외되며, 투자위험종목 지정 후에도 주가가 급등한 경우 시장감시규정에 의하여 요청된 경우 일정기간 매매거래정지가 가능하다.

① 투자경고종목의 지정 및 해제

단기급등 외에 중장기적 주가상승 등의 경우에도 투자경고종목으로 지정하는데 다음 중 하나에 해당하는 경우 투자경고종목으로 지정한다.

* 최근 5일간 주가상승률이 75%인 경우가 2일간 연속되고 2일째 되는 날의 주가가 최근 20일 중 최고가이며, 2일째 되는 날을 기준으로 최근 5일간 주가상승률이 코스닥지수 상승률의 6배 이상인 경우
* 최근 20일간 주가상승률이 150%이상이면서 주가상승일이 15일 이상인 경우가 2일간 연속되고 2일째 되는 날의 주가가 최근 20일 중 최고가이며, 2일째 되는 날을 기준으로 최근 20일간 주가상승률이 코스닥지수상승률의 4배 이상인 경우
* 최근 20일간 소수지점·계좌거래집중종목 5회 이상 지정되고 주가상승률이 50%이상인 경우가 2일간 연속이고 2일째 되는 날의 주가가 최근 20일 중 최고가인 경우 투자경고종목 지정일로부터 10일 후 지정예고 요건에 다시 해당하지 않는 경우에는 투자경고종목의 지정을 해제한다.

② 투자위험종목의 지정 및 해제

투자경고종목 지정 후, 30일 이내에 지정요건에 다시 해당하는 경우에는 투자위험종목으로 지정된다.

투자위험종목의 지정일로부터 10일 후, 지정예고 요건에 다시 해당하지 않는 경우 그 지정을 해제한다.

한편, 투자위험종목 지정 후 주가가 그 지정일 전일보다 높고 직전일 대비 3일 연속 상승하는 경우 1일간 매매거래정지를 요청할 수 있으며, 이에 따라 해당시장은 1일간 매매거래를 정지할 수 있다.

4. 관리종목

코스닥상장법인 중 기업내용이 부실화되었거나 부도와 같은 경영파탄위기에 직면한 기업, 환금성이 결여된 기업, 공개기업으로서의 의무를 제대로 수행하지 않는 기업, 기타 상장폐지의 사유가 발생한 기업은 관리종목으로 별도로 지정하여 운영

하고 있다.

〈표 6-9〉 관리종목의 지정 및 해제

관리종목지정사유	관리종목지정시기	관리종목해제시기
- 최근사업연도의 매출액이 30억원 미만인 경우	- 감사보고서에 의해 확인된 날의 다음날	-차기감사보고서에 의해 사유해소가 확인된 날의 다음날
- 자본잠식률이 100분의 50 이상인 경우 또는 자기자본이 10억원 미만인 경우	- 감사보고서에 의해 확인된 날의 나음날	-감사보고서에 의해 확인된 날의 다음날
-최근4사업연도에 각각 영업손실이 있는 경우	-감사보고서에 의해 확인된 날의 다음날	-차기 감사보고서에 의하여 사유해소가 확인된 날의 다음날
-부동산투자회사의 자산 구성요건미달 등	-확인된 날의 다음날	-사업보고서 등에 의하여 당해 사유소가 확인된 날의 다음날
-불성실공시로 인해 누계벌점이 최근2년간 15점 이상인 경우	-누계벌점이 15점 이상으로 지정된 날	-관리종목 지정일로부터 2년이상
-시가총액이 40억원미만인 상태가 연속하여 30일간 지속되는 경우	-확인된 날의 다음날	-시가총액 40억원 이상인 일수가 10일 이상 및 시가총액 40억원 이상인 일수가 30일 이상인 것을 모두 충족한 날의 다음날
-반기보고서 검토의견 부적정 등	-확인된 날의 다음날 또는 반기보고서 법정제출기한의 다음날	-감사의견의 적정 또는 한정으로 표명된 사실이 확인된 날의 다음날
-분기의 월평균거래량이 유동주식수의 1%미만	-분기종료일의 다음날	-거래요건을 충족한 분기종료일의 다음날
-법인세비용차감전계속사업손실 지속 등	-감사보고서에 의해 확인된 날의 다음날	-차기 사업보고서에 의해 사유해소가 확인된 날의 다음일
-주식분산기준미달	-사업보고서 법정제출기한으로부터 15일이 경과한 날	-코스닥시장상장법인주주명부요약표와 실질주주명부 등에 의하여 사유해소가 확인된 날의 다음날
-사업보고서 · 반기보고서 또는 분기보고서의 미제출	-법정제출기한의 다음날	-사유해소일의 다음날
-사외이사수 미달	-사업보고서 법정제출 기한의 다음날	-사유해소의 다음날
-감사위원회의 미구성 등	-사업보고서 법정제출 기한의 다음날	-사유해소의 다음날
-회생절차개시 신청	-확인된 날의 다음날	-회생절차 종결결정이 있은 날의 다음날
-정기주주총회 미개최 및 정기주주총회에서 재무제표 미승인시	-사업보고서의 법정제출일 기한 다음날	-차기사업보고서의 법정제출기한까지 정기주주총회가 개최되어 차기 사업연도의 재무제표가 승인된 것이 확인된 날의 다음날
-기타 상장폐지사유	-확인된 날의 다음날	-사유해소가 확인된 날의 다음날

관리종목으로 지정되면, 기업의 신인도가 떨어져 위탁증거금을 100% 요구할 수도 있다. 또한 대용증권으로 지정될 수 없으며, 상속증여세법에 의하여 시세를 인정받지 못한다.

관리종목은 사유확인일과 확인일의 다음날 매매를 정지시킨다. 또한 사유해소가 안 되는 경우에는 상장폐지된다.

5. 배당락 및 권리락

코스닥시장도 유가증권시장과 마찬가지로 배당락과 권리락을 시행하고 있다.

배당락 조치시기는 보통거래의 경우 매매체결일로부터 3일째 되는 날에 결제가 이루어지므로 명의개서정지 개시일인 사업년도 종료 익일에 결제되는 매매분, 즉 사업년도 종료일 전일 매매분부터 배당락조치를 한다.

권리락의 경우, 배당락시와 마찬가지로 보통거래 결제시한을 감안하여 신주배정기준일 전일에 권리락조치를 취함으로써 주가가 합리적으로 형성되도록 관리하고 있다.

즉 신주배정기준일 이틀 전까지 권리부가 되어 신주인수권을 가진다.

6. 결제

코스닥시장 거래의 수도결제는 매매계약 체결일로부터 기산하여 3일째 되는 날(T+2일) 예탁결제원을 통하여 금융투자회사(금융투자업자, 구체적으로는 투자중개업자 또는 투자매매업자)간 계좌이체방식을 통해 차감결제되며, 또한 고객이 결제불이행시 금융투자회사는 처분당일 매매기준가의 가격제한폭 범위 내에서 반대매매하여 부족분을 임의 충당(토요일은 결제되지 않음, 즉 목요일 거래한 주식은 월요일 결제가 이루어짐)한다.

제 6 절 상장폐지제도

거래소는 코스닥시장상장법인이 부실화되었거나, 공개기업으로서의 의무를 제대로 수행하지 못한 경우 등에는 시장의 건전성 제고 및 투자자보호를 도모하기 위해 당해 기업의 상장을 폐지하고 있다.

1. 상장폐지요건

1) 부실화된 기업

① 발행한 어음 또는 수표가 주거래은행에 의하여 최종부도로 결정되거나 거래은행에 의하여 거래가 정지되는 경우

② 회사정리절차 개시신청을 하여 관리종목에 지정된 법인이 법원의 회생절차개시 신청 기각, 회생개시결정 취소, 회생계획 불인가 및 회생절차 폐지 결정이 있거나, 회생절차개시 결정일로부터 1년(사업보고서 기준)마다 거래소가 심사하여 상장적격성이 없다고 인정되는 경우

③ 현재 자본전액잠식 상태인 경우 및 자본잠식률이 100분의 50로 인한 관리종목법인이 최근 사업연도 말 또는 최근 반기말을 기준으로 자본잠식률이 100분의 50이상인 경우(최근 반기의 반기보고서에 대한 감사인의 감사의견이 부적정, 의견거절 및 감사범위제한으로 인한 한정이거나 법정제출기한의 다음날부터 10일 이내에 반기보고서를 제출하지 않는 경우 포함)

④ 최근사업연도의 재무제표에 대한 감사인의 감사의견이 부적정 또는 의견거절이거나 감사범위제한으로 인한 한정인 경우

⑤ 관리종목으로 지정된 코스닥상장법인이 최근 사업연도의 매출액 30억원 미달인 경우

⑥ 3사업연도 중 2사업연도에 각각 법인세비용차감전계속사업손실 규모가 사업연

도말 자기자본의 100분의 50과 10억원을 초과하여 관리종목에 지정된 기업이 최근 사업연도에도 동 요건에 해당하는 경우

⑦ 최근4사업연도에 각각 영업손실이 있어 관리종목으로 지정된 코스닥시장상장법인이 최근 사업연도에 영업손실이 있는 경우

2) 공개기업으로서의 의무를 다하지 못하는 경우

① 상장과 관련한 신청서 및 첨부서류의 내용 중 중요한 사항의 허위기재 또는 누락내용이 투자자보호를 위해 중요하다고 판단되는 경우

② 증자나 분할 등이 재무구조의 개선과 무관하여 상장폐지요건을 회피하기 위한 것으로 인정되는 경우

③ 횡령·배임으로 코스닥시장상장법인이 상당한 규모의 재무적 손실을 입었을 것으로 판단되는 경우

④ 재무제표, 연결재무제표 또는 결합재무제표 작성과 관련하여 중대한 위반 등이 확인된 경우

⑤ 거래실적부진(분기의 월평균거래량이 유동주식수의 100분의 1미만)인 상태가 2분기 계속되는 경우

⑥ 사업보고서, 반기보고서, 분기보고서의 법정제출기한 내 미제출이나 사업보고서의 법정제출기한까지 정기주주총회를 미개최하거나 정기주주총회에서 재무제표를 승인하지 않아 관리종목으로 지정된 법인이 사업보고서의 법정제출기한내에 사업보고서, 반기보고서 또는 분기보고서를 다시 미제출하는 경우나 사업보고서의 제출기한까지 정기주주총회를 미개최하거나 정기주주총회에서 재무제표를 승인하지 아니하는 경우

⑦ 정기공시서류 제출과 관련하여 최근 2년간 3회 이상 사업보고서, 반기보고서 또는 분기보고서를 법정제출기한 내에 제출하지 아니하는 경우나 법정제출기한까지 사업보고서를 제출하지 아니한 후 법정제출기한의 익일로부터 10일 이내에 사업보고서를 제출하지 아니하는 경우

⑧ 정관 등에 주식양도에 관한 제한을 두는 경우(다만, 다른 법령에 의하여 제한되는 경우로서 그 제한이 매매거래를 저해하지 아니한다고 인정되는 경우에는

제외)

⑨ 주식분산기준미달이 1년 이내에 해소되지 아니하는 경우

⑩ 기업지배구조와 관련하여 다음 각목의 1의 사유에 해당하는 경우

㉠ 사외이사의 수가 2사업연도 연속하여 미달하는 경우

㉡ 감사위원회를 2사업연도 연속하여 구성하지 않거나 감사위원회의 구성요건을 충족하지 아니하는 경우

⑪ 합병규정을 위반한 경우

⑫ 시가총액미만으로 관리종목으로 지정된 후 90일간(매매일을 기준)의 기간이 경과하는 동안 당해 주식의 종가가 다음 각목의 요건중 하나라도 충족하지 아니하는 경우

㉠ 시가총액 40억원 이상인 상태가 10일 이상 계속될 것

㉡ 시가총액 40억원 이상인 일수가 30일 이상일 것

⑬ 불성실공시로 관리종목으로 지정된 (주권)상장법인의 불성실공시 누계벌점이 최근 2년간 15점 이상 추가된 경우나, 관리종목 지정이 해제된 이후 3년 이내에 관리종목으로 재지정된 경우로 상습성이 인정되는 경우, 또는 관리종목으로 지정된 (주권)상장법인이 추가로 불성실공시법인으로 지정된 경우로서 당해 공시내용의 중요성 및 고의 또는 중과실이 인정되는 경우

3) 조직변경, 경영방침변경 등으로 인한 경우

① 주된 영업이 6월이상 정지되거나 영업의 전부가 양도되는 경우

② 타법인에 피흡수 합병되는 경우

③ 유가증권시장에 상장되는 경우

④ 기타 투자보호, 법령위반 또는 코스닥시장상장을 폐지할 필요가 있다고 인정되는 경우

4) 상장지수집합투자기구투자회사의 상장폐지요건

거래소는 코스닥시장에 상장된 상장지수집합투자기구투자회사가 다음 각호의 1에 해당하는 경우 당해 법인의 상장을 폐지한다.

① 자본금이 50억원 미만이 된 날부터 3월 이내에 이를 해소하지 못하는 경우

② 사업보고서상 주주수가 100명 미만인 경우

③ 다음 산식에 의한 괴리율이 100분의 3을 초과하는 상태가 10일 이상 계속되거나 매분기말을 기준으로 최근 3개월간 괴리율이 100분의 3을 초과하는 일수가 20일 이상인 경우

* 괴리율 = [(종가 - 순자산가치)/순자산가치] × 100

④ 유동성공급계약을 체결한 지정판매회사의 수가 1사 미만일 경우

⑤ 기타 상장폐지 사유에 해당된 경우

8) 상장지수집합투자기구투자신탁 수익증권의 상장폐지요건

거래소는 코스닥시장에 상장된 상장지수집합투자기구투자신탁 수익증권이 다음 각호의 1에 해당하는 경우 당해 상장지수집합투자기구투자신탁 수익증권의 상장을 폐지한다.

① 신탁의 원본액이 50억원 미만이 된 날부터 3월 이내에 이를 해소하지 못하는 경우

② 영업보고서(사업연도 말을 기준으로 작성된 영업보고서를 말한다)상 수익자 수가 100명 미만인 경우

③ 수익증권수가 5만주 미만이 된 날로부터 3월내 미해소시

④ 다음 산식에 의한 괴리율이 100분의 3을 초과하는 상태가 10일 이상 계속되거나 매분기말을 기준으로 최근 3월간 괴리율이 100분의 3을 초과하는 일수가 20일 이상인 경우

* 괴리율 = [(종가 - 순자산가치)/순자산가치] × 100

⑤ 유동성공급계약을 체결한 지정판매회사가 1사 미만인 경우

⑥ 공익과 투자자보호를 위하여 상장폐지가 필요하다고 거래소가 인정하는 경우

⑦ 기타 상장폐지사유가 발생한 경우

2. 상장폐지 방법

1) 당연폐지(즉시폐지)

최종부도, 자본잠식, 피흡수합병, 매출액미달 등의 사유로 상장이 폐지되는 경우에는 코스닥시장 상장폐지 실질심사위원회(이하 실질심사위원회)의 승인을 생략하고 사유발생시 즉시 상장을 폐지한다.

즉시폐지되는 법인 중에서 유가증권시장에 상장되거나 (주권)상장법인과 합병하는 경우는 투자자의 보유주식매매를 위한 별도의 정리매매기간을 두지 않는다.

2) 심사에 의한 폐지

실질심사위원회의 심사를 거쳐 상장을 폐지하는 경우이다. 이 경우 상장이 폐지되면 폐지된 법인의 주식을 소유한 투자자의 환금기회가 제한될 우려가 있으나, 시장건전성의 확보 및 투자자보호 목적으로 적극적으로 퇴출을 시행하고 있다.

3) 신청에 의한 폐지

코스닥시장상장법인의 신청에 의해 상장이 폐지되는 경우이다. 코스닥시장에서의 자금조달의 필요성이 없어지는 등의 사유로 상장을 폐지하기 위해서는 먼저 주주총회를 개최하여 승인을 받아야 한다. 이와 더불어 투자자보호차원에서 공개매수 등을 시행해야 상장폐지가 가능하다.

거래소는 상장폐지요건에 해당하지 않으면서 대주주 등의 일부 주주의 결정에 의한 상장폐지신청에 대해서는 투자자보호를 위해 대비가 불충분하다고 판단될 경우 폐지신청을 거부할 수 있다.

유가증권시장에 상장하기 위해 상장폐지를 신청하는 경우에는 상장폐지신청서와 상장폐지를 결의한 주주총회의사록 사본을 제출하여야 한다.

3. 이의신청

상장폐지가 결정된 법인은 상장폐지결정을 통보받은 날로부터 7일 이내에 상장폐지 결정에 대한 이의신청을 할 수 있다. 이 경우 거래소는 이의신청 청구일로부터 15일 이내에 이의신청에 대한 결정을 하여 그 결과를 당해법인에게 통지한다.

4. 상장폐지주권의 정리매매

상장이 폐지되는 주권에 대하여서는 폐지승인일로부터 7일(매매일 기준)을 초과하지 않는 범위 내에서 정리매매기간이 부여된다. 정리매매기간 중에는 가격제한폭이 적용되지 않으며, 30분 간격으로(1일 13회) 호가접수 후 단일가 방식으로 매매체결이 이루어진다.

〈표 6-10〉 코스닥시장의 상장폐지 사유별 현황

	2004	2005	2006	2007	2008 1/2
감사의견 미달 및 감사보고서 미제출	21	18	3	3	9
자본잠식/자기자본 관련 요건	1	5		3	6
실적 및 시가 총액요건		2	2		
유가증권시장 상장	3	1	3	1	2
피흡수 합병	1	1	1		1
최종부도 및 회사정리절차 개시신청	6	10	1		1
신청에 의한 상장폐지	4	3			
주식분산기준 미달 2년 연속		2			
액면가 일정비율 미만	3	2			
기타[1]	1				1
합 계	40	44	10	7	20

주: 1) 거래부진 사유 및 법정제출기한까지 사업보고서를 제출하지 아니한 후 법정제출기한의 다음날부터 10일 이내에 사업보고서 미제출사유가 해당됨.

자료 : 한국거래소, 금융감독원

제 7 장

프리보드

프리보드는 유가증권시장 및 코스닥시장에 상장되지 않은 기업의 주권을 매매하기 위해 금융투자협회가 개설·운영하는 시장으로, 조직화된 장외주식시장이라는 측면에서 순수한 장외시장과는 구별된다. 본 장에서는 프리보드의 의의와 기능, 프리보드의 발전과정 및 현황에 대해 살펴본 후, 프리보드의 지정제도, 매매거래제도, 지정해제제도 등에 대한 구체적인 내용을 알아봄으로써 프리보드에 대한 전반적인 이해를 증진시키고자 한다.

제 1 절 프리보드의 의의와 기능

1. 프리보드의 의의

1) 프리보드의 의의

프리보드(Free Board)는 유가증권시장 및 코스닥시장에 상장되지 않은 주권비상장법인 중 초기성장단계에 있는 중소·벤처기업 등 혁신형 중소기업들이 자본시장을 통하여 자금조달을 가능하도록 하기 위하여 금융투자협회가 개설·운영하는 시장이다.

프리보드는 사설인터넷이나 단주 장외거래 등과는 구분되는 제도화된 장외주식 시장으로, 벤처활성화 정책에 따라 제3시장을 개편하여 2005년 7월 벤처자본시장으로 새롭게 출범한데에서 그 연유를 찾을 수 있는 것처럼 규제를 최소화한 저비용 시장 및 벤처자금의 선순환을 도모하는 벤처중심의 시장을 지향하고 있다.

2) 프리보드의 특징

첫째, 프리보드는 자본시장법에 의거하여 조직화, 제도화된 장외주식시장이다.[1] 이러한 관점에서 볼 때 프리보드는 순수한 장외시장과는 구별된다고 말할 수 있다.

둘째, 프리보드는 혁신형 기업을 위한 신흥시장이다. 프리보드는 성장잠재력이 있는 벤처기업, Inno-BiZ(기술 혁신형 중소기업) 등 혁신형 중소기업들에 대한 자금 조달기회를 제공하고 있다.

셋째, 프리보드는 규제를 최소화한 저비용의 시장이다. 프리보드는 증권유통을 위한 기본적 사항으로 한정하여 진입요건을 설정하고 있으며, 유지요건도 지정유지 비용이 낮고 정기 및 수시공시사항을 최소화하고 있다. 또한 주식분산요건을 설정하고 있지 않아 주식분산에 신경을 쓸 필요없이 곧바로 진입이 가능하다.

넷째, 프리보드는 투자자의 자기책임 원칙이 강조되는 시장이다. 이는 앞에서 언급한 것처럼 프리보드가 규제를 최소화한 시장이므로 철저한 투자자의 자기판단과 자기책임이 무엇보다도 중요하기 때문이다.

2. 프리보드의 기능

첫째, 프리보드는 주권비상장법인의 주권에 유동성을 부여하는 기능을 수행한다. 즉 주권비상장법인 주권의 거래를 프리보드로 집중, 재편함으로써 매매거래의 편의성과 가격의 공정성을 도모하고 있으며, 또한 주권비상장법인 주권의 유동성부여기능도 담당하고 있다.

1) 자본시장법 제 286조에서는 증권시장에 상장되지 아니한 주권의 장외매매거래에 관한 업무를 금융투자협회 업무로 규정하고 있다.

둘째, 프리보드는 벤처기업 육성에 기여한다. 이는 초기성장단계에 있는 벤처기업에 대한 투자를 전문으로 하는 벤처금융(Venture Capital) 회사들이 프리보드를 통하여 자금을 회수하는 한편, 새로운 유망벤처기업을 발굴하여 자금 등을 지원할 수 있기 때문이다.

셋째, 프리보드는 다양한 투자수단을 제공한다. 투자자에게는 성장성과 기술력을 보유한 유망기업이 발행한 주권을 상장이전의 초기단계에서 투자할 수 있는 기회를 제공함과 아울러 기존의 장외주식거래를 통하여 발생할 소지가 있었던 불공정거래나 사기행위로부터 투자자보호를 도모하고 있다.

제 2 절 프리보드의 발전과정 및 현황

1. 프리보드의 발전과정

1) 장외주식호가중개시장(제3시장)개설

증권업협회(현재의 금융투자협회)는 유가증권시장 및 코스닥시장에 상장되지 않은 기업에 자금조달기회를 제공하고 이들 기업의 발행주식에 대해 유동성을 부여함과 아울러 기존 증권시장에서 퇴출된 기업의 환금성을 부여할 목적으로, 그리고 장외주식매매의 편의성 및 결제의 안전성을 도모함과 아울러 장외주식의 불공정, 사기거래행위로부터 투자자를 보호하기 위해 2000년 3월 27일 장외주식호가중개시스템(제3시장)을 개설하였다.

2) 벤처활성화를 위한 금융세제지원방안 발표

재정경제부(현재의 기획재정부), 금융위원회는 2004년 12월23일 '벤처활성화를 위한 금융 · 세제지원방안'을 발표함으로써 제3시장을 개편하여 비상장 중소 · 벤처기업의 자금조달과 다양한 투자수요 등 벤처자금의 선순환의 장으로 육성하고자 하였다.

3) 프리보드의 출범

제3시장은 개설초기 코스닥시장의 활황과 더불어 Pre-KOSDAQ시장이란 기대감으로 잠시 주목을 받았으나, 기업과 투자자로부터 외면을 당함으로써 침체가 지속되었다. 이와 같은 상황 하에서 자본시장의 혜택을 일부 상장법인만이 향유하고 있고 벤처기업의 90%이상이 자본시장에 진입하지 못하는 현실을 감안하여, 성장단계에 있는 벤처기업을 위한 자본시장의 필요성이 제기되었다.

이와 같은 배경 하에서 2005년 7월 13일 증권업협회(현재의 금융투자협회)는 제3시장의 명칭을 프리보드로 변경함과 더불어 프리보드 벤처기업의 소액주주에 대한 양도소득세 비과세 시행 등의 혜택을 부여하는 등 벤처기업육성을 위한 시장으로 프리보드를 출범하게 되었다.

2. 프리보드의 현황

1) 진입 및 퇴출현황

개설초기에는 Pre-KOSDAQ시장이란 기대감에 연유하여 2002년 말 183사가 지정되기도 하였으나, 벤처기업에 대한 기대저하, 지정해제요건의 강화 등에 기인하여 지정기업의 수가 감소하여 2007년 말 현재 54사(벤처기업 22사, 일반기업 32사)가 지정되어 있다.

〈표 7-1〉 프리보드 지정기업 추이

구 분	2000	2001	2002	2003	2004	2005	2006	2007
총기업수	132	176	183	107	69	62	56	54
신규지정	134	55	30	11	2	11	8	7
지정해제	2	11	23	87	40	18	14	9

자료 : 증권업협회(현재의 금융투자협회)

2) 거래규모

일평균 거래금액의 경우, 개설 첫해인 2000년에는 6억7천 4백만원이었는데 이후 지속적으로 감소하여 2004년에는 4천백만원까지 떨어지기도 하였다. 프리보드 출범이후 다소 증가하여 2006년에는 7천7백만원, 2007년에는 1억7천백만원에 이르고 있다.

시가총액의 경우도 개설초기인 2002년말 1조 3천7백억원을 정점으로 지속적으로 감소하다가 2004년 3천8백억원까지 떨어진 후 증가하는 추세로 반전하여 2007년에는 4천6백억원에 이르고 있다.

〈표 7-2〉 프리보드 거래규모추이

구 분	2000	2001	2002	2003	2004	2005	2006	2007
시가총액(조원)	1.03	1.29	1.37	1.08	0.38	0.44	0.42	0.46
거래대금(일평균, 억원)	6.7	3.4	2.4	0.7	0.41	0.75	0.77	1.71
거래형성율(일평균, %) (거래형성기업/지정기업)	83.21	59.90	42.88	31.12	27.85	37.20	36.88	45.30
프리보드→정규시장(5사)[1]	-	2	3	-	-	-	-	-
정규시장→프리보드(21사)	12	-	2	2	2	1	2	1

주 : 1) 정규시장은 유가증권시장과 코스닥시장을 의미
자료 : 〈표 7-2〉와 동일

제 3 절 프리보드의 지정 및 지정해제제도

1. 프리보드 지정의 의의 및 지정법인의 혜택

지정은 유가증권시장 또는 코스닥시장의 상장과 유사한 개념으로 금융투자협회(이하 협회라고 칭함)가 프리보드에서 거래될 수 있도록 자격을 부여하는 것을 말하는데, 해당기업이 직접 또는 금융투자회사(금융투자업자)를 통하여 협회에 신청할 수 있다. 이에 따라 증권시장에 상장된 법인을 상장법인이라고 하는데 반해, 프리보드에 지정된 법인을 지정법인이라고 한다.

프리보드 지정법인이 되면 다음과 같은 혜택을 받을 수 있다.

첫째, 공모를 통한 자금조달(직접금융)이 용이하고 주주의 환금성이 제고된다.

둘째, 지정법인 분석책자 발간, IR지원 등을 통하여 기업의 홍보효과 및 신인도를 제고할 수 있다.

셋째, 프리보드 우량기업이 코스닥시장에 상장시에는 다음과 같은 일정한 혜택을 받을 수 있다.

- 상장심사시 우선권 부여, 상장심사수수료 및 상장수수료 면제
- 코스닥상장요건 중 주식분산비율 산정시 프리보드에서의 주식모집·매출분 인정(10% 한도내)
- 성장형벤처기업의 경우 벤처금융과 기관투자자에 대한 보호예수 미적용

(우량기업 : 1년 이상 지정, 1년간 불성실 공시없을 것, 연간회전률 5%이상)

넷째, 벤처기업의 소액주주가 프리보드를 통해 매매할 경우에는 양도소득세를 과세하지 않는다.

2. 프리보드의 지정요건 및 지정절차

1) 지정요건

프리보드는 장외시장이기 때문에 유가증권시장이나 코스닥시장과 같은 증권시장에 비하여 지정요건이 매우 간소하고 형식적이어서 주식유통에 필요한 최소한의 요건만을 규정하고 있다. 프리보드의 지정요건은 다음과 같다.

첫째, 최근 사업연도의 재무제표에 대한 외부감사인의 감사의견이 적정 또는 한정이어야 한다(반기결산일 경과시 반기검토보고서 포함). 주식회사의 외부감사에 관한법률에 의한 외부감사대상법인이 아닌 경우에도 재무제표에 대한 신뢰성을 부여하기 위하여 동 법에 의한 회계법인이나 감사인으로부터 외부감사를 받아야 한다. 다만, 벤처기업과 유가증권시장·코스닥시장에서 상장폐지된 법인은 외부감사는 받아야하나, 감사의견은 적정 또는 한정이라는 제한을 받지 않는다.

둘째, 명의개서대행회사와 명의개서 대행계약을 체결해야 한다. 상장법인처럼 지정법인이 되면 주권의 거래가 빈번해짐에 따라 주주명부 및 주권의 관리 등 주식관

련 사무의 양이 방대해지므로 주권명의개서 등 주식관련 사무를 전문적으로 대행하는 명의개서 대행회사(예탁결제원, 국민은행, 하나은행 등)와 명의개서 대행계약을 체결해야 한다.

셋째, 통일규격증권을 사용해야 한다. 통일규격증권은 증권의 변조, 위조를 방지하여 공정한 유통질서를 확립하기위하여 예탁결제원이 정한 바에 의하여 지질, 규격, 도안, 색도, 색상, 인쇄방법 등이 통일되어 발행된 주권, 사채권 및 신주인수권증권을 말하는 데, 프리보드도 불특정다수가 거래에 참여하기 때문에 주권유통에 적합한 통일규격증권을 발행하여야 한다.

넷째, 정관 등에 주식양도의 제한이 없어야 한다.

한편 협회에 지정을 신청하고자하는 회사는 회사공문에 다음 서류를 각각 2부씩 첨부하여 제출하여야 한다.

① 지정신고서

② 정관

③ 법인 등기부

④ 발행인에 관한 사항을 기재한 서류(소액공모공시서류 또는 증권신고서 등)

⑤ 최근 사업연도의 감사보고서(반기결산일이 경과한 경우에는 반기검토보고서를 포함함)

⑥ 발행된 주권의 권종별 견양 또는 명의개서대행기관이 발행하는 통일규격증권의 발행을 증명할 수 있는 서류

⑦ 명의개서 대행계약서 사본

⑧ 벤처기업 증빙서류(해당시)

⑨ 공시의무 이행 확약서

⑩ 기타 협회가 필요하다고 인정하는 서류

-공시책임자 신고서, 발행회사 확약서, 주거래은행 의견서, 금융위원회 기업등록신청서 및 통보서 사본, 중소기업기준검토표(해당시) 등

2) 지정절차

① 지정신청

신규지정을 신청하고자 하는 기업은 직접 또는 금융투자회사를 통하여 지정신청서와 구비서류를 협회에 제출하여야 한다.

② 지정결정

협회는 구비서류 중 미비한 것이 있거나 정정, 보완 기타 불가피한 사유가 발생한경우를 제외하고는 지정신청일 후 7영업일이내에 지정여부를 결정한다. 협회가 지정종목으로 결정하였을 경우에는 이를 지정신청회사 및 예탁결제원에 통보해야 한다.

③ 매매개시

지정종목은 승인일로부터 3영업일째 되는 날에 매매거래를 개시한다. 다만 지정신청기업은 프리보드 매매개시 3일전까지 발행인에 관한 사항 및 감사보고서 등 소액매출신고서류를 금융위원회에 제출하여야 한다. 만약 발행인이 이러한 공시의무를 이행하지 아니한 경우에는 공시의무를 이행한 날 이후 3영업일이 되는 날에 매매가 개시된다.

④ 추가 및 변경지정

지정법인은 지정종목의 종류, 액면금액, 종목 또는 수량의 변경이나 추가가 있는 경우 구비서류를 첨부하여 협회에 변경 또는 추가지정 신청을 하여야 한다. 변경 또는 추가지정 신청 후 3영업일 이내에 승인을 결정하며, 승인 후 3영업일부터 매매가 개시된다.

3. 프리보드의 지정해제

지정해제는 유가증권시장 혹은 코스닥시장의 상장폐지와 유사한 개념으로 프리보드에서 퇴출되는 것을 말한다. 따라서 지정법인이 지정해제되면 프리보드에서 지정해제법인의 주권을 거래할 수 없게 된다.

지정해제 대상법인은 다음과 같다.

1) 부실화된 기업

- 발행한 어음 또는 수표가 거래은행에 의하여 최종부도로 결정되거나 거래은행과의 거래가 정지된 경우. 다만, 유가증권시장이나 코스닥시장의 상장폐지가 결정된 날로부터 3월 이내 지정신청된 종목이 상장폐지일 이전 이미 부도가 발생한 경우 지정일로부터 1년간 적용하지 않음.
- 회사정리절차개시신청 기각, 개시결정 취소, 정리계획불인가 및 회사정리절차폐지결정이 있는 경우.
- 주된 영업이 6월 이상 정지되거나 영업의 전부가 양도되는 경우.
- 최근 사업연도의 재무제표에 대한 감사인의 감사의견이 부적정 또는 의견거절인 경우. 다만, 벤처기업과 유가증권시장 또는 코스닥시장에서 상장폐지된 기업은 적용하지 아니함.

2) 지정법인으로서의 의무를 다하지 못한 경우

- 지정신청서 및 첨부서류이 내용 중 중요한 사항이 허위로 기재되었거나 누락되어 있는 경우
- 매 결산기 이후 90일 이내에 제출해야 하는 정기공시서류(감사보고서 포함)를 제출기한 익일부터 30일 이내에 제출하지 아니한 경우
- 최근 2년간 3회 이상 불성실공시가 있는 경우

3) 유동성기준에 미달하는 경우

- 월간 거래량이 지정주식총수의 10,000분의 5미만인 상태가 6월간 지속되는 경우

4) 유동성기준에 미달하는 경우

- 타법인에 피흡수 합병되는 경우
- 유가증권시장 또는 코스닥시장에 상장되는 경우
- 지정신청회사가 지정해제를 신청하는 경우

- 법률에 의한 해산사유가 발생하는 경우
- 기타 법령위반 등의 사유로 협회가 지정을 해제할 필요가 있다고 인정되는 경우

이와 같이 지정해제된 주권에 대해서는 투자자들의 환금성제고를 위해 10일간(매매일 기준)동안 정리매매기간을 부여하고 있다.

제4절 프리보드의 공시제도

1. 프리보드 공시의 구분

프리보드의 기업공시는 정기공시와 수시공시, 조회공시로 구분된다.

1) 정기공시

지정법인은 발행인에 관한 사항과 감사보고서(반기검토보고서 포함) 2부를 결산종료 후 90일이내(반기 종료 후 45일 이내)에 금융위원회와 협회에 제출하여야 한다.

2) 수시공시

수시공시는 지정법인이 경영활동과 관련된 사항으로서 주요 투자의사결정에 영향을 미치는 사실 또는 결정내용을 즉시 공시토록 함으로써 투자자에게 합리적인 투자판단자료를 제공하고 내부정보를 이용한 주식매매를 예방하여 프리보드의 공정한 거래를 확립하기 위한 제도를 의미한다.

지정법인이 다음과 같은 주요 공시사항을 문서 또는 FAX로 협회에 신고하면 협회는 이를 호가중개시스템을 통하여 공시한다.

〈주요 공시사항〉

- 발행한 어음 또는 수표가 부도로 되거나 은행과의 거래가 정지 또는 금지된 때 및 은행과의 거래가 재개된 때

- 주된 영업이 정지된 때
- 관계법률의 규정에 의한 회생절차개시·종결 또는 폐지 등의 신청을 한 때 및 법원으로부터 회생절차의 개시·종결 또는 폐지 등의 결정사실을 통보받은 때
- 본점소재지, 대표이사, 상호 또는 사업목적을 변경하기로 한 때
- 타법인과의 합병, 중요한 영업의 양도·양수, 기업분할 또는 분할합병에 관한 결정이나 이사회의 결의가 있은 때
- 관계법률 등에 의한 해산사유가 발생한 때
- 증자 또는 감자에 관한 결정이 있은 때
- 주권의 액면분할 또는 병합에 관한 결정이 있은 때
- 사채권(전환사채권, 신주인수권부사채권 등 포함)발행에 관한 결정이 있은 때
- 지정법인의 경영·재산 등에 중대한 영향을 미칠 신물질 또는 신기술에 관한 특허권을 취득하거나 양수 또는 양도하기로 결정한 때
- 지정해제신청을 결정한 때
- 주식배당 중간배당에 관한 이사회결의가 있은 때
- 주주총회 개최를 위한 이사회결의가 있은 때 및 그와 관련한 주주총회가 종료된 때
- 최대주주가 변경된 때

3) 조회공시

조회공시는 프리보드의 수시공시를 효율화하고 매매거래와 관련된 투자판단의 합리성을 제고하기 위하여 협회가 지정법인에 대하여 일정한 내용의 확인을 요구하고 지정법인은 해당내용을 공시하여야 하는 일종의 강제공시제도이다.

협회는 수시공시사항 또는 이에 준하는 사항과 관련한 풍문, 보도 등의 사실여부를 확인할 경우 지정법인의 공시책임자에게 조회공시를 요구할 수 있다. 이때 지정법인은 조회공시를 요구받은 날로부터 1일 이내에 관련사항을 문서 또는 FAX 등의 방법으로 협회에 제출하여 공시하여야 한다.

〈표 7-3〉 프리보드와 증권시장 공시제도의 비교

구 분	프리 보드	유가증권시장/코스닥시장
정기 공시	발행인에 관한사항(감사보고서포함), 발행인에 관한 사항(반기검토보고서 포함)	사업보고서, 반기보고서, 분기보고서
수시 공시	16항목	134/135항목 (유가증권시장과 코스닥시장 세부항목 일부상이)
조회 공시	1일 이내	반나절 이내
공정 공시	해당사항 없음	의무 사항
불성실공시 법인 지정	공시불이행, 번복, 허위공시시	좌 동

2. 불성실공시법인 지정

협회는 지정법인이 공시사항신고 지연, 정당한 이유없는 공시번복, 허위공시 및 공시불이행 등 의무를 성실히 이행하지 않는 경우 당해 법인을 불성실공시법인으로 지정하고 호가중개시스템을 통하여 당해 사실을 공표하고 당해법인에게 이를 통보한다.

한편 최근 2년간 6회의 불성실공시가 있는 경우 당해법인을 지정해제하는 등 공시제도의 실효성을 강화하고 있다.

제 5 절 프리보드의 매매거래제도

1. 매매거래제도의 개요

1) 거래대상 증권

프리보드에서 거래되는 주권은 협회가 지정한 법인이 발행한 주권에 한한다.

2) 매매거래시간

매매시간은 09:00부터 15:00까지로 전장, 후장의 구분이 없으며, 토요일, 공휴일, 근로자의 날, 연말의 1일은 휴장한다.

3) 호가단위

호가수량단위는 1주로, 가격단위는 주권의 가격대별로 6단계이며 거래량가중평균주가 산출시 호가가격 단위미만은 절상한다.

〈표 7-4〉 프리보드의 호가단위

주권가격	호가가격단위
5,000원미만	5원
5,000원이상 ~ 10,000원 미만	10원
10,000원이상 ~ 50,000원 미만	50원
50,000원이상 ~ 100,000원 미만	100원
100,000원이상 ~ 500,000원 미만	500원
500,000원이상	1,000원

4) 가격제한폭

지정종목의 호가는 가격제한폭 이내에서 하여야 하고, 가격제한폭은 기준가격의 ±30%이다.

5) 불합리한 호가제한

협회는 불합리한 가격형성 및 시세조종 등 불공정거래를 방지하기 위해 호가제출시점에 가장 높은 매수호가보다 10호가 가격단위 이상 낮은 매도호가 또는 호가제출시점에 가장 낮은 매도호가보다 10호가 가격단위이상 높은 매수호가의 접수를 거부할 수 있다.

6) 위탁증거금률

결제될 현금 또는 증권을 위탁증거금으로 100% 징수하여야 한다. 거래소의 경우

기관투자자는 증거금징수가 면제되나 프리보드에서는 기관투자자도 면제되지 않는다.

7) 결제

결제는 매매체결일로부터 기산하여 3일째 되는 날(T+2, 토요일, 공휴일은 제외) 예탁결제원을 통하여 금융투자회사(금융투자업자 구체적으로는 투자중개업자 또는 투자매매업자)간 계좌이체방식을 통해 차감결제한다.

8) 기타

프리보드에서도 결제전 매매가 허용되며, 위탁수수료는 금융투자회사(금융투자업자 구체적으로는 투자중개업자)가 자율적으로 결정하도록 하였다.

2. 매매절차

1) 계좌의 개설

프리보드에서 거래를 하고자하는 고객은 금융투자회사(금융투자업자 구체적으로는 투자중개업자)에 계좌를 개설하여야 한다. 다만, 기존의 위탁계좌가 있는 경우 이를 이용하여 거래가 가능하다. 금융투자회사는 고객이 단순히 소유 증권의 처분만을 목적으로 계좌개설을 요구하는 등 부득이한 경우에는 공동계좌를 설정할 수 있다.

2) 주문가격의 결정

고객은 금융투자회사에 전화로 문의하거나, HTS(홈트레이딩시스템) 또는 협회의 프리보드 홈페이지(www.freeboard.or.kr)를 통해 게시되는 종목별 매매기준가격, 시세정보 및 호가정보 등을 참작하여 매도 또는 매수주문가격을 결정한다(지정가주문방식).

3) 매매주문

고객은 매매하고자 하는 종목, 수량, 가격 등을 주문표에 기재하여 금융투자회사에 제출하거나 전화, 홈트레이딩(사이버거래) 등을 통한 주문도 가능하다.

4) 주문의 효력

고객의 주문은 주문당일에 한하여 주문취소 전까지 효력이 지속되며 주문의 정정 또는 취소가 가능하다.

5) 수탁의 거절

금융투자회사는 거래의 상황을 오판하게 하거나 그릇된 판단을 하게 하는 목적의 주문, 매매거래를 유인하기 위한 주문, 시세를 고정시키거나 안정시킬 목적의 주문, 거래의 의사가 없는 주문, 시세왜곡 또는 기타 시장질서를 문란하게 할 우려가 있는 주문의 경우 주문의 수탁을 거부하여야 하며, 이 경우 그 이유를 주문표 등에 기재하고 그 사실을 고객에게 통지하여야 한다.

6) 매매계약의 체결

① 매매기준가격

해당 종목의 직전일 거래량가중평균주가를 당일 기준가격으로 하며, 직전일에 거래가 형성되지 아니한 경우에는 직전일의 기준가격을 당일 기준가격으로 한다(기세불인정).

② 매매체결방법

증권시장(거래소)이 경쟁매매방식인 반면에 프리보드는 가격이 일치하는 매도·매수주문에 한해 자동적으로 매매가 체결되는 상대매매방식이다. 따라서 가격이 일치하지 않는 경우 투자자가 직접 상대방 호가를 탐색하여 주문을 정정하여야 한다. 또한 동일가격 호가의 경우 먼저 접수된 호가가 뒤에 접수된 호가에 우선하여 체결된다.

3. 호가 및 시세의 공표

1) 시세확인

금융투자회사는 고객의 호가를 프리보드 호가중개시스템으로 전달하는 역할을 하며. 전달된 호가는 호가중개시스템에 집중되어 매매체결이 이루어진다. 한편 호가중개시스템은 접수된 각 금융투자회사의 호가와 거래내역, 발행회사 관련 공시사항 등을 각 금융투자회사의 전산시스템으로 전달한다.

거래상황, 시세, 호가는 호가중개시스템에서 생산된 후, 금융투자회사의 전산시스템, 또는 프리보드 홈페이지(www.freeboard.or.kr)로 전달되어 일반인이 조회할 수 있다.

2) 호가중개시스템의 게시사항

협회는 호가중개시스템을 통하여 지정 및 지정해제에 관한 사항, 지정법인의 개황 및 요약재부제표, 지정법인에 관한 공시사항, 지정종목에 대한 호가, 호가수량 및 코드번호, 지정종목별 기준가, 현재가, 고가, 저가, 거래량 및 거래량가중평균가격, 호가중개시스템운영시간변경, 월간 거래량이 지정주식수의 10,000분의 5미만인 상태가 4월이상 지속되는 종목, 최근 2년간 불성실공시가 4회 이상인 종목 및 감사인의견이 거절, 부적정이거나 자본잠식인 경우 이를 게시하여야 한다.

3) 주가지수

협회는 시가총액방식으로 산출한 프리보드지수(FreeBoard Index)를 개발하여 2006년 12월부터 발표하고 있다. 프리보드 지수의 기준시점은 2006년 12월 1일 오후3시(종가기준)이며, 기준지수는 1,000P이다. 주가지수의 종류는 종합지수인 프리보드 지수와 프리보드 벤처, 업종별 지수(제조, 정보, 컴퓨터운영)가 있으며, 산출주기는 1분 간격으로 이루어진다.

〈표 7-5〉 프리보드와 증권시장 매매제도 비교

구 분	유가증권시장	코스닥시장	프리보드
거래시간	단일가매매(오전8시~오전9시 오후2시50분~3시) 정규시장(오전 9시~오후 3시) 시간외시장(오전7시30분~오전8시30분 오후3시10분~오후6시)	좌 동	정규시장 (오전9시~오후3시)
가격제한폭	± 15%	좌 동	± 30%
매매방식	경쟁매매(단일가매매, 접속매매)	좌 동	상대매매(수량분할매매)
위탁증거금	금융투자회사 자율	좌 동	매수: 현금 100% 매도: 당해주식100%
위탁수수료	금융투자회사 자율	좌 동	좌 동
결제전 매매	가 능	좌 동	좌 동
양도소득세	없 음	좌 동	중소기업주식: 10% 대기업주식 : 20% 벤처기업 소액주주:비과세
증권거래세	농특세 포함 0.3%	농특세없이 0.3%	0.5%
주문	지정가, 시장가, 조건부지정가 등	좌 동	지정가만 가능
수도결제	3일 결제	좌 동	좌 동
기준가	전일 종가	좌 동	전일거래량가중평균주가
매매단위	10주	1주	1주

제 8 장

채무증권시장

본 장에서는 채무증권시장을 크게 발행시장과 유통시장으로 구분하여 살펴봄으로써, 채무증권시장에 대한 이해를 증진하고자 한다. 또한 상장제도, 수익률공시제도, 등록 및 예탁제도, 시가평가제도 등 채무증권관련제도에 대해서 알아본 후, 신종증권에 대하여 구체적으로 파악해 보고자 한다.

제 1 절 채무증권발행시장

1. 발행시장의 의의

발행시장은 정부나 기업 등 발행자(또는 자금의 수요자)가 발행중개기관을 통하여 채무증권을 발행하여 투자자(또는 자금의 공급자)에게 이를 제공하고 자금을 공급받는 시장을 말하는데, 제1차시장(primary market)이라고도 한다.

채무증권은 발행자로부터 투자자에게 직접발행되는 경우도 있지만 일반적으로 금융투자회사(금융투자업자, 구체적으로는 투자매매업자) 등을 통하여 불특정다수를 대상으로 공모로 발행된다.

채무증권의 발행은 일반채무증서와는 달리 발행자 및 발행한도가 관련 법률에 의하여 엄격히 제한된다. 예를 들어 국채증권의 경우에는 국회의 동의를 받아야 하고,

사채권은 금융위원회가 증권신고서를 수리한 날로부터 일정시간이 경과하여 그 효력이 발생한 다음 발행할 수 있다.

2. 발행시장의 구조

채무증권의 발행시장은 발행자, 발행중개기관, 투자자로 구성되는데, 발행시장의 구조는 다음과 같다([그림 8-1] 참조).

[그림 8-1] 채무증권발행시장의 구조

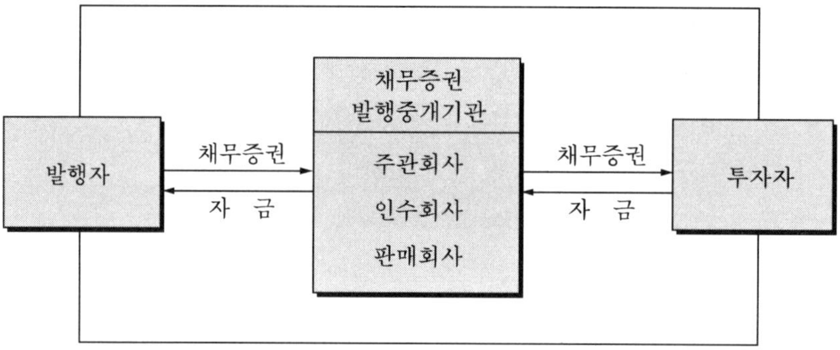

1) 발행자(issuer)

발행자는 채무증권발행에 의해 자금을 조달하는 주체로서 정부, 지방자치단체, 특별법에 설립된 법인, 금융기관, 상법상의 주식회사 등이 이에 해당된다.

채무증권의 발행자(발행주체)는 투자자가 채무증권 투자전략을 수립하는데 지대한 영향을 미치기 때문에 중요한 의미를 지니는데, 이는 채무증권의 발행조건이 발행자(발행주체)에 따라 다를 수 있고, 발행자(발행주체)에 따라 투자위험이 달라지기 때문이다.

2) 투자자

투자자는 채무증권발행시장에서 모집·매출되는 채무증권의 청약에 응하여 발행주체의 채무증권을 취득하는 자로서 자금의 공급자이다. 투자자는 전문적인 지식과 대규모의 자금을 운용하고 있어 법인형태를 취하고 있는 기관투자자와 개인자격으로 자산운용을 목적으로 채무증권에 투자하는 개인투자자가 있는데, 우리나라의 경우에는 기관투자자가 대부분이다

한편 자본시장법에서는 금융투자업자의 거래상대방으로서의 투자자를 위험감수능력을 기준으로 전문투자자와 일반투자자로 구분한 후, 전자에 대해서는 투자자보호와 관련한 규제의 대부분을 적용대상에서 제외하고 있다.[1)]

3) 발행중개기관

발행중개기관은 발행주체와 투자자 사이에서 채무증권발행에 따른 제반업무 수행과 더불어 발행에 따른 위험부담 및 판매기능을 담당하는 전문기관으로서 이에는 주관회사, 인수기관, 판매회사가 있다.

주관회사는 인수회사를 대표하여 발행회사와 당해채무증권발행의 타당성, 소화가능여부, 발행시기, 발행조건 등을 결정하며 인수 및 청약업무를 총괄한다. 채무증권 발행규모가 클 경우에는 주관회사들이 간사단을 구성하여 공동으로 주관업무를 수행하는데, 이중 채권의 인수를 의뢰받은 회사로서 주관회사를 대표하는 회사를 대표주관회사, 그 밖의 회사를 공동주관회사라고 한다. 현재 주관회사의 자격을 지닌 금융기관으로는 금융투자회사(금융투자업자, 구체적으로는 투자매매업자)와 산업은행이 있다.

인수회사는 주관회사와 협의하여 발행채권을 인수하는 기관이다. 인수회사는 인수채권을 자산들이 보유하기도 하고 경우에 따라서는 일반투자자나 청약기관에 매도하는 역할을 수행한다. 현재 인수회사의 자격을 지닌 금융기관으로는 금융투자회사(금융투자업자 구체적으로는 투자매매업자)와 산업은행이 있다.

판매회사는 불특정 다수인을 대상으로 발행된 채권에 대한 판매를 대행해 주는 기관으로, 인수단과 달리 이들에게 할당된 채무증권을 매각함으로써 판매액에 대한 일정한 수수료를 받게 된다. 또한 판매회사는 채무증권매각과 관련한 신의적 의무

---

1) 전문투자자는 금융투자상품에 관한 전문성 구비여부, 소유자산규모 등에 비추어 투자에 따른 위험감수능력이 있는 투자자로서 국가, 한국은행, 대통령령으로 정하는 금융기관, 주권상장법인, 그 밖에 대통령령으로 정하는 자를 말한다(자본시장법 제9조 5항).

를 부담할 뿐 법적인 구속을 받지 않는다. 대부분의 채무증권발행은 주관회사나 인수회사에 의하여 매각되기 때문에 일반적으로 판매회사에 대한 할당액은 총발행액에 비해 미미한 수준이며, 경우에 따라서는 별개의 판매단을 구성하지 않고 전액 주관회사나 인수회사가 이를 전담하는 경우도 있다.

3. 발행방법

채무증권의 발행은 크게 채무증권의 수요자의 범위에 따라 사모발행과 공모발행으로 구분된다. 한편 공모발행은 다시 투자자에게 소화시키는 방법 및 발행위험의 부담정도에 따라 직접발행과 간접발행으로 구분된다.

1) 사모발행

사모발행은 발행주체가 직접 소수의 투자자와 사적교섭을 통해 채무증권을 매각하는 방법이다. 이는 공모로 발행하고자 하여도 인수대상기관을 찾을 수 없거나 단기운영자금조달을 위해 소규모로 발행하는 경우에 주로 이용되며, 감독기관에 증권신고서 등을 제출하지 않아 신속하게 발행할 수 있다는 이점이 있다.

반면에 사모발행에 따른 발행이율은 금융투자업협회(이하 협회라고 칭함)에서 고시하는 최종호가수익률에 당해회사의 신용등급에 따라 매수회사와 협의한 일정한 스프레드를 감안하여 결정되기 때문에 공모발행시보다 높은 이율로 발행된다.

우리나라에서는 사모사채권의 경우 자금대출의 성격을 갖기 때문에 은행이나 보험사를 대상으로 발행하는 경우가 일반적이다.

2) 공모발행

공모발행은 불특정다수의 투자자를 대상으로 채무증권을 발행하는 방법으로 이는 다시 크게 직접발행과 간접발행으로 구분된다.

① 직접발행

직접발행은 발행자(발행주체)가 채무증권발행에 따른 제반위험을 부담하는 방법으로, 채무증권의 발행조건을 발행 전에 미리 결정하고 발행하는지의 여부에 따라 다시 매출발행과 공모입찰발행으로 구분된다.

가. 매출발행

채무증권의 발행조건을 미리 정한 후 일정기간내에 개별적으로 투자자에게 매출하여 산출된 매도총액을 발행총액으로 간주하는 방법이다. 우리나라의 경우 일반주식회사에 대해서는 매출발행에 의한 사채권모집을 허용하고 있지 않다. 특수채증권의 경우는 현재 산업금융채권의 일부가 매출발행되고 있고, 한국은행의 통화안정증권은 매출발행과 경쟁입찰발행을 병행하고 있다.

나. 공모입찰발행

공모입찰발행은 미리 발행조건을 정하지 않고 가격이나 수익률을 다수의 투자자로부터 입찰응모받아 그 결과를 기준으로 발행조건을 결정하는 방법이다. 우리나라의 경우 공모입찰발행으로 발행되는 채무증권으로는 국고채권 및 통화안정증권 등이 있으며, 이들 채무증권에 대한 입찰응모자격은 정부로부터 국채딜러로 지정되거나 한국은행과 약정을 맺은 금융기관들로 한정되어 있다.

공모입찰방식은 크게 경쟁입찰과 비경쟁입찰로 구분되고, 경쟁입찰은 다시 복수가격(수익률)경매방식과 단일가격(수익률)경매방식으로 구분된다.

복수가격(수익률)경매방식은 일명 Conventional Auction 혹은 American Auction이라고도 하는데, 이는 발행기관이 내정수익률 이하에서 각 응찰자가 제시한 최저수익률로부터 발행액에 달할 때까지 순차적으로 낙찰자로 결정하는 방법이다. 이와 같이 낙찰자가 응찰시 제시한 수익률로 채무증권을 인수하기 때문에 복수의 낙찰가격이 형성된다. 우리나라의 경우 2000년 8월 16일 이전에 발행된 국고채권 등이 이 방법으로 발행되었다.

단일가격(수익률)경매방식은 일명 Dutch Auction방식이라고도 하는데, 이는 내정수익률 이하에서 낮은 수익률을 제시한 응찰자부터 발행예정액에 도달할 때까지 순차적으로 낙찰자를 결정하고, 각 낙찰자가 입찰시 제시한 수익률 중에서 가장 높은 수익률을 일률적으로 통일 적용하여 단일가격으로 발행하는 방법이다. 우리나라의 경우 통화안정증권, 국고채권 등을 입찰시 이 방법을 사용하고 있다. 또한 최근에는 예금보험기금 채권상환기금채권을 포함한 대다수의 비 금융특수채권들도 Dutch

Auction에 의한 전자입찰방식으로 발행되고 있다.

비경쟁입찰은 당일 이루어진 경쟁입찰에서 가중평균낙찰금리로 발행금리를 결정하는 방법이다. 따라서 비경쟁입찰방법에서는 응찰자는 희망낙찰물량만을 제시한다. 우리나라의 경우 국채입찰에 참가하지 못하는 일반인을 위해 국채딜러들의 대행을 통해 이 방식을 이용하게 하고 있다.

② 간접발행

간접발행은 발행기관을 통하여 불특정다수의 투자자들에게 채무증권을 발행하는 방법으로, 발행총액 미달에 대한 부담의 정도에 따라 위탁모집, 잔액인수, 총액인수로 구분된다.

위탁모집은 채무증권발행에 따른 제반업무를 발행인의 대리인 자격 혹은 인수기관에게 위임하고 발행인의 대리인 자격 혹은 인수기관의 명의로 채무증권을 발행하되, 발행총액이 미달할 때에는 이를 발행주체(발행자)가 부담하는 방법이다. 이 방법은 일반적인 사채권발행에서는 거의 이용되지 않고 있다.

잔액인수는 채무증권발행업무 일체를 인수기관에게 위탁함과 아울러 발행주체(발행자)의 명의로 채무증권을 모집 또는 매출하고, 발행총액 미달시 계약에 의거 잔액을 인수기관이 책임지고 인수하는 방법이다.

총액인수는 채무증권발행업무 일체를 인수기관이 처리함과 동시에 발행채무증권 총액을 인수기관이 모두 인수하여 인수기관의 책임 하에서 모집, 매출하는 방법으로 발행에 따른 제반 위험은 인수기관이 부담한다. 따라서 발행주체(발행자)는 모집 또는 매출계약과 동시에 업무가 완료되며 발행조건 및 모집 또는 매출시의 가격차에 의한 손익은 인수기관에 귀속된다. 우리나라의 경우 대부분의 사채권은 총액인수방법을 통해 발행되고 있다.

4. 발행절차

1) 국채증권

국채증권발행에 관한 기본적인 사항은 헌법과 예산회계법에 규정되어 있고, 국채증권발행 사무취급규정이 별도로 정해져 있다. 국채증권의 발행주체는 기획경제부로 되어 있으며, 발행사무는 국민주택채권의 경우에는 국민은행이, 국고채권을 포함한 나머지 국채증권은 한국은행에서 취급하고 있다. 국채증권의 발행은 〈표 8-1〉에서와 같이 기획경제부장관이 중앙정부의 각 부처로부터 발행요청을 받아 발행계획안을 작성한 후 국회의 심의 및 의결을 거쳐 발행한다.

〈표 8-1〉 국채증권의 발행절차

	절 차	내 용
1	국채발행계획안 작성 및 조정	· 각부처: 예산요구서에 국채증권발행계획을 포함, 기획재정부장관에게 제출 · 기획재정부: 해당부처와 협의하여 국채증권발행계획안 작성
2	국무회의 심의	· 기획재정부는 국채증권발행 동의안을 국무회의에 상정하여 심의
3	국회제출	· 국무회의 심의후 대통령 재가를 얻어 동의안을 국회제출
4	국회심의 의결	· 국회는 상임위의 심의를 거쳐 국회본회의에서 심의의결한 후 정부에 통고
5	국채증권발행 계획 수립	· 정부는 국채증권 발행일정 등 계획수립
6	국채증권발행	· 국채증권 발행계획에 따라 국채증권발행대행기관을 통해 발행
7	매각대금세입조치	· 판매 또는 인수 매각대금은 한국은행 정부예금계정에 입금

자료 : 증권선물거래소(현재의 한국거래소), 「채권시장 해설」, 2008년

국채증권은 국채전문딜러(primary dealer : PD) 등에 의한 경쟁입찰이나 일반인을 대상으로 한 첨가소화방식으로 발행된다. 국고채권은 국고채전문딜러를, 재정증권은 통화안정증권 입찰기관을 대상으로 통상 발행예정일 1영업일전에 경쟁입찰한다. 입찰형태는 1999년 9월에 종전의 서면입찰에서 BOK-Wire를 통한 전자입찰방식으로 변경되었다. 국민주택채권 제1종, 제2종은 첨가소화방식으로 발행된다.

경쟁입찰의 경우 입찰일 오전 10:40~11:00까지 20분간 진행되며, 입찰방식은 내정수익률 이하에서 낮은 수익률을 제시한 응찰자부터 발행예정액에 도달할 때까지 순차적으로 낙찰자를 결정하고, 각 낙찰자가 입찰시 제시한 수익률 중에서 가장 높은 수익률을 일률적으로 통일 적용하는 단일가격(수익률)경매방식(Dutch Auction)을 적용하고 있다. 결제는 발행당일 이루어지며 한국은행금융망(BOK-Wire)을 통해 인수자금이 입금되면 즉시 예탁결제원에 통보되어 계좌이체가 이루어짐으로써

거래가 종료된다.

국채증권의 상환은 한국은행이 원리금 지급일에 예탁결제원의 당좌예금계좌로 해당금액을 일시에 입금하면 예탁결제원은 해당 국채증권의 보유기관의 거래은행에 원리금을 입금함으로써 마무리된다. 한편 국민주택채권의 경우 만기일(또는 이자지급일)에 상환업무대행기관인 국민은행, 우리은행 및 농협으로 채권과 이표를 교환에 회부하여 원리금을 회수하게 된다.

〈표 8-2〉 국채증권의 종류별 발행규모

(단위: 2007년말현재 상장채무증권기준, 백만원)

종 류	종 목 수	상 장 잔 액	비 율 (%)
국고채권	34	225,516,270	82.03
외국환평형기금채권	2	3,000,000	1.09
국민주택1종채권	61	39,699,470	14.44
국민주택2종채권	138	4,240,656	1.54
국민주택3종채권	7	594,212	0.22
물가연동국고채권	1	1,857,030	0.68
양곡증권	0	0	0
재정증권	0	0	0
공공용지보상채권	0	0	0
국채증권합계	243	274,907,638	100

자료 : 〈표 8-1〉과 동일

2) 지방채증권

지방채증권은 지방자치법과 지방재정법, 도시철도법, 지방공기업법, 지역개발기금설치조례법 및 도시개발법 등에 의거하여 발행된다. 지방채증권을 발행하고자 할 때 지방자치단체의 장 및 지방자치단체조합의 장은 지방채증권 발행계획을 수립하여 행정안전부장관의 승인을 받은 범위 내에서 지방의회의 의결을 거쳐 지방채증권을 발행할 수 있다.[2] 한편 행정안전부 장관은 매년 지방채 발행계획을 수립하여 관계 중앙행정기관의 장과 협의한다.

2) 단 시, 군 및 자치구의 지방채증권발행계획안은 특별시장・광역시장・도지사를 거쳐 제출하여야 한다.

지방채증권의 발행절차를 구체적으로 살펴보면 먼저 지방채증권 발행계획을 포함한 지방자치단체(혹은 지방자치단체조합)의 예산안을 상위 지방자치단체와의 협의를 거쳐 행정안전부에 제출한다. 행정안전부는 다시 중앙정부의 관련부처와의 협의를 통해 동의를 얻어 결정사항을 사항을 당해 지방자치단체에 통지하여 예산수립에 필요한 절차를 진행한다. 다음으로 기획재정부는 지방채증권을 통한 조달자금의 용도에 따라 국토해양부, 지식경제부 등 행정부처와 협의한다. 이와 같은 절차를 통해 결정된 지방채증권발행계획은 지방의회의 의결을 거쳐 발행하게 된다.

이와 같이 우리나라의 경우 지방채증권발행과 관련된 지방자치단체의 의사결정이 중앙정부에 의해 엄격히 규제받고 있음을 알 수 있다. 이는 기본적으로 지방채증권의 발행이 실질적으로 중앙정부에 의해 보증을 받고 있다는 인식을 부각시키기 위한 것으로서 우리나라의 경우 지방자치단체의 독자적인 신용에 의한 지방채증권의 발행이 아직까지는 현실적으로 불가능하다는 것을 입증하고 있다.

한편, 지방채증권(도시철도채권, 지역개발공채 등)은 대부분 첨가소화방식으로 발행되며, 인・허가, 등기・등록시에 매입해야 하는 준조세적 성격을 지니고 있으므로 일반채권의 발행방법과는 다른 특징을 갖고 있다.

〈표 8-3〉 지방채증권의 종류별 발행규모

(단위: 백만원, 2007년말 현재 상장채무증권기준)

종 류	종 목 수	상 장 잔 액	비 율 (%)
공모 지방채증권	0	0	0
서울시도시철도공채	93	3,655,946	29.40
지방도시철도채권	155	1,128,362	9.07
지역개발채권	912	7,650,437	61.52
지방채증권합계	1,160	12,434,745	100.00

자료 : 〈표 8-1〉과 동일

3) 특수채증권

특수채증권은 특별한 법률(설립법)에 의하여 설립된 법인이 발행하는 채권 및 개별법률(허가법)에서 특수채증권으로 인정하는 채권을 말한다. 특별한 법률에 의하여 설립된 법인이 발행한 채권으로는 각종 공사법에 의거 발행하는 공사·공단채와 특수목적 하에서 설립된 금융기관이 발행하는 금융채(통화안정증권, 산업금융채권) 등이 있으며, 개별 법률에서 특수채증권으로 인정하는 채권으로는 은행법에 의한 은행채권, 여신전문금융업법에 의한 카드채권, 리스채권, 할부채권 등이 있다.

특별한 법률에 의거하여 발행되는 대부분의 특수채증권에 대해서는 정부가 원리금상환을 보증하고 있어, 발행 시에는 기획재정부장관의 승인을 받아야 한다. 먼저 특수채증권을 발행하고자 하는 발행법인은 당해 연도에 발행할 채권총액에 대하여 그 해가 시작되기 전에 채권발행 및 원리금상환에 대한 정부보증신청서를 기획재정부장관에게 제출한다. 다음으로 기획경제부장관은 동 신청서에 대해 국무회의 심의 및 대통령의 심의를 거쳐 국회의 동의를 얻은 다음, 정부가 채권을 보증한다는 것과 채무보증단위에 대해 발행법인에게 제출한다. 마지막으로 발행법인이 승인된 범위 내에서 연간 채권발행계획을 수립하고 기획경제부장관의 승인을 취득해 특수채증권을 발행한 후 발행실적을 기획재정부장관에게 보고함으로 특수채증권 발행은 종료된다.

〈표 8-4〉 특수채증권의 종류별 발행규모

(단위: 2007년말 현재 상장채무증권기준, 백만원)

종 류		종 목 수	상 장 잔 액	비 율 (%)
통화안정채권		98	150,340,000	33.60
금융채권	은행채권(특수은행포함)	3,257	166,596,516	37.23
	카드채권	354	11,405,550	2.55
	리스채권	65	2,415,700	0.54
	할부금융채권	309	9,603,020	2.15
	종합금융채권	8	190,000	0.04
	기타금융채권	5	90,000	0.02
	소 계	3,998	190,300,786	42.5
비금융특수채권		955	106,778,470	23.87
특수채증권합계		5,051	447,419,256	100.00

자료 : 〈표 8-1〉과 동일

금융채의 경우 과거에는 종류별로 지식재정부에서 연간 한도를 정해 연간한도 내에서 인수 모집하는 부분에 대해서만 기채조정협의회에서 매월 말일 승인여부를 결정, 월간한도 내에서 발행하였으나, 1998년부터는 자유롭게 발행할 수 있게 되었다.

각종 공사·공단의 설립법에 의거 발행하는 공사·공단채의 대부분의 경우에는 인수기관을 통한 간접발행을 통해 발행되는데 반해, 공공용지의 보상을 위해 한국토지개발공사 및 대한주택공사에서 발행하는 토지개발채권과 대한주택공사채권, 정부투자기관 및 지방공기업 등이 발행하는 용지보상채권(2007년 최초발행) 등은 매출발행(교부발행)을 통해 발행된다. 한편 한국은행이 발행하는 통화안정증권은 단일가격(수익률)경매방식(Dutch Auction)이나 창구매출방법[3]을 통해 발행된다. 금융채의 경우에는 특수은행 및 일반은행채권은 매출발행을, 은행채권, 카드채권, 할부금융채권, 신기술금융채권, 종합금융채권, 증권금융채권 등은 간접발행(총액인수방식)을 통해 각각 발행된다.

4) 사채권

상법상 주식회사가 발행할 수 있는 사채권의 총액은 최종 대차대조표에 의하여 회사에 현존하는 순재산액의 4배를 초과하지 못한다. 그러나 6개월 이내에 만기도래하는 구사채권을 상환하기 위하여 사채권을 모집하는 경우 구사채권의 발행액은 사채권의 총액에 산입하지 않는다. 한편 상장법인(코스닥시장상장법인 포함)에게는 사채권발행의 특례를 부여하여 동 법인이 전환사채권, 신주인수권부사채권 등을 발행하는 경우에는 사채권발행한도의 제한을 받지 않도록 하고 있다.

사채권의 발행절차는 크게 보증사채권과 무보증사채권의 발행절차로 나눌 수 있는데, 무보증사채권은 보증사채권과는 달리 수탁계약체결, 신용평가기관의 신용평가 등이 필요하다. 무보증사채권의 구체적인 발행절차는 다음과 같다.

① 신용평가회사의 사채권 신용등급평가

무보증사채권 발행시 반드시 2개 이상의 신용평가기관으로부터 사채권에 대한 신

3) 매수자에 대한 자격제한없이 한국은행 본·지점창구를 통해 발행된다. 주로 은행, 금융투자회사 등 금융기관이 발행물량의 대부분을 소화한다. 매출시의 발행금리는 만기의 시장수익률을 기준으로 일정률을 더하여 결정된다.

용평가를 받아야하므로 평가기간을 감안하여 미리 신용평가를 의뢰하여 한다.

② 이사회 결의

사채권을 발행하고자 하는 회사는 이사회에서 사채권의 발행에 관한 제반사항을 결의하여야 한다(상법 제469조).

③ 원리금 지급대행계약체결

사채권금액을 납입할 장소와 사채권발행 후의 이자와 원금을 지급대행할 기관을 설정하고 이를 사채권청약서 및 채권에 기재해야 한다.

④ 주관회사 및 수탁회사 선정

무보증사채권의 경우는 사채권발행에 대한 인수 및 주선업무를 수행하는 주관회사이외에 사채권납입 후부터 원리금상환시까지 사채권자를 보호하기 위하여 필요한 조치를 할 수 있는 수탁회사를 선정하여야 한다.

⑤ 총액인수 및 매출계약서, 모집위탁계약서작성

무보증사채권 발행시 총액인수 및 매출계약의 체결은 보증사채권과 거의 동일하나, 그 외에 모집위탁계약이 요구된다.

⑥ 증권신고서 작성 및 제출

모집・매출에 의해 사채권을 발행하는 경우에는 증권신고서를 작성, 금융위원회에 제출하여 법적 절차에 따라 수리를 받아야 한다.

⑦ 투자설명서의 작성 및 공시

증권신고서 제출 후 효력이 발생하면 발행회사는 투자설명서를 회사의 본・지점, 금융위원회, 청약사무취급장소에 비치, 공시하여야 한다.

⑧ 청약안내공고

대표주관회사는 증권신고서접수일로부터 청약개시일 전까지 일간신문에 사채권 발행에 관한 안내공고를 하여야 한다.

⑨ 청약관계서류의 인쇄 및 배포

사채권청약관련서류는 사채권청약서, 청약증거금 영수증, 증권신고서 및 투자설명서 등으로 청약개시일까지 대표주관회사가 주관, 인쇄하여 각 청약사무취급기관에 배포하여 일반투자자들이 열람할 수 있도록 해야 한다.

⑩ 사채의 청약 및 납입

인수기관은 청약일에 사채권청약서에 의거 청약을 접수하게 되며, 사채권의 청약이 완료되면 인수기관은 납입일에 청약금액을 지정은행에 납입해야 한다.

⑪ 상장신청

사채권발행인은 공모에 의한 경우 통상적으로 거래소에 상장신청을 한다.

⑫ 증권발행실적보고서 제출

증권신고서의 효력이 발생한 증권의 발행인은 그 발행실적에 관한 보고서를 금융위원회에 제출하여야 한다.

〈표 8-5〉 사채권의 발행절차(보증사채권 및 무보증사채권)

발행절차	보증사채권	무보증사채권	비 고
1. 사채권발행한도 CHECK	○	○	
2. 신용등급평가	×	○	· 무보증사채권:2개이상의 신용평가기관으로부터 신용등급평가
3. 이사회 결의	○	○	
4. 원리금지급대행계약체결	○	○	· 보증사채권: 별도로 보증기관과 원리금지급보증계약체결 해야함
5. 주관회사 선정	○	○	· 무보증사채권:사채권자보호를 위해 별도로 수탁회사선정해야
6. 총액인수매출계약	○	○	· 무보증사채권:총액인수매출계약 이외에 모집위탁계약이 필요
7. 증권신고서제출	○	○	· 첨부서류(총액인수계약서, 수탁계약서, 원리금지급대행계약서 등)와 함께 금융위에 제출
8. 투자설명서 제출	○	○	· 최종발행수익률 확정
9. 청약 및 납입	○	○	
10. 상장신청	○	○	· 발행, 납입 및 상장이 동시에 이루어짐
11. 증권발행실적보고서 제출	○	○	· 발행완료 후 금융위에 증권발행실적보고서 제출

주 : 효력발생은 무보증사채권의 경우 7일, 보증사채권 및 담보부사채권의 경우 5일이 소요.

5. 최근 발행시장의 동향 및 특징

1) 국채증권발행을 중심으로 한 발행규모의 확대

우리나라의 채무증권시장은 해마다 발행규모가 점진적으로 확대되어 채무증권의 총 발행규모가 지속적으로 증대되었다. 상장채무증권을 기준으로 발행채무증권의 총규모의 변화추이를 살펴보면, 1990년 말의 51.5조원에서 2005년말 722조원으로 증대됨으로써 이 기간 중 연평균 약 15.9%의 증가율을 시현하였다.

〈표 8-6〉 상장채무증권 현황

(단위 :조원, 구성비 %)

채무증권 / 연도	국공채				사채권	총 계
	국채증권	지방채증권	특수채증권	소 계		
1990	3.1	1.1	24.9	29.1(56.9)	22.0(43.1)	51.1
1995	19.5	3.2	46.8	69.5(55.2)	56.4(44.8)	125.9
1996	24.8	4.7	72.9	102.4(58.3)	73.1(41.7)	175.5
1997	31.6	6.0	100.4	138.0(61.6)	86.1(38.4)	224.1
1998	42.1	7.1	165.3	214.5(64.2)	119.4(35.8)	334.0
1999	61.7	9.2	182.4	253.3(69.5)	111.1(30.5)	364.4
2000	73.3	9.8	213.4	296.5(69.9)	127.9(30.1)	424.4
2001	82.9	9.7	269.8	362.3(71.9)	141.5(25.1)	503.8
2002	99.0	9.2	314.4	422.6(74.9)	141.3(25.1)	563.9
2003	136.9	10.2	324.0	471.1(77.6)	136.1(22.4)	607.2
2004	178.9	10.5	356.4	545.9(82.5)	115.3(17.5)	661.4
2005	223.2	11.1	380.3	614.6(85.1)	107.4(14.9)	722.0
2006	257.9	11.8	408.0	677.7(87.0)	101.2(13.0)	778.9
2007	274.9	12.4	448.8	736.1(88.6)	94.8(11.4)	830.9

주 : 1) 특수채증권에는 금융채 포함
2) ( )안은 구성비
자료 : 한국거래소

특히 외환위기 이후에는 국채증권발행의 경우 1997년 말에서 2005년말 사이에 연평균 28.3%의 증가율을 시현하는 등 그 증가세가 타 채무증권의 발행보다 두드러

졌다. 2007년말 현재 상장채무증권의 현황을 보면, 국채증권 274.9조원(33.1%), 지방채증권 12.4조원(1.5%), 특수채증권 448.8조원(54.0%), 사채권 94.8조원(11.4%)으로 각각 구성되어 있음을 알 수 있다.

2) 사채권시장의 변화–무보증사채권 중심으로의 전환과 자산유동화증권의 발행 비중 증대

사채권의 발행규모를 종류별로 살펴보면, 1990년대 중반까지는 보증사채권이 주류를 이루고 있었다. 예를 들어 1994년에 무보증사채권의 비중이 약 42.78% 정도까지 차지한 적이 있었으나, 외환위기 발생 전까지는 보증사채권중심으로 사채권이 발행되었다.

그러나 1997년의 외환위기를 계기로 보증사채권의 보증기관인 금융기관들에 대한 신뢰도가 급격히 하락함에 따라, 우량대기업을 중심으로 무보증사채권의 발행이 확산됨으로써 사채권발행시장은 보증사채권중심으로부터 무보증사채권중심으로 급속히 재편되었다. 그 결과 전체 사채권발행시장 중 무보증사채권발행이 차지하는 비중이 1997년의 14.87%에서 1999년 95.44%, 2000년 97.27%, 2005년 99.60%, 2007년 99.56%로 급증하였다(〈표 8-7〉 참조).

한편, 사채권발행과 관련한 또 하나의 특징은 자산유동화증권(ABS)의 발행비중이 증대되고 있다는 점에서 찾을 수 있다. 〈표 8-7〉에서 보는 것처럼 1999년부터 발행되기 시작한 자산유동화증권은 2000년부터 그 발행량이 급증하여 일반 사채권의 발행물량을 대체하고 있다.

이와 같이 자산유동화증권의 발행이 급증하게 된 요인은 1997년의 외환위기에 따른 부실자산의 처리, 은행 등 금융기관들의 BIS자기자본비율유지 및 유동성확보 등에서 찾을 수 있는데, 최근에는 사채권시장의 안정화와 더불어 2001년에는 39.6조원(총사채권발행량의 46.3%), 2005년에는 16.8조원(총사채권발행량의 47.8%)이 자산유동화증권으로 발행되었다.

〈표 8-7〉 사채권 종류별 발행현황

(단위 : 조원, %)

연도	보증사채권 (A)	무보증사채권				합계 (E)	D/E (%)
		일반(B)	ABS(C)	소계(D)	C/D(%)		
1996	27.4	2.5	-	2.5	-	29.9	8.36
1997	29.2	5.1	-	5.1	-	34.3	14.87
1998	17.6	38.4	-	38.4	-	56.0	68.57
1999	1.3	24.9	4.4	29.3	15.02	30.7	95.44
2000	1.6	16.1	41.0	57.1	71.80	58.7	97.27
2001	1.5	46.0	39.6	85.6	46.3	87.1	98.28
2002	0.8	47.7	29.0	76.7	37.8	77.6	98.84
2003	0.5	33.6	27.7	61.3	45.2	61.8	99.19
2004	0.2	34.0	16.2	50.2	32.3	50.4	99.60
2005	0.2	31.0	16.8	47.8	47.8	48.0	99.60
2006	0.2	26.7	13.9	40.7	34.3	40.9	99.42
2007	0.2	35.2	9.8	45.1	21.7	45.3	99.56

주 : 담보부사채권은 일반보증사채권에 포함.
자료 : 금융감독원, 「금융통계월보」, 각호.

3) 만기기간의 점진적 장기화

우리나라에서 발행되는 채무증권(채권)은 3년 이하의 만기로 발행되는 경우가 대종을 이루었다. 국채증권의 과반 이상을 차지하는 국고채권(1999년말 기준) 중 74.7%가 그리고 특수채증권의 대부분도 3년이하 만기의 채무증권(채권)이었다.

그런데 국고채권의 경우 2000년대에 들어와 5년 이상의 만기를 지닌 발행물의 비중이 점진적으로 증가하는 추세를 보이고 있다. 2001년에 약 62%에 달했던 5년물 및 10년물 국고채권 발행량은 2004년 75%까지 증가하여 만기기간의 장기화를 주도하고 있다. 뿐만 아니라 2006년부터는 만기기간이 20년인 최장기 국고채권도 발행되기 시작하였다. 이에 따라 2003년 약42%에 달했던 3년물의 발행비중은 2006년에 들어 15% 미만으로 축소되었다.

사채권의 경우도 1999년까지는 90%이상이 3년 이하의 만기기간으로 발행되었으나, 2000년대에 들어서는 4년 미만의 만기기간 발행물량이 점차 감소하여 2000년대

중반기에는 이들 물량이 차지하는 비중이 80% 내외 수준을 보이고 있다.

4) 발행채무증권의 정형화와 다양화

최근 국채증권이나 지방채증권의 경우 발행조건이 단순화 내지는 정형화되는 추세를 보이고 있다. 예를 들어 국고채권의 경우 지표채권으로서의 유동성과 거래의 연속성의 제고, 정부의 이자비용 절감, 신뢰성있는 지표금리 형성을 목적으로 일정기간내에 발행하는 채권의 만기와 표면금리 등 발행조건을 동일하게 하여 이 기간동안에 발행된 채권을 단일한 종목의 채권으로 취급하는 통합발행(fungible issue) 제도가 2000년 5월부터 도입・시행되고 있다.[4)]

이와 같은 통합발행과 국고채권의 만기기간이 장기화되면서 국고채권의 신규발행일도 특정일로 고정되게 되었다. 먼저 3년 만기물은 6월과 12월, 5년 만기물은 3월과 9월, 10년 만기물은 9월 그리고 20년 만기물은 3월에 신규발행되고, 발행일자는 각 해당월의 10일로 고정되었다.

2000년 5월 국고채권에 대해 3개월 기간으로 통합발행이 처음 실시되었으나, 2003년 1월 국채증권의 표면금리 단위개선과 이자지급 주기변경과 함께 각 채권의 통합발행기간이 6개월로 확대되어 2003년 3월 발행분부터 적용되었다. 이러한 통합발행방식은 예금보험상환기금채권 등으로 확대되고 있으며 10년 만기물은 2004년 9월 신규발행분부터 1년으로 확대되었다. 또한 2006년 1월 도입된 국고채권 20년물과 2007년 3월 도입된 물가연동국고채권 10년물도 1년의 통합발행기간이 적용되고 있다.

이와 같이 통합발행제도의 도입으로 〈표 8-8〉에서 보는 바와 같이 국고채권의 종목당 발행금액이 지속적으로 증가하고 이와 더불어 거래량도 많아져, 국고채권의 지표채권으로서의 위치가 확고해졌다. 또한 국고채권의 유동성 확대로 인해 유동성 프리미엄을 낮추어 국채증권의 발행비용을 절감하는 효과도 거둘 수 있게 되었다.

---

4) 예를 들어 2007년 6월10일에 발행된 3년만기 국고채는 2007년 7월 3일, 8월 8일, 9월 4일, 10월 9일, 11월 6일에 동일한 조건으로 통합발행되어 발행시기는 다르지만 유통시장에서는 동 일종목으로 거래되는 것이다.

〈표 8-8〉 연도별 국고채권 발행 및 거래규모

(단위 : 조원)

	1999	2000	2001	2002	2003	2004	2005	2006	2007
발행금액	18.6	15.2	21.8	19.4	44.5	55.9	62.6	60.7	48.3
거래량[1)]	186.6	213.5	409.9	361.0	619.9	1,056.9	1,062.0	927.5	887.2

주 : 1)거래량은 장내외 시장 합산한 것임(단, 장내거래량은 2002년 이후포함)
자료 : 한국거래소

한편, 이러한 발행형식의 정형화는 유통시장의 활성화에는 기여할 수 있으나, 투자자의 다양한 수요충족이라는 측면에서는 문제를 야기시킬 수도 있다. 특히 정형화된 방식으로 국고채권을 발행함에 따라 국고채권의 원리금지급방식이 이표채의 형태를 띠게 되므로 이에 투자하는 투자자는 누구나 재투자위험에 직면하게 되었다.

이와 관련하여 재투자위험을 원치 않는 장기국채증권의 투자자를 위해 2006년 3월에 원금·이자분리제도(STRIPS : Separate Trading of Registered Interest and Principal of Securities)가 도입되었다. STRIPS는 원금과 이표를 분리하여 각각의 별개의 무이표채권(zero coupon bond)으로 매매하는 제도를 말하는데, 2006년부터 발행되는 만기기간 5년 이상의 국고채권을 대상으로 하고 있다.[5)]

또한 장기채권인 국고채권 등의 고정금리이자에서 발생하는 인플레이션위험을 줄일 수 있도록 2007년 3월부터는 물가연계국고채권(Inflation Linked KTB)이 발행되기 시작하였다. 물가연계채권(Inflation Linked Bond)은 물가지수연계채권(Inflation Index-linked Bond)의 일종으로 채권의 원금과 이자가 인플레이션, 구체적으로는 물가지수에 따라 조정되는 채권을 말한다. 물가지수연계채권은 발행 시에 원리금이 명목상의 가치로 확정되는 일반채권(명목채권)과 달리 이자 또는 원금지급시점에 미리 약정된 실질가치로 지급액이 결정된다. 이와 같이 지급받는 원리금이 실질가치로 정해진다는 점에서 물가지수연계채권은 보유자(특히 장기보유자)로 하여금 물가상승으로 인한 위험을 헤지할 수 있도록 해주므로 효과적인 투자수단이 될 수 있으며, 물가상승으로 인한 위험이 제거된 채권이기 때문에 표면금리가 명목채권에

5) 예를 들어 2007년 3월10일 발행된 20년만기 국고채권은 매년 3월10일과 9월10일에 20년동안 이자를 지급하고 2027년 3월10일에 원금을 지급하는 현금흐름을 지니는데, 이 채권을 스트립하면 1개의 원금스트립(Principle STRIPS)과 40개의 이표스트립(Coupon STRIPS)등 총 41개의 개별 무이표채권을 만들어 유통시장에서 거래할 수 있게 된다.

비해 낮게 책정되어 발행단가가 낮아져 발행자의 부담이 상대적으로 적다.

특정시점의 원금 = 채권원금 × (1 + 물가지수 변동률)
특정시점의 이자 = 해당시점의 원금[=채권원금×(1 + 물가지수 변동률)] × 표면금리

제 2 절 채무증권유통시장

1. 유통시장의 의의와 기능

유통시장은 이미 발행된 채무증권이 투자자들 사이에서 거래되는 시장을 말한다. 이는 채무증권의 만기 전에 보유하고 있는 채무증권을 매도하여 현금화하고자 하는 투자자와 새롭게 채무증권에 투자하고자 하는 투자자간에 거래가 이루어지는 메커니즘을 의미한다. 주식시장에서와 같이 발행시장을 제 1 차 시장, 유통시장을 제 2 차 시장이라고도 한다.

유통시장은 투자자 상호간의 매매거래를 통해 공정한 시장가격형성을 가능하게 해주고, 또한 채무증권의 유동성을 제고시키는 기능을 수행한다. 한편 채무증권의 담보력, 향후 발행될 채무증권의 가격을 결정하는 지표로서의 역할 등 발행시장과 유기적인 관계를 유지함과 동시에 발행시장을 보완하는 기능을 수행한다.

이와 같은 기능을 원활히 수행하기 위해서는 대량의 거래량이 수반됨과 아울러 다수의 투자자들 간에 활발한 거래가 이루어져야 할 뿐만 아니라, 원활한 거래가 성립될 수 있는 매매제도가 정립되어야 할 것이다.

유통시장의 유형은 거래상대방을 찾는 방식에 따라 직접탐색시장(direct search market), 브로커시장(broker marker), 경매시장(auction market)으로, 시장조직형태에 따라 조직적시장인 거래소시장(Exchange market)과 비조직적 시장인 장외시장(OTC market : Over The Counter market)으로 각각 구분할 수 있다.

2. 유통시장의 유형

유통시장은 거래상대방을 찾는 방식에 따라 다음과 같이 구분할 수 있다.

1) 직접탐색시장(direct search market)

직접탐색시장은 투자자가 직접 매매상대방을 찾는 가장원시적인 형태의 시장으로, 개별거래자가 거래상대방을 찾아 흥정하고 협상하는데 소요되는 비용은 거래자 자신이 부담한다. 이 시장에서는 채무증권거래가 지속적으로 이루어지지 않으므로 브로커나 딜러 등이 거래촉진을 위해 서비스를 제공할 동기를 갖지 못한다.

2) 브로커시장(broker marker)

브로커시장은 투자자들이 거래상대방을 찾기 위하여 대리인 즉, 브로커에게 매매를 위임하여 간접적으로 참가하는 시장형태를 말한다. 브로커는 딜러와는 달리 자기계정의 포지션(position)을 갖지 않고 거래의 중개만을 수행함으로써 이에 대한 대가로 수수료를 받는다.

브로커는 딜러간 거래를 중개하여 주는 Inter-dealer broker와 일반투자자의 채권매매를 대리하여 주는 일반 브로커로 구분된다. 특히 Inter-dealer broker는 딜러가 시장조성기능을 수행할 때 발생될 수 있는 포지션 과부족을 해소해 주는 중개자 역할도 수행한다. 대부분의 국채증권시장에서는 시장에 유동성을 제공하기 위해 Inter-dealer broker를 조직해 운영하고 있는데, 우리나라의 경우 현재 한국채권중개(KIDB)가 활동하고 있다.

브로커시장은 유통시장이 미처 성숙하지 않은 단계에서 금융투자회사들이 딜러로서 market making을 수행할 수 없을 때 유용한 형태로, 딜러시장에 비해 효율성이 떨어진다.

3) 딜러시장(dealer market)

딜러시장은 직접고객의 거래상대방이 되어 리스크를 부담하면서 자기계정으로 채권거래를 하는 자기매매영업금융기관(혹은 영업자)에 의해 거래가 이루어지는 시장을 말한다. 딜러는 자기계정을 가지지 않고 단순히 거래를 대행(agency)하는 브로커의 상대적인 개념으로, 자기포지션을 갖고 거래를 수행하는 조직이나 사람을 말한다.

딜러시장에서는 딜러가 시장조성자(Market Maker)로서 자기계산으로 재고를 보유하면서 자신이 제시한 호가에 따라 즉각적으로 채무증권을 사거나 팔 수 있기 때문에, 거래상대방을 탐색하기 위한 시간낭비가 없어, 주문의 신속한 집행이 가능하다. 한편 딜러는 자기계정을 가지고 시장에 참여하기 때문에 브로커보다 더 큰 위험을 부담하게 된다. 따라서 딜러는 브로커보다 더 많은 수입을 보장받을 수 있어야 하는데, 딜러시장에서 딜러의 이익은 시장참가자들에게 유동성을 제공하고 채무증권보유위험을 감수하는 데에 보상으로 자기가 제시하는 매도/매수호가간의 스프레드(spread)로 실현된다.

한편 딜러시장에서는 딜러들이 리스크를 회피할 수 있는 예를 들면 Inter-dealer broker, 선물시장, REPO시장, 채권대차거래 허용 등과 같은 여러 가지의 하부구조를 구축하는 것이 일반적이다.

4) 경매시장(auction market)

경매시장은 투자자들이 단일기구를 통하여 동시에 매도/매수주문을 제출하여 경쟁적으로 거래가 이루어질 수 있도록 집중화된 시설을 제공하는 주문주도형시장을 말한다. 즉 경매시장은 하나의 매도자 또는 매수자가 자신의 주문조건을 공시한 후 일정기간 동안 다수의 매수자 또는 매도자로부터 주문을 접수한 뒤 누적된 주문을 일정한 규칙에 따라 매매를 체결시켜주는 시장이다.

경매시장에서는 모든 시장참가자들이 같은 장소에서 만나 구두 또는 통신망으로 매매의사를 전달하고 거래를 신속하게 집행함으로써 거래상대방을 탐색하는 비용을 제거하고 매도/매수 스프레드를 줄일 수 있다. 또한 모든 시장참가자들이 동등한 위치에서 거래를 하기 때문에 시장의 투명성과 공정성이 향상된다.

최근 선진국의 채무증권시장의 경우 정보통신기술의 발달에 기인하여 전산스크린에 의한 딜러간 경매시장이 채무증권시장의 주요 매매방식으로 자리를 잡아가고 있다.

3. 거래소시장

거래소시장은 거래소라는 구체적인 장소에서 상장채무증권을 대상으로 다수의 매도자와 매수자가 집단경쟁매매를 통하여 거래가 이루어지는 시장으로, 장내시장이라고도 한다.

매매거래의 대상이 되는 채무증권은 거래소에 상장된 종목으로 한정되어 있으며, 거래시간 및 거래조건 등이 규격화되어 있다.

우리나라의 거래소시장은 불특정다수의 투자자들로 이루어진 일반채무증권시장과 국채딜러들만이 참가할 수 있는 국채전문유통시장으로 구분되어 있다.

1) 일반채무증권시장

일반채무증권시장은 불특정다수의 일반투자자가 참여할 수 있는 시장으로 국채전문유통시장에서 따로 거래되는 국고채권을 제외한 상장채무증권이 거래대상이 된다. 즉 일반채무증권시장은 소매채권(호가수량 액면 50억원미만 채권), 소액국공채, 주권관련사채권(CB, BW등), 기타채권(하이브리드채권 등)등을 모두 거래하는 시장으로, 현재 소매채권, 첨가소화국공채[6] 및 주권관련사채권이 주로 거래되고 있는데, 이 중 소액국공채(당・전월물) 및 전환사채권은 장내거래가 의무화되어 있다.[7]

일반채무증권시장은 시장참가자에 대한 제한이 없고, 불특정다수의 일반투자자가 참여할 수 있는 시장으로 매매체계도 상장주권거래와 유사하다.

① 매매시간

거래소시장의 주식거래와 마찬가지로 토요일과 공휴일을 제외한 거래일의 오전 9

6) 일반국민들이 법령에 의해 의무적으로 매입해야 하는 채무증권으로 제1종 국민주택채권, 지역개발채권, 도시철도채권 등이 여기에 해당된다.

7) 국민주택채권(1종), 서울 도시철도채권, 지역개발채권, 도시철도채권 등 법령에 의해 첨가매출되는 국공채 중에서 5,000만원 이하의 매매주문은 소액국공채증권으로 간주하여, 환금성제고 및 매입자의 자금부담경감을 위해 장내시장에서 거래되고 있다. 또한 전환사채권은 가격형성을 통한 수요기반확충을 위해 발행 당일 상장이 의무화되어 거래소시장에서만 매매가 가능하다.

시부터 오후 3시까지 거래가 이루어진다.

② 시장참여자

직접참여자는 거래소의 회원사(금융투자회사 구체적으로는 투자매매업자 또는 투자중개업자)로 제한되지만, 개인, 일반법인, 거래소회원이 아닌 전문투자자, 외국인투자자 등도 회원사(금융투자회사)에게 위탁계좌를 개설하여 참여할 수 있다.

③ 호가단위 및 매매수량단위, 가격폭 제한

실제 채무증권실무에서는 호가가 수익률로 이루어지는 것이 일반적이나, 거래소시장에서는 채무증권의 매매호가가 가격호가로 이루어지고 있다. 일반채무증권의 가격호가는 지징가호가를 사용하고 있으며, 호가단위는 1원이다.

거래소에서 매매되는 채무증권의 최소매매단위는 10만원이며, 이의 정수배로 거래된다. 단, 소액채권의 경우 매매수량단위는 1,000원이다.

〈표 8-9〉 호가단위 및 매매수량단위

구 분	소매 · 소액채권	주식관련사채권	일반채무증권	외화표시채무증권
호가가격단위	1원	1원	1원	1포인트
호가수량단위	액면 1만원	액면 1만원	액면 1만원	1만포인트
매매수량단위	1,000원	10만원	10만원	1만포인트

한편 거래소시장의 주식거래와는 달리 채무증권거래의 경우 가격제한폭은 없다.

④ 매매체결 및 결제방법

매매체결은 기본적으로 전산매매에 의한 자동매매방식으로 이루어진다. 즉 동시호가 때에는 단일가격경쟁매매방식에 의해 이루어지고, 그 이후부터는 복수가격에 의한 경쟁매매방식으로 매매가 체결된다. 매매체결결과는 회원사 (금융투자회사)를 통해 투자자에게 실시간으로 통보된다.

실물의 이전 및 대금결제는 예탁결제원을 통해 당일결제방식으로 이루어진다.

⑤ 위탁수수료율

채무증권매매의 위탁수수료는 개별 금융투자회사(금융투자업자 구체적으로는 채무증권에 대하여 인가를 받는 투자중개업자)가 자율적으로 결정하게 되어 있는데, 일반적으로 매매일로부터 만기상환일까지의 잔존기간에 따라 차등화하고 있다.

⑥ 신고매매

신고매매는 채무증권의 환금성 및 유동성제고를 위해 매매거래일의 일정시간 동안 종목, 가격, 수량이 동일한 채권의 매도호가와 매수호가에 대하여 회원사(금융투자회사 구체적으로는 채무증권에 대하여 인가를 받는 투자매매업자 또는 투자중개업자)가 매매거래를 성립시키고자 신청하는 경우 거래소가 그 가격과 수량으로 매매거래를 성립시키는 것을 말한다.

신고매매를 하기 위해서는 회원사가 회원시스템을 통하여 거래소시스템에 입력하여야 하며, 거래소는 신고매매의 신청이 있는 경우 당해 호가간에 매매를 성립시키고 이와 동시에 결제가 이루어진 것으로 간주한다.

〈표 8-10〉 신고매매대상채무증권 및 신고매매시간

신고매매 대상채권	신고매매시간	비 고
전환사채권	장종료 시점부터 18시까지	
소액채권 매도대행분	장종료 시점부터 18시까지	당일 신고시장가격
소액채권 당월 · 전월발행분	장개시 시점부터 18시까지	
외국인, 외국법인 매매대상채무증권	장개시 시점부터 18시까지	
국고채전문딜러의 결제이행을 위한 환매채거래	장개시 시점부터 장종료시점까지	
국채증권금융대행기관의 국고채 전문딜러와 환매채거래	장개시 시점부터 장종료시점까지	
국고채 전문딜러의 딜러로서 역할수행을 위한 환매채거래	장개시 시점부터 장종료시점까지	

2) 국채전문유통시장(IDM : Inter-Dealer Market)

국채전문유통시장은 국채증권보유포지션 및 국채증권의 대량거래를 위해 거래소가 개설한 국채전문딜러간의 시장을 말한다. 이는 국채전문딜러가 고객을 상대로 투자매매를 집행하는 과정에서 국채증권보유포지션을 조절함과 아울러, 항시 대고객거래에 응함으로써 국채증권 시장조성기능을 원활히 수행할 수 있다.

이와 같이 국채전문유통시장에서는 국채증권보유포지션 및 시장조성의 기능을 수행하는 국채전문딜러가 대량거래를 통해 국채증권가격을 형성시키기 때문에, 지표금리 형성 및 국채증권의 유동성제고에 크게 기여하고 있다. 우리나라의 경우 1999년 3월에 국채전문유통시장이 개설되었다.

① 시장참가자

국채전문유통시장의 시장참가자는 거래소회원인 금융투자회사와 특별참가자인 금융기관으로 이루어져 있다. 현재 특별참가자의 자격을 갖춘 금융기관은 은행에 한정되는데, 다만 금융투자회사가 국채전문유통시장에서 위탁참여기관의 주문에 대한 수탁기관으로 시장에 참여할 수 있는데 반해 은행은 국채증권의 투자매매에 한하여 인가를 취득하였으므로 금융투자회사와 같이 수탁기능을 수행할 수 없다. 그리고 연금, 보험, 기금 등의 기타기관은 위탁기관으로서 국채전문유통시장에 참여할 수 있다.

한편, 이들 시장참가자를 기능별로는 국채전문딜러(PD : Primary Dealer), 일반딜러로 분류할 수 있다. 국채전문딜러는 국채증권에 대해 투자매매업을 인가받아 국채전문유통시장의 참가자격을 갖춘 금융기관으로, 발행시장에서 국채증권인수 등에 관하여 우선적인 권리를 부여받는 대신 유통시장에서 시장조성자로서 호가제시 및 매매거래의무를 수행한다. 2007년말 현재 20개의 국채증권전문딜러가 지정되어 있다.

일반딜러는 국채증권투자매매업인가 금융기관 중 국채전문딜러가 아닌 금융기관으로서 거래소회원이거나 국채증권특별참가자인 금융기관이 이에 해당된다. 일반딜러는 거래에 참가할 수 있는 자격만이 주어진다. 즉 의무호가제시 대상종목이 아닌 종목에 대해서는 호가를 제출할 수 있으나, 의무호가제시 대상종목에 대해서는 국채증권전문딜러가 제시한 호가에 대응하는 호가만을 제출하여 매매체결을 행할 수 있다.

② 거래대상종목

국채전문유통시장에서 거래되는 종목은 국고채권(외평채 포함)뿐만 아니라 통화안정증권, 예금보험기금채권도 포함되는데, 국고채권은 시장조성을 위해 특별하게 취급되는 지표종목과 비지표종목으로 구분된다. 지표종목은 풍부한 유동성을 보유하고 있어 유통시장을 통한 지표금리의 형성에 가장 적합하다고 판단되는 종목으로, 경쟁입찰을 통해 발행된 국고채권 중 만기별로 가장 최근에 발행된 종목을 말한다.

국고채권은 발행일자와 관계없이 모든 채권이 국채전문유통시장에서 거래가 가능하나, 통화안정증권과 예금보험기금채권은 거래대상에 일정한 제한이 있다. 통화안정증권과 예금보험기금채권 중 국채전문유통시장에서 거래가 가능한 것은 통화안정증권의 경우 364일과 2년만기, 예금보험기금채권의 경우 5년만기 종목 중 발행가액이 2,000억원 이상으로 만기별 최근 2개 종목으로 총 6종목에 한정된다.

③ 호가 및 매매수량단위

호가수량단위는 액면 10,000원, 호가가격단위는 1원으로 일반채무증권거래와 동일한 방식을 취하고 있으나, 매매수량단위는 10억원이다.

④ 호가의 종류

국채전문유통시장의 호가는 조성호가와 매매호가로 구분된다. 조성호가와 매매호가는 국채증권지표종목에 한해 적용되는 구분으로, 비지표종목과 통화안정증권, 예금보험기금채권의 경우에는 별도의 호가구분을 적용하지 않는다.

조성호가는 지표종목에 대하여 시장조성을 목적으로 제시하는 호가로서 이는 다시 양방향 조성호가와 일방향 조성호가로 구분된다. 양방향 조성호가는 지표종목에 대해 전문딜러가 매도 및 매수호가를 동시에 제출해야 하는 호가를 말하며, 일방향 조성호가는 국채딜러가 하는 매도 또는 매수호가 등 일반적인 호가를 의미한다. 한편 매매호가는 조성호가와의 매매거래를 목적으로 제시하는 일방향 호가를 의미한다.

〈표 8-11〉 국채전문유통시장 호가방식의 개요

구분		내용
호가일반사항		- 가격호가 방식의 지정가호가제도 - 가가격단위 : 1원 - 호가수량단위 : 액면 10,000원 - 매매수량단위 : 액면 10억의 정수배
종목별 호가구분	지표 종목	- 조성호가, 매매호가로 구분
	비지표종목	- 별도의 호가구분 없음
호가의무	전문 딜러	- 지표종목에 대한 양방향 조성호가 의무부여
	일반 딜러	- 별도의 호가의무 없음
위탁참가자의 호가제한		- 일방향 조성호가와 매매호가로 한정

이와 같은 호가구분에서 유의할 점은 거래주체별로 가능한 호가가 다르다는 것이다. 지표종목에 대한 양방향 조성호가는 국고채전문딜러에게만 부여되는 권한과 의무이며, 일방향 조성호가와 매매호가의 제출은 국채딜러 및 위탁참가자 모두 가능하다. 즉 일반딜러는 지표종목에 대한 양방향 조성호가의 제출은 불가능하나 일방향 조성호가나 매매호가는 가능하다. 한편 양방향 조성호가를 제출한 전문딜러는 필요한 경우 호가의 효력을 일시적으로 정지할 수 있다.

매도 또는 매수 어느 일방의 호가라는 점에서는 지표종목에 대한 매매호가와 일방향 조성호가가 유사한 면이 있으나, 일방향 조성호가는 미체결호가라도 호가효력이 유지되는 반면 매매호가는 조성호가와의 매매거래목적으로 제시하는 호가로서 매매호가 제출 후 즉시 매매거래가 체결되지 못한 경우 소멸된다는 점에서 차이가 있다.

〈표 8-12〉 종목별 호가구분과 시장참가자별 호가적용

종목 구분	호가 구분	국고전문딜러	일반국채딜러	위 탁 자
지표 종목	양방향조성호가	가능(의무)	불 가	
	일방향조성호가	가 능		
	매매호가	가 능		
비지표종목	일반호가	가 능		

⑤ 매매체결

매매체결은 기본적으로 인터넷주문환경을 기반으로 KTS(Korea Trading System for government securities)에 의한 완전자동매매체결방식에 의해 이루어지고, 09시부터 15시까지 가격 및 시간우선원칙에 따라 복수가격에 의한 개별경쟁매매방식에 의해 체결이 이루어진다. 이와 같이 국채전문유통시장은 일반채무증권시장과는 달리 동시호가제도와 장종료시 단일가매매제도, 신고매매제도 등이 존재하지 않는다.

⑥ 매매확인 및 결제

다자간 차감결제 및 집중결제방식에 의해 이루어진다. 대금결제는 한국은행금융망(BOK-Wire)자금이체방식에 의해, 국채증권결제는 예탁결제원 예탁자계좌간 대체방식에 의해 각각 이루어진다. 결제는 익일결제제도를 채택하고 있는데, 만약 결

제일이 지준일 마감일 경우에는 결제일의 다음 영업일을 결제일로 한다.

3) 소매채권시장

소매채권시장은 효율적인 거래소 채무증권매매시스템 활용 및 유동성공급자제도인 소매전문딜러제도 도입을 골자로, 개인 및 일반법인 투자자들이 호가수량 50억원 미만인 소규모채권(액면 1,000원의 정수배)을 손쉽고 간편하게 매매할 수 있도록 2007년에 개설되었다.

① 소매전문딜러제도

소매전문딜러란 소매딜러(채무증권에 대하여 투자매매업의 인가를 받은 거래소회원)중 거래소가 시장조성실적을 평가하여 지정한 자로서, 거래소의 지정에 의해 시장조성의무를 수행한다.

소매전문딜러는 채권종류별로 1종목 이상에 대해 일중 매매가능시간의 2/3이상(정규시장의 매매거래시간이 6시간임을 감안하면 4시간 이상)의 시간동안 양방의 조성호가를 제출하여야 한다. 또한 채권종류에 관계없이 5종목 이상에 대해 양방의 조성호가의 경우와 동일한 시간동안 매도 및 매수 각각에 대해 일방의 조성호가를 제출하여야 한다.

② 거래대상채권

소매채권시장의 거래대상채권은 기본적으로 호가수량이 액면 50억원 미만의 모든 채권이지만, 아래에 열거한 채권과 같이 이미 시장이 형성되어 유동성이 충분한 채권 또는 신용위험이 크거나 발행조건이 특이하여 개인 및 일반법인이 투자하기 곤란한 채권은 제외된다.

〈소매채권시장에서의 거래대상 제외채권〉

- 주권관련사채권, 소액국공채(호가수량 5,000만원초과 포함)
- 투자부적격등급(BBB미만)사채권(보증 및 담보부사채 제외)
- 외화표시채권, 변동금리부채권, 옵션부채권

양방의 조성호가에 의한 시장조성대상채권의 종류에는 국채증권, 통화안정증권, 금융채증권, 기타특수채증권 및 사채권이 있으며,[8] 일방의 조성호가의 경우에는 시장조성대상채권의 종류에 특별한 대상이 없다. 따라서 거래대상채권이 곧 시장조성대상채권임을 알 수 있다.

③ 매매체결방법 등

소매채권시장의 매매거래는 복수가격에 의한 개별경쟁매매방법에 의해 체결된다. 호가접수시간은 08:00~15:00이고, 매매거래시간은 09:00~15:00이다. 매매거래시간 이전의 호가접수시간(08:00~09:00)동안에는 매도·매수별 총 호가수량만을 공표하고, 매매거래시간(09:00~15:00)동안에는 매도·매수별 최우선호가의 가격을 포함하는 연속 5개의 우선호가의 가격, 그 가격의 호가수량 및 총 호가수량을 공표한다.

호가수량단위는 액면 1,000원, 호가가격단위는 1원이다. 소매전문딜러에 의해 제시되는 호가스프레드는 0.2%포인트(사채권은 0.4%포인트)이내이며, 조성호가의 호가수량은 각 종목당 10억원이상 30억원미만이다.

결제는 일반채무증권시장과 같이 당일결제만을 허용하고, 그 밖의 매매계약체결방법은 일반채무증권시장의 매매체결방법을 준용한다.

4. 장외시장

장외시장은 거래소이외의 장소에서 비상장채무증권을 포함한 전 종목을 대상으로 투자자간에 개별적인 상대매매에 의해 거래가 이루어지는 시장을 말한다.

채무증권은 주식과는 달리 성격상 개인투자자에 의해 소화되기가 어렵기 때문에, 주로 금융기관이나 법인 등 전문투자자(기관투자자)간의 대량매매가 이루어지고, 개별경쟁매매보다는 상대매매에 의해, 그리고 투자매매의 형태로 거래가 이루어진다. 따라서 채무증권은 거래소를 통한 장내매매보다는 장외거래로 매매하는 경우가 많다.

---

8) 이중 금융채증권은 산업금융채권, 중소기업금융채권, 수출입금융채권, 은행채권, 카드채권, 리스채권, 할부금융채권, 신기술금융채권, 종합금융채권을 말하며, 기타특수채증권은 통화안정증권 및 금융채증권을 제외한 특수채증권으로서 공사·공단채권이 대부분이다.

채무증권의 장외시장은 금융투자회사(구체적으로는 채무증권에 대하여 인가를 받은 투자중개업자)를 통한 대고객 상대매매와 딜러간 중개회사(IDB : Inter-Dealer Broker)들을 통해 이루어지는 딜러간 매매로 구분할 수 있다.

1) 금융투자회사를 통한 대고객 상대매매

채무증권거래의 상당부분은 금융투자회사를 중개기관으로 하여 장외에서 이루어진다. 이는 채무증권의 종목이 다양하고 거래조건이 표준화되어 있지 않아 조직적인 거래소시장의 자동매매시스템을 통해서는 원활한 거래가 곤란하기 때문이다.

① 거래대상채무증권

거래대상채무증권은 상장 및 비상장채무증권 모두가 포함된다. 단, 관계법령에 의한 첨가소화채권(매매일기준으로 당월 및 전월에 발행된 국민주택채권1종, 서울도시철도채권, 지역개발공채 및 지방도시채권 등), 소액국공채(5,000만원 이하)의 경우는 원칙적으로 거래소를 통해 매매하도록 되어 있고, 전환사채권의 경우는 거래소에서의 거래가 의무화되어 있다.

② 매매장소 및 매매시간

거래특성상 매매장소와 매매시간의 제한은 없으나, 대개의 경우 금융투자회사의 영업점에서 금융투자회사의 영업시간 내에서 매매가 이루어진다.

③ 호가 및 가격제한폭

일단 수익률로 호가한 후, 액면 10,000원당 수익률로 환산한 가격으로 계산한다. 한편 가격제한폭은 없다.

④ 매매수량단위

매매수량단위에 대한 제한은 없다.

⑤ 결제방법

결제는 매도자와 매수자가 협의하여 매매계약을 체결한 날 익일부터 30영업일 이내에 할 수 있는데, 보편적으로 익일결제가 이루어지고 있다. 다만, 환매조건부채권매매, 개인 및 일반법인을 대상으로 한 액면가액 50억원 미만의 채권거래인 소매채권매매 및 MMF편입채권매매의 경우는 매매계약을 체결한 날에 결제(당일결제)하기도 한다.

수도결제방법은 채무증권의 계좌대체와 결제대금의 수취를 분리하여 처리하는 결제방식과 증권과 대금의 결제를 동시에 하는 채무증권동시결제도(DVP: Delivery Versus Payment)가 있는데, 현재는 채무증권과 대금을 동시에 결제(DVP결제)하는 것을 원칙으로 하고 있다. 즉 채무증권은 예탁결제원의 SAFE시스템을 통하여 예탁결제원이 작성·비치하는 예탁자계좌부상의 계좌간 대체로 처리하고, 대금은 한국은행 금융망(BOK-Wire)이나 은행의 당좌계정을 통하여 이체된다.

⑥ 위탁수수료율

위탁자간의 매도 및 매수를 직접 연결시켜 주는 중개매매시에는 수수료가 부과되기도 하나, 대개의 경우 금융투자회사의 상품을 통한 투자매매형식을 띠고 있기 때문에 장외거래의 경우 일반적으로 수수료가 부과되지 않는다.

2) 딜러간 중개회사(IDB : Inter-Dealer Broker)를 통한 딜러간 중개매매

이는 2000년 2월 딜러간 장외채무증권중개를 전문적으로 취급하는 매매중개기관인 딜러간 중개회사의 설립이 허용됨으로써 시작되었다.

딜러간 중개회사(IDB : Inter-Dealer Broker)는 스스로 채무증권상품을 보유하지 않고 딜러(은행, 금융투자회사 등 채무증권투자매매기관)간의 매매중개만을 전문적으로 수행한다.[9] 딜러간중개회사의 중개대상이 되는 채무증권은 장외거래대상 채무증권들이며, 컴퓨터스크린이나 유선을 통해 매매중개과정과 시장호가가 공표된다.

---

9) 현재 딜러간 중개회사(IDB : Inter-Dealer Broker)는 2000년 6월 영업을 개시한 한국자금중개회사(KMB : Korea Money Broker)와 8월에 영업을 개시한 케이아이디비채권중개회사(KIDB : Korea Inter-Dealer Broker)가 있다.

〈표 8-13〉 유통시장의 특징비교

구 분	거래소시장(장내거래)		장외시장(장외거래)	
	일반채무증권시장 (소매채권시장포함)	국채전문 유통시장	대고객상대매매	IDB를 통한 딜러간 중개매매
거래참가기관	거래소회원	국채전문딜러, 일반딜러	제한 없음	채무증권 투자매매업자
거래중개기관	거래소	거래소	금융투자회사	딜러간 중개회사 (IDB)
거래대상	상장채무증권	국고채권등	상장 및 비상장채무증권	
매매방식	경쟁매매		상대매매	
매매시간	09:00~15:00		제한은 없으나, 통상 08:30~15:30	
결제방식	당일결제	익일결제	익일결제, 당일결제	당일결제
호가방식	원칙상 가격호가이나 수익률을 병기		수익률호가가 원칙이며 가격을 병기	
최소매매단위	소액국공채, 소매채권 액면1,000원 기타채무증권 액면10만원	액면10억원	제한 없음	

5. 거래절차

1) 계좌개설

일반투자자가 금융투자회사(구체적으로는 채무증권에 대하여 인가를 받은 투자중개업자)를 통해 채무증권에 투자하고자 하는 경우에는 신규로 계좌를 개설하거나, 기존계좌를 이용할 수 있다.

다만, 매매일 현재 전월 및 해당월에 발행한 첨가소화채권을 매도할 경우에는 일반적으로 매도주문 대행업무 전용 소액채권 공동계좌를 이용할 수 있으므로 신규로 계좌를 개설하지 않아도 된다.

이외에 금융투자회사가 매매수익률 호가를 제시하여 정해진 고객별 한도 내에서 금융투자회사가 반드시 응해야 하는 기타 소액채권의 거래의 경우에는 금융투자회사의 소액채권 전용공동계좌를 이용할 수 있다.

2) 주문

일반적으로 투자자는 금융투자회사의 투자매매수익률과 체크단말기에서 제공하는 채무증권별 호가 및 수익률, 기타 채무증권관련 정보를 확인한 후, 매매하고자 하는 채무증권의 종목, 수량, 매매단가를 결정하여 채무증권매매 주문표에 기재하고 이를 금융투자회사에 제출한다.

3) 결제

거래소의 일반채무증권시장을 통해 매매할 경우에는 당일결제가 이루어지며, 장외거래의 경우도 일반법인이나 개인투자자가 50억 미만의 소액거래를 할 경우에는 당일결제가 가능하다.

4) 수수료 및 거래세

거래소를 통한 장내거래의 경우에는 금융투자회사가 잔존기간별로 정한 수수료를 지불해야 하나, 장외거래의 경우에는 일반적으로 수수료가 없다.

채무증권거래는 주식거래와는 달리 채무증권을 매도할 경우에도 증권거래세가 부과되지 않는다.

6. 최근 유통시장의 동향 및 특징

1) 장외거래 중심의 거래

우리나라의 채무증권거래는 1970년대 중반까지만 해도 거래소시장을 중심으로 이루어졌으나 1970년대 후반부터는 장외시장이 발달하여, 장외거래 중심으로 전환되었다. 예를 들어 장외거래가 시작된 1977년에는 장내거래와 장외거래의 구성비가 62.4 : 37.6이었던 것이 2000년에는 98% 이상이 장외에서 거래되었다(〈표 8-14〉 참조).

〈표 8-14〉 채무증권시장별 거래현황

(단위 : 조원, %)

연 도	거래시장별		B/A+B (%)
	장내(A)	장외(B)	
1995	1.4	221.6	99.4
1996	1.4	237.1	99.5
1997	4.0	278.9	98.6
1998	15.5	828.1	98.2
1999	293.6	1,889.5	86.5
2000	27.2	2,115.5	98.7
2001	14.2	2,910.2	99.5
2002	47.2	2,339.9	97.9
2003	214.9	2,611.1	92.4
2004	384.1	3,139.3	89.1
2005	362.8	3,629.6	90.9
2006	294.6	3,837.3	92.9
2007	356.7	2,552.8	87.4

자료 : 금융감독원, 「금융통계월보」 각호.

한편, 2002년 10월부터 시행된 국채지표종목의 장내거래 의무화조치 이후에는 국고채권을 중심으로 한 주요 국공채의 장내거래규모가 점진적으로 증가하는 추세를 보이고 있다. 이에 따라 2004년부터는 장내거래의 비중이 약10%대 수준으로 증가하였다.

2) 사채권거래비중의 급격한 감소

앞에서 언급한 것처럼 최근 유통시장의 동향과 관련한 특징 중의 하나는 총 채무증권거래 중 사채권거래가 차지하는 비중이 급격히 감소함으로써 유통시장이 국공채증권거래 중심으로 전환되고 있는 양상을 보이고 있다는 점이다.

예를 들어 1998년까지는 총 채무증권거래의 약 55% 이상을 사채권이 점유하였으나, 1999년에 그 비율이 25.7%로 감소하는 등 급격히 감소하여 2004년부터는 5%의 점유율조차도 유지하지 못하고 있다.

〈표 8-15〉 채무증권종류별 거래현황

(단위 : 조원, %)

연 도	채무증권종류별		A/A+B(%)
	사채권(A)	기타(B)	
1995	123.4	99.6	55.3
1996	145.0	93.4	60.8
1997	163.4	119.6	57.8
1998	460.4	383.2	54.6
1999	561.3	1,621.8	25.7
2000	312.6	1,830.1	14.6
2001	249.3	2,675.1	8.52
2002	218.5	2,168.6	9.15
2003	168.0	2,685.0	5.95
2004	149.6	3,373.8	4.25
2005	156.1	3,836.2	3.91
2006	168.4	3,963.5	4.08
2007	56.6	2,853.0	1.95

자료 : 〈표 8-14〉와 동일

3) 기관투자자(전문투자자) 중심의 시장

채무증권거래에서 절대적인 비중을 점유하고 있는 것은 기관투자자(전문투자자)들이다. 개인투자자의 경우 전체 거래량의 10%미만에 머물고 있다.

기관투자자(전문투자자)의 경우 1997년의 외환위기 이후 국공채를 중심으로 거래가 이루어짐에 따라 국공채증권의 거래비중이 높은데, 다만 은행의 고유계정은 BIS 자기자본관리차원에서 국고채권을 위주로 한 국채증권거래의 비중이 상대적으로 높은 반면에 은행신탁과 금융투자회사(종전의 자산운용회사)는 상대적으로 사채권과 특수채증권의 비중이 높은 편이다.

4) 국채증권의 지표수익률로서의 중요성 증대

1997년의 외환위기 이전에는 3년만기 사채권의 유통시장 만기수익률이 금융시장의 실세금리를 대표하는 지표수익률로 인식되었다.

그러나 사채권 발행량의 상대적 감소 및 국채증권, 특히 국고채권의 발행량 및 유통시장에서의 거래비중 증대는 국고채권이 시장수익률을 대표하는 시장실세금리로 자리잡게 하였다. 이에 따라 현재는 거래량이 가장 많은 국고채권의 유통시장 만기수익률을 지표수익률로 간주하고 있다.

5) 새로운 채무증권관련 제도 및 금융투자상품의 도입

채무증권시장의 구조개선과 관련하여 각종 제도 및 채무증권관련 금융투자상품이 도입되었다. 기관투자자의 자산운용의 원활화를 꾀하기 위해 Repo거래제도와 채권의 대차거래제도가 활성화되었으며, 채무증권의 수요기반확충과 시장조성기능을 확대하기 위해 전문딜러제도가 도입되었다. 또한 국채증권 현물시장을 기초로 국채선물과 국채선물옵션과 같은 채무증권관련 파생상품도 도입되었다.

① Repo제도 및 채권대차제도

Repo거래는 특정한 증권을 매매한 뒤 일정기간 후 매매당시의 가격에다 소정의 이자를 더한 가격으로 되사거나 되팔 것을 약정한 매매당사자간의 계약의 의거한 거래를 말하는데, 환매조건부 채권매매(Repurchase Agreement)라고도 한다. Repo매매는 채권이외에 주권 및 부동산 등도 매매거래대상이 될 수 있으나, 전통적으로 Repo거래라고 할 경우에는 채권을 담보로 단기자금을 거래하는 것을 말한다.

Repo거래는 거래주체에 따라 개인 및 일반법인을 대상으로 하는 대고객 Repo와 금융기관 상호간에 이루어지는 금융기관간 Repo 등으로 구분할 수 있는데, 이 중 대고객 Repo는 형식상으로는 채권거래의 형태를 취하고 있으나 일반투자자들에게는 채권을 담보로 한 저축의 성격을 띠고 있다. 반면에 금융기관간 Repo는 자금운용의 대상으로 뿐만 아니라 상대적으로 저렴한 비용으로 채권을 조달하는 것을 가능하게 해준다.

이와 같이 Repo는 채권을 매개로 거래를 행하기 때문에 채무증권시장의 수급에 영향을 줄 뿐만 아니라, Rep시장과 채무증권시장간의 차익거래의 기회를 제공하여 채무증권가격이 보다 합리적으로 형성되는데 기여한다. 또한 Repo거래는 자금의 원활한 수급조절을 통하여 단기금융시장의 자금흐름을 원활히 하는데 기여할 뿐만 아니라 수익성이 높으나 유동성이 낮은 채권을 유동화시키는 데에도 기여한다. 이외에도 Repo거래는 선물·옵션, 스왑 등과 연계된 다양한 운용전략을 가능하게 하는 기능을 수행한다. Repo는 거래소뿐만 아니라 장외시장을 통해서도 가능하다.

채권의 대차거래는 채권의 보유기관이 투자전략을 위하여 채권을 필요로 하는 기관에게 채권을 빌려주고 일정기간 후에 상환받는 거래를 말한다. 이러한 채권의 대차거래를 행할 시, 채권의 대여자는 대여수수료를 취득함과 더불어 대여기간 동안의 보관비용을 절감할 수 있고, 차입자는 다양한 포트폴리오전략의 수행이나 결제부족분을 충당할 수 있다. 채권의 대차거래는 금융투자회사, 예탁결제원 및 증권금융회사를 통하여 행해지고 있다.

이와 같이 Repo거래나 대차거래를 통한 채권조달기능은 채권의 원활한 공매도를 가능하게 해 줌으로써 채권선물시장, 스왑시장 및 단기금융시장 등과 연계된 다양한 채무증권운용전략을 가능하게 해준다. 다만, 대차거래에 수반되는 비용은 대여수수료인 데 비해 Repo거래의 비용은 매도·매수가격의 차이로 시현된다. 또한 채권대차거래는 일반적으로 차입자에게 특정 증권이 대여되는 대신 다른 증권이 담보로 제공되기 때문에 일정기간 동안의 채권과 자금의 교환성격이 강한 Repo와는 차이가 있다.

② 전문 투자매매업자

전문투자매매업자(채무증권전문딜러)는 장외시장에서 시장조성종목에 대하여 매도 및 매수의 수익률을 제시하는 방법으로 채무증권에 대한 시장조성을 추구하는 금융투자회사, 은행 등의 금융기관을 말하는데, 2000년 6월부터 도입되었다.

전문딜러는 7종목(사채권 1종목 및 금융채권 1종목포함)이상의 채무증권에 대해 거래가능한 날의 2/3 이상(일중 거래가능한 시간의 2/3이상)기간동안 매도 및 매수수익률호가를 금융투자협회에 제시하여 시장조성을 한다. 또한 호가를 제시한 채권에 대해 당일 제시한 매도 및 매수수익률 호가범위 이내의 호가로 고객의 매매주문에 응하여야 한다. 최소 호가수량단위는 10억원이며, 2007년 10월기준으로 금융투자회사 13사와 은행 7사가 전문딜러로 활동 중이다.

③ 채무증권관련 파생상품의 도입

국채증권현물을 기초로 1999년 9월에 3년 국채증권선물이, 2003년 8월에 5년 국채증권선물이 각각 도입되었고, 2002년 5월에는 3년 국채증권 선물옵션이 도입되었다. 이와 같이 국채증권관련 선물 및 선물옵션이 도입됨으로써 헌물채무증권시장과 파생상품시장간의 연계성이 한층 증대되고 있다.

제 3 절 채무증권시장관련 제도

1. 상장제도

1) 상장의 의의

채무증권의 상장은 발행된 채무증권이 거래소가 개설한 유가증권시장에서 거래될 수 있는 자격을 부여하는 것을 의미한다. 현재 국내에서 발행된 거의 모든 공모채권과 일부의 사모채권이 유가증권시장에 상장되어 있다.

이와 같이 대부분의 채무증권이 상장되어 있는 것은 ① 채무증권상장법인의 기업내용 및 당해 채무증권발행정보는 거래소를 통해 투자에 공시되므로 비상장법인에 비하여 대외공신력이 제고되는 효과를 얻을 수 있고, ② 채무증권관련규정에 의하여 집합투자상품에 편입할 수 있는 채무증권이 상장채무증권으로 제한되어 있으며, ③ 또한 상장채무증권이 대용증권으로서 각종 보증금이나 공탁금 및 선물·옵션증거금을 납부할 때 현금에 갈음할 수 있기 때문이다.

2) 상장심사요건

국채증권, 지방채증권 및 특수채증권(증권신고서를 제출하는 특수채증권은 제외)은 상장심사를 면제하고 사채권의 상장은 발행기관 및 발행액의 규모, 분산여부 등 일정한 상장심사기준을 정하고 있다(〈표 8-16〉 참조).

〈표 8-16〉 채무증권의 신규상장요건

구 분	내 용
자본금	- 5억원 이상(보증사채권, 담보부사채권, 자산유동화채권은 제외)
공 모	- 모집 또는 매출방식에 의해 발행되었을 것.
발행총액	- 3억원 이상(보증사채권, 담보부사채권은 5,000만원 이상)
미상환액면총액	- 3억원 이상(보증사채권, 담보부사채권은 5,000만원 이상)
통일규격채무증권	- 증권취급규정에 의한 통일규격채무증권
발행권종	- 전환사채권일 경우 단일권종일 것
등록채무증권	- 전환사채권일 경우 공사채등록법에 의한 등록채무증권일 것

자료 : 거래소

3) 채무증권의 종류별 상장절차

① 국채증권의 상장

국채증권은 국채증권 상장의뢰서를 제출받아 상장심사없이 상장된다. 현재 발행되고 있는 국채증권 중 국고채권 및 물가연동국고채권은 한국은행이 상장신청업무를 대행하고 있는데, 인터넷을 통해 입찰일에 상장신청하여 매출일(입찰일 익일)에 상장되고 있다. 한편 제1종 및 제2종 국민주택채권은 일괄상장채무증권으로, 국민은행으로부터 매년 말 다음연도 월별 발행예정채권에 대해 일괄상장신청을 받아 거래소가 매월초일에 신청받은 월간발행예정물량을 상장하고, 당월발행이 확정된 후 발행금액을 통보받아 상장금액을 수정한다.

② 지방채증권의 상장

지방채증권은 국채증권과 같이 공익성을 감안하여 상장심사가 면제되고 있다.

지방채증권 중 지역개발채권 및 도시철도채권은 일괄상장채권으로 제1종 및 제2종 국민주택채권과 동일한 방식으로 상장되고 있으며, 모집발행채권은 사채권과 유사한 방식으로 상장되고 있다.

③ 특수채증권의 상장

통화안정증권의 경우에는 국고채권과 유사한 방식으로 매출일 또는 입찰일에 상장신청하고 발행일 또는 매출일 익일에 상장이 이루어지고 있으며, 산업금융채권,

토지개발채권은 지방채증권인 도시철도채권과 같이 일괄상장채무증권으로 상장되고 있다.

증권신고서 제출이 면제된 공사·공단에서 발행하는 채권은 금융투자회사 등을 통해 간접발행하고 있으며, 발행기관의 상장신청의 편의를 위해 월중발행한 채권을 취합하여 익월 10일까지 상장신청하게 하고 있다.

특수채증권 중 신매출채권(월중 매출된 채권을 취합하여 특정일에 발행하는 채권, 즉 매출일은 상이하나 발행일은 동일한 채권)인 중금채 등 일부 은행채권은 월중매출된 채권에 대해 익월 10일까지 매출내역을 통보받아 매출일별로 종목명을 달리부여(발행일은 동일)하여 상장처리하고 있다.

카드채권, 리스채권, 할부금융채권, 신기술금융채권 및 종합금융채권 등은 2001년 7월부터 증권신고서제출이 의무화됨에 따라 1년이내의 기간을 정하여 동 기간내의 채권발행계획에 관한 일괄신고서를 금융위원회에 제출하고 동 기간내에서 채권을 발행할 때마다 일괄신고추가서류를 제출하고 있으며, 일괄신고추가서류 제출후 상장신청을 하고 있다.

④ 사채권상장

사채권상장은 발행회사의 상장신청 및 거래소의 상장심사를 통해 이루어진다. 상장신청서제출은 금융위원회에서 증권신고서가 수리된 후에 하여야 한다.

4) 상장신청

채무증권의 상장신청은 인터넷을 통해 이루어지고 있다. 신청인은 인터넷으로 거래소 채무증권상장시스템에 접속하여 발행조건 등을 입력하고 첨부서류를 파일업로드 및 FAX로 제출하고, 신청결과를 인터넷으로 확인할 수 있다.

2. 장외거래수익률 및 장외호가정보 등 공시제도

채무증권의 장외거래에 대하여 금융투자업협회(이하 협회라고 칭함)는 채무증권 장외거래정보에 대한 접근성을 제고하기 위하여 장외거래 매매정보를 바탕으로 각종 채무증권의 대표수익률과 최종호가수익률을 발표하고 있으며, 장외시장의 투명

성 및 유동성을 제고하기 위하여 실시간으로 호가정보를 공시하고 있다.[10)]

1) 장외거래수익률 공시

대표수익률은 장외시장을 대표하는 표준물로 선정된 채무증권에 대하여 금융투자회사 등이 고객과 거래한 수익률을 거래대금으로 가중평균하여 산출한 수익률을 말하는데, 금융투자회사 등과 딜러간 중개회사(IDB: : Inter-Dealer Broker)는 장외시장에서 고객과 채무증권을 거래한 경우에 당해채무증권거래와 관련된 건별매매 · 중개거래내역을 계약체결시점으로부터 15분이내에 협회에 보고해야 한다.

협회는 보고받은 장외거래 대표수익률 및 종류별 · 잔존기간별 가중평균수익률의 채권거래관련 정보를 공시한다(〈표 8-17〉 참조).

최종호가수익률은 장외시장을 대표하는 표준물로 선정된 채무증권에 대하여 협회가 별도로 지정한 금융투자회사 등의 최종거래수익률 또는 호가수익률 중에서 산술평균하여 발표하는 수익률을 말한다. 즉 최종호가수익률은 수익률보고시점의 표준물에 대한 수익률평균을 나나내는 지표로 보고시점의 시장분위기를 나타내는 수익률이라고 할 수 있다. 따라서 최종호가수익률은 각종 채무증권의 가격평가의 기준으로 사용됨은 물론, 채무증권발행시의 발행금리를 결정하는 기준수익률로서 이용되고 있다.

협회는 최종호가수익률의 발표와 관련하여 수익률보고대상 금융투자회사 등 선정기준 및 수익률발표방법 등을 매 6월마다 지정하고 있는데, 지정된 수익률보고대상 금융회사 등은 해당채무증권에 대하여 11시 30분과 15시 30분 현재의 수익률을 보고한다. 협회는 이와 같이 금융투자회사 등이 보고한 채무증권종류별 수익률 중에서 상하 각 2개(통화안정증권(364일물)은 상하 각 3개, 양도성정기예금증서 및 기업어음은 상하 각 1개)의 수익률을 제외하고 산술평균(소수점이하 셋째자리에서 반올림)하여 최종호가수익률을 산정하고 12시와 16시에 발표한다.

---

10) 금융투자협회는 대표수익률 및 최종호가수익률 등 장외거래수익률을 정보센터를, 호가정보 등 장외호가정보를 장외호가집중시스템을 통하여 공시하고 있다.

〈표 8-17〉 장외거래 대표수익률 공시대상채무증권

구분	종류명	잔존기간
국채증권	제1종 국민주택채권(5년)	4년 6월~5년 1월
	국고채권(3년)	2년 6월~3년
	국고채권(5년)	4년 6월~5년
	국고채권(10년)	9년~10년
	국고채권(20년)	18년~20년
지방채 증권	지역개발공채증권(5년)	4년 6월~5년 1월
특수채 증권	토지개발채권(3년)	2년 6월~3년 1월
	한국전력공사채권(3년)	2년 9월~3년
	통화안정증권(91일)	85일~91일
	통화안정증권(364일)	10월~1년
	통화안정증권(2년)	1년9월~2년
금융채증권	산업금융채권(1년)	10월~1년1월
사채권	사채권(무보증3년)	2년 9월~3년

자료 : 증권선물거래소(현재의 한국거래소), 「채권시장 해설」, 2008년

2) 장외호가정보 등의 공시

호가정보는 채무증권의 장외거래 또는 장외거래중개를 위하여 제출하는 종목명, 수량 및 수익률 등 매도 또는 매수의 의사표시와 관련된 일체의 정보를 말하는데, 협회는 장외시장에서 거래되는 모든 채무증권에 대한 호가정보를 메신저를 통해 실시간으로 보고받고 이를 공시하고 있다. 호가정보 등의 보고와 관련하여 보고대상 채권의 범위는 장외시장에서 거래되는 호가수량 50억원 이상의 모든 채무증권을 대상으로 하고 있다.

금융투자회사 등과 딜러간 중개회사(IDB)는 채무증권의 장외거래 또는 장외거래 중개를 함에 있어 호가정보 및 이에 따른 매매·중개거래내역을 지체없이 협회에 보고하고 협회는 보고받은 호가정보를 공시한다. 또한 금융투자회사 등과 딜러간 중개회사(IDB)는 호가정보를 3년 이상기록·유지해야 하고 협회의 확인요청이 있는 경우에는 이에 응하여야 한다. 한편 금융투자회사 등과 딜러간중개회사(IDB)는 최종호가수익률 보고와 같이 보고책임자를 사전에 협회에 신고해야 한다.

3. 등록 및 예탁제도

1) 등록제도

채무증권등록제도는 채무증권의 소유자 또는 이해관계자가 채무증권실물을 보유하지 않고 등록기관에 비치된 등록부에 채권자의 성명, 주소, 채권금액 등 권리내역을 등록함으로써 채권자로서의 권리가 확보되고 해당 채무증권의 발행자와 기타 제3자에게 대항할 수 있도록 한 제도를 의미한다.

전세계적으로 증권의 무권화 추세에 따라 우리나라도 대부분의 경우 채무증권실물의 발행없이 등록발행을 행하고 있다. 왜냐하면 발행자 측면에서는 발행비용 절감 및 원리금지급시의 실물확인절차생략 등의 업무처리 간편화를 추구할 수 있고, 채권자 측면에서는 실물보관에 따른 위험부담해소, 보관비용의 절감효과 등을 꾀할 수 있기 때문이다.

채무증권등록제도는 국채법에 의한 국채등록제도와 공사채등록법에 의한 공사채등록제도로 구분할 수 있다. 공사채등록법상 등록대상채무증권은 지방자치단체가 발행하는 채권, 특별법의 규정에 의하여 법인이 발행하는 채권(특수채무증권, 금융채증권), 사채권 및 외국정부, 외국공공단체 또는 외국법인이 발행한 채무증권으로서 기획재정부장관이 지정한 것 등으로 국내에서 발행되는 채무증권 중 국채증권을 제외한 모든 채권이 해당되며, 채무증권의 발행조건 및 모집방법 등에 상관없이 채무증권등록이 가능하다. 지방채증권 중 지역개발채권은 1998년 1월 발행분부터 100% 등록발행되고 있으며, 국채증권의 경우 2004년 4월1일부로 국민주택1종채권이 등록발행으로 전환됨에 따라 모든 국채증권이 등록발행되고 있다.

2) 예탁제도

채무증권예탁제도는 채무증권의 보관 및 관리를 위하여 예탁결제원이 예탁자와 위임 계약하여 채무증권을 예탁받아, 예탁자의 권리행사를 예탁계좌부에 의해 처리하는 제도를 말한다.

이 제도는 예탁계좌부를 통해 예탁자의 권리를 규정하는 한편, 동 계좌부를 통해 채무증권에 대한 권리를 이전함으로써 채무증권의 유통을 원활하게 하는 기능을 수행한다. 투자자 입장에서는 채무증권매매에 따른 채무증권 및 자금결제를 실물이동 없이 계좌간 대체로 처리할 수 있어 편리하고, 발행주체의 입장에서는 원리금지급을 예탁결제원의 예탁자 계좌를 통해 수행할 수 있으므로 사무절차 간소화를 추구할 수 있다.

4. 시가평가제도

채무증권에 대한 시가평가는 채무증권의 가치를 시장에서 인지할 수 있는 적절한 가격으로 평가하는 것을 의미한다.

채무증권에 대한 시가평가는 대부분 만기수익률을 이용하여 계산하며, 보통 다음과 같은 절차를 통하여 행해진다. 먼저 채무증권시장에서 거래의 표준이 되는 국채증권과 같은 지표종목을 기준으로 하여 평가대상채무증권의 특성에 따라 만기수익률의 스프레드(spread)를 결정한다.[11] 그리고 지표종목의 만기수익률에 개별채무증권의 특성에 따라 결정된 스프레드를 더해 대상채무증권의 만기수익률을 구하고, 이를 가격으로 환산하여 대상채무증권의 가격을 결정한다.

우리나라의 경우 거래소에서 일정기간동안 실질적으로 시세가 형성되는 상장채무증권은 거래소의 시가를, 실질적으로 시세가 형성되지 않은 상장채무증권 및 비상장채무증권은 금융투자협회가 발표하는 시가평가 기준수익률 혹은 채무증권 평가회사가 제공한 가격정보를 평가기준으로 삼고,[12] 이를 바탕으로 각 해당금융기관이 채무증권평가위원회를 설치하여 평가대상채무증권의 시장가치를 산정하고 있다.

우리나라의 경우 채무증권에 대한 시가평가제도는 2000년 7월부터 전면적으로 시행하고 있다. 이와 같이 이전의 장부가평가제도[13]에서 시가평가제도로 전환하게 된

11) 이때 평가대상채무증권의 특성으로는 만기, 신용도, 유동성, 표면금리 등이 있다.

12) 현재 KIS채권평가, 한국채권평가 및 NICE채권평가가 채무증권평가업무를 담당하고 있다.

13) 장부가 평가방식은 채무증권의 취득가격에 해당 채무증권의 취득만기수익률로 시간경과에 따라 발생하는 경과이자를 더하는 채무증권의 방식으로 채무증권의 가치를 평가하는 방식이다.

것은 무엇보다도 채무증권가격변동에 따른 매매유인을 제공하고, 아울러 채무증권시장의 국제적 정합성을 제고시키고자 하는 데에 그 목적이 있다고 볼 수 있다.

제4절 신종증권

1. 자산유동화증권

1) 자산유동화증권의 의의와 기능

자산유동화증권(ABS : asset backed securities)은 기본적으로 자산을 유동화하여 발행한 증권을 말한다. 일반적으로 자산의 유동화라 함은 비유동성 자산을 유동성이 있는 증권으로 전환하여 이를 매각함으로써 현금화하는 모든 행위를 의미하는데, 이러한 관점에서 자산유동화증권은 유동화의 대상인 각종 채권 및 부동산, 증권 등의 자산에서 발생하는 집합화된 현금을 기초로 원리금을 상환하는 증권으로 정의할 수 있다.

자산유동화증권(ABS)는 증권의 법적 성격 및 기초자산에 따라 별도의 명칭을 부친다. 예를 들어 자산유동화증권(ABS)의 법적 성격이 사채권인 경우에는 ABS사채권, CP인 경우에는 ABCP(asset-backed commercial paper), 출자증권인 경우에는 ABS출자증권, 수익증권인 경우에는 ABS수익증권이라고 하고, 자산유동화증권(ABS)의 기초사산이 주택서당재권인 경우에는 MBS(mortgage-backed securities), 채권(bond)인 경우에는 CBO(collateralized bond obligations), 금융기관의 대출채권(債權)인 경우에는 CLO(collateralized loan obligations), 신용카드대출인 경우에는 CARD(certificates of amortizing revolving debts), 자동화할부대출인 경우에는 auto-loan ABS라고 한다.

자산유동화의 가장 중요한 기능은 자산보유자(originator)의 재무상태를 개선할 수 있다는 것이다. 금융기관의 경우 보유하고 있는 위험자산을 매각하여 현금화함으로써 BIS자기자본 비율을 제고할 수 있으며, 기업의 경우에는 자산유동화증권(ABS)을 발행함으로써 부채비율을 높이지 않고 자금을 조달할 수 있다.

자산유동화의 또 하나의 기능은 자금조달비용을 경감시킬 수 있다는 점이다. 즉 신용도가 낮은 자산보유자가 우량한 기초자산을 이용하여 신용등급이 높은 자산유동화증권(ABS)을 발행하게 되면 자산보유자의 신용등급보다 유리한 조건으로 자금을 조달할 수 있다.

한편 투자자의 입장에서 보면 자산유동화증권(ABS)은 투자가치가 높은 투자대상이다. 왜냐하면 자산유동화증권(ABS)은 신용평가회사의 엄밀한 평가와 신용보강을 거쳐 발행되므로 상대적으로 안전하면서도 일반 사채권보다 수익률이 다소 높기 때문이다.

그러나 자산유동화는 기초자산으로부터 발생하는 현금흐름의 불확실성(리스크)이 동 자산을 매각한 이후에도 계속 자산보유자에게 영향을 줄 수 있다. 예를 들어 선・후순위 채권으로 나뉘어 발행되는 자산유동화증권(ABS) 중에서 후순위채를 자산보유자가 인수하는 경우에는 매각한 기초자산의 리스크는 사실상 그대로 남아 있게 된다.

2) 자산유동화증권의 발행구조

① 기본구조

자산유동화증권(ABS)은 [그림 8-2]에서와 같은 과정을 거쳐서 발행된다. 먼저 자산보유자(originator)가 기초자산을 모아(pooling), 이를 SPV(Special Purpose Vehicle) 혹은 SPC(Special Purpose Company) 등의 유동화전문회사에게 양도한다. 유동화전문회사는 양도받은 기초자산을 담보로 발행한 자산유동화증권(ABS)을 일반투자자에게 매각하고 매각대금을 자산보유자(originator)에게 자산양도의 대가로 지급한다.

[그림 8-2] 자산유동화증권(ABS)의 발행구조

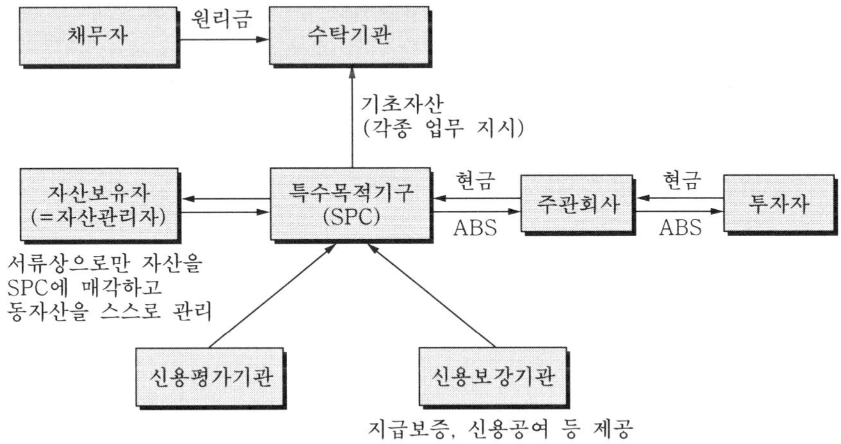

〈표 8-18〉 자산유동화증권(ABS)의 발행절차

순서	관련기관	주 요 내 용	소요(처리)기간
①	기업, 수탁회사 신용평가회사등	-유동화자산 실사, 유동화구조설계, 유동화 증권 발행조건 결정 등	1~2월
②	SPC	-금융위원회에 자산유동화계획등록신청서 제출 *신청서 기재내용에 허위·위법사항이 포함된 경우 금융위원회는 자산유동화계획의 등록을 거부할 수 있음	10영업일
③	기 업	-SPC에 유동화자산 양도	
④	기 업	-금융위원회에 자산양도등록신청서 제출	즉 시
⑤	SPC	-금융위원회에 증권(ABS)신고서 제출	5 일

주 : 자산유동화계획등록서, 자산양도등록신청서, 증권(ABS)신고서는 모두 전자로 공시됨. 이중 자산양도등록신청서는 법원의 부동산등기부와 유사한 역할을 담당함.
자료 : 방영민, 『금융』, 법문사, 2006년, p.65.

② 주요참여자

이와 같은 자산유동화증권(ABS)의 발행에는 자산보유자(originator), 유동화전문회사(SPC 혹은 SPV), 자산관리자, 수탁기관, 신용평가기관 등이 참여하게 된다.

자산보유자(originator)는 유동화대상 자산을 보유하고 있는 자로서, 자신이 보유하고 있는 기초자산을 유동화전문회사(SPC 혹은 SPV)에 양도하여 유동화전문회사로 하여금 자산유동화증권을 발행하게 하고 이 자산유동화증권의 매각대금을 양도한 기초자산에 대한 대가로 받음으로써 자금을 조달하는 주체이다. 각종 금융기관, 자산관리공사, 토지공사, 주택공사, 기업구조조정 투자회사 등이 이에 해당된다.

유동화전문회사(SPC 혹은 SPV)는 자산유동화증권의 발행 및 판매를 수행하기 위해 설립된 특별목적의 회사로서 자산유동화증권의 기초자산만으로 구성된 서류상의 회사(paper company)이다. 유동화전문회사는 자산유동화증권을 발행할 때마다 설립되는 데, 이는 유동화전문회사를 자산보유자와 법적으로 별도 법인화함으로써 자산보유자가 부실화되더라도 유동화전문회사가 피해를 보지 않게 하기위해서이며, 또한 자산유동화증권의 기초자산도 안전하게 보호될 수 있기 때문이다.

자산관리자(servicer)는 서류상의 회사인 유동화전문회사(SPC 혹은 SPV)를 대신하여 기초자산을 실질적으로 관리해 주는 관리자이다. 자산관리자는 유동화전문회사를 대신하여 기초자산에 대한 채권의 추심 또는 채무자관리 등을 담당한다. 우리나라의 경우 자산보유자, 신용정보업자 등이 자산보유자가 될 수 있는데, 일반적으로 기초자산의 내용을 잘 파악하고 있는 자산보유자가 자산관리자가 된다.

수탁기관(trustee)은 기초자산을 안전하게 보관하는 한편, 자산유동화증권(ABS)의 원리금상환실무 및 채무불이행시 담보권행사 등 유동화전문회사(SPC 혹은 SPV)를 대신하여 세부적인 실무업무를 총괄한다. 수탁기관은 자산유동화증권(ABS)과 관련한 현금흐름을 관리하는 동시에 투자자의 이익을 최종적으로 보호해 주는 역할을 담당하기 때문에 주로 신인도가 높은 은행이 수탁기관이 된다. '자산유동화에 관한 법률'에서 수탁기관을 의무화하고 있지는 않으나 수탁기관을 선정하는 것이 일반적이다.

신용평가기관은 기초자산의 기대손실 및 신용보강기관의 신용도를 객관적으로 평가하여 자산유동화증권(ABS)의 신용등급을 일반투자자가 이해할 수 있는 신용등급체계로 표시하여 자산유동화증권(ABS)이 시장에서 원활하게 거래될 수 있도록 하는 역할을 수행한다.

신용보강기관은 자산유동화증권(ABS)의 안전성을 향상시키기 위해 일정한도 내에서 자산유동화증권(ABS)에 대해 지급보증을 하거나 신용을 공급하는 역할을 수행한다.

주관회사는 발행절차상 관련이 있는 기관들 간의 의견을 조율하기도 하고, 자체 영업망을 이용하여 투자자를 탐색한 다음, 자산유동화증권(ABS)의 신용등급, 만기 및 발행물량을 수요에 맞게 조절하기도 한다.

이외에 자산유동화증권(ABS)발행에 따른 법률문제, 기초자산 및 자산유동화증권(ABS)의 평가문제 등과 관련하여 법률회사, 회계법인 등이 참여하고 있다.

③ 신용보강

자산유동화증권(ABS)은 주로 기초자산의 신용에 따라 원리금지급이 영향을 받기 때문에 이에 대비한 신용보강이 요구된다. 자산유동화증권의 원리금지불불이행에 대한 신용보강으로는 외부적인 신용보강방식과 내부적 신용보강방식이 있다

〈표 8-19〉 자산유동화증권(ABS)발행을 위한 내부신용보강방식

신용보강방식	내 용
선·후순위구조화 (subordination)	-원리금보장에 대한 순위를 정하여 각각 다른 신용등급으로 발행
현금흐름차액적립 (excess spread)	-ABS에 대한 이자지급액이 기초자산으로부터 발생하는 수입보다 다소 작도록 설계하여 그 차액을 유동화전문회사(SPC)의 적립금 계정에 계속 누적시킴으로써 유사시 현금상환능력을 보강하는데 이용토록 함
초 과 담 보 (over-collateralisation)	-유동화전문회사(SPC)가 양도받은 자산의 가치가 자산유동화를 통한 예상조달금액을 상회하도록 함으로써 일부 기초자산이 부실화되더라도 원래의 현금흐름을 유지할 수 있도록 함
환 매 요 구 권 (put-back option)	-기초자산의 신용등급 저하 등 원리금상환이 의문시되는 상황이 발생하면 자산보유자가 ABS를 재매입하도록 의무화
자 체 보 증 (originator's guarantee)	-자산보유자가 ABS의 원리금지급을 자체신용으로 보증

외부신용보강(external credit enhancement)방식은 은행 또는 신용보증기관의 지급보증이나 은행의 신용공급 등과 같이 제3자의 지급능력에 의존하여 해당 자산유동화증권(ABS)의 신용등급을 높이는 것을 말한다. 따라서 지급을 보증한 기관의 신용도가 신용보강장치의 신뢰성에 직접적으로 영향을 미친다.

내부신용보강(internal credit enhancement)방식은 자산유동화증권(ABS)을 설계할 때부터 위험요소가 경감될 수 있도록 원리금의 지급조건을 조정하거나 자산보유자가 스스로 보증하는 것을 말한다. 이의 전형적인 방법으로는 자산유동화증권

(ABS)을 선·후순위 구조화(subordination)하는 것을 들 수 있다. 여기서 선·후순위 구조화는 자산유동화증권(ABS)발행에 있어서 원리금지급우선순위가 다른 두 종류이상의 증권을 발행하는 것을 말하는데, 선순위채는 기초자산에서 나오는 현금흐름이 부족할 경우 후순위채보다 원리금을 우선적으로 지급받게 된다. 한편, 후순위채는 일반적으로 정크본드시장에서 소화시키거나 자산보유자가 직접인수하게 된다. 후순위채비율이 높을수록 선순위채의 신용보강정도가 높아지는네 기초자산으로부터 선순위채와 후순위채를 어떤 비율로 발행할 것인가는 기초자산의 부도율 및 부도시 손실률 등에 따라 달라진다.

이외에도 현금흐름 차액적립, 초과담보 등이 내부신용보강방식으로 이용된다. 그런데 실제로 자산유동화증권(ABS)을 발행할 때에는 원리금보장을 확실히 하기 위해 한 가지 방법이 아니라 여러 가지의 신용보강방식을 중복으로 사용하고 있다.

2) 자산유동화증권의 종류

① CBO(collateralized bond obligations)

이는 채권(bond)을 기초자산으로 발행되는 ABS를 의미하는데, 신규발행채권을 기초로 하는 primary CBO(발행시장CBO)와 기발행된 채권을 기초로 하는 secondary CBO(유통시장CBO)로 크게 구분된다.

primary CBO는 채권시장에서 신용도가 낮아 사채권을 직접 발행하기 어려운 기업의 사채권 차환발행 또는 신규발행을 지원하기 위해 도입되었는데, 대략적인 발행구조는 다음과 같다.

다수의 기업이 차환 또는 신규발행하는 사채권을 금융투자회사가 총액사모방식으로 인수하여 이를 유동화전문회사(SPC)에 양도하면 SPC가 신용보강 후 primary CBO를 발행하여 투자자에게 매각함으로써 인수자금을 조달하게 된다. 이때 primary CBO의 신용보강은 주로 수탁기관의 신용공급에 의해 이루어지며 신용보증기금 등이 이 신용공급에 대해 지급보증을 하게 된다([그림 8-3] 참조).

secondary CBO는 우리니라의 경우 대우그룹사태이후 주로 자산운용회사(현재의 금융투자회사)가 부실채권을 기초로 자금을 조달하기 위해 발행되어 왔다. 대략적인 발행구조를 보면, 금융기관이 보유하고 있는 기발행 채권을 SPC에게 매각하고 이에

SPC는 신용을 보강한 다음 CBO를 발행하여 투자자에게 매각함으로써 자금을 조달한다. 이때 신용보강은 수탁기관의 신용공급과 선·후순위구조로 이루어진다.

[그림 8-3] primary CBO의 기본구조

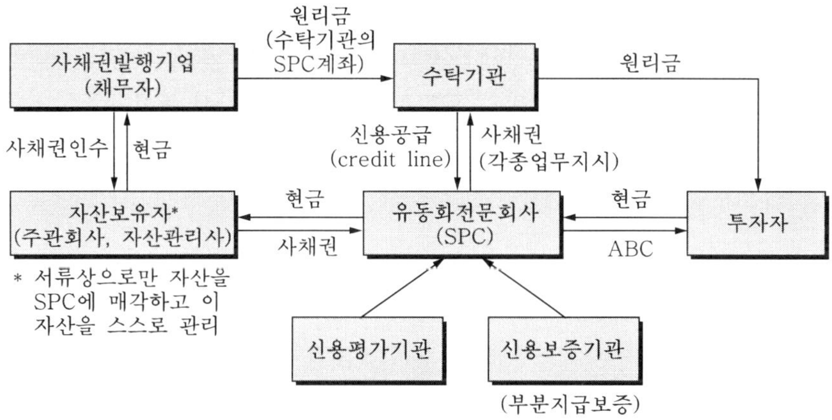

② CLO(collateralized loan obligations)

CLO는 금융기관의 대출채권(債權)을 기초자산으로 발행되는 ABS를 말하는데, 무수익대출채권(NPL: non-performing loan)등을 포함하는 기존대출채권을 유동화하는 CLO와 신규 대출채권을 기초자산으로 하는 primary CLO(발행시장 CLO)로 구분된다. 우리나라의 경우 대부분 무수익채권을 기초로 CLO가 발행되는데, 이처럼 무수익대출채권을 기초로 하는 CLO를 NPL ABS이라고도 한다.

NPL ABS는 1997년의 외환위기 이후 급증한 부실채권을 처분하여 금융기관의 재무건전성을 높이기 위해 발행되었는데, 금융기관은 부실채권을 SPC에 양도함으로써 직접 유동화하거나 한국자산관리공사에 매각한다. NPL ABS는 무수익대출채권이 현금흐름이 없으므로 담보의 처분, 채권추심 등을 통해 얻어질 수 있는 현금흐름을 기초로 발행되는데, 신용보강은 수탁은행의 신용공급과 선·후순위구조로 이루어진다. 한국자산관리공사가 발행하는 NPL ABS의 경우에는 채권은행에 대한 환매요구권이 신용보강으로 이용된다.

primary CLO는 신용도가 취약한 기업에 대한 은행대출을 지원하기 위해 활용되고 있는데, primary CLO는 은행이 다수의 기업에 대한 신규대출채권을 SPC에게 매각하고 이를 기초로 CLO를 발행하여 자금을 조달하는 구조로 되어 있다. 신용보강은 주로 수탁은행의 신용공급에 의해 이루어지며 신용보등기금 등이 신용공급에 대해 지급을 보증한다.

③ CARD(certificates of amortizing revolving debts)

CARD는 현재 발생한 특정계좌의 신용카드매출채권과 장래 특정시점까지 발생할 신용매출채권을 기초로 발행되는 ABS이다.

이와 같은 CARD는 특정계좌로부터의 현금흐름을 자산보유자의 몫과 투자자의 몫으로 구분하여 자산보유자의 몫을 일종의 내부 신용보강장치로 활용하기 때문에 투자의 몫을 기초로 ABS가 발행된다는 데에서 그 특징을 찾을 수 있다.

CARD의 원금은 재투자기간이 끝난 후 일정기간 분할되어 상환되거나 일정기간 동안 누적되어 만기에 한꺼번에 상환된다. 한편 CARD의 신용보강은 선·후순위구조, 하자담보책임 및 조기상환구조 등에 의해 이루어진다.

④ ABCP(asset-backed commercial paper)

ABCP는 CP의 형태로 발행되는 ABS를 의미하는데, 우리나라에서는 ABS/ABCP 구조가 주로 활용되고 있다.14)

ABS/ABCP는 다른 ABS와 같이 SPC가 기초자산을 근거로 ABS를 발행하지만, 자산유동화기간에 상응하는 장기ABS를 1회 발행하는 대신에 단기ABS사채권을 발행한 후 만기도래시 ABCP를 발행하여 ABS사채권을 상환하고 자산유동화기간 동안에 계속해서 ABCP를 차환발행하는 구조를 취하고 있다.

이와 같은 구조를 가진 ABS/ABCP는 장·단기금리차에 따른 자금조달비용의 절감, 기초자산에서 발행하는 여유자금의 재투자위험축소 등을 추구할 수 있는 것이 가능하다.

⑤ 주택저당증권(MBS : mortgage-backed securities)

MBS는 주택의 구입 또는 건축에 소요되는 대출자금에 대한 채권으로서 당해 주택에 설정된 저당권에 의해 담보된 대출채권인 주택저당채권(mortgage)을 기초로

14) ABCP는 ABS사채의 발행없이 CP의 형태로만 발행될 수 있다.

발행된 ABS를 말한다. 다시 말하면 이는 주택저당채권유동화를 위해 발행되는 채권으로, SPC 등의 유동화전문회사가 은행 등 주택금융기관의 저당채권을 유동화하기 위해[15] 이들 기관으로부터 주택저당채권을 매입하고 이를 담보로 발행하는 채권을 의미한다.

[그림 8-4] MBS의 발행구조

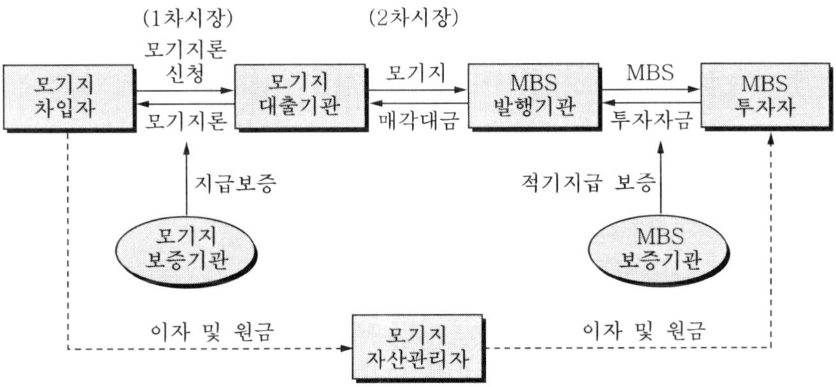

[그림 8-4]에서 보는 것처럼 MBS시장은 1차시장, 2차시장 및 자본시장으로 구성되는데, 1차시장은 모기지 차입자와 상업은행 등 모기지 대출기관 사이에 모기지론(mortgage loan)이 이루어지는 시장이고, 2차 시장은 모기지 대출기관이 보유하고 있는 주택저당채권을 유동화(증권화)하는 시장이며, 자본시장은 유동화된 MBS가 기관투자자들에게 매각되고 유통되는 시장을 말한다.

우리나라의 MBS유동화구조를 살펴보면 다음과 같다. 먼저 주택자금수요자에게 주택을 담보로 주택구입자금을 대출해 준 은행, 보험회사 등 금융기관들은 모기지론(mortgage loan)을 한국주택금융공사에 양도한다. 다음으로 한국주택금융공사는 금융기관으로부터 양도받은 주택저당채권을 기초자산으로 하여 주택저당채권을 발행하고, 이를 자본시장을 통해 투자자에게 판매한다.

MBS는 주택저당채권을 기초자산으로 하여 ABS를 발행한다는 측면에서는 일반

15) 여기서 저당채권의 유동화는 금융기관이 대출자금을 조기에 회수하기 위하여 보유하고 있는 다수의 저당채권을 모아 이를 기초로 증권을 발행하여 투자자에게 분산, 매각하는 것을 말한다.

ABS와 유사하지만 조기상환위험을 갖는다는 점에서는 커다란 차이가 있다.[16] 이와 같은 조기상환은 차입자가 모기지계약을 이행하지 못하여 담보주택이 매각이 되는 경우, 차입자가 전직, 타주택 구입 등으로 주택을 매각하는 경우, 차입자가 재차입비용을 고려한 후에도 금리가 계약금리 이하로 재차입을 하는 경우 등에 발행한다.

1차 시장에서 발행하는 모기지론의 조기상환위험은 MBS의 형태에 따라 발행기관 또는 투자자에게 전가된다. 주택저당채권(MBB: mortgage-backed bond)은 유동화전문회사가 MBS을 기초자산으로 발행하는 채권으로 발행자가 조기상환위험을 부담하는데 반해, pass-through는 소액의 모기지를 풀(pool)로 하여 이 풀에 대해 지분권을 나타내는 수익증권을 발행한 것으로 조기상환되는 원리금이 모두 투자자에게 이전되기 때문에 투자자가 조기상환위험을 진다. CMO(collateralized mortgage obligation)는 MBB와 pass-through의 성격을 혼합한 형태로 볼 수 있다. 즉 MBS발행자체가 주택저당채권의 소유권을 유지하면서 채권을 발행한다는 측면에서는 MBB과 유사하고 동일한 풀(pool)내에서 다양한 종류의 채권을 발행한다는 측면에서는 수익증권과 유사하다. 그러나 CMO는 동일한 풀(pool)내에서 다양한 종류의 채권발행을 발행한다는 측면에서는 단일채권을 발행하는 MBB와 구분되고, 다양한 종류의 채권발행으로 수요자간에 현금흐름에 차별을 두어 조기상환을 어느 정도 회피할 수 있다는 측면에서는 pass-through와 구분된다.

우리나라의 경우 ABS법과 별도로 주택저당채권유동화회사법(이하 MBS법)을 제정하여 주택저당증권(수익증권) 또는 주택저당채권담보부채권(MBB)을 지속적으로 발행할 수 있는 주택저당채권유동화 전문기관을 설치할 수 있도록 하였다. 현재 한국주택금융공사가 주택저당채권을 가진 금융기관으로부터 채권을 양도받아 자신의 신탁계정에 신탁하고 신용을 보강한 다음 주택저당채권을 발행하고 있다. 이 때 신용보강에는 선·후순위구조와 함께 한국주택금융공사에 의한 지급보증이 이용되고 있다.

16) 여기서 조기상환위험은 모기지 차입자가 추가적인 수수료의 납부없이 잔존 대출원금을 만기일이전에 상환함으로써 ABS발행자 또는 투자자의 현금흐름에 불확실성이 발행하는 위험을 말한다.

〈표 8-20〉 MBS의 형태별 특징

구 분	MBB	pass-through	CMO
증권의 유형	부채증권	지분증권	부채증권
계층의 수	단 일	단 일	복 수
원금의 이체여부	없 음	직접이체	순위별 이체
조기상환위험부담주체	발행자	투자자	투 자 자
만기의 확실성 여부	확 실	불확실	불 확 실
초 과 담 보	있 음	없 음	있 음
조기 상환 가능 여부	가 능	clen - up1)	clen - up1)
부외 처리 여부	불 가	가 능	가 능

주 : 1) 원금의 일정비율 이하로 잔액이 남았을 경우 자산관리자나 발행자가 남은 현금에 대해 콜(call)을 행사할 수 있는 권리

자료 : 한국은행, 「우리나라의 금융시장」, 2007년, p.234.

3) 자산유동화증권의 동향

1998년 9월 ABS법이 제정된 이후 최근까지의 발행현황을 살펴보면 〈표 8-21〉과 같다.

〈표 8-21〉 ABS발행 및 상환

(단위 : 10억원)

	2001	2002	2003	2004	2005	2005. 상	2006. 상
ABS발행(A)	50,934	39,828	39,882	26,976	28,607	14,255	10,913
(공모 ABS)	40,347	29,536	28,064	19,206	21,201	10,511	8,216
ABS 상환(B)	15,060	28,378	30,934	32,293	26,237	14,479	9,110
ABS 순발행(A-B)	35,874	11,450	8,948	-5,317	2,370	-224	1,803
공모 사채권[1)]	87,195	77,522	61,756	50,379	48,103	25,604	19,860

주 : 1) ABS 포함 발행금액

자료 : FnGguide(ABS 상환), 금융감독원

1999~2000년 중에는 외환위기 이후의 금융기관 및 기업의 구조조정과 관련하여 금융기관의 BIS자기자본비율유지, 재무구조개선, 부실채권정리 등을 위해 ABS가 적극적으로 활용되었다. 특히 이때 한국자산관리공사도 공적자금의 조기회수를 위해 금융기관으로 매입한 부실채권을 담보로 한 ABS를 적극적으로 발행하였다.

2001년에는 신용카드이용제고에 따라 카드매출채권 및 카드론을 기초로 발행한

신용카드ABS발행이 급증함에 따라 ABS발행금액이 50조 9,340억원에 이르기까지 하였다. 그러나 2002년에는 금융기관 및 기업의 구조조정이 마무리됨으로서 금융회사의 부실대출채권(NPL)정리를 위한 ABS발행이 크게 감소하여 ABS발행이 39조 8,280억원 수준으로 감소하였다. 한편 2003년에는 신용카드회사에 대한 재무건전성 규제강화 및 카드사용 실적감소 등의 요인에 기인하여 여신전문금융회사의 ABS가 크게 감소한 반면, 은행이 보유한 부실채권 및 회사채를 이용한 ABS는 증가하여 전년수준을 유지하였다.

2004년에는 주택저당채권을 기초로 한 MBS발행이 본격화되었고 프로젝트 화이낸싱(PF : project financing) 및 SOC 관련 ABS의 발행이 증가하였으나, 여신전문금융회사의 ABS발행이 지속적으로 감소함으로써 전체 ABS의 발행규모는 26조 9,760억원으로 감소하였다. 한편 2005년에는 부동산개발 PF ABS의 발행증가로 발행규모가 전년에 비해 소폭 증가하였다. 2006년 상반기에는 부동산개발 PF ABS의 발행이 증가한 반면에 여신전문금융회사 및 한국주택공사의 발행이 감소하여 전년도 상반기에 비해 발행규모가 감소하였다.

ABS의 발행형태를 살펴보면 2006년 상반기의 경우, 회사채형태가 가장 큰 비중(84.2%)을 차지하고 있으며, 그 다음으로 수익증권형태가 MBS발행에 따라 15.2%를 점하고 있고, 기타형태는 0.6%로 미미한 수준에 머무르고 있다(〈표 8-22〉 참조).

〈표 8-22〉 형태별 ABS발행

(단위 : 10억원, %)

	2001	2002	2003	2004	2005	2005. 상	2006. 상
채 권	49,584 (97.3)	38,664 (97.1)	39,307 (98.6)	23,595 (87.5)	23,891 (83.5)	11,985 (84.1)	9,183 (84.2)
수익증권	838 (1.7)	952 (2.4)	326 (0.8)	3,016 (11.2)	4,378 (15.3)	2,192 (15.4)	1,658 (15.2)
출자증권 등	514 (1.0)	212 (0.5)	249 (0.6)	365 (1.3)	338 (1.2)	78 (0.5)	72 (0.6)
합 계	50,934 (100.0)	39,828 (100.0)	39,882 (100.0)	26,976 (100.0)	28,607 (100.0)	14,255 (100.0)	10,913 (100.0)

주 : 1) ABS 포함 발행금액
자료 : FnGguide(ABS 상환), 금융감독원

2. 옵션부 사채권

1) 옵션부 사채권(bond with inbedded option)의 의의

옵션부 사채권은 발행회사 또는 투자자의 의사에 따라 채권의 일부 또는 전부를 만기일이전에 사채권 발행시 정해진 조건으로 상환할 수 있는 조건이 첨부된 채권을 말한다. 즉 사채권 발행시 일정한 조건이 충족되면, 만기전이라도 투자자에게 매도청구(call option), 투자자는 발행회사에게 상환청구(put option)를 할 수 있는 권리가 부여된 채권을 말한다.

이는 투자자에게는 금리변동 혹은 경영실적 악화 등 위험에 대한 대처를 가능하게 해주며, 발행회사에게는 장기적으로 저리의 자금조달을 가능하게 해준다.

2) 옵션부사채권의 종류

① 콜옵션부사채권(callable bond)

콜옵션부사채권(callable bond)은 수의상환채권(隨意償還債券)이라고도 하는데, 발행회사가 일정기간 경과후 일정한 상환가격으로 채권만기일 이전에 채권소지자의 의사와 관계없이 상환을 청구할 수 있는 권리가 부여된 채권을 말한다.

콜옵션부사채권의 발행회사는 콜행사가격(일반적으로 권면가격보다 높은 가격)으로 채권을 중도할 수 있는 권리를 갖게 되므로 채권발행후 이자율하락시(채권가격이 상승할 경우), 채권의 시장가격이 아닌 발행시점에 정해진 콜옵션가격으로 채권을 중노상환할 수 있다.

채권에 콜옵션을 부여하는 것은 채권의 가격상승을 제한하는 요소로써 투자자측면에서는 불이익으로 작용한다. 다시 말하면, 다른 조건이 일정하다면 콜옵션부사채권의 가격은 일반사채권보다 콜옵션의 가치만큼 낮은 수준에서 형성된다. 이와 같이 콜옵션부사채권은 투자자보다는 발행회사에게 유리한 조건으로 발행되기 때문에 일반적으로 일반채권의 수익률보다 높은 수익률로 발행된다.

② 풋옵션부사채권(put bond)

풋옵션부사채권(put bond)은 투자자가 일정기간 경과 후 일정한 가격으로 만기일이전에 발행회사에게 다시 팔 수 있는 권리가 부여된 채권을 말한다.

향후 수익률의 상승이 예상될 경우 투자자는 가능한 한 투자시점을 연기함으로써 매입단가를 낮추려고 할 것이다. 이때 투자자는 실제로 수익률이 상승하지 않으면 기회손실을 입게 되며, 현재의 수익률수준에서 채권을 매입하면 금리상승시 자본손실을 입게 된다. 이와 같은 위험부담을 투자자가 회피할 수 있는 수단의 하나가 풋옵션이 첨부된 사채권을 매입하는 것이다. 즉 채권매입 후 시장수익률이 상승하여 자본손실이 발생되면 투자자는 발행회사에 대하여 풋옵션을 행사함으로서 손실을 최소화하거나 또는 이익을 향유하게 된다는 것이다.

투자자가 풋옵션부사채권(put bond)을 매입하는 것은 일반사채권과 풋옵션의 포트폴리오를 매입한 것으로 볼 수 있으므로 투자자는 자신이 매입한 풋옵션의 가치를 평가하여 이를 일반사채의 가치에 더하여 산출한 금액을 지급하는 것과 같다.

3) 옵션부사채권의 상장현황

〈표 8-23〉에서 보는 바와 같이 2007년 12월말 현재 옵션부사채권의 상장금액은 40조 7,287억원인데, 이 중 자산유동화증권(MBS포함)이 24조 6,032억원으로 옵션부사채권의 60.4%를 차지하고 있다.

〈표 8-23〉 옵션부사채권의 상장내역

(단위 : 억원, 2007년말 현재)

		Call	Put	Call & Put	합 계
자산유동화증권	종 목 수	598	2	30	630
	상 장 잔 액	230,862	800	14,370	246,032
일 반 채 권	종 목 수	436	84	8	528
	상 장 잔 액	139,959	13,959	7,701	161,619
합 계	종 목 수	1,034	86	38	1,158
	상 장 잔 액	370,457	14,759	22,071	407,287

자료 : 한국거래소

한편 전체 옵션부사채권에서 콜옵션부사채권은 91.0%, 풋옵션부사채권은 3.6%,

콜 +풋옵션부사채권은 5.4%의 비중을 각각 차지하고 있다.

3. 주권관련 사채권

1) 전환사채권(CB : Convertible Bond)

① 전환사채권의 의의 및 경제적 기능

전환사채권은 전환사채권을 보유한 투자자의 의사에 따라 전환기간(공모인 경우 발행 후 1개월 후부터, 사모는 발행 후 1년 후부터 채권만기일 1개월 전까지)내에 일정한 조건에 의해 발행회사의 주권으로 전환할 수 있는 권리가 부여된 증권을 말한다. 일반적으로 전환사채권의 투자자는 주가상승 시에는 전환권의 행사로 주가상승의 효과를 추구하고, 주가하락 시에는 확정이자를 수령하는 채권으로 보유하는 행동양식을 취하기 때문에, 전환사채권은 채권(채무증권)과 주식의 성격을 동시에 지닌 증권이라 볼 수 있다.

발행회사측면에서 전환사채권의 발행은 우회적 증자 혹은 간접적 증자의 효과를 누릴 수 있는 기회를 제공한다. 당면한 자금수요가 존재해 이에 대응함과 더불어 장기적으로 증자하고자 하는 경우에 적합한 자금조달수단이다. 또한 전환권 행사시 그 한도 내에서 타인자본이 자기자본으로 전환되고, 원리금 지불 채무가 면제되므로 발행회사의 재무안정성에도 기여한다. 이와 더불어 일반적으로 보통사채권보다 낮은 이율로 발행이 가능하기 때문에 이자부담이 경감되어 발행회사의 자금조달 코스트의 경감을 꾀할 수가 있다.

반면에 주식의 시가 하락 및 자본구조의 불확실을 야기시킬 수 있으며, 전환에 의한 자기자본의 증가로 이익 배당 및 주가에 영향을 미쳐 회사재무상의 자기규제를 와해시킴과 아울러 회사의 세력관계에도 악영향을 미칠 수 있다.

투자자 측면에서는 전환 후 주가가 상승하면 가격상승에 의한 투기적 이익을 기대할 수 있고, 만약 주가가 낮은 상태에 있으면 확정된 원리금상환에 의한 안정적 투자수익을 취득할 수 있다. 왜냐하면 전환사채권의 특성상 전환사채권의 가치는 주가가 전환가격보다 높으면 전환가치이상이 되고, 주가가 전환가격 이하가 되더라도 전환사채권의 가치는 최소한 채권가치 이상은 되기 때문이다.

반면에 전환권부여의 대가로 일반적인 사채권보다 높은 발행가액으로 취득하거나 혹은 낮은 이율의 이자를 감수해야 하기 때문에 전환권행사의 기회가 없을 시, 이율이 낮은 만큼 전환사채권 소지인은 손해를 보게 된다.

② 전환사채권의 발행요건과 전환조건

전환사채권의 발행한도도 상법상의 총사채권발행한도(최종 대차대조표상 회사순재산액의 4배 이내)를 준용한다. 다만, 유가증권시장 주권상장법인(코스닥시장상장법인 포함)이 발행하는 전환사채권 중 주권으로 전환이 가능한 분에 해당하는 금액은 상법상의 사채권발행한도제한을 받지 않는다. 또한 주권관련 사채권이므로 정관상의 발행한도 내에서 이사회의 결의를 거쳐 발행할 수 있다. 다만 정관상의 한도와 전환사채권자의 전환청구로 인하여 발행할 종류의 주식 수만큼은 수권주식수 범위내에서 미발행주식으로 보유하여야 한다.

유가증권시장 주권상장법인(코스닥시장상장법인 포함)의 전환가격은 전환사채권의 발행을 위한 이사회결의 전일을 기산일로 하여 그 기산일로부터 소급한 1개월 평균종가, 1주일평균주가 및 최근일 종가를 산술평균한 가액과 최근일 종가 및 청약일(청약일이 없는 경우 납입일)3거래일 전의 종가 중 높은 가액으로 정한다. 전환가격은 유가증권시장 주권상장법인(코스닥시장상장법인 포함)의 경우 기준주가이상이어야 하고, 주권공모전의 비상장법인은 액면가격 이상이어야 하며 주권공모이후에는 공모가격이상이어야 한다.

전환청구기간은 유가증권시장 주권상장법인(코스닥시장상장법인 포함)의 경우 전환사채권 발행이후 1개월이 경과한 후부터 전환할 수 있는 조건으로 발행해야 하며 실무처리를 위해 일반적으로 만기일1개월 전까지를 전환청구가능기간으로 정한다. 다만 사모의 경우에는 발행이후 1년이 경과한 후에 전환할 수 있는 조건으로 발행하여야 한다.

〈전환사채권관련 기본용어〉

전환사채권의 성격 및 특징을 구체적으로 파악하기 위해서는 다음과 같은 전환사채에 관련된 기본용어를 이해해야 할 것이다.

㉠ 전환비율, 전환가격, 전환주수

전환비율(conversion ratio)은 전환사채권이 주권으로 전환될 때 1개의 전환사채권과 교환되는 보통주의 수를 의미한다. 예를 들어 전환비율이 10이라고 하면 1개의 전환사채권이 10주의 보통주로 전환된다는 것을 의미한다.

전환가격(conversion price)은 전환사채권을 주권으로 전환될 때 전환대상주권1주당 지불해야 할 가격을 의미한다.

전환가격 = 전환사채권의 액면가/전환비율

예를 들어 전환사채권의 액면가가 100,000원이고 전환비율이 10주라고 한다면 전환가격(전환된 주식의 가격)은 10,000원이다.

㉡ 전환가치

전환가치(conversion value)는 패리티가치(parity value)라고도 하는데, 주권으로 전환되었을 때의 주가로 산출한 전환사채권의 시장가치를 의미한다. 이는 주권의 시장가격에 전환비율을 곱한 것으로 표시한다.

전환가치(패리티가치)=주권의 시장가격×전환주수

예를 들어 전환시점에서 전환비율이 10주이고 주권의 시가가 10,000원이면, 전환가치는 100,000원(=10,000원×10주)이다.

㉢ 전환프리미엄('괴리' 혹은 '시장전환프리미엄')

전환프리미엄(conversion value)은 전환사채권의 시장가격과 전환가치의 차이를 의미한다.

전환프리미엄=전환사채권의 시장가격 - 전환가치

예를 들어 전환사채권의 시장가격이 140,000원인데 전환가치가 100,000원이라면 전환프리미엄은 40,000원(=140,000 - 100,000)이 된다.

이와 같이 전환프리미엄, 즉 전환가치를 초과한 전환사채권의 프리미엄이 존재하는 것은 기본적으로 주가가 상승하여 전환차익을 볼 경우에만 전환권이 행사되고, 그렇지 않을 경우에는 전환권이 행사되지 않아도 되는 전환사채권의 특성에 기인한다.

㉣ 패리티(Parity)

패리티는 주권으로 전환할 때의 전환가격에 대한 주가의 비율로 표시하며, 전환사채권을 전환할 경우에 전환차익이 발생하는가를 판단하는 지표로 사용된다.

패리티=주식의 시장가격/전환가격×100(%)

예를 들어 (액면)전환가격이 5,000원, 주가가 5,400이면 패리티는 108(=5,400/5,000×100)이 되며 이는 전환에 의한 수익률이 8%임을 의미한다.

그런데 일반적으로 전환사채권의 시장가격은 액면 10,000원 단위로 표시된다는 점을 고려하면 액면금액(10,000원)/전환가격=전환비율이므로

패리티=주권의 시장가격÷(액면금액(10,000원)/전환비율) × 100
(패리티 × 100)=주권의 시장가격 × 전환비율=전환가치

가 된다. 따라서 전환사채권의 가치에 전환권의 가치가 반영된다는 점을 고려해 볼 때 전환사채권의 가격은 일반적으로 parity에 100을 곱한 값보다 커야 됨을 알 수 있다.

2) 신주인수권부사채권(BW: Bond with Warrants)

① 신주인수권부사채권의 의의 및 기능

신주인수권부사채권은 사채권자에게 그 회사의 발행신주를 일정가격(행사가격)으로 일정량 구입할 수 있는 권한이 부여된 사채권을 말한다. 이와 같이 신주인수권부사채권은 신주인수권과 보통사채권의 특성을 결합한 채권으로서, 신주인수권부사채권의 소유자에게 발행회사의 주권을 일정한 가격으로 취득할 수 있는 권한을 부여한다는 점에서는 전환사채권과 유사하나, 신주인수권행사 후에도 사채권이 존

속되고, 신주인수권을 행사하기 위해서는 별도의 주금이 필요하다는 점에서는 전환사채권과 구별된다(〈표 8-24〉 참조).

〈표 8-24〉 전환사채권과 신주인수권부사채권의 비교

	전환사채권(CB)	신주인수권부사채권(BW)
부여된 권리	전환권	신주인수권
권리행사 후 사채권	전환권행사 후 사채권소멸	신주인수권행사 후에도 사채권존속
추가자금 필요여부	전환권행사시 추가자금불필요	신주인수권행사를 위해 별도 자금필요
신주취득가격	전환가격	행사가격
신주취득의 한도	사채권금액과 동일	사채권금액범위 내
권리의 이전	사채권의 일체로 봄	비분리형은 사채권과 일체, 분리형은 채권과 분리된 신주인수권의 양도가능

발행회사 측면에서 신주인수권부 사채권은 저금리에 의한 자금조달뿐만 아니라, 현금납입으로 추가자금조달이 가능하고, 재무구조 개선효과가 있다. 반면에 신주인수권의 행사가 고주가 혹은 자금이 필요하지 않을 때 이루어질 경우, 자금조달기대의 불일치가 발생할 수 있으며, 임의적인 신주인수권 행사로 재무 불확실의 요인이라는 문제를 야기시킬 수 있다.

한편, 투자자 측면에서는 사채권의 안전성과 주권의 수익성을 동시에 누릴 수 있는데, 특히, 주가가 상승할 때에는 높은 투자수익을 올릴 수 있다. 반면에 일반적인 사채권보다 낮은 이율의 이자를 감수해야 하기 때문에 신주인수권행사의 기회가 없을 시, 투자자는 이익실현에 그 만큼 손해를 볼 수 있다.

② 신주인수권부사채권의 발행요건

신주인수권부사채권의 발행요건은 앞에서 살펴본 전환사채권의 경우를 준용한다. 즉 신주인수권부사채권의 행사가격, 행사가격조정 등은 전환사채권의 전환가격, 전환가격조정에 관한 규정을 준용한다.

유가증권시장 주권상장법인(코스닥시장상장법인 포함)이 발행하는 신주인수권부사채권 중 신주인수권의 행사가 가능한 분에 해당하는 금액은 상법상 사채권발행한도의 제한을 받지 않으며 정관상의 한도 내에서 발행이 가능하다. 신주인수권행사에 의한 신주발행의 효력은 신주발행가액의 납입에 의한 신주발행 청구의 시기에 발생하므로 이익배당이나 이자지급도 이 시기를 기준으로 삼을 수 있다.

③ 신주인수권부사채권의 종류

신주인수권부사채권은 신주인수권이 사채권과 분리되어 유통할 수 있는가 여부에 따라 비분리형과 분리형으로 구분하는데, 분리형은 사채권과 신주인수권이 분리되어 독립적으로 거래될 수 있는 것을 말하고, 비분리형은 사채권과 신주인수권이 사채권면상에 하나로 되어 신주인수권만의 양도가 인정되지 않는 것을 말한다. 우리나라의 경우 1999년부터 분리형의 발행도 허용되고 있다.

한편 신주인수권부사채권은 신주인수대금을 현금으로 납입하는 현금납입형과 사채권으로 대용납입하는 대용납입형으로 구분할 수 있다(〈표 8-25〉 참조).

〈표 8-25〉 신주인수권부사채권의 종류

	내 용
분리형	-사채권과 인수권이 별도의 증권으로 분리, 표시되어 독자적으로 각각 유통 가능(신주인수권증권)
비분리형	-사채권에 신주인수권과 사채권의 권리를 병행 표시하여, 신주인수권과 사채권을 함께 유통
현금납입형	-신주인수권행사시 신주인수대금을 현금으로 납입
대용납입형	-신주인수권행사시 주금납입을 당해 사채권으로 대용납입

3) 교환사채권(EB: Exchangeable Bond)

① 교환사채권의 의의 및 기능

교환사채권은 교환사채권소유자에게 일정기간 내에 발행조건에 명시된 조건(교환조건)으로 발행회사가 보유하고 있는 상장주권이나 코스닥시장상장주권(자사주 포함)으로 교환해 주도록 청구할 수 있는 교환청구권이 부여된 채권을 말한다.

교환사채권은 일반사채에 없는 교환권을 부여하여 장래에 취득하게 되는 주식의 가격상승에 따른 높은 투자수익을 기대하게 함으로써 사채권의 이자율을 낮게 정하여 기업의 자금조달코스트를 경감할 수 있는 동시에, 사채권발행에 의한 자금조달을 촉진시킬 수 있다는 장점을 지니고 있다.

반면 교환대상 증권의 발행회사가 사채권발행회사에 비해 신뢰도 내지는 신용도가 떨어지거나 향후 주가전망이 불투명할 경우 교환사채권의 발행이율은 전환사채권이나 신주인수권부사채권의 이율보다 높아질 수 있다. 또한 계열사가 상호주권보유에 대한 제한을 이행하기 위하여 소유주권을 매각하려 할 때 대량매물로 인한 주가왜곡을 방지하기 위하여 발행하기도 한다.

〈표 8-26〉 교환사채권의 장단점

	장 점	단 점
발행회사	-할증률만큼 보유주식의 주가상승효과 -보유주권의 조기자금화 -보유주권의 직접매도시 발행할 수 있는 주가하락 방지	-직접 매도보다 업무복잡 -보유 증권의 예탁에 따른 담보화 및 고정자산화 초래
투 자 자	-확정이자수입의 안전한 투자수단 -교환대상주권의 주가상승시 매매차익 획득가능	-교환대상 주권의 주가하락시 투자메리트 상실

교환사채는 신주인수권부사채와 달리 권리행사시 추가적인 자금이 필요 없으며, 또한 전환사채와 달리 권리가 행사되더라도 발행회사의 자본금증대가 일어나지 않는다.

〈표 8-27〉 교환사채권과 전환사채권의 비교

구 분	교환사채권	전환사채권
발행회사요건	-유가증권시장 주권상장법인, 코스닥시장상장법인	-상법에 의한 주식회사
권리의 내용	-교환권	-전환권
대상 증권	-발행회사보유 상장증권	-발행회사의 신주
권리행사후의 지위	-사채권자의 지위상실	-사채권자의 지위상실
권리행사시 자본금	-변동 없음	-자본금 증가
주권의 취득가격	-교환가격	-전환가격
자본금 변동	-없음	-권리행사시 자본금 증가
발행한도 특례	-상법상 사채권발행한도 적용	-상법상 사채권발행한도 초과가능
옵션행사가능기간	-사모만 1년 이후 -시장상황에 맞춰 이사회가 결정	-공모 1개월 이후 -사모 1년 이후

② 교환사채권의 발행요건

교환사채권은 유가증권시장 주권상장법인(코스닥시장상장법인 포함)이 이사회의 결의로 발행할 수 있으며, 전환사채권이나 신주인수권부사채권과는 달리 정관상의 경험이 없는 경우에도 이사회의 결의만으로도 발행이 가능하다.

발행한도는 상법상의 사채권발행한도인 순재산액의 4배 이내이고 교환대상 증권은 사채권자의 교환권행사에 의해서 발행회사가 소유하고 있는 상장증권(코스닥시장상장증권 포함)이다. 따라서 교환사채권을 발행하는 유가증권시장 주권상장법인(코스닥상장법인 포함)은 교환에 필요한 상장증권(코스닥시상상장증권 포함)을 사채권자의 교환청구가 있을 때 또는 당해 사채권의 교환청구기간이 만료하는 때까지 예탁결제원에 예탁하여야 한다.

교환사채권은 사채권의 이자나 주권의 교환이라는 장점이 있어 표면이율은 일반사채권보다는 낮으나 교환대상주권의 배당수익률보다는 높은 수준이다. 그리고 교환가격은 교환사채권 발행을 위한 이사회의 결의로 정한다.

4) 이익참가부 사채권(Paticipating Bond)

① 이익참가부 사채권의 의의 및 기능

이익참가부 사채권은 일정한 이율의 이자가 지급되는 동시에 회사의 이익분배에도 참여할 권리가 부여된 사채권을 말하는데, 이는 사채권에 주식의 성격을 가미한 것으로 이익분배사채권이라고 한다. 즉 최소한의 확정이자를 보장하고 일정률 이상의 회사이익 발생시 이익배당에도 참여할 수 있는 사채권을 말한다.

앞에서 살펴본 전환사채권, 신주인수권부사채권 및 교환사채권은 주권으로의 전환 등 주식시장과 연결되어 있으나, 이익참가부 사채권은 이익배당을 수령할 뿐 주권으로의 전환이나 신주인수, 교환과 같은 권리가 없는 것이 특징이다. 또한 확정이자는 지급하지 않고 발행회사의 수익상황에 따른 이자만을 받는 수익사채권과는 달리 이익참가부 사채권은 이익의 배당에 참가할 수 있는 동시에 확정이자도 지급받는다.

이익참가부 사채권은 이익분배에 대한 참가권부여로 투자 상의 수익 증대를 꾀할 수 있을 뿐만 아니라 사채권발행에 의한 자금조달을 더욱 촉진할 수가 있다. 반면에, 이익참가부 사채권이 갖는 이익분배에 대한 참가권은 그 만큼 주식에 대한 배당을 깎아먹는 결과를 초래하기도 한다.

② 이익참가부 사채권의 발행요건

이익참가부 사채권은 상법상의 사채권발행한도 내에서 발행이 가능하며, 교환사채권과 같이 주권상장법인(코스닥상장법인 포함)만이 이사회의 결의로 발행할 수 있다.

4. 금리변동부채권(FRN : Floating Rate Note)

1) 금리변동부채권의 의의 및 기능

금리변동부채권은 일정 단위기간마다 정해진 기준금리에 연동된 표면이율에 의해 이자를 지급하는 채권을 말한다. 따라서 금리변동부채권은 일반채권과는 달리 기준금리의 변동에 따라 매 단위기간마다 표면이율이 변하기 때문에 미래이자금액에 의한 현금흐름이 발행시에는 확정되지 않는 특성을 지니고 있다.

금리변동부채권은 금융시장의 불확실성이 확산되어 금리에 대한 장기예측이 어려운 시기에 금리위험을 회피하기 위한 수단으로 도입되었다. 따라서 금리변동부채권은 금리 및 물가가 급변하는 시기에 투자자산의 가치보존과 용이한 자금조달수단으로 유용하게 활용될 수 있다.

금리변동부채권은 금리고정부채권과 비교시 상대적으로 금리가 하락할 때에는 발행자에게 유리하고, 금리가 상승할 때에는 투자자에게 유리한 특성을 지니고 있다.

즉 발행자는 향후 금리가 하락할 경우 지급이자비용을 줄일 수 있고, 투자자는 향후 금리가 상승할 경우 고정금리부채권에 비해 좀 더 많은 이자를 받을 수 있다. 또한 물가가 상승할 경우 만기까지의 수익률이 확정된 고정금리부 채권에 투자한 투자자는 채권투자로부터 얻는 표면이자수입의 실질가치가 감소하게 되는데, 이와 같은 인플레이션 위험을 회피하기 위해서는 변동금리부채권에 대한 투자가 유리하다.

〈표 8-28〉 금리변동부채권의 장단점

	장 점	단 점
발행회사	-고정금리부채권에 비해 향후 시장금리가 낮아질 경우 이익	-금리의 단저장고현상이 지속될 경우 이자비용이 상승 -사채권자에게 풋옵션을 부여한 경우 자금조달의 안정성 감소
투 자 자	-향후 금리상승시 이자소득 증가 -대개 최저이율이 설정되므로 시장금리가 대폭 하락해도 일정율의 이자를 보장받음	-향후 금리하락시 이자소득의 감소

2) 금리변동부채권의 기본구조

금리변동부채권의 지급이자율은 기준금리(reference rate)에 가산금리(spread)를 더하여 결정하며, 매 이자지급기간 개시 전에 차기지급이자율(이자지급금액)이 결정된다. 또한 금리변동에 따르는 위험을 적절히 분산하기 위해 다양한 부대조건이 부가되고 있다. 이와 같이 금리변동부채권의 기본구조는 크게 기준금리, 가산금리 및 부대조건 등 세 부분으로 이루어진다.

기준금리는 변동금리부채권의 가격결정의 기본을 이루는 부분으로 실세금리를 반영하고 있는 대표적인 단기시장금리가 이용된다. 변동금리부채권의 기준금리로 선정되기 위해서는 기준금리의 만기구조가 변동금리부채권의 이자지급기간과 일치해야 하고, 신용도가 우수하면서 시중실세금리의 변동을 잘 반영하는 대표성을 지니고, 공신력 있는 기관에 의하여 신속하게 공표되며, 금융시장에서 갖는 현재의 성질이 장기적으로 변동이 없고 소멸되지 않는 영속성이 있어야 한다. 외국의 경우 LIBOR(런던은행간 대여이자율), 우대금리(Prime rate)등을 기준금리로 사용하며, 우리나라의 경우 기준금리로는 CD, 국고채3년물 및 5년물 혹은 제1종 국민주택채권의 시장수익률을 들 수 있는데 이중 주로 금융투자협회가 산정・공시하는 91일물 CD최종호가수익률을 사용한다.

가산금리는 기준금리에 가산되어 지급이자율을 결정하는 요소로서 발행자의 신용도, 시중자금, 수급상황 등을 반영하여 발행회사와 대표주관회사가 협의하여 정한다. 무보증사채권의 경우 신용평가기관의 신용등급이 가산금리산정에 큰 영향을 미치며, 가산금리는 대개 채권발행시 확정되어 만기까지 유지된다.

부대조건의 종류에는 최고금리(Cap) 또는 최저금리(Floor), 콜 또는 풋옵션 같은 다양한 조건이 있다. 특히 최고 및 최저금리는 만기가 장기인 경우 장래의 금리변동폭이 너무 커 사채권자에게 최소한의 지급이자율을 보장해주고 발행회사에게는 이자지급의 최고한도를 정해줌으로써 이자율변동위험을 일정한 범위로 제한하고자 하는데 있다.

3) 금리변동부채권의 종류

금리변동부채권은 역금리변동부채권(Inverse FRN), 양기준 금리변동부채권(Dual Indexed FRN), 디지털 옵션 금리변동부채권(Digital Option FRN) 등과 같이 다양한 방식으로 변용되어 발행되기도 한다.

역금리변동부채권(Inverse FRN)은 일정한 고정금리를 정한 후 여기에서 변동금리(예를 들어 CD수익률)를 차감한 금리를 지급하는 구조(고정금리-CD수익률)를 지니고 있다. 이와 같이 역금리변동부채권은 금리하락시 이자수익이 증가하고 반대로 금리상승시 이자수익이 감소하게 되어 향후 금리가 하락할 것이 예상되는 경우 매력적인 투자대상이 된다.

양기준 금리변동부채권(Dual Indexed FRN)은 두 개의 서로 다른 변동금리의 차이 혹은 이들을 가중한 값의 차이를 이자로 지급하는 구조를 가진 금리변동부채권을 말한다. 예를 들어 국고채권 3년물과 CD의 수익률간의 차이 혹은 이들에 일정한 가중치를 부여한 차이를 지급하기로 한 금리변동부채권은 장기금리인 국고채권 3년물의 수익률과 단기금리인 CD수익률간의 스프레드(국고채권 3년물 수익률 - CD수익률)가 벌어질수록 투자자의 이자수입은 더 높아지게 된다.

디지털 옵션 금리변동부채권(Digital Option FRN)은 기준금리(예를 들어 CD수익률)가 일정한 범위 내에서 움직였을 때에는 높은 금리를 지급하는데 반해, 이 범위 밖으로 벗어났을 때에는 낮은 금리를 지급하는 구조를 가진 금리변동부채권을 말한다. 이처럼 디지털 옵션 금리변동부채권은 당첨이 되면 당첨금(이자)을 주고 그렇지 못할 경우 당첨금지급은 없는 옵션이 포함되어 있는 채권이라고 볼 수 있다.

제 9 장

파생상품시장(Ⅰ) : 선물시장

파생상품은 기초자산의 가격변동에 따라 파생적으로 가치가 결정되는 상품으로, 자본시장법에서는 이를 선도, 옵션, 또는 스왑의 어느 하나에 투자성이 있는 것으로, 즉 원본대비 손실비율이 100%를 초과하는 경우를 파생상품으로 규정하고 있다.

파생상품시장은 거래소에 개설된 장내파생시장과 거래소이외의 장소에서 시장참가자간에 직접 거래되거나 딜러나 브로커의 중개에 의하여 거래되는 시장인 장외파생시장으로 구분할 수 있는데, 본 장에서는 장내파생상품시장의 하나인 선물시장에 대해서 살펴보고자 한다.

제 1 절 선물시장의 의의 및 기능

1. 선물시장의 의의

선물거래(futures trading)란 수량 · 규격 · 품질 등이 표준화되어 있는 특정대상물을 현재시점(계약시)에서 정한 가격(선물가격)으로 장래의 일정시점(결제일 또는 만기일)에 인수 및 인도할 것을 약속하는 거래로서, 거래소에서 규정한 정형화된 방법으로 거래하는 것을 의미한다.

선물계약(futures contract)은 미래의 미리 정해 놓은 일정한 시점(결제일 또는 만기일)에 일정량과 질을 갖춘 특정상품을 미리 정한 가격(선물가격)으로 매매하기로 현재 시점에서 약속한 것으로, 계약의 만기일 이전에 반대매매를 행하거나 또는 만기일에 현물에 대한 인수 및 인도를 함으로써 거래를 종결한다. 따라서 계약의 시점에서는 대상상품의 소유권이전도 발생되지 않고 그에 따른 채권・채무의 결제도 일어나지 않는 단순한 장래 이행약속만 남는다.

예를 들어 갑이 선물시장에서 오늘 S전자주식 100주를 한 달 후에 주당 40만원에 사겠다는 계약을 을과 체결하고, 한 달 후에 을로부터 S전자주식 100주를 받고 그 대금 4,000만원(40만원×100주)을 을에게 지급하는 것이 선물거래이다. 이 경우 정해진 시한(결제일)인 한 달 후에 선물매수자인 갑은 계약 시에 정한 대금 4,000만원(40만원×100주)을 선물매도자인 을에게 지불하고 S전자주식 100주를 수령하여야 하고, 선물매도자인 을은 S전자주식을 선물매수자인 갑에게 인도하고 계약 시에 정한 대금 4,000만원을 수령함으로써 당해 선물계약은 종료된다.

2. 선물시장의 기능

1) 가격변동위험의 전가기능

선물거래를 통해서 가격변동으로부터 발생되는 위험을 줄일 수 있다. 즉, 가격하락 위험에 처해 있는 헤져(hedger)는 선물을 미리 매도하고, 반대로 가격상승 위험에 처해 있는 헤져(hedger)는 선물을 미리 매입함으로써 위험을 전가할 수 있다.

2) 현물시장의 유동성확대 기능

선물거래는 현물시장의 유동성을 확대하는 효과를 촉진시킨다. 왜냐하면 선물시장에서는 현물의 가격변동 리스크를 헤지(hedge)할 수 있으므로 투자위험이 감소되는 결과를 가져와 투자자들은 현물시장에 보다 적극적으로 포지션을 취할 수 있기 때문이다. 또한 이에 따라 신규투자자들의 유입이 증대되고 특히 기관투자자들의 적극적인 투자가 유발된다.

3) 미래의 가격정보제공 기능

선물시장에서 경쟁적으로 형성되는 선물가격은 미래의 현물가격에 대한 기댓값 즉 시장참여자들이 예상하고 있는 현물가격의 가중평균으로 볼 수 있다. 따라서 선물시장은 미래의 현물가격도 예측할 수 있는 가격예시기능을 지니고 있다고 말할 수 있다.

4) 새로운 투자수단의 제공

선물거래는 비교적 적은 비용(거래대금 10% 내외의 증거금)으로 큰 금액의 거래를 할 수 있도록 되어 있다. 따라서 선물시장은 가격변동위험을 적극적으로 취하는 투기거래자(speculator)에게 긴요한 새로운 투자수단을 제공해 준다. 그리고 차익거래나 스프레드(spread)거래와 같은 새로운 투자기회를 투자자에게 제공해 준다.

제 2 절 선물시장의 기본적인 이해

1. 선물시장의 조직

선물시장은 선물거래소, 결제기관인 청산소, 선물중계업자, 고객으로 구성된다.

1) 선물거래소(futures exchange)

선물거래소는 일반적으로 회원제 조직으로 구성되어 있으며, 비영리기관으로 운영되고 있다. 또한 거래소자신이 직접 판매에 참여하거나 상품을 소유하지는 않는다.

거래소는 선물시장을 개설, 운영하며, 선물거래가 원활하고 공정하게 이루어질 수 있도록 각종 관련규정이나 규칙 등을 제정, 시행하는 기능을 수행한다.[1)]

1) 우리나라의 경우 2005년 1월부터 통합거래소가 출범됨에 따라 선물거래소의 역할은 거래소내의 선물시장본부에서 수행하고 있다.

2) 청산소(clearing house)

청산소는 선물시장에 특별히 존재하는 기구로서, 투자자의 거래상대방이 되어 결제를 행하는 기관이다. 즉 선물거래소(우리나라의 경우 거래소)에서 일단 거래가 성립되면 즉시 거래자 쌍방사이에 청산회사가 개입하여 모든 매입자에 대해서는 매도자로, 모든 매도자에 대해서는 매입자로서의 역할을 수행한다. 구체적으로 청산소는 계좌의 정산, 거래의 청산, 증거금의 수납 및 유지, 인수도의 규제, 거래자료의 통보, 결제이행 보증, 선물거래와 관련된 자금의 수수업무처리, 일일정산 등의 기능을 수행한다.

이러한 청산소의 기능에 연유하여 모든 선물거래의 참가자들은 상대방의 신용상태에 대해 신경을 쓸 필요 없이 안심하고 거래에 참여할 수 있으며, 이에 따라 선물시장이 활성화되고 시장의 유동성이 제고될 수 있다.

3) 투자중개업자

투자중개업자는 고객의 주문을 처리하는데 필요한 서비스를 제공함은 물론, 고객이 보유하고 있는 미청산 포지션에 대한 기록유지, 증거금 등의 예탁자금 관리 등 거래계좌의 개설부터 거래종결까지 모든 중개 및 관리업무를 수행한다. 투자중개업자는 이에 대한 대가로 일정액의 수수료를 징수한다.

투자중개업자는 거래소 회원인 경우와 회원이 아닌 경우로 구분된다. 투자자의 주문은 거래소 회원만이 직접 처리할 수 있고, 비회원인 중개업자는 거래소회원인 투자중개업자를 통해서만 투자자의 주문을 처리할 수 있다.[2)]

4) 투자자

투자자는 선물거래에 참여하는 자로서 위험을 회피하고자 참여하는 헤저(hedger), 현물과 선물의 시세차익을 얻고자 참여하는 차익거래자(arbitrageurs), 선물의 가격

2) 자본시장법에서는 거래소회원을 크게 증권회원과 파생상품회원으로 구분하고 있는데, 파생상품회원은 다시 자기명의로 결제에 참가할 수 있는 거래소결제회원과 매매만을 전문적으로 수행하고 결제는 거래소결제회원에게 위임하는 매매전문회원, 파생상품시장 내의 일부시장이나 일부품목에 대하여 결제 또는 매매에 참가하는 회원으로 구분하고 있다.

변동에 따른 시세차익을 얻고자 참여하는 투기거래자(speculator) 등이 있다.

이러한 헤져, 차익거래자, 그리고 투기거래자에 의하여 선물거래에 대한 수요와 공급이 발생하기 때문에 투자자입장에서 따라서 선물거래는 투자위험을 헤징하는 수단이 되기도 하고, 그 과정에서 적극적으로 이익을 얻을 수 있는 투기의 수단이 되기도 한다.

2. 선물거래의 조건

선물거래의 특징 중의 하나는 표준화된 거래조건을 통하여 거래가 이루어진다는 점이다. 따라서 선물거래소는 선물거래의 기초가 되는 선물거래조건을 정한다. 표준화된 선물거래의 조건들 및 사용용어들을 정리하면 다음과 같다.

1) 기초자산(underlying asset)

기초자산이란 선물거래시 인수도의 대상이 되는 상품을 의미한다. 기초자산에 명시된 내용은 실물인수도에 있어 인수도 되는 기초자산의 가격결정기준이 된다.

예를 들어 주가지수선물거래의 경우 기초자산은 주가지수이고, 주가지수선물옵션의 경우에는 주가지수선물, 귀금속선물의 기초자산은 금, 은 등이다.

2) 거래단위(trading size)

거래단위는 선물시장에서 거래되는 상품의 기본단위로서, 선물계약 1건의 크기이다. 선물거래의 기초자산을 상장시킬 때에는 적정한 규모의 물량을 단위화하고, 이를 기본단위로 거래하도록 하고 있다. 이렇게 정해진 하나의 단위를 1계약이라고 하고, 매매주문시의 주문수량은 이 계약단위를 의미한다.

선물거래에 있어서 거래단위는 원활한 거래를 위하여 고려해야 할 중요한 사항이다. 거래단위가 작을 경우에는 많은 투자자들이 참여할 수 있어 유동성확대에 도움을 줄 수 있으나, 자금여유가 없는 투자자들이 참여하게 되어 시장을 불안정하게 할 수 있다. 한편, 거래단위가 클 경우에는 자금규모가 큰 기관투자자들만이 참여하게 됨으로써 시장의 안정성에는 도움이 되지만, 상대적으로 시장참여를 제한하게 됨에 따라 유동성확보 문제를 야기시킬 수도 있다.

우리나라의 선물거래에 있어서 상품별 거래단위는 KOSPI 200주가지수선물의 경우, 지수에 거래단위 승수인 500,000원을 곱한 것이 거래단위가 된다. 만약 120.20포인트이면 60,100,000원(120.20 × 500,000원)을 매매하는 결과가 된다. 국채선물은 1억원, CD금리선물은 액면가 5억원, 미국달러선물은 50,000달러, 이 각각 거래단위이다.

3) 가격표시방법(price quatation)

선물계약의 가격표시방법은 대상 현물시장의 가격표시방식을 기준으로 선물거래소에서 규정하고 있다. 따라서 거의 대부분의 선물가격은 상품의 계약단위당 가격으로 표시된다.

한국거래소(이하에서는 거래소로 칭함)에서는 미국달러선물가격을 1달러당 원, 금선물가격을 1g당 원, 그리고 CD금리선물가격을 수익률로 표시하고 있다. 이에 따라 예를 들어 미국달러선물계약의 가격이 1,200원이라면 미국달러선물 1계약에 대한 실제가격은 1계약단위인 50,000달러에 선물가격 1,200원을 곱한 6,000만원(1,200원 × 50,000달러)이 된다.

4) 호가단위(tick)

호가단위는 선물거래 시 호가할 수 있는 최소가격변동폭을 말한다. 호가단위는 각 거래소에서 지정한 매매거래단위를 고려하여 금액으로 나타낼 수 있는데, 이를 틱 가치(tick value)라고 한다.

호가단위는 투자자의 가격선택기준이 되기 때문에 이를 높게 하느냐 낮게 하느냐 하는 것은 투자자의 가격선택폭확대 및 거래의 활성화 측면에서 매우 중요한 의미를 지니고 있다.

우리나라의 경우 KOSPI 200지수가 100포인트 미만일 때는 0.05포인트(25,000원), 100포인트 이상일 때에는 0.10포인트(50,000원)를 호가단위로 하고 있다.

5) 일일가격제한폭(daily price limit)

거래소에서는 급격한 가격변동으로 인한 거래질서의 혼란을 막기 위해 하루 동안에 등락할 수 있는 가격제한폭을 설정하고 있다. 일일가격제한폭은 선물가격이 전일종가를 기준으로 당일거래시간 동안 등락할 수 있는 최대한의 가격범위를 말한다.

만약 가격이 일일가격제한폭까지 변동하는 경우 거래소마다 적용하는 방식은 다르나 일반적으로 일정기간 거래를 중단시키거나 가격제한폭 이내의 거래만 허용하는 방식을 취하고 있다. 우리나라의 경우 선물가격의 등락을 제한하기 위하여 거래상품별로 일일가격제한폭을 설정하고 있다. 또한 여러 가지 소문 등에 의하여 가격이 일시적으로 급등락하는 것을 방지하기 위해 매매거래중단제도를 채택하고 있다.

한편 가격제한폭제도는 인도월이 되면 적용되지 않는다. 이는 선물계약의 인도월에는 선물가격이 현물가격에 거의 접근해 있기 때문에 가격제한이 없는 현물시장거래와 보조를 맞추기 위한 것이다.

3. 선물거래의 절차

선물거래 시 매입자와 매도자는 거래소라는 지정된 장소에서 거래소가 사전에 인정한 거래소회원인 파생상품회원(이하 회원이라 한다)을 통해 거래해야 한다. 먼저 투자자가 회원에게 매입 또는 매도 주문을 내면, 회원은 이를 거래시스템을 통해 거래소에 전달하고 거래소에서는 수요와 공급의 원리를 적용하여 거래를 체결한다. 계약이 체결되면 계약체결에 관한 사항은 다시 회원을 통해 투자자에게 통보된다. 투자자는 거래가 만료된 종목에 대해 미결제약정을 보유하고 있는 경우 이에 대한 최종결제를 하게 되면 모든 거래절차가 종료된다.

[그림 9-1] 선물거래의 절차

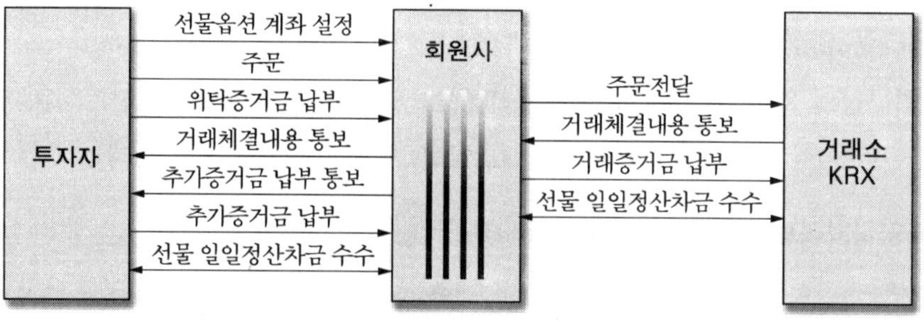

1) 계좌개설

선물거래를 하기 위해서는 투자중개업자를 선택하여 계좌를 개설해야 한다.[3] 투자중개업자에 개설되는 계좌는 투자목적과 계약내용에 따라 일반계좌, 법인계좌, 일임매매계좌, 헤지계좌 등으로 구분할 수 있다.

일반계좌(individual customer account)는 개인이 선물계좌를 개설하여 주문과 증거금납부 등 선물거래와 관련된 모든 의사결정을 개인 자신의 책임으로 하는 계좌를 말한다.

법인계좌(corporate account)는 법적으로 선물거래의 허가를 취득한 법인이 개설하는 계좌를 말한다.

일임매매계좌(discretionary account)는 고객이 매매와 자금인출 등 선물거래와 관련된 모든 권한을 타인(주로 투자중개업자)에게 위임하는 계좌를 말한다. 이 경우 대리행사권을 위임받은 자가 비록 투자중개업자 직원일지라도 그의 행위는 고객의 행위로 간주되므로 모든 책임은 고객이 진다.

헤지계좌(hedge account)는 고객이 실물보유에 따른 위험을 회피하기 위해 선물거래를 하고자 할 때 개설하는 계좌이다. 헤지계좌는 포지션제한을 받지 않으며 증거금수준이 낮다는 특징이 있다. 헤지계좌를 개설하고자 할 경우, 고객은 자신이 헤지거래자(hedger)임을 밝힐 수 있는 증서를 제출해야 한다.

2) 주문형태

선물거래에 참여하는 투자자는 선물계약을 매매하기 위하여 거래소회원인 파생상품회원에게 매입 또는 매도주문을 내야 한다. 선물거래와 관련된 주문은 현물시장과 달리 다양할 뿐만 아니라 거래소가 허용하고 있는 주문방식도 다르다.

KOSPI 200주가지수선물거래의 경우, 지정가 호가, 시장가호가, 최유리지정가호가 및 조건부지정가호가를 이용할 수 있다.[4]

---

3) KOSPI 200 선물의 경우, 거래소에서 거래되므로 투자중개업자(금융투자회사)에 계좌개설후 거래할 수 있다.

4) 시장가호가, 시장가호가의 성격이 있는 최유리지정가호가 및 조건부지정가호가는 최근월물에만 입력이 허용되고, 선물스프레드거래에는 지정가호가만을 입력할 수 있다.

시장가호가(market order)는 수량만 지정하고 가격은 지정하지 않는 호가로서 수량이 전량 충족될 때까지 가장 빨리 집행할 수 있는 가격으로 매매 체결되는 호가이다. 시장가호가는 호가한 수량을 신속히 확보할 수는 있으나, 호가한 종목의 유동성이 부족한 경우에는 예상보다 불리한 가격으로 체결될 수 있다.

최유리지정가호가(best order)는 시장가호가처럼 호가할 때에는 가격을 지정하지 않으나, 호가가 시장에 도달된 때 가장 빨리 집행될 수 있는 가격을 지정한 것으로 간주하는 호가로서 시장가호가와 지정가호가의 성격을 동시에 갖고 있다. 최유리지정가호가는 시장가호가와 유사한 점이 있으나, 시장가호가의 경우 호가가 시장에 도달된 이후 다른 호가가 도달하여 가장 빨리 집행될 수 있는 가격이 변하면 변한 가격대로 매매 체결된다. 반면에 최유리지정가호가는 호가가 시장에 도달된 때 가장 빨리 집행될 수 있는 가격으로 고정되는 점에서 차이가 있다.

조건부지정가호가(conditional limit order)는 시장에 도달된 때에는 지정가호가로 매매하나 만약 종가 단일가매매전까지 체결되지 않은 경우에는 종가단일가매매시에 시장가호가로 전환되는 호가이다.

3) 매매체결

거래소에서 이용하는 매매체결방법은 크게 공개호가(open outcry)에 의한 방법과 전산매매시스템(electronic trading system)에 의한 방법으로 구분할 수 있다.

공개호가에 의한 방법은 선물거래참가자들이 거래소내의 피트(pit)주변에 모여 거래대상상품의 매도 및 매수호가를 크게 외쳐서 공개적으로 상대방을 찾아 거래를 성립시키는 방법을, 전산매매시스템에 의한 방법은 거래의 전부 혹은 일부를 컴퓨터로 자동처리하는 방법을 말한다.

한편 전산매매시스템에 의한 방법은 전산화의 정도에 따라 electronic order matching system과 screen pit matching system으로 구분할 수 있다. electronic order matching system은 주문전달 및 체결결과 등의 일련의 과정이 전산화되어 완전자동으로 이루어지는 것을 의미하고, screen pit matching system은 피트(pit)내에 회원별 주문사항이 게시되는 스크린(Screen)이 설치되어 회원들이 스크린 상의 주문상황을 보고 매매하는 방법으로 전통적인 공개호가에 의한 방식을 부분적으로 전산화한 것을 의미한다.

우리나라의 경우는 electronic order matching system을 채택하고 있으며, 상기 두 가지 매매체결방법의 장・단점은 다음과 같다(〈표 9-1〉 참조).

〈표 9-1〉 거래소 매매체결방법의 장・단점

	장 점	단 점
공개호가에 의한 방법	- 거래소시장으로 가격에 관련된 모든 정보가 집합됨으로써 효율적 경쟁을 통한 가격결정이 용이 - 장내 트레이더의 스프레드거래기회 증가로 거래량이 증가될 수 있음	- 매매체결속도가 느림 - 가격보도시 시차발생 - dual trading이 일어날 소지가 있음
전산매매시스템에 의한 방법	- 대량주문의 신속한 처리가 가능 - 착오매매 및 정정에 의한 문제점 배제 가능 - 효과적인 선물과 현물간의 차익거래기회를 제공	- 시장정보의 분산으로 효율적인 경쟁이 어려움

4) 증거금

거래소는 거래당사자로부터 계약을 성실히 이행하겠다는 담보로서 매매계약과 동시에 계약금액의 일정비율에 해당하는 금액을 회원에게 납부하도록 하는데, 이를 증거금(margin)이라고 한다. 이러한 증거금은 선물계약의 이행보증을 위한 중요한 제도적 장치 중의 하나이다.

증거금은 고객이 회원에게 납부하는 위탁증거금과 회원이 거래소에 납부하는 거래증거금으로 분류되고, 위탁증거금은 개시증거금, 유지증거금, 추가증거금으로 세분된다.

① 개시증거금(initial margin or original margin)

고객이 새로운 선물계약을 매도하거나 매수할 때 회원에게 예치해야 하는 증거금을 의미한다. 이는 포지션의 크기, 즉 새로 개설한 매입수량이나 매도수량에 현재의 증거금 요율을 곱해 산출한다. 개시증거금의 수준은 거래소에서 책정하며, 상품, 가격수준, 가격변동성, 잔여만기, 고객의 신용도 등에 따라 다르다. 개시증거금은 현금 또는 대용증권으로 납부할 수 있다.

② 유지증거금(maintenance margin)

선물계약의 유지를 위해 고객이 유지하고 있는 포지션에 대해 1일 가격변동제한 폭 정도의 손실을 보전할 만한 최저수준의 증거금을 말한다. 고객의 개시증거금 수준이 감소하여 유지증거금 이하로 떨어진 경우에는 회원이 즉시 고객에게 증거금의 추가적립을 요구하게 되는데, 이와 같이 추가증거금을 요구하는 것을 마진 콜(margin call)이라고 한다.

③ 추가증거금(additional margin or variation margin)

선물가격의 변동에 의해 계좌의 증거금이 유지증거금 수준이하로 떨어졌을 때 추가적으로 납부하여야 하는 금액을 의미한다. 추가증거금은 고객이 24시간 내에 현금으로 개시증거금 수준까지 납부하여야 한다. 만일 이러한 요구가 이행되지 않으면, 반대매매에 의한 강제청산으로 부족분을 보충한다.

한편 선물계약거래자의 자산가격이 상승하여 증거금의 가치가 개시증거금을 초과하면 고객은 그 차액을 인출할 수 있는데, 이 부분을 초과증거금(excess margin)이라고 한다.[5)]

5) 일일정산(daily mark to market)

일일정산은 고객이 보유한 선물계약을 매일의 정산가격으로 재평가하여 그 손익을 고객의 증거금에 반영하는 것을 말한다. 즉 일일정산은 결제의 이행을 보증하기 위하여 납부한 증거금이 선물가격의 변화에도 불구하고 항상 일정한 수준의 담보능력을 유지할 수 있도록 미청산계약을 매일의 최종가격으로 재평가하는 것이다.

예를 들어 주가지수선물을 대상으로 선물거래를 하는 경우의 일일정산은 고객이 보유한 포지션을 거래소가 매일매일 정하는 최종지수(결제지수)를 기준으로 재평가하여 정산차금 및 갱신차금을 산출하고, 이에 따른 평가손익을 당일 중 고객의 증거금에 반영시킨다. 그 결과 그 다음날에는 전일까지의 포지션별 손익에 대한 정산이 모두 완료된 상태에서 거래를 개시하게 된다.

5) 초과증거금이 발생할 경우, 이를 인출할 수 있는지의 여부는 각 거래소에 따라 다르게 정하고 있다. 예를 들어 일부 미국의 거래소에서는 초과액의 인출을 허가하고 있지만, 동경거래소(TSE), 런던국제금융거래소(LIFFE) 등은 초과액의 인출을 허락하지 않고 있다.

6) 결제

선물계약의 결제는 만기일 이전에 반대매매를 통해 보유하고 있는 포지션을 청산하거나, 만기일까지 청산하지 못한 경우에는 현물을 인수도하거나 현금을 결제함으로써 거래를 종결한다.

반대매매는 동일한 종류의 계약을 반대로 체결함으로써 선물계약상의 의무를 이행하는 것으로, 선물계약의 종료방법 중 가장 많이 사용되는 방법이다. 선물계약의 대부분의 경우 만기일까지 선물계약을 보유하지 않고 만기일 이전에 반대매매를 통해 포지션을 청산함으로써 선물거래를 종결한다.

반대매매에 의하여 거래가 종결되지 않고 만기까지 남아 있는 계약은 최종결제에 의하여 거래가 종결된다. 최종결제는 만기일에 선물계약의 대상물을 인수도하고 대금을 수수함으로써 매매거래를 종결시키는 것을 말하는 데, 이에는 대상상품의 인수도 없이 현금으로 결제하는 현금결제와 실제 대상상품을 인수도하는 현물인수도가 있다. 우리나라의 선물시장에서는 미국달러선물과 금선물을 제외하고는 모두 현금결제를 채택하고 있다.

제 3 절 주가지수 선물거래

1. 주가지수선물거래의 개념 및 특징

주가지수선물거래란 증권시장에서 매매되고 있는 전체주식 또는 일부주식의 가격수준을 나타내는 주가지수를 대상으로 하는 선물거래를 말한다. 이러한 의미를 지니고 있는 주가지수선물거래는 다음과 같은 특징이 있다.

첫째, 주가지수선물거래는 실재하지 않는 대상을 매매한다.

예를 들어 농・축산물이나 광산물의 선물거래는 실제로 존재하는 상품을 표준화하여 선물거래의 대상으로 하고 있는 반면, 주가지수선물거래는 주식시장에 상장되어 있는 전체주식 또는 일부주식의 가격수준을 나타내는 수치인 주가지수를 대상으로 하는 선물거래이다. 따라서 주가지수선물거래는 어디까지나 계산상으로 존재하는 것이지 실제로 존재하는 상품은 아니다.

둘째, 주가지수선물거래는 최종결제 시 현금결제만이 가능하다. 앞에서 언급한 것처럼 일반적으로 선물거래에서는 최종거래일까지 반대매매되지 않은 계약은 매매대상인 실물을 인도하고 그 대가를 지불함으로써 종료된다. 그러나 주가지수선물거래의 대상인 주가지수는 계산상의 수치에 불과하여 인수도 할 수 없기 때문에 현금(계약시에 정한 주가지수의 수치와 결제시의 현물주가지수의 수치와의 차에 해당하는 현금)만으로 결제할 수 있다.

우리나라에서 시행하고 있는 주가지수선물거래에는 유가증권시장에 상장되어 있는 200개 종목의 전체가격수준을 나타내는 주가지수를 대상상품으로 하고 있는 KOSPI 200선물거래와 코스닥시장에 상장되어 있는 스타지수를 대상상품으로 하고 있는 KOSDAQ 스타지수선물이 있다.

2. 주가지수선물의 가격결정

주가지수선물가격은 시장에서 개별종목별로 매도와 매수호가에 의하여 결정되지만, 선물가격은 장래 일정시점의 현물주가지수이므로 현물주가지수가 중요한 가격결정요소로 작용한다.

예를 들어, 이론적으로는 1년 후에 인도할 조건으로 하는(즉, 1년 만기) KOSPI 200선물을 구입하는 것과 현재 KOSPI 200지수에 포함된 주식을 매입하여 1년간 보유하는 것은 같다. 따라서 장래의 일정한 시기인 1년 후에 인도하기 위하여 현재 주식 200종목을 매입한 경우에 매입비용에 상당하는 금융비용이 발생하므로 주가지수선물가격은 현물주가지수에 금융비용을 더하여야 한다. 또한 일반상품과 달리 주식을 보유할 경우 보유비용이 소요되지 않고 오히려 보유기간동안 배당이익이 발생하므로 배당이익만큼은 차감하여야 한다.

이와 같이 선물가격은 이론적으로는 현물가격에 금융비용, 배당금을 감안하여 산출한 가격과 유사한 가격이다. 예를 들어 KOSPI 200선물의 이론가격은 KOSPI 200

주가지수에 포함된 주식전체를 결제일까지 보유하는데 따른 순보유비용(금융비용-배당수입)을 잔존일수를 감안하여 이론적으로 산출할 수 있다.

선물이론가격=현물+(금융비용-배당수입)

$$F = S_o + S_o(r - d)(t/365)$$

단, F : KOSPI 200선물의 이론가격
S_o : 현재시점의 KOSPI 200 현물지수
r : 이자율
d : 배당수익률
t : 만기까지의 잔존일수

그러나 실제로는 각 투자자별로 중요한 가격결정요소인 장래의 예상주가지수전망에 따른 수요와 공급에 의하여 결정되기 때문에 이론가격과 항상 일치하지는 않는다. 즉 선물가격은 일반적으로 향후 주식시장이 상승할 것으로 예상되면 이론가격보다 높게 형성되고, 하락할 것으로 예상되면 이론가격보다 낮게 형성된다.

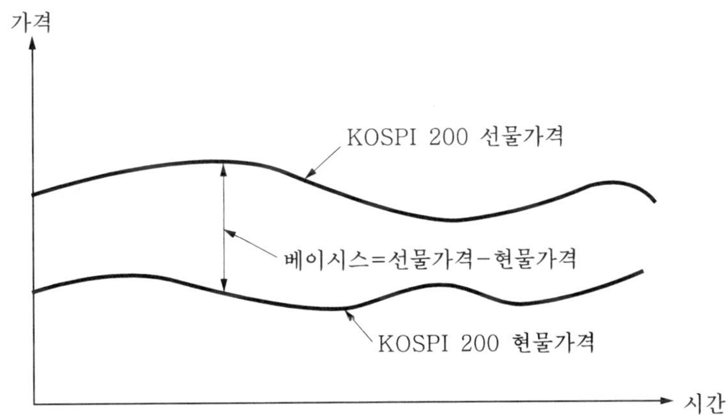

일반적으로 주가지수선물의 이론가격은 잔존기간이 긴 원월물의 가격이 잔존기간이 짧은 근월물의 가격보다 높다. 또한 주가지수선물거래의 경우 일반적으로 결제월이 가까운 종목(근월물)의 가격에 비하여 결제월이 먼 종목(원월물)의 가격이 기대요인으로 인하여 크게 움직인다. 따라서 시세가 상승추세에 있는 경우에는 근월물보다 원월물가격의 상승폭이 크며, 반대로 하락추세에 있는 경우에는 근월물보다 원월물가격의 하락폭이 크다.

3. 주가지수선물거래의 유형

주가지수선물거래는 크게 헤지거래(hedge trading)와 투기거래(speculation trading)로 구분된다. 헤지거래는 현물상품의 선물시장을 통하여 현물시장의 가격변동위험을 회피하는 것인데 반해, 투기거래는 현물시장의 참여 없이 선물시장에서 포지션을 보유 또는 매각함으로써 이에 따른 매매차익을 획득하고자 하는 거래이다. 투기거래는 다시 순수한 투기거래(open position trading)와 차익거래(arbitrage trading) 그리고 스프레드거래(spread trading)로 세분된다.

① 헤지거래(hedge trading)

헤지거래는 현물시장으로부터의 가격변동위험을 회피하기 위해 현물시장에서 취한 포지션과 반대된 포지션을 선물시장에서 취함으로써 한 쪽 시장에서의 손실을 다른 한 쪽의 이익으로 상쇄하고자 하는 거래이다. 이러한 의미를 지니고 있는 헤지거래는 매입헤지(long hedge)와 매도헤지(short hedge)로 나누어진다.

매입헤지는 주가지수선물을 매입함으로써 포트폴리오 가치를 보전하는 것을 말한다. 즉 주식포트폴리오를 가까운 장래에 매입하고자 하는 투자자는 주식시세의 상승에 의한 손실을 미리 회피하기 위해 현재시점에서 주가지수선물을 매입하게 된다. 이 경우에 예상한 대로 시세가 상승한 경우 주가지수선물을 비싼 가격으로 매도하여 이득을 취하게 되는데, 이것은 향후 높은 가격으로 매입하는 현물의 기회손실을 보전하게 된다.

매도헤지는 주식 포트폴리오를 보유하고 있는 투자자가 주가하락에 의한 손실을 회피하기 위하여 현물에 대응하여 주가지수선물을 매각하는 헤지이다. 즉 현재시점에서 선물시장에서 주가지수선물을 매도하고 미래 원하는 시점에서 주식 포트폴리오를 매도하면 가격변동의 방향에 관계없이 투자가치가 보전된다. 예상대로 주가가 하락하면 현물시장에서는 기회손실을 보지만 선물시장에서는 현재보다 싼 가격으로 매입할 수 있게 되므로 이익을 보게 된다. 만약 예상과 반대로 가격이 상승하면 현물시장에서의 기회이익은 선물시장에서의 손실을 보전하게 된다.

〈사례 1〉

□ 개시조건

- 50억원 상당의 주식포트폴리오를 보유하고 있는 기관투자자 A가 주가손실에 대비해 KOSPI 200선물을 100계약을 매도하고자 함.
- KOSPI 200현물지수는 100포인트이고, 2개월 후에 최종 결제되는 선물가격은 이론가격인 102포인트(이론가격 산출 적용금리가 연 12%이고, 동 기간 중 배당수익은 발생하지 않는다고 가정)에 매도

□ 투자결과

- 최종 결제시 KOSPI 200지수가 예상대로 하락한 경우와 반대로 상승한 경우로 나누어 헤지거래의 결과를 보면 다음과 같음.

〈KOSPI 200지수가 10% 하락하여 90포인트가 된 경우〉

보유주식 손익	KOSPI 200 선물거래 손익	손익
50억원×△10%＝△5억원(손실)	12포인트×50만원×100계약=6억원(이익)	1억원

〈KOSPI 200지수가 10% 상승하여 110포인트가 된 경우〉

보유주식 손익	KOSPI 200 선물거래 손익	손익
50억원×10%=5억원(이익)	△8포인트×50만원×100계약＝△4억원(손실)	1억원

- 거래결과에서 보는 바와 같이 KOSPI 200선물을 이용하면 헤지기간 중 주식가격이 상승하든 하락하든 주가변동에 따른 손익은 주가지수선물에서의 손익으로 완전히 상쇄됨(주가변동위험의 완전회피)과 동시에 KOSPI 200선물을 이용하는 대신 보유주식을 전부 매각할 경우 주식대금 운용으로 얻게 될 이자수입 1억원(50억원×12%×2/12월)도 확보하게 됨.

② 순수한 투기거래(open position trading)

순수한 투기거래란 주식을 보유하지 않고 장래의 주가변동을 예측하여 선물만 매도 또는 매수함으로써 시세변동에 따른 차익획득을 목적으로 하는 거래를 말한다. 선물거래는 거래대금의 일정률(예: 15%)인 증거금만으로 거래가 가능하고 언제든지 반대매매에 의해 포지션을 해소할 수 있기 때문에 투기목적의 거래에 쉽게 이용될 수 있다.

이러한 순수한 투기거래는 헤져 또는 차익거래자가 선물을 매도, 매수하고자 하는 경우 거래상대방의 역할을 수행하여 선물시장의 가격형성을 원활히 하고 유동성을 제고하는 역할을 수행한다. 그러나 순수한 투기거래는 레버리지효과로 인해 낮은 투자금액으로 높은 이익을 얻을 수 있지만, 반대로 예상이 틀린 경우 큰 손실을 볼 수 있으므로 선물거래 유형 중에서 가장 위험이 큰 거래이다.

〈사례 2〉

□ 개시조건

- 투자자 B가 향후 KOSPI 200지수의 상승을 예상하고 보유자금 7,500만원으로 KOSPI 200선물을 매수한 후 KOSPI 200지수가 상승 또는 하락하는 경우의 손익을 주식투자와 비교하고자 함.
- 현재의 선물가격은 100포인트이고, 10계약을 매수하여 증거금으로 7,500만원을 납부하였다고 가정

□ 투자결과

〈KOSPI 200지수가 5% 상승한 경우〉

KOSPI 200선물 거래결과		주식을 매수한 경우 투자결과	
(105P-100P)×50만원×10계약 =2,500만원(이익)	투자수익률 : 33% (2,500/7,500)	7,500만원×5% =375만원(이익)	투자수익률 : 5%

〈KOSPI 200지수가 5% 하락한 경우〉

KOSPI 200선물 거래결과		주식을 매수한 경우 투자결과	
(95P-100P)×50만원×10계약 =2,500만원(손실)	투자수익률 : △33% (△2,500/7,500)	7,500만원×△5% =△375만원(손실)	투자수익률: △5%

- 거래결과에서 보는 바와 같이 주가지수선물에 투자하는 것이 주식에 투자하는 것보다 수익률이 약 7배정도 크다는 것을 알 수 있음.
- 이는 주가지수선물거래의 위탁증거금률이 15%이기 때문에 발생하는 레버리지 효과에 의한 것임(손실이 발생할 때도 레버리지효과로 인하여 큰 폭의 손실을 입음).

③ 차익거래(arbitrage trading)

차익거래는 선물의 이론가격과 실제가격 사이에 일시적인 가격불균등이 발생했을 경우에 장래 그 차이가 좁혀질 것으로 예상하여 현물과 선물시장에 동시에 개입하여 각각 반대방향으로 매매하는 거래를 말한다.

실제 선물가격이 이론 선물가격보다 높은 경우에는 선물에서 매도포지션을 취하고 현물은 매입하고, 반대로 선물가격이 이론 선물가격보다 낮은 경우에는 선물에서 매입포지션을 취하고 현물은 매도한다.

주가지수선물의 이론가격은 지수의 현물가격에 보유비용을 합한 것이다. 여기서 보유비용이란 지수현물을 보유하는 데 대한 금융비용으로 현물지수에 대한 이자비용에서 현물지수를 보유함으로써 발생하는 배당수익을 차감한 것이 된다. 일반적으로 배당수익률은 단기이자율보다 낮으므로 이론 선물가격은 현물가격을 상회한다.

그런데 실제 선물가격이 이론 선물가격과 일치하는 경우는 거의 없다. 따라서 차익거래로 인한 수익(이론과 실제 선물가격과의 차이)이 단기금융비용보다 높으면 차익거래의 기회가 존재한다고 할 수 있다. 이때 차익거래자는 차익거래를 하는데 드는 거래비용과 세금 등을 고려하여 최종적으로 의사결정을 해야 한다.

〈사례 3〉

□ 개시조건

- 2008년 11월 12일 현재 현물시장의 KOSPI 200지수는 100포인트이고, KOSPI

200선물 12월물(최종거래일 12월 12일)의 가격은 102P, 단기금리 연9%, 예상배당수익률 연 3%(연중 균등배당가정)라고 가정

- 이때 KOSPI200선물 12월물 선물이론가격은 100.5P가 되어 선물가격(102P)이 상대적으로 높음.
- 이에 따라 투자자C는 12월물 KOSPI 200선물 10계약을 102P에 매도함과 아울러 선물10계약에 상당하는 현물주식 5억원(100P×50만원×10계약)을 연 9%의 금리로 차입하여 매수하였음.
- 최종거래일의 KOSPI 200현물종가지수는 97P라고 가정.

□ 투자결과

구 분	현물시장	선물시장
매매체결결과	① 주식매매 -매수(11/12):5억원(100P×50만원×10계약) -매도(12/12):4.85억원(5억원×97/100) -결과 : 0.15억원 손실 ② 차입금의 이자비용:0.0375억원=5억원×9%×1/12 ③ 배당수입 : 0.0125억원=5억원×3%×1/12	① KOSPI 200선물매매 - 매도(11/12): 5.1억원(102P×50만원×10계약) - 최종결제(12/12):4.85억원(5억원×97/100) - 결과 : 0.25억원 이익
(손익)	0.175억원 손실	0.25억원 이익
총손익	0.075억원 이익(0.25억원-0.175억원)	

- 여기에서 차익거래이익 0.075억원은 11월 12일의 선물가격 102P와 선물이론가격 100.5P의 차이인 1.5포인트에 해당하는 금액(1.5P×50만원×10계약)으로 이 금액은 최종현물지수가 어떻게 형성되더라도 동일하다.

④ 스프레드 거래(spread trading)

선물에 있어서 스프레드란 서로 다른 두 개의 선물상품 또는 결제월 종목간의 가격차이를 의미하고, 선물스프레드거래란 이러한 서로 다른 두 개의 선물상품 또는 결제월 종목을 동시에 사고파는 거래를 말한다. 이러한 스프레드거래의 목적은 서로 다른 두 포지션의 가격변동폭 차이에서 이익을 추구하는 데에 있다.

선물 스프레드거래의 가격은 원월물에서 근원물의 가격을 뺀 수치를 말한다. 이

는 주가지수선물의 경우 일반적으로 원월물의 가격이 근월물의 가격보다 이론적으로 높기 때문이다. 따라서 거래시에 매도와 매수의 기준을 원월물을 기준으로 하여, 스프레드매도는 원월물매도와 근월물매수를, 매수는 원월물매수와 근월물매도를 각각 의미한다.

스프레드거래에서 매수자란 스프레드를 매수, 즉 원월물을 매수하고 근월물을 매도하는 자를 말한다. 매수자는 현재 시장에서 형성된 종목간의 가격차, 즉 스프레드가 적정수준보다 작아서 향후에 스프레드의 확대를 예상하고 스프레드 매수포지션을 취하게 되는데, 거래성립이후 매수시의 스프레드보다 더 크게 되면 이익이 발생하고, 작아지면 손실이 발생한다. 한편 스프레드거래에서 매도자란 스프레드를 매도, 즉 원월물을 매도하고 근월물을 매수하는 자를 말한다. 매도자는 현재 시장에서 형성된 종목간의 가격차, 즉 스프레드가 적정수준보다 커서 향후에 스프레드의 축소를 예상하고 스프레드 매도포지션을 취하게 되는데, 거래성립 이후 매도시의 스프레드보다 더 작아지면 이익이 발생하고, 커지면 손실이 발생한다.

〈사례 4〉

□ 개시조건

- 현재 KOSPI 200지수는 100포인트이고, KOSPI 200선물 12월물은 103P, 3월물은 105P라고 가정
- 이에 따라 투자자 C는 12월물의 이론가격 102P, 3월물의 이론가격 106P에 비해 12월물은 고평가되어 있고, 3월물은 저평가되었다고 판단하여, 선물스프레드 가격 +2P에 선물스프레드 5계약을 매수하였음.

□ 투자결과

- 한달 후 선물스프레드가 +4P로 확대된 경우의 투자결과는 다음과 같음.

〈선물스프레드가 +4P로 확대된 경우〉

주문유형	스프레드 구성종목 거래내역	
	근월종목(12월물)	원월종목(3월물)
스프레드 +2P에 매수	KOSPI 200 12월물 5계약 103P에 매도	KOSPI 200 3월물 5계약 105P에 매수
스프레드 +4P에 매도	KOSPI 200 12월물 5계약 104P에 매수	KOSPI 200 3월물 5계약 108P에 매도
결 과	-1P(103P-104P)×50만원 ×5계약=250만원 손실	3P(108P-105P)×50만원 ×5계약=750만원 이익
	총손익 : 500만원이익(=2P×50만원×5계약)	

4. 주가지수선물거래의 결제방법

주가지수선물거래는 일반 선물거래와는 달리 실물을 인·수도할 수 없으므로 현물지수를 최종결제가격으로 하여 현금 결제한다. 따라서 주가지수선물거래에서는 결제불이행을 방지하기 위하여 주식결제업무에는 없는 매매증거금관리 및 미결제약정수량 관리업무가 있다. KOSPI 200 선물거래의 경우 반대매매 및 최종결제방법으로 결제가 이루어진다.

반대매매란 최종일결제이전에 기존의 매수(매도)한 계약과 동일한 종목, 동일한 수량을 매도(매수)하여 선물거래에 의한 결제의무를 벗어나는 결제방법이다.

최종결제는 최종결제일까지 반대매매되지 않은 미결제약정(포지션)을 결제하는 것을 말한다. 최종결제의 경우, 매수자는 약정지수에 50만원을 곱하여 산출한 금액을 매도자에게 지불하고, 매도자는 실물대신에 최종결제지수(최종거래일의 KOSPI 200현물종가지수)에 50만원을 곱하여 산출한 금액을 매수자에게 지불하는 것으로 종료되나, 실질적으로는 약정지수와 최종결제지수의 차에 50만원을 곱하여 수수(차금결제)하는 방식으로 이루어진다.

제 4 절 우리나라의 선물시장

1. KOSPI 200 선물시장

KOSPI 200 선물은 유가증권시장에 상장되어 있는 200개 종목의 시가총액의 변동을 통하여 시장전체의 움직임을 나타내는 지수를 기초자산으로 하는 주가지수선물거래이다. 1996년 5월 3일 거래소에 KOSPI 200 선물이 상장된 이후 지금까지 거래되고 있다. KOSPI 200지수는 1990년 1월 3일을 기준시점으로 하여 시가총액방식으로 다음과 같이 산출한다.

$$\text{오늘의 KOSPI 200지수} = \frac{\text{오늘의 시가총액}}{\text{기준시가 총액}} \times 100$$

KOSPI 200 선물에는 결제월이 3월, 6월, 9월, 12월인 4개 종목이 있으며, 새로 상장되는 종목의 거래기간은 최장 1년이다. 각 종목의 최종결제일은 각 결제월의 두 번째 목요일로서 이날이 되면 해당 결제월 종목은 당일 거래시간 종료 후 상장폐지되고, 다음 날부터는 새로운 결제월 종목이 자동적으로 상장되어 거래된다.

예를 들어 결제월이 3월인 종목의 최종거래일이 2009년 3월 둘째주 목요일이면, 결세월이 3월인 새로운 종목은 2009년 3월 둘째 주 금요일에 거래를 개시하여 2010년 3월 둘째 주 목요일(휴일이 아닌 경우)에 최종거래가 이루어진다.

KOSPI 200 선물의 경우 주가지수에 거래단위승수 50만원을 곱한 값을 1계약단위로 한다. 예를 들어 KOSPI 200선물지수가 110포인트이고 어떤 투자자가 2계약을 매수하였다면, 계약금액은 110포인트에 50만원과 매수수량 2계약을 곱한 1억1,000만원이 된다. 호가단위는 0.05포인트로 금액으로는 25,000원(0.05P×500,000원)이다.

KOSPI 200 선물의 거래시간은 월요일부터 금요일까지 주식시장과 동시에 거래를 개시(09:00)하여 주식시장 종료 15분 후(15:15)에 거래를 종료한다.[6] 이때 08시

00분부터 09시 00분까지는 단일가매매로 거래를 체결하고 09시 00분 15시 05분까지는 접속매매로 거래한다. 그리고 15시 05분부터 15시 15분까지는 단일가매매로 거래를 체결한다. 다만 최종거래일이 도래한 종목의 매매거래시간은 09시 00분부터 14시 50분까지이며 접속매매로 거래를 체결한다.7)

KOSPI 200 선물의 개시증거금은 KOSPI 200지수에 거래단위(50만원)를 곱한 금액의 15%수준이고, 유지증거금은 KOSPI 200지수에 거래단위(50만원)를 곱한 금액의 10%수준이다. 거래의 체결은 주식시장과 마찬가지로 개별경쟁매매방식으로 가격, 시간, 수량의 원칙에 따라 이루어진다.

KOSPI 200 선물거래에서는 투자자보호차원에서 일일가격제한폭과 효력정지제도 등을 두고 있다. 먼저 KOSPI 200 선물거래의 가격제한폭은 기준가격대비 상하 10%이다.8) 거래소는 프로그램매매에 의한 주식시장의 과도한 급등락을 방지하기 위해 프로그램매매호가의 효력정지제도(side car)를 도입하여, 적용시키고 있다. 이는 KOSPI 200 선물가격이 전일종가대비 ±5%이상 변동하여 1분 이상 지속될 경우 유가증권시장의 프로그램매매호가에 대하여 일시적으로 효력을 정지시킨 후 발동시점부터 5분이 경과한 시점에서 매매체결에 참가하도록 하는 제도이다. 이는 주식시장의 매매거래종료 40분전 이후에는 적용하지 않으며 1일 1회에 한하여 발동하게 되어 있다.

한편 거래소는 시장의 가격안정화를 도모하기 위하여 선물의 일시적 매매거래중단제도(circuit breakers)를 도입, 적용하고 있다. 이 제도에 의하면 어제의 약정수량이 가장 많은 선물종목의 가격이 기준가 대비 5%이상 변동하고 선물이론가격에 대비한 괴리율이 3% 이상인 상태가 1분 이상 지속되는 경우에는 모든 선물종목의 거

6) 이는 확정된 현물포지션에 대해 자신의 투자목표 내지 전략에 맞추어 선물포지션을 조정할 수 있는 기회를 부여하기 위해서이다.

7) 거래최종일에는 주식시장이 종료되면 최종결제가격이 확정되므로 더 이상 선물을 거래할 이유가 없고, 주식시장이 매매종료 전 10분 동안 단일가로 거래되어 시장정보가 단절되기 때문에 주식시장보다 10분 일찍 선물거래가 종료되도록 하고 있다.

8) 기준가격은 전일의 종가이며(기세포함), 전일종가가 없는 경우에는 최근일의 종가로 한다. 다만, 최근일의 종가와 전일의 현물종가지수를 기초로 산출한 이론가격의 차이가 최근일의 종가를 기준으로 한 가격제한폭을 초과하는 때에는 거래소가 산출한 이론가격을 기준가격으로 한다. 또한 시장개설시와 새로운 종목의 상장시에도 이론가격을 기준가격으로 한다.

래가 5분간 중단된다. 거래중단 후 10분간 단일가호가를 접수하여 단일가로 체결된다. 또한 주식시장에서 종합지수가 전일종가대비 10%이상 하락하고 이 상태가 1분간 지속되어 매매거래를 20분간 중단할 때에는 선물시장도 매매거래를 중단한다. 그리고 KOSPI 200 구성종목의 절반이상이 거래가 이루어지지 않거나 시스템에 장애가 발생할 경우에도 거래를 일시 중단할 수 있다. 다만, 인위적인 거래중단은 1일 1회로 제한하고 있다.

〈표 9-2〉 KOSPI 200선물과 스타지수선물의 거래제도

구 분	KOSPI 200선물	스타지수선물
기초자산	KOSPI 200	코스닥시장의 스타지수
1계약의 금액	가격× 50만원(거래승수)	가격 × 1만원
가격표시	KOSPI 200의 수치(P) (소수점 둘째자리까지 표시)	스타지수의 수치(P) (소수점 둘째자리까지 표시)
결제월	3, 6, 9, 12월	
호가가격 단위	0.05 포인트(P)	0.5 포인트(P)
거래시간	월요일~금요일, 09:00~15:15 (단, 최종거래일은 09:00~14:50)	
최종거래일	결제월의 두 번째 목요일	
최종결제일	최종거래일의 다음거래일	
최종결제방법	현금결제	
호가한도가격 (상 · 하한가)	기준가격±(기준가격 × 10%)	
기준가격	전일종가	
최종결제방법	현금결제	

자료 : 거래소

2. 스타지수선물시장

스타지수선물은 2005년 1월 통합 거래소가 출범한 이후 개설된 첫 번째 파생상품시장으로, 종전의 거래가 부진했던 KOSDAQ50선물시장을 대체해 코스닥시장에 효율적인 위험관리수단을 마련함으로써 동 시장의 질적 수준을 향상시키기 위해 2005년 11월 7일 개설되었다.

스타지수선물은 스타지수에 거래단위승수 1만원을 곱한 값을 1계약단위로 하고,

호가가격단위는 0.5포인트로 금액으로는 5,000원(0.5P×10,000원)이다. 계약이행담보장치에 있어서는 KOSPI200선물과 동일한 증거금제도를 채택하고 있다. 호가한도가격(가격제한폭)은 전일종가의 10%이고 결제월물, 최종거래일, 개장시간 등은 KOSPI 200선물과 동일하다(〈표 9-2〉 참조).

3. 주식선물시장

주식선물은 유가증권시장 상장주권 15종목을 기초주권으로 하여 2008년 5월 6일 개설되었는데, 결제월은 3월, 6월, 9월, 12월인 4개 종목이 있으며, 가격에 거래승수 10주를 곱한 값을 1계약의 금액으로 하고 있다. 가격의 표시는 기초주권의 가격으로 표시하고 호가한도가격은 기준가격의 15%로 한정하고 있으며, 최종거래일은 결제월의 두 번째 목요일이다.

〈표 9-3〉 주식선물의 거래제도

구 분	주식선물
기초주권	유가증권시장 상장주권 15개
1계약의 금액	가격 × 10주(거래승수)
결제월	3, 6, 9, 12월
거래시간	월요일~금요일, 09:00~15:15(단, 최종거래일은 09:00~14:50)
가격의 표시	기초주권의 가격(원)
최종거래일	결제월의 두 번째 목요일
최종결제일	최종거래일의 다음거래일
최종결제방법	현금결제
호가가격 단위	기초주권 가격수준에 따라 상이(5원~50원)
호가한도가격	기준가격±(기준가격 × 10%)

자료 : 거래소

4. 미국달러선물시장

미국달러선물은 미국달러를 기초자산으로 한 선물거래이다. 즉 미국달러선물은 미래의 일정시점에 인수도할 미국달러화를 현재시점에서 미리 매수하거나 매도하는 계약에 의해 이루어지는 선물거래로서 1999년 4월 환율변동에 따른 위험관리 및 투자수단을 제공하기 위하여 거래소에 상장되어 거래되고 있다.

〈표 9-4〉 미국달러선물의 거래제도

구 분	미국달러선물
기초자산	미국달러
1계약의 금액	가격 × 5만(거래승수)
가격의 표시	원/USD 1(소수점 둘째자리까지 표시)
결 제 월	매월
상장결제일	6개(분기월 4개, 그 외월 2개)
호가가격단위	0.10
거래시간	09:00~15:15 (최종결제일 09:00~11:30)
최종거래일	결제월의 세 번째 월요일
최종결제일	최종거래일로부터 기산하여 3일째 거래일
호가한도가격	기준가격±(기준가격 × 3.0%)
최종결제방법	기초자산 인수도

자료 : 거래소

5. 엔선물 · 유로선물시장

엔선물은 일본통화인 엔을 기초자산으로, 유로선물은 유로통화를 기초자산으로 한 선물거래로서, 환율변동에 따른 위험관리 및 투자수단을 제공하기 위하여 2006년 5월 26일 거래소에 상장되어 거래되고 있다. 구체적인 거래제도의 내용은 〈표 9-5〉와 같다.

〈표 9-5〉 엔선물 · 유로선물의 거래제도

	엔 선 물	유 로 선 물
기초자산	엔	유로
결 제 월	매월	
상장결제월의 수	6개(분기월 4개, 그 외 월 2개)	
1계약의 금액	가격 × 50,000(거래승수)	가격 × 10,000(거래승수)
가격의 표시	100엔당 원(원) (소수점 둘째자리까지 표시)	1유로당 원(원) (소수점 둘째자리까지 표시)
호가가격 단위	0.10	
호가한도가격	기준가격±(기준가격 × 3.0%)	
거래시간	09:00~15:15 (최종결제일 09:00~11:30)	
최종거래일	결제월의 세 번째 월요일	
최종결제일	최종거래일로부터 기산하여 3일째 거래일	
최종결제방법	기초자산인수도	

자료 : 거래소

6. 국채선물시장

국채선물에는 3년 국채선물과 5년 국채선물, 10년 국채선물이 각각거래소에 상장되어 거래되고 있는데, 3년 국채선물은 3년 만기 표면금리 8% 국고채권, 5년 국채선물은 5년 만기 표면금리 8% 국고채권을, 10년 국채선물은 10년 만기 표면금리 5% 국고채권을 각각 기초자산으로 하고 있다.[9)]

9) 3년국채선물은 1999년 9월에, 5년 국채선물은 2003년 8월에, 10년 국채선물은 2008년 2월에 가가 상장되었다.

〈표 9-6〉 3년 국채선물 및 5년 국채선물의 거래제도

구 분	3년 국채선물	5년 국채선물	10년 국채선물
기초자산	액면 100원, 만기3년, 표면금리8%, 6월단위 이자지급방식의 국고채권 표준물	액면 100원, 만기5년, 표면금리8%, 6월단위 이자지급방식의 국고채권 표준물	액면 100원, 만기5년, 표면금리8%, 6월단위 이자지급방식의 국고채권 표준물
결제월	3, 6, 9, 12월		
상장결제월의 수	2개		3개
1계약의 금액	가격 × 100만원(거래승수)		가격×50만원(거래승수)
가격의 표시	액면 100원당 (P)(소수점 둘째자리까지 표시)		
호가가격 단위	0.01		
호가한도가격	기준가격±(기준가격×1.5%)	기준가격±(기준가격×1.8%)	기준가격±(기준가격×2.0%)
거래시간	09:00~15:15(최종거래일 09:00~11:30)		
최종거래일	결제월의 세 번째 화요일		
최종결제일	최종거래일의 다음거래일		
결제방법	현금결제		기초자산인수도

자료 : 거래소

3년 국채선물 및 5년 국채선물의 결제월은 3, 6, 9, 12월 주기 중 2개로, 상장결제월수는 총 2개인데 반해, 10년 국채선물은 3개이다. 또한 최종결제방법의 경우 3년 국채선물 및 5년 국채선물은 현금결제인데 반해, 10년 국채선물은 기초자산인수도이다.

7. 통화안정증권금리선물시장

통화안정증권금리선물은 만기 364일의 통화안정증권수익률을 기초자산으로 하는 선물거래로서, 2002년 12월 거래소(구 한국선물거래소)에 상장되어 거래되고 있다.

결제월은 3, 6, 9, 12월로 상장결제월의 수는 4개이고, 최종결제는 현금결제에 의하여 이루어지며, 최종결제가격은 금융투자협회 공시 만기 364일의 통화안정증권 유통수익률 100에서 차감하여 계산한다.

〈표 9-7〉 통화안정증권 금리선물의 거래제도

구 분	통화안정증권금리선물
기초자산	만기 364일의 통화안정증권
결 제 월	3, 6, 9, 12월
상장결제월의 수	4개
1계약의 금액	가격 × 200만원(거래승수)
가격의 표시	100-유통수익률(P)
호가가격 단위	0.01
거래시간	09:00~15:15 (최종결제일 09:00~11:30)
최종거래일	결제월의 세 번째 화요일
최종결제일	최종거래일의 다음 거래일
결제방법	현금결제
가격제한폭	기준가격±(기준가격×0.3%)

자료 : 거래소

8. 금선물시장

금선물은 미래의 일정시점에 인수도할 금을 현재 선물시장을 통해 매매하는 계약으로, 1999년 4월 거래소(구 한국선물거래소)에 상장되어 거래되고 있다.

금선물의 순도 99.99%의 금괴를 기초자산으로 하고 있으며, 결제월은 매월로 상장결제월의 수는 짝수월6개, 그 월1개를 포함하여 7개이다. 최종결제방법은 기초자산인수도이며, 최종거래일의 정산가격을 최종결제가격으로 하고, 최종결제일에 금과 원화가 교환된다.

〈표 9-8〉 금선물의 거래제도

구 분	금 선 물
기초자산	순도 99.99%의 금괴
결제월	매월
상장결제월의 수	7개(짝수월 6개, 그 외 월 1개)
1계약의 금액	가격 × 1,000 (거래승수)
가격의 표시	1g 당 원화
호가가격 단위	10
거래시간	09:00~15:15(최종결제일 09:00~11:30)
최종거래일	결제월의 마지막 거래일의 직전 2거래일
최종결제일	결제월의 마지막 거래일
결제방법	기초자산 인수도
호가한도가격	기준가격 ± (기준가격× 9%)

자료 : 거래소

제10장

파생상품시장(II):옵션시장

본 장에서는 먼저 옵션의 개념, 특징, 기능 등 옵션의 개요에 대하여 살펴본 후, 옵션거래의 손익구조, 옵션가격의 구성, 옵션가격의 결정요인, 옵션거래의 결제 등 옵션거래와 관련된 제반사항에 대하여 알아본다. 다음으로 KOSPI 200옵션시장 등 현재 우리나라에서 개설되어 있는 옵션시장에 대하여 구체적으로 알아본다.

제1절 옵션의 개요

1. 옵션의 개념

옵션(option)은 특정대상물을 사전에 정한 가격으로 일정한 기간(혹은 일정한 시점)내에서 살 수 있는 권리 또는 팔 수 있는 권리를 의미한다. 여기서 옵션의 대상이 되는 목적물을 대상자산(underlying asset) 또는 기초자산이라 하고, 사전에 정한 가격을 권리행사가격이라고 한다. 그리고 일정한 기간 내란 옵션계약에 따라 옵션의 매수자가 옵션의 매도자에 대해 특정한 가격으로 대상자산을 거래할 수 있는 기간인 권리행사기간을 말하고, 사전에 정한 시점을 만기일이라고 한다. 옵션 중에는 살 권리를 콜(call)옵션이라고 하고, 팔 권리를 풋(put)옵션이라고 한다.

옵션거래는 옵션을 거래대상으로 하는 거래로서 옵션매입자와 옵션매도자간에 이루어진다. 옵션매도자는 옵션매수자에게 옵션(권리)을 제공하고, 옵션매수자는 옵션매도자에게 그 대가를 지급한다. 이와 같이 옵션매입자가 미리 정해진 조건으로 기초자산을 사거나 팔 수 있는 권리를 얻는 대신 옵션매도자에게 일정한 대가를 지불하는데, 이를 프리미엄 또는 옵션가격이라고 한다.

〈표 10-1〉 선물거래와 옵션거래의 차이점

		선물거래	옵션거래
거래대상		- 기초자산 자체	- 기초자산을 매도・매수할 수 있는 권리
권리・의무		- 매수자 : 권리와 의무 - 매도자 : 권리와 의무	- 매수자 : 권리 - 매도자 : 의무
계약시 수수금액		- 프리미엄 수수가 없음	- 매도자 : 권리부여⇒매수자 - 매수자 : 프리미엄⇒매도자
증거금		- 매도자와 매수자모두 납부	- 의무를 부담하는 매도자만 납부
위험구조	매수자	- 위험 무한정	- 위험이 프리미엄에 한정
	매도자	- 위험 무한정	- 위험무한정(단, 프리미엄만큼 위험감소)
결제방법		- 반대매매 또는 최종결제	- 반대매매 또는 권리행사

자료 : 거래소

옵션거래의 매수자(buyer)는 옵션을 취득함으로써 권리를 보유하는 자를 의미하며, 보유자(holder)라고 한다. 한편 옵션거래의 매도자(seller)는 옵션을 발행하여 매도함으로써 의무를 지는 자를 말하며, 발행자(writer)라고도 한다. 옵션거래의 매수자는 대금(프리미엄)을 지불하는 대신에 기초자산을 권리행사가격으로 살(팔)수 있는 권리를 보유한다. 옵션은 권리이며 의무가 아니기 때문에 권리의 행사여부는 매수자의 자유선택이다. 즉 매수자는 자산에게 유리한 경우에 한하여 권리를 행사하면 된다. 옵션거래의 매도자는 대금(프리미엄)을 받는 대신에 기초자산을 권리행사가격에 팔(살) 의무를 갖는다. 매도자는 매수자의 요구가 있으면 즉시 권리행사에 따를 의무를 이행한다.

옵션거래는 선물거래와 계약시점부터 상당기간 후에 대상물의 결제를 이행한다는 점과 경제적 기능이 유사하지만, 여러 측면에서 차이점이 있다(〈표 10-1〉 참조).

2. 옵션거래의 특징

옵션거래는 주식거래나 선물거래 등 다른 금융상품거래와는 다른 다양한 특징을 지니고 있다.

1) 손익구조의 비대칭성

선물거래의 경우 시장가격변동분이 전부 이익이나 손실로 실현된다. 즉 손익이 무제한적으로 증가될 수 있다. 이에 비해 옵션거래는 손실이나 이익 어느 한쪽이 제한되어 있다. 옵션매수의 경우는 이익이 무제한적인 반면에 손실이 제한되어 있고, 옵션매도의 경우는 손실이 무제한적인 반면에 이익이 제한되어 있다. 따라서 선물거래에서는 손익이 대칭적인 구조인데 비해, 옵션거래는 손익이 비대칭적인 구조라고 말할 수 있다.

2) 거래기법의 다양성

옵션거래는 다른 파생상품과 결합하여 다양한 형태의 손익구조 및 투자수단을 제공한다. 뿐만 아니라 옵션거래에서는 시황변동의 방향 이외에 시황의 변동성에 대한 예측까지도 이용할 수 있다. 실제로 옵션거래에서는 가격이 움직이는 방향보다도 가격이 얼마나 큰 폭으로 변동할 것인가가 더 중요하게 되는 경우가 많다.

3) 기한부 상품

옵션거래는 권리에 대한 거래이며 그 권리는 채권과 같이 일정한 기간으로 제한되어 있다. 따라서 그 기간 내에는 권리를 행사할 수 있지만 그 기간이 지나면 권리를 행사할 수 없다.

4) 가치의 소모성

옵션은 향후 장세가 자신이 생각한 대로 움직이는 경우 권리를 행사하거나 반대매매를 통해 투자수익을 올리는 상품이기 때문에 다른 조건이 일정하다면 계약기간이 길수록 기초자산가격변동의 가능성이 커지게 되어 옵션의 가치가 상승하며 계약 만료일이 다가올수록 그 가치(시간가치)가 하락하는 특성을 지니고 있다. 따라서 옵션을 소모성상품이라고 하며 만료일에는 "기초자산가격-권리행사가격", 즉 권리행사가치만 남게 된다.

3. 옵션의 기능

옵션이 갖고 있는 기능에는 체계적 위험 헤지기능, 거래위험한정기능, 투자기회 확대기능, 포트폴리오의 효율적 관리기능, 잠재적 수요창조기능 등이 있다.

1) 체계적 위험 헤지기능

주식시장에서 투자자는 개별종목이 지니고 있는 고유한 리스크를 회피하기 위해 다수종목의 포트폴리오를 구성한다. 그러나 이것만으로 시장전체가 지니고 있는 체계적 위험까지 회피할 수는 없다.

따라서 현재 기초자산을 보유하고 있는 투자자는 풋옵션을 보유함으로써 기초자산의 가격이 하락하는데 따라 발생되는 위험을 회피할 수 있고, 반대로 장래에 기초자산을 매수하고자 하는 투자자의 경우에는 콜옵션을 보유함으로써 실제로 매수한 기초자산의 가격이 상승하는 데에 따른 리스크를 회피할 수 있다.

2) 거래위험 한정기능

옵션은 기초자산의 가격변동에도 불구하고 손실을 프리미엄으로 한정시키고 이익을 극대화할 수 있는 기능이 있다. 즉 콜옵션 거래의 경우 매수자는 기초자산의 가격이 상승하면 권리를 행사하여 기초자산의 가격이 상승하는데 따른 이익을 얻을 수 있지만, 예측이 잘못되어 기초자산의 가격이 하락하여 권리행사가격 이하로 떨어진 경우에는 매수할 수 있는 권리를 포기함으로써 기초자산의 가격하락에 따른 손실을 프리미엄금액으로 한정시킬 수 있다.

3) 투자기회의 확대기능

옵션거래는 다양한 형태의 투자수단을 제공하여 준다. 즉 가격변동 폭이 클 것으로 예상하거나, 작을 것으로 예상하는 경우 다른 투자수단으로는 실현할 수 없는 이익을 가능하게 하여 주는 투자기회를 확대하는 기능이 있다.

4) 효율적 포트폴리오관리기능

주식시장의 경우 포트폴리오의 리스크를 조정할 필요가 있을 때 단기간 동안에 거액의 매매를 하면 거래비용이 커질 뿐만 아니라 주가의 변동성을 증대시킨다. 이러한 경우 옵션거래를 이용하면 낮은 비용으로 포트폴리오의 리스크를 보다 효율적으로 조정할 수 있다.

예를 들어 주가가 하락할 것으로 예상되는 경우에는 보유하고 있는 주식을 대량으로 매도해야만 하는 부담뿐만 아니라, 주식을 매도할 경우 주가하락을 초래할 수 있다. 이때 옵션거래를 이용하면 주식가격의 커다란 변동없이 효율적으로 포트폴리오를 관리할 수 있다.

5) 잠재적 수요창조기능

현재 주식매입자금은 없으나, 미래에 현금유입이 있을 것으로 예상하는 투자자의 경우, 향후 주가가 상승하리라고 보는 대상주식의 콜옵션을 매수하고, 현금유입이 있게 되는 시점에서 옵션권리를 행사하여 기초자산을 매입할 수 있다. 이와 같이 옵션은 투자자에게 잠재적 수요를 창조하게 하는 기능을 갖는다.

4. 옵션거래의 구분

옵션거래는 권리의 유형에 따라 콜옵션과 풋옵션으로 구분되고, 권리행사 가능시기에 따라 유럽형옵션과 미국형옵션으로 구분된다.

1) 권리의 유형에 따른 분류

콜옵션거래는 기초자산을 권리행사가격에 살 수 있는 권리를 매매대상으로 하는 거래이다. 콜옵션의 매수자는 살 수 있는 권리를 취득하고 그 대가로 대금인 프리미엄을 매도자에게 지불한다. 반면에 콜옵션의 매도자는 대금인 프리미엄을 받는 대신에 매수자의 청구가 있으면 기초자산을 권리행사가격으로 매도하여야 한다.

풋옵션거래는 기초자산을 권리행사가격에 팔 수 있는 권리를 매매대상으로 하는 거래이다. 풋옵션의 매수자는 팔 수 있는 권리를 취득하고, 그 대가로 대금인 프리미엄을 매도자에게 지불한다. 반면에 풋옵션의 매도자는 대금인 프리미엄을 받는 대신에 매수자의 청구가 있으면 기초자산을 권리행사가격으로 매입하여야 한다.

2) 권리행사기간에 따른 분류

유럽형 옵션은 장래 일정시점(만기일)에만 권리행사가 가능한 옵션인데 비해, 미국형 옵션은 장래 일정시점(만기일)이전에 언제든지 권리행사가 가능한 옵션이다.

유럽형 옵션은 이론가치의 산출이 용이하고 업무처리량이 상대적으로 적으며 매도측에 유리한 특징이 있다. 이에 비해 미국형 옵션은 유럽형 옵션에 비해 권리행사를 할 기회가 많기 때문에 프리미엄의 값이 비싸고, 만기일이전에 권리행사가 가능하기 때문에 거래가 상대적으로 활발하며 다양한 투자전략을 구사할 수 있다(〈표 10-2〉 참조).

〈표 10-2〉 유럽형 옵션과 미국형 옵션의 비교

	유럽형 옵션	미국형 옵션
권리행사 가능일	- 거래최종일에 한정	- 언제라도 가능
프리미엄	- 비교적 낮음	- 비교적 높음
권리행사 위험	- 작다	- 크다
매도자의 입장	- 권리행사위험은 낮지만 프리미엄은 낮음	- 권리행사위험은 높지만 프리미엄은 높음
매수자의 입장	- 포지션 해소기회가 한정	- 포지션의 해소가 언제라도 가능

제 2 절 옵션거래의 이해

1. 옵션거래의 손익구조

1) 콜옵션 매수자

콜옵션의 이익과 손실은 옵션프리미엄과 기초자산의 가격 및 권리행사가격에 의해서 결정된다.

콜옵션은 미래의 시장가격과는 관계없이 약정된 가격으로 기초자산을 살 수 있는 권리이기 때문에, 기초자산의 가격이 약정된 권리행사가격보다 높을 것으로 예상하는 투자자들이 콜옵션을 매입하게 될 것이다.

[그림 10-1] 콜옵션 매수자의 손익형태(만기일)

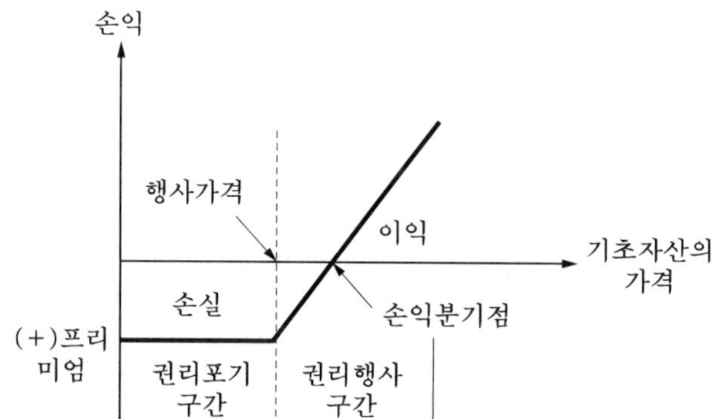

만약, 만기일에 기초자산의 가격(S_T)이 옵션의 권리행사가격(K)보다 높으면, 콜옵션매입자는 권리를 행사하여 시장가격보다 낮은 권리행사가격으로 기초자산을 매입함으로써, 기초자산의 가격과 권리행사가격의 차이($S_T - K$)만큼의 이익을 실현할 수 있

다. 그러나 옵션매입시 옵션프리미엄(C_O)을 지급하였기 때문에 실제이익은 ($S_T - K - C_O$)이다. 이와 반대로 만기일에 기초자산의 가격이 옵션의 권리행사가격보다 낮으면, 콜옵션 매입자는 권리를 행사하지 않고 옵션프리미엄만큼의 손실을 보게 된다. 따라서 만기일에 콜옵션 매입자의 손익은 [Max(0, $S_T - K$)-C_O]이 된다.

2) 콜옵션 매도자

콜옵션매도자는 옵션이 행사되면 반드시 이에 응해야 하기 때문에, 만기일에 기초자산의 가격이 옵션의 권리행사가격보다 높으면 콜옵션매도자는 ($S_T - K$)만큼의 손실이 발생한다. 이와 반대의 경우에는 옵션이 행사되지 않기 때문에 손익의 변화가 없다.

그러나 콜옵션 매도자는 옵션프리미엄만큼의 수입이 있기 때문에, 만기일에 콜옵션 매도자의 손익은 [C_O + Min(0, $K - S_T$)]이 된다.

이와 같이 콜옵션 매도자의 손익은 콜옵션 매수자와는 대칭관계를 이루고 있기 때문에 매수자의 이익은 매도자의 손실이며, 매수자의 손실은 매도자의 이익이 됨을 알 수 있다.

[그림 10-2] 콜옵션 매도자의 손익형태(만기일)

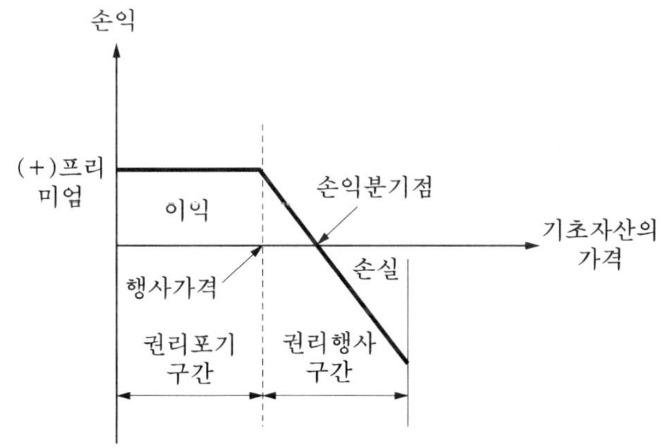

3) 풋옵션매수자

풋옵션의 이익 또는 손실도 옵션프리미엄과 기초자산 및 권리행사가격의 관계에 의해서 결정된다.

풋옵션은 미래의 시장가격과는 관계없이 약정된 가격으로 기초자산을 팔 수 있는 권리이기 때문에, 기초자산의 가격이 약정된 권리행사가격보다 낮을 것으로 예상하는 투자자들이 풋옵션을 매입하게 될 것이다.

만약, 만기일에 기초자산의 가격(S_T)이 옵션의 권리행사가격(K)보다 낮으면, 풋옵션매입자는 권리를 행사하여 시장가격보다 높은 권리행사가격으로 대상자산을 매도함으로써, 권리행사가격과 기초자산의 가격과의 차이($K-S_T$)만큼의 이익을 실현할 수 있다. 그러나 옵션매입시 옵션프리미엄(C_O)을 지급하였기 때문에 실제이익은 ($K-S_T-C_O$)이다. 이와 반대로 만기일에 기초자산의 가격이 옵션의 권리행사가격보다 높으면, 풋옵션 매입자는 권리를 행사하지 않고 옵션프리미엄만큼의 손실을 보게 된다. 따라서 만기일에 풋옵션 매입자의 손익은 [Max(0, $K-S_T$)-C_O]이 된다.

[그림 10-3] 풋옵션 매수자의 손익형태(만기일)

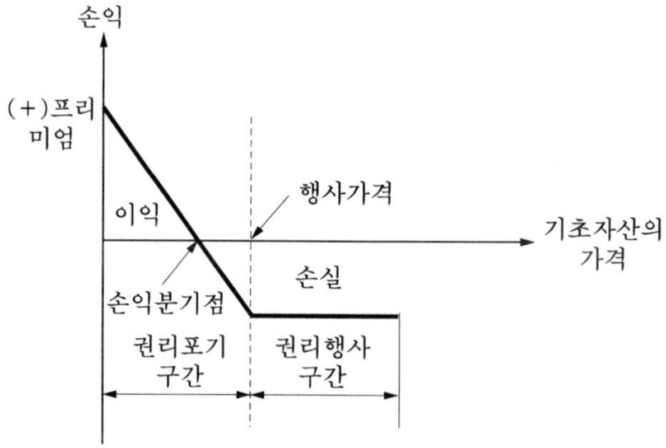

4) 풋옵션매도자

풋옵션매도자는 옵션이 행사되면 반드시 이에 응해야 하기 때문에, 만기일에 기초자산의 가격이 옵션의 권리행사가격보다 낮으면 콜옵션매도자는 $(K-S_T)$만큼의 손실이 발생한다. 이와 반대의 경우에는 옵션이 행사되지 않기 때문에 손익의 변화가 없다.

그러나 풋옵션 매도자는 옵션프리미엄만큼의 수입이 있기 때문에, 만기일에 콜옵션 매도자의 손익은 $[C_O + \mathrm{Min}(0, S_T - K)]$이 된다.

이와 같이 풋옵션 매도자의 손익은 풋옵션 매수자와는 대칭관계를 이루고 있기 때문에 매수자의 이익은 매도자의 손실이며, 매수자의 손실은 매도자의 이익이 됨을 알 수 있다.

[그림 10-4] 풋옵션 매도자의 손익형태(만기일)

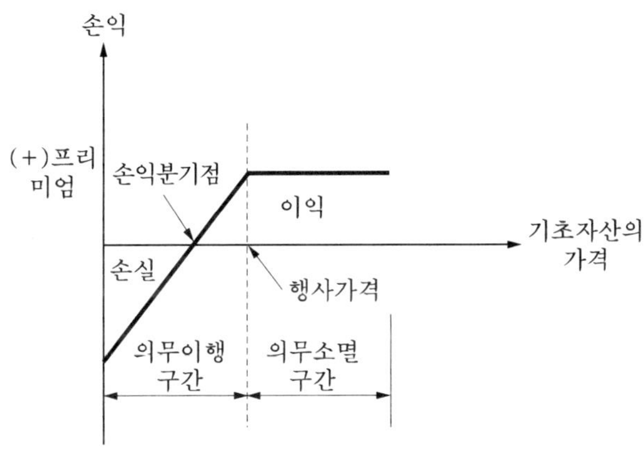

2. 옵션의 권리행사가격

앞에서 언급한 것처럼 권리행사가격은 사전에 정한 특정한 가격으로 기초자산을 사거나 팔 수 있는 가격을 의미하는 것으로, 옵션을 행사한다는 것은 권리행사가격에 대상자산을 매수 또는 매도한다는 것을 말한다. 일반적으로 권리행사가격은 기초자산의 시장가격에 상당히 근접한 가격에서 정해진다.

옵션은 권리행사가격과 기초자산의 현재가격에 따라 내가격옵션(in the money option: ITM option), 등가격옵션(at the money option : ATM option), 외가격옵

션(out of the money option: OTM option)으로 나눌 수 있다.

내가격옵션은 옵션의 내재가치가 존재하는 옵션을 말하는데, 콜옵션은 현재가격이 권리행사가격보다 높을 때, 풋옵션은 현재가격이 권리행사가격보다 낮을 때 내재가치가 존재한다.[1] 콜옵션 또는 풋옵션에서 권리행사가격과 기초자산의 시장가격이 같은 경우를 등가격옵션이라 하며, 옵션의 내재가치가 전혀 없는 상태, 즉 콜옵션의 경우 권리행사가격이 기초자산의 시장가격보다 낮을 때를 외가격옵션이라 한다. 따라서 내가격옵션은 옵션매입자에게 이익을 발생시키는 것이고, 등가격옵션은 이익과 손실을 발생시키지 않는 것이며, 외가격옵션은 손실을 발생시키는 것이다.

대상자산의 현재가격을 St, 권리행사가격을 K라고 하면, 콜옵션은 St 〉 K일 때 내가격옵션, St = K일 때, 등가격옵션, 그리고 St 〈 K일 때 외가격옵션이 된다. 한편 풋옵션은 St 〈 K일 때 내가격옵션, St = K일 때, 등가격옵션, 그리고 St 〉 K일 때 외가격옵션이 된다.

〈표 10-3〉 옵션의 권리행사가격과 기초자산의 현재가격과의 관계

	콜옵션	풋옵션
내가격옵션(ITM) 등가격옵션(ATM) 외가격옵션(OTM)	행사가격(K) 〈 현재가격(St) 행사가격(K) = 현재가격(St) 행사가격(K) 〉 현재가격(St)	행사가격(K) 〉 현재가격(St) 행사가격(K) = 현재가격(St) 행사가격(K) 〈 현재가격(St)

옵션을 신규로 상장하거나, 신규결제월물을 상장하는 경우 권리행사가격의 설정은 직전 거래일의 기초자산의 종가를 기준으로 설정한다. 신규설정은 권리행사가격간격의 정수배인 가격으로서 권리행사가격설정기준에 가장 가까운 등가격(ATM)을 찾고, 등가격을 중심으로 해당상품의 권리행사가격간격을 감안하여 소정의 내가격(ITM) 및 외가격(OTM)이 설정된다.

거래개시일의 다음날부터는 기초자산의 가격이 변동함에 따라 기존에 설정되어 있는 권리행사가격과 괴리되어 내가격 또는 외가격이 일정수 이하가 되는 경우에는 ITM 또는 OTM의 행사가격 개수를 충족할 때까지 권리행사가격을 추가로 설정한다. 이러한 권리행사가격은 상기의 요건이 충족될 경우에는 최종거래일이 속하는 주에도 ATM이 변경되면 권리행사가격을 추가로 설정한다.

---

1) 이러한 상황을 내가격(ITM)상태라고 한다.

예를 들어 KOSPI200옵션의 연속 3개월물의 경우 전일의 KOSPI200이 변동하여 ITM 또는 OTM이 5개 이하가 된 때에는 6개가 될 때까지 2.5P간격으로 추가 설정한다. 원월물의 경우에는 ITM 또는 OTM이 2개 이하가 된 때에는 3개가 될 때까지 5P간격으로 추가 설정한다. 또한 원월물이 처음으로 연속 3개월 물이 되는 날에는 기존 5P간격사이에 2.5P간격으로 추가 설정한다.

〈표 10-4〉 옵션별 권리행사가격의 간격과 수

구 분	상 품	간격		권리행사가격의 수	
		연속월	분기월	연속월	분기월
지 수	KOSPI 200옵션	2.5P	5P	ATM±4(9개)	ATM±3(7개)
개별 주식	주 식 옵 션	〈표10-5참조〉		ATM±4(9개)	
금 리	3년국채선물옵션	0.25		ATM±4(9개)	
통 화	미국 달러 옵션	10원		ATM±3(7개)	

자료 : 증권선물거래소(현재의 한국거래소), 「선물시장 거래제도의 이해」, 2007년.

〈표 10-5〉 개별주식옵션의 권리행사가격

권리행사가격의 수준	권리행사가격 설정간격
5,000원 미만	100원
5,000원 ~ 10,000원 미만	200원
10,000원 ~ 20,000원 미만	500원
20,000원 ~ 50,000원 미만	1,000원
50,000원 ~ 100,000원 미만	2,000원
100,000원 ~ 200,000원 미만	5,000원
200,000원 ~ 500,000원 미만	10,000원
500,000원 ~ 1,000,000원 미만	20,000원
1,000,000 원 미만	50,000원

자료 : 〈표10-4〉와 동일

3. 옵션가격(프리미엄)의 구성

옵션거래에서 프리미엄은 거래성립에 따라 옵션매도자가 살 수 있는 권리 또는 팔 수 있는 권리를 매수자에게 부여하는 대신에 매수자가 권리를 제공하는 옵션매도자에게 지불하는 대가를 의미한다. 따라서 옵션의 가치가 올라가면 프리미엄은 비싸지고 가치가 떨어지면 프리미엄은 싸지게 된다.

옵션가격, 즉 프리미엄은 각 종목별로 거래소의 옵션시장에서 매도와 매수호가의 경합에 의하여 가격이 형성된다는 점에서 주가지수선물과 동일하지만, 매도자와 매수자가 반드시 결제를 이행해야 하는 주가지수선물과 달리 매수자의 일방적 의사표시에 의해 결제이행여부가 결정되므로 주가지수와 단순히 비교하여 이론가격을 산출할 수 없는 특성이 있다.

그리고 프리미엄은 산출시점에서 권리를 행사하여 받을 수 있는 금액(행사가치)보다 높게 형성되므로 권리행사시 받을 수 있는 금액과 동 금액을 초과하는 옵션가격의 차액을 구분하여 옵션의 가치를 평가할 수 있다. 이와 같이 옵션가격 즉, 프리미엄은 행사가치와 행사가치를 초과하는 가치(시간가치)로 구분된다.

옵션의 가격(프리미엄)=행사가치 + 시간가치

1) 행사가치(Exercise Value)

행사가치(Exercise Value)란 옵션의 권리를 행사하는 경우에 확실하게 얻어지는 이익으로서 내재가치(intrinsic value) 또는 본질가치라고도 한다. 이러한 행사가치는 권리행사가격과 기초자산의 가격만으로 결정된다.

콜옵션의 행사가치는 권리행사를 통하여 기초자산을 낮은 가격으로 매수하여 곧바로 현물시장에서 매도하여 얻을 수 있는 차액을 말한다. KOSPI 200지수처럼 주가지수옵션의 경우에는 KOSPI 200지수에서 권리행사가격을 뺀 수치를 행사가치라고 말한다.

콜옵션의 행사가치 = 기초자산가격-권리행사가격(≥0)
KOSPI 200콜옵션의 행사가치 = KOSPI 200지수 - 권리행사가격(≥0)

풋옵션의 행사가치는 현물시장에서 매수한 기초자산을 권리를 행사하여 매도자에게 높은 가격에 매도하여 얻을 수 있는 차액을 말한다. KOSPI 200지수처럼 주가지수옵션의 경우에는 권리행사가격에서 KOSPI 200지수를 뺀 수치를 행사가치라고

말한다.

풋옵션의 행사가치 = 권리행사가격-기초자산가격(≥0)
KOSPI 200 풋옵션의 행사가치 = 권리행사가격 - KOSPI 200지수≥0)

2) 시간가치(Time Value)

시간가치란 옵션의 프리미엄 중 행사가치를 초과하는 부분을 말한다. 따라서 KOSPI 200의 콜옵션 및 풋옵션의 시간가치는 다음과 같다.

KOSPI 200콜옵션의 시간가치 = 프리미엄 -(KOSPI 200지수 - 권리행사가격)
KOSPI 200풋옵션의 시간가치 = 프리미엄- (권리행사가격 - KOSPI 200지수)

예를 들어 KOSPI 200지수가 74포인트인 경우에 권리행사가격이 70포인트인 콜옵션의 프리미엄이 4.5P(포인트)라면, 그 옵션의 시간가치는 0.5포인트[=4.5P-(74P-70P)]가 된다. 반면에 KOSPI 200지수가 66포인트인 경우에 권리행사가격이 70포인트인 풋옵션의 프리미엄이 4.5포인트라면, 그 옵션의 시간가치는 0.5포인트[=4.5P-(70P-66P)]가 된다.

시간가치는 매수자에게는 만기일까지의 잔존기간동안에 옵션에 의하여 얻어지는 이익과 회피할 수 있는 위험에 대한 기대치이며, 매도자에게는 얻는 것보다도 얻는 것보다도 잃는 것이 많을 수 있는 위험에 대한 대가이다. 따라서 시간가치는 잔존기간중의 기대가치로 만기일에 근접할수록 감소하며, 프리미엄은 행사가치 또는 "0"에 접근하게 된다. 또한 시간가치는 옵션이 만기일이전에 이익을 얻을 확률에 대한 기대가치이기 때문에 장래에 행사가치를 가질 가능성이 클수록 그 가치는 상승한다.

이와 같이 시간가치는 만기일까지의 잔존기간, 대상자산의 가격변동성 등 다양한 요소에 의하여 결정되기 때문에 이들의 관계는 행사가치와 달이 간단하게 파악되지 않는 특성이 있다.

4. 옵션가격의 결정요인

옵션의 가격도 다른 상품과 마찬가지로 시장참가자의 수요와 공급에 의하여 결정된다. 물론 옵션이 파생상품이기 때문에 대상자산의 가격(KOSPI 200옵션의 경우 KOSPI 200지수)이 가장 큰 영향을 주는데, 이외에도 여러 변수들에 의해 가격이 결정된다.

[그림 10-5] KOSPI 200 옵션가격의 결정요인

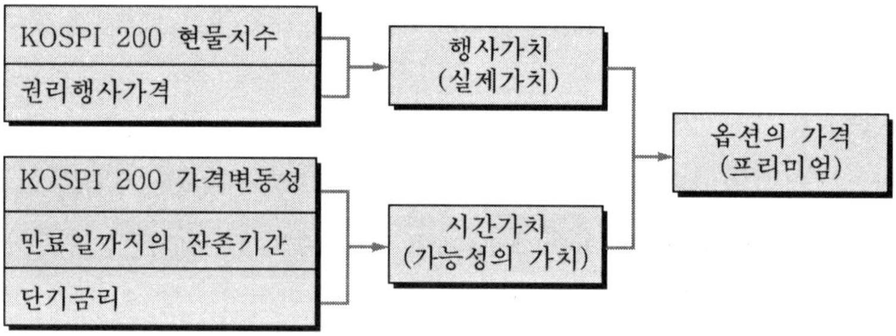

〈표 10-6〉 옵션가격 결정변수가 옵션가격에 미치는 영향

<table>
<tr><th colspan="3" rowspan="2">프리미엄 결정변수</th><th colspan="2">옵션가격의 변화</th></tr>
<tr><th>Call</th><th>Put</th></tr>
<tr><td rowspan="4">행사가치</td><td rowspan="2">KOSPI 200</td><td>상승</td><td>상승</td><td>하락</td></tr>
<tr><td>하락</td><td>하락</td><td>상승</td></tr>
<tr><td rowspan="2">권리행사가격</td><td>높다</td><td>싸다</td><td>비싸다</td></tr>
<tr><td>낮다</td><td>비싸다</td><td>싸다</td></tr>
<tr><td rowspan="6">시간가치</td><td rowspan="2">잔존기간</td><td>길다</td><td colspan="2">비싸다</td></tr>
<tr><td>짧다</td><td colspan="2">싸다</td></tr>
<tr><td rowspan="2">가격변동성</td><td>증가</td><td colspan="2">상승</td></tr>
<tr><td>감소</td><td colspan="2">하락</td></tr>
<tr><td rowspan="2">단기금리</td><td>상승</td><td>상승</td><td>하락</td></tr>
<tr><td>하락</td><td>하락</td><td>상승</td></tr>
</table>

5. 옵션거래의 결제

옵션거래를 엄밀히 분류해 보면 옵션이란 권리와 그 대가로 프리미엄(대금)을 주고받는 거래(이하 '1차 거래'라 함)와 옵션의 매수자가 권리행사함에 따라 새로이 성립하는 거래(이하 '2차 거래'라 함)로 구성된다. 따라서 옵션거래의 결제도 1차 거래에 대한 결제와 거래가 성립된 후의 결제가 있으며 후자의 결제방법으로는 권리행사, 반대매매, 권리포기가 있다.

1차 거래의 결제방법은 주식현물거래에 있어 매도자가 주식의 소유권을 매수자에게 인도하고 그 대가로 매수자로부터 대금을 받아 결제하는 것과 동일하다.

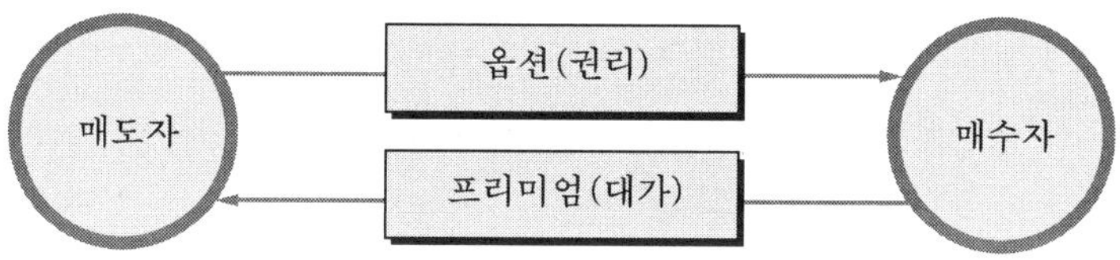

1차 거래가 성립된 후의 결제방법으로는 반대매매에 의한 결제와 권리행사에 의한 결제 및 권리포기의 3가지 형태가 있는데, 옵션의 매수자는 3가지 방법 중에서 자유롭게 선택할 수 있다. 이에 비해 옵션의 매도자가 스스로 자신의 의무를 소멸시키는 방법은 반대매매 이외에는 없다.

의무이행과 의무소멸(기한만료)은 매도자가 권리행사를 배정받거나, 매수자가 권리행사를 포기하였을 때 이루어지므로 옵션의 매도자에게 있어서는 이른바 상제적인 결제방법이라고 할 수 있다.

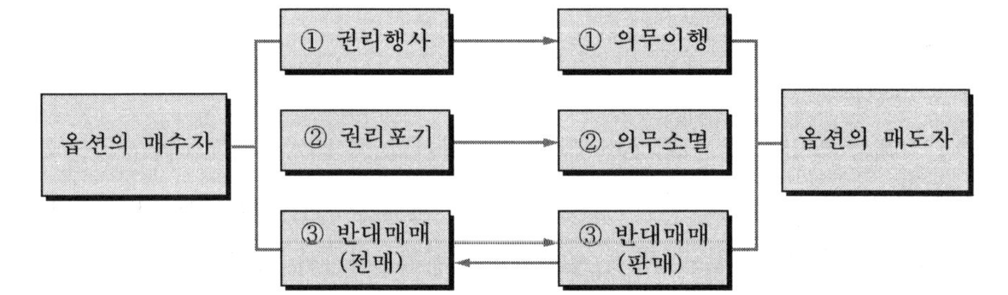

1) 권리행사

옵션매수자는 만기일에 권리행사를 통해 결제할 수 있다. 콜옵션 매수자는 권리행사를 통해 기초자산을 권리행사가격에 살 수 있으며, 풋옵션 매수자는 기초자산을 권리행사가격에 팔 수 있다. 이 때 콜옵션 매도자나 풋옵션 매도자는 콜옵션 매입자나 풋옵션 매입자의 권리행사요구에 응해야 한다. 이를 KOSPI 200의 콜옵션과 풋옵션을 예를 들어 설명하면 다음과 같다.

<table>
<tr><td colspan="2">옵션의 매수자가</td></tr>
<tr><td>KOSPI 200 콜옵션을 권리행사한 경우</td><td>KOSPI 200 풋옵션을 권리행사한 경우</td></tr>
<tr><td>(행사일 KOSPI 200-권리행사가격)×10만원을</td><td>(권리행사가격-행사일 KOSPI 200)×10만원을</td></tr>
<tr><td colspan="2">옵션의 매도자로부터 받는다.</td></tr>
<tr><td>(예) 권리행사가격이 100인 KOSPI 200콜옵션을 1개 보유한 A가 행사일에 KOSPI 200이 110으로 상승하였을 때에 권리행사를 하였다면, A는 100만원[(110-100)×10만원]을 옵션의 매도자로부터 받음</td><td>(예) 권리행사가격이 100인 KOSPI 200풋옵션을 1개 보유한 C가 행사일에 KOSPI 200이 90으로 하락하였을 때에 권리행사를 하였다면, C는 100만원[(100-90)×10만원]을 옵션의 매도자로부터 받음</td></tr>
</table>

2) 권리포기

만기일까지 옵션의 매수자가 반대매매나 권리행사를 하지 않는 경우에는 사전에 정한 기한(만기일)이 지나면 권리가 소멸되는데, 이를 권리포기라고 한다. 이러한 권리포기는 옵션매수자가 대상자산의 가격이 불리하게 움직일 경우에 보유하고 있는 옵션을 포기할 경우에 이루어진다.

옵션의 매수자가 권리를 포기하는 경우에는 매수자와 매도자 사이에 기초자산이나 금전의 수수는 이루어지지 않는다. 따라서 옵션의 매수자는 계약 시 지불한 프리미엄의 전부를 잃게 되지만 그 이외의 추가적인 손실은 발생하지 않는다. 또한 옵션의 매도자는 권리행사에 대한 의무에서 해방되고 계약 시에 받은 프리미엄전액이 이익으로 확정된다.

이는 옵션의 매수자 입장에서 보면 권리를 포기한 것이 되고, 옵션의 매도자의 입장에서는 의무로부터 벗어나게 되는 것을 의미한다.

앞의 예에서 권리행사가격이 100인 KOSPI 200콜옵션을 1개 보유한 A가 KOSPI 200이 95로 하락하면, 권리행사를 포기함으로써 손실을 옵션프리미엄 50만원 [(100-95)×10만원]으로 한정시킨다. 이 경우 옵션매도자는 옵션매입자의 권리행사 포기로 의무가 소멸되어 옵션을 매도할 때 획득한 옵션프리미엄 50만원 전액이 이익이 된다.

3) 반대매매

반대매매란 선물의 경우와 마찬가지로 만기일 이전에 기존의 포지션과 반대포지션을 취하여, 즉 기존매수(매도)한 계약과 동일한 종목, 동일한 수량을 매도(매수)하여 옵션거래에 의한 결제의무를 벗어나는 결제방법이다.

반대매매에는 전매(long liquidation)와 환매(short liquidation)가 있다. 전매는 기존의 매입포지션을 청산하기 위하여 매도포지션을 취하는 것이고, 환매는 기존의 매도포지션을 청산하기위하여 매입포지션을 취하는 것이다. 따라서 옵션거래에 있어 옵션매입자는 전매를 통해, 옵션매도자는 환매를 통해 기존의 포지션을 청산할 수 있다.

옵션매수자는 전매를 통해 권리의무를 청산할 수 있는데, 이 경우 매입 시의 옵션가격보다 반대매매시의 가격이 높을 때에는 이익을 얻을 수 있지만, 반대로 반대매매시의 가격이 낮을 때에는 손실을 입게 된다. 한편, 옵션매도자는 환매를 통해 권리의무를 청산할 수 있는데, 이 경우 매도시의 옵션가격보다 반대매매시의 가격이 낮을 때에는 이익을 얻을 수 있지만, 반대로 반대매매시의 가격이 높을 때에는 손실을 입게 된다.

옵션시장에서는 만기일에 권리를 행사하기보다는 전매, 환매 등의 반대매매에 의해 손익을 결정하는 방법이 일반적이다.

6. 옵션거래의 유형

1) 콜옵션 매수

콜옵션 매수는 기초자산의 가격이 상승하리라고 예상하는 경우 가장 간단하면서도 가장 높은 투자수익률을 올릴 수 있다. 즉, 콜옵션 매수자는 기초자산가격이 권리행사가격을 초과하는 폭이 옵션매입시 지불한 프리미엄보다 큰 경우 이익이 발생하며, 예상과 반대로 기초자산가격이 하락한 경우라도 손실은 지불한 프리미엄에 한정된다.

〈사례 1〉

- KOSPI 200현물가격이 100P일 때 권리행사가격이 100P인 콜옵션 1계약을 30만원(3P×10만원)에 매수하였다면
- 옵션만기일에 KOSPI 200 현물지수가 상승하여 100P 이상인 경우,
  · 콜옵션 매수자는 권리를 행사.
  · 만일, 만기일에 KOSPI 200 현물지수가 105P가 되어 권리를 행사하였다면, 권리행사로 차금 50만원[(105P-100P)×10만원]을 받을 수 있으므로 옵션매수비용 30만원을 차감한 20만원의 순이익이 발생
  · 콜옵션매수자는 KOSPI 200 현물지수가 상승하면 할수록 이익은 그만큼 증가
- 옵션만기일에 KOSPI 200 현물지수가 100P 이하인 경우,
  · 콜옵션 매수자는 권리행사를 포기. 옵션대금으로 지불한 30만원만 손실

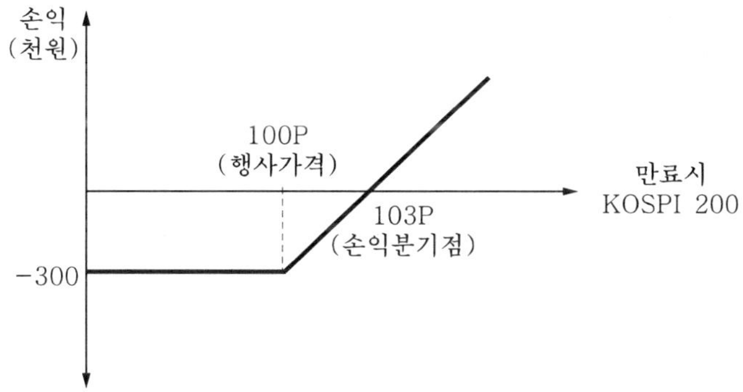

2) 콜옵션 매도

콜옵션 매도는 기초자산 가격이 상승할 가능성이 희박하다고 확신하는 경우에 사용되는 기법이다. 즉, 콜옵션 매도자는 기초자산 가격이 행사가격을 초과하는 폭이 옵션 매도 시에 수령한 프리미엄보다 작으면 이익이 발생하지만, 이와 반대로 기초자산 가격이 상승하게 되면 손실은 무한대로 커진다.

〈사례 2〉

- KOSPI 200현물가격이 100P일 때 권리행사가격이 100P인 콜옵션 1계약을 30만원(3P×10만원)에 매도하였다면
- 옵션만기일에 KOSPI 200 현물지수가 하락하여 100P 이하인 경우,
  · 옵션 매수자의 권리행사포기로 의무가 해소되어 옵션매도 시 수령한 프리미엄(30만원)만큼 이익이 발생.
- 옵션만기일에 KOSPI 200 현물지수가 100P를 상회하는 경우,
  · 콜옵션 매도자는 옵션매수자의 권리행사요구에 응해야 하며, 손실규모는 KOSPI 200현물지수의 수준에 따라 달라짐.

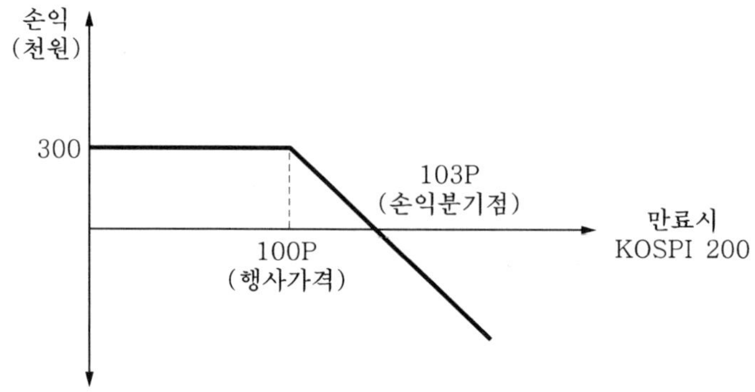

3) 풋옵션 매수

풋옵션 매수는 기초자산 가격이 하락할 것이라고 예상하는 경우에 사용되는 기법이다. 즉, 풋옵션 매수자는 기초자산 가격이 권리행사가격을 하회하는 폭이 옵션매수 시 지불한 프리미엄보다 큰 경우 이익이 발생하며, 이와 반대로 기초자산 가격이 상승하더라도 손실은 지불한 프리미엄에 한정된다.

〈사례 3〉

- KOSPI 200현물가격이 100P일 때 행사가격이 100P인 풋옵션 1계약을 20만원(2P×10만원)에 매수하였다면
- 옵션만기일에 KOSPI 200 현물지수가 하락하여 100P 이하인 경우,
  - ·풋옵션 매수자는 권리를 행사.
  - ·만일, 만기일에 KOSPI 200 현물지수가 95P가 되어 권리를 행사하였다면, 권리행사로 차금 50만원[(100P-95P)×10만원]을 받을 수 있으므로 옵션매수비용 20만원을 차감한 30만원의 순이익이 발생
  - ·풋옵션매수자는 KOSPI 200 현물지수가 하락하면 할수록 이익은 그만큼 증가
- 옵션만기일에 KOSPI 200 현물지수가 100P 이상인 경우,
  - ·풋옵션 매수자는 권리행사를 포기. 옵션대금으로 지불한 20만원만 손실

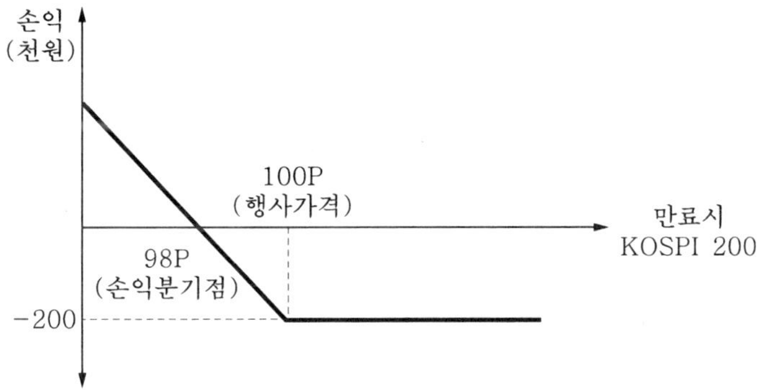

④ 풋옵션 매도

풋옵션 매도는 기초자산 가격이 하락할 가능성이 희박하다고 확신하는 경우에 사용되는 기법이다. 즉, 풋옵션 매도자는 기초자산 가격이 권리행사가격을 하회하는 폭이 옵션 매도 시에 수령한 프리미엄보다 작으면 이익이 발생하지만, 이와 반대로 기초자산 가격이 상승하게 되면 손실은 무한대로 커진다.

〈사례 4〉

- KOSPI 200현물가격이 100P일 때 행사가격이 100P인 풋옵션 1계약을 20만원(2P×10만원)에 매도하였다면
- 옵션만기일에 KOSPI 200 현물지수가 상승하여 100P 이상인 경우,
  · 옵션 매수자의 권리행사포기로 의무가 해소되어 옵션매도 시 수령한 프리미엄(20만원)만큼 이익이 발생.
- 옵션만기일에 KOSPI 200 현물지수가 100P를 하회하는 경우,
  · 풋옵션 매도자는 옵션매수자의 권리행사요구에 응해야 하며, 손실규모는 KOSPI 200현물지수의 수준에 따라 달라짐.

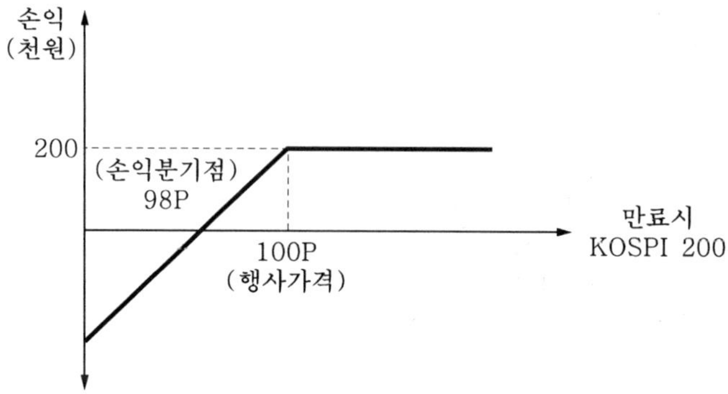

제 3 절 우리나라의 옵션시장

우리나라에서 형성되어 거래되고 있는 옵션시장에는 거래소에 개설되어 거래되고 있는 KOSPI 200옵션시장, 개별주식옵션시장, 미국달러옵션시장 등이 있다.

1. KOSPI 200 옵션시장

KOSPI 200옵션은 유가증권시장에 상장되어 있는 200개 종목의 전체가격수준을 나타내는 주가지수를 미래의 특정시점에서 사전에 정한 행사가격으로 매입할 수 있거나 매도할 수 있는 권리를 기초자산으로 하고 있다. 우리나라의 경우 1997년 7월 7일 거래소에 KOSPI 200 옵션이 상장되어 거래되고 있다.

KOSPI 200옵션은 만기 시에만 권리행사가 가능한 유럽형옵션으로, 거래단위는 10만원이고 결제월은 선물결제월(3월, 6월, 9월, 12월)중 2개와 선물결제월이 아닌 월중 현시점에서 가장 가까운 2개이므로 어느 시점에서나 4개의 결제월 종목이 상장되어 거래된다. 3월, 6월, 9월, 12월물의 거래기간은 6개월이고, 기타 월물의 거래기간은 3개월이다.

KOSPI 200옵션은 주가지수 1포인트에 거래단위승수 10만원을 곱한 금액을 1계약단위로 하고 있다. 예를 들어 어떤 투자자가 옵션가격(프리미엄)3.10포인트에 2계약 매수하였다면 매도자에게 지급해야 할 옵션매수대금은 62만원(=3.10×2×10만원)이 된다. 옵션의 호가가격단위는 옵션가격(프리미엄)이 3포인트 이상일 때 0.05포인트(5,000원[=100,000×0.05])이며, 옵션가격이 3포인트 미만일 때 0.01포인트(1,000원[=100,000×0.05])이다.

〈표 10-7〉 KOSPI 200옵션의 거래제도

기초자산	- KOSPI 200(거래소에서 발표)
결제월	- 매월
상장결제월의 수	- 4개(분기월 2개, 그 외 월2개)
권리행사가격의 간격 및 수	- 연속월 : 2.5P간격으로 ATM과 ATM상하 각 6개(총13개) - 분기월 : 5.0P간격으로 ATM과 ATM상하 각 3개(총7개) * 기초자산 가격변동 시 행사가격의 수 추가
1계약의 금액	- 가격 × 10만원(거래승수)
가격표시	- 프리미엄(P)(소수점 둘째짜리까지 표시)
호가가격 단위	- 프리미엄 3.0P이상 : 0.05P - 프리미엄 3.0P미만 : 0.01P
호가한도가격 (상·하한가)	- 기초자산 가격 15% 변동시의 이론가격(호가한도가격)
거래시간	- 09:00~15:15(단, 최종거래일 : 09:00~14:50)
최종거래일	- 결제월의 두 번째 목요일
최종결제일	- 최종거래일의 다음거래일
최종결제방법	- 현금결제
단일가격경쟁거래	- 개장 시(08:00~09:00) 및 거래종료시 균형가격에 의해 거래체결
필요적 거래중단	- 선물거래 Circuit Breakers 발동 시 옵션거래 일시 중단

자료 : 거래소

KOSPI 200옵션의 거래시간은 월요일부터 금요일까지 주식시장과 동시에 09시 00분에 거래를 개시하여 주식시장 종료 15분 후인 15시 15분에 거래를 종료한다. 다만, 최종거래일이 도래한 종목의 매매거래시간은 09시 00분부터 14시 50분까지이다. 매매시간에 따른 매매체결방식은 KOSPI 200 선물의 경우와 동일하다. 최종거래일은 결제월 두 번째 목요일(휴장일 때에는 순차적으로 앞당김)이고, 최종결제일은 최종거래일 다음 거래일이며, 최종결제방법은 최종결제일에 현금결제가 이루어진다.

2. 개별주식옵션시장

개별주식옵션은 유가증권시장에 상장되어 있는 개별주식을 미래의 특정시점에서 사전에 정한 행사가격으로 매입할 수 있거나 매도할 수 있는 권리를 기초자산으로 한다. 우리나라의 경우 2002년 1월 28일 유가증권시장에 개별주식옵션이 상장되어 거래되고 있는데, 2008년말 현재 주식옵션의 대상종목은 33종목이다. 구체적인 거래제도의 내용은 〈표 10-8〉과 같다.

〈표 10-8〉 개별주식옵션의 거래제도

기초주권	- 유가증권시장 상장주권 33개	
결제월	- 매월	
상장결제월의 수	- 4개(분기월 2개, 그 외 월 2개)	
권리행사가격의 수	- ATM기준 상하 각 4개(총 9개)	
1계약의 금액	- 가격 × 10주(거래승수)	
가격의 표시	- 프리미엄(원)	
호가가격 단위	옵션가격	호가가격 단위
	1,000원미만	10원
	1,000원 이상~2,000원 미만	20원
	2,000원 이상~5,000원 미만	50원
	5,000원 이상~10,000원 미만	100원
	10,000원 이상	200원
호가한도가격 (상·하한가)	-기초자산 가격 15% 변동시의 이론가격(호가한도가격)에	
거래시간	- 09:00~15:15(호가제출가능시간 08:00~15:15)	
최종거래일	- 결제월의 두 번째 목요일	
최종결제일	- 최종거래일의 다음거래일	
권리행사	- 최종거래일에만 행사(유럽형옵션)	
최종결제방법	- 현금결제	

자료 : 거래소

3. 미국달러옵션시장

미국달러옵션은 미국달러를 미래의 특정시점에 사전에 정한 행사가격으로 매입할 수 있거나 매도할 수 있는 권리를 기초자산으로 한다. 우리나라의 경우 1999년 4월 거래소에 미국달러옵션이 상장되어 거래되고 있는데, 만기 시에만 권리행사가 가능한 유럽형옵션이다.

미국달러옵션의 호가가격단위는 0.10원이며, 최소가격변동 폭은 5,000(=0.1×50,000원)이 된다. 거래시간은 월요일부터 금요일까지 09시 00분부터 15시 15분까지 거래가 이루어지며, 최종거래일은 결제월의 세 번째 월요일이고, 최종결제일은 최종거래일로부터 기산하여 3일째 거래일이다.

〈표 10-9〉 미국달러옵션의 거래제도

기초자산	- 미국달러
결 제 월	- 매월
상장결제월	- 4개(분기월 2개, 그 외월 2개)
권리행사가격의 수	- ATM을 기준 상하 각3개(총7개) (가격변동에 따라 추가설정)
1계약의 금액	- 가격 × 5만(거래승수)
가격표시	- 원화(소수점 둘째자리까지 표시)
호가가격 단위	- 0.10
호가한도가격 (상·하한가)	- 기초자산 가격 3%변동시의 이론가격
거래시간	- 09:00~15:015(최종결제일 : 09:00~11:30)
최종거래일	- 결제월의 세 번째 월요일
최종결제일	- 최종거래일로부터 기산하여 3일째 거래일
권리행사	- 최종거래일에만 행사가능(유럽형옵션)
최종결제방법	- 기초자산인수도

자료 : 거래소

제 11 장

집합투자기구

본 장에서는 집합투자기구와 관련하여 개념 및 기능, 구성, 설정 및 등록 등 기본적인 이해를 바탕으로 집합투자기구가 어떻게 운용되고, 집합투자기구의 종류에는 어떠한 것이 있는가에 대하여 구체적으로 살펴보고자 한다.

제 1 절 집합투자기구의 개요

1. 집합투자기구의 개념 및 기능

집합투자란 2인 이상에게 투자권유를 하여 모은 금전 등 또는 국가재정법 제81조에 따른 여유자금을 투자자 또는 각 기금관리주체로부터 일상적인 운용지시를 받지 아니하면서 재산적 가치가 있는 투자대상자산을 취득・처분, 그 밖의 방법으로 운용하고 그 결과를 투자자 또는 각 기금관리주체에게 배분하여 귀속시키는 것을 의미한다(자본시장법 제6조 5항).[1] 이는 종래의 간접투자자산운용법에서 "투자자로부

1) 다만, 다음 각호의 어느 하나에 해당하는 것은 집합투자에서 제외된다.
① 대통령으로 정하는 법률에 따라 사모의 방법으로 금전 등을 모아 운용・배분하는 것으로서 대통령령으로 정하는 투자자의 총수가 대통령령으로 정하는 수 이하인 경우
② 자산유동화에 관한 법률 제3조의 자산유동화계획에 따라 금전 등을 모아 운용・배분

터 자금 등을 모아서 펀드운용대상자산에 운용하고 그 결과를 투자자에게 귀속시키는 것"으로 정의한 간접투자의 개념을 대신하는 개념으로 도입된 것이라고 볼 수 있다. 이러한 직접투자를 수행하기 위한 기구를 직접투자기구라고 하는데, 직접투자기구는 다음과 같은 기능을 한다고 볼 수 있다.

첫째, 효율적인 투자기법과 투자수단을 제공한다. 직접투자기구는 소액투자자금을 모아 대규모의 포트폴리오를 구성할 수 있으며, 규모의 경제를 통해 비용을 절감할 수 있다. 또한 집합투자업자의 전문적인 투자지식과 정보를 활용하여 정보의 비대칭성을 완화시킬 수 있으며, 자금의 대형화를 통한 투자의 다변화로 고수익을 추구하면서 한편으로는 분산투자를 통해 손실위험을 축소시킬 수 있다.

둘째, 집합투자업뿐만 아니라 자본시장 및 금융산업발전의 촉매역할을 수행한다. 집합투자기구는 성장유망분야인 집합투자업에 대한 금융기관의 참여와 경쟁을 유도하여 금융산업의 다양성과 효율성을 증진시켜주고, 증권 등의 금융투자상품의 수요자로서 자본시장의 확대 및 안정화에 기여할 수 있다. 또한 전통적인 금융상품 및 투자패턴에서 진일보하여 다양한 금융기법과 금융투자상품을 창출함으로써 금융혁신을 촉진시켜 줄 수 있다.

셋째, 실물경제의 순기능을 수행한다. 집합투자기구는 은행 등 전통적인 금융기관이 수행하기 어려운 고위험·고수익의 벤처투자를 활성화하는 등 금융중개 및 산업자금조달 기능을 수행한다. 또한 투자기업의 대주주로서 기업 경영활동에 대한 감독과 개입을 통해 효율성 및 투명성제고에 기여할 수 있다.

2. 집합투자기구의 구성

자본시장법에서는 종전의 간접투자자산운용법과는 달리 직접투자기구의 범위를 확대하여 투자신탁, 투자회사(상법상 주식회사 형태) 외에도 투자유한회사(상법상 유한회사형태), 투자합자회사(상법상 합자회사형태), 투자익명조합(상법상 익명조합형태) 및 투자조합(민법상 조합형태)등 다양한 법적형태의 집합투자기구를 인정하

하는 경우

③ 그 밖에 행위의 성격 및 투자자 보호의 필요성 등을 고려하여 대통령령으로 정하는 경우

고 있다(〈표 11-1〉 참조).

〈표 11-1〉 공모집합투자기구

구분		개념
계약형태의 집합투자기구	투자신탁	-집합투자업자인 위탁자가 신탁업자에게 신탁한 재산을 신탁업자로 하여금 그 집합투자업자의 지시에 따라 투자·운용하게 하는 신탁형태의 집합투자기구
회사형태의 집합투자기구	투자회사	-상법에 따른 주식회사형태의 집합투자기구
	투자유한회사	-상법에 따른 유한회사 형태의 집합투자기구
	투자합자회사	-상법에 따른 합자회사 형태의 집합투자기구
조합형태의 집합투자기구	투자조합	-민법에 따른 조합형태의 집합투자기구
	투자익명조합	-상법에 따른 익명조합 형태의 집합투자기구

한편 자본시장법에서는 간접투자자산운용법상의 사모간접투자기구를 승계하여 사모집합투자기구를 규정하면서, 간접투자자산운용법에서 간접투자기구로 간주하지 않았던 사모투자전문회사(PEF)를 투자합자회사의 일부로 포섭하여 집합투자기구의 하나로 보고 있다(〈표 11-2〉 참조). 따라서 자본시장법상에서는 일반 투자합자회사(사모투자전문회사가 아닌 투자합자회사를 말함)와 사모투자전문회사라고 하는 두 가지 형태의 투자합자회사가 존재함을 알 수 있는데, 사모투자회사의 경우 일반집합투자기구에 적용되는 대부분의 규정의 적용을 배제해주고 있는 등 일반집합투자기구와는 투자목적이나 운용방법 등에서 큰 차이가 있다.

〈표 11-2〉 사모집합투자기구

구분	개념
사모집합투자기구	-집합투자증권을 사모로만 발행하는 집합투자기구로서 대통령령이 정하는 투자자의 총수가 대통령령이 정하는 수 이하인 것 (사모집합투자기구에 대해서는 공모집합투자기구에 적용되는 규정들 중에서 적용이 배제되는 특례규정을 설정하고 있음[(법 제249조)참조])
사모투자전문회사	-경영권참여, 사업구조 또는 지배구조의 개선 등을 위하여 지분증권 등에 투자·운용하는 투자합자회사로서 지분증권을 사모로만 발행하는 집합투자기구 (사모투자전문회사에 대해서는 법 제 10장에서 특례규정을 두고 있음)

이와 같이 자본시장법상 집합투자기구는 투자신탁, 투자회사, 투자유한회사, 투자합자회사, 투자익명조합, 투자조합 및 사모투자전문회사 등 7개가 존재하며, 이들

집합투자기구가 발행한 지분증권이나 수익증권만이 집합투자증권으로 인정된다.

3. 집합투자기구의 설정 · 등록

집합투자업자가 집합투자기구를 이용하여 집합투자를 하고자 하는 경우에는 당해 집합투자기구를 금융위원회에 사전에 등록하여야 한다. 이 경우 집합투자기구의 등록주체는 집합투자기구의 법인격여부에 따라 집합투자업자(투자신탁 및 투자익명조합)와 집합투자기구 자체(투자회사, 투자익명조합, 투자조합, 투자합자회사, 투자유한회사)로 이원화되어 있다. 한편 집합투자기구의 설정 및 설립주체는 집합투자업자가 된다(〈표 11-3〉 참조).

〈표 11-3〉 집합투자기구의 설정 · 설립주체와 금융위 등록주체

	집합투자기구설정 · 설립주체	집합투자기구 금융위 등록주체
투자신탁	집합투자업자가 설정	집합투자업자
투자회사	발기인이 설립	투자회사
투자유한회사	집합투자업자가 설립	투자유한회사
투자합자회사	집합투자업자가 설립	투자합자회사
투자조합	집합투자업자가 설립	투자조합
투자익명조합	집합투자업자가 설립	집합투자업자

금융위원회에 등록하여야 하는 집합투자기구의 범위는 모든 집합투자기구로서 사모집합투자기구(PEF포함)도 금융위원회에 등록해야 한다. 다만 자본시장법이 아닌 다른 법률에 따라 설정 · 설립된 집합투자기구는 해당법률에서 정하는 바에 따라 해당부처에 등록하고 자본시장법상 등록의무는 면제된다. 즉, 다른 법률에 따라 설정 · 설립된 사모집합투자기구는 자본시장법 적용이 전면 배제되며, 다른 법률에 따라 설정 · 설립된 공모집합투자기구는 자본시장법상 집합투자기구로 보되 해당법률에서 자본시장법 적용을 광범위하게 적용 배제하고 있다.[2)]

한편 집합투자기구의 운용주체는 금융위원회인가를 받은 집합투자업자로 제한된다. 다만, 사모투자전문회사(PEF)의 경우에는 집합투자업자이외의 자도 집합투자기

2) 김병연 외 3인, 상게서, pp. 292~293.

구를 설정·운용할 수 있다.

제 2 절　집합투자기구의 운용[3)]

1. 집합투자재산운용의 주체

집합투자재산의 운용주체는 다음과 같이 집합투자기구별로 구분할 수 있다. 투자신탁과 투자익명조합의 경우에는 집합투자업자가 투자재산신탁 및 투자익명조합재산을 운용하며, 투자회사, 투자유한회사, 투자합자회사, 투자조합(이하 투자회사 등이라고 함)의 경우는 투자회사 등의 법인이사, 업무집행사원 또는 업무집행조합원인 집합투자업자가 집합투자재산을 운용한다(〈표 11-4〉 참조).

2. 지분증권의 의결권행사주체

투자신탁재산 또는 투자익명조합재산에 속하는 지분증권(그 지분증권과 관련된 증권예탁증권포함)의 의결권행사는 그 투자신탁 또는 투자익명조합의 집합투자업자가 수행하여야 하며, 투자회사 등의 집합투자재산에 속하는 지분증권의 의결권행사는 그 투자회사 등이 수행하여야 한다. 다만, 투자회사 등은 그 투자회사 등의 집합투자업자에게 그 투자회사 등의 집합투자재산에 속하는 지분증권의 의결권 행사를 위탁할 수 있다.

3. 집합투자재산의 보관·관리업무의 신탁업자에의 위탁

투자신탁이나 투자익명조합의 집합투자업자 또는 투자회사 등은 집합투자재산의

3) 김병연 외 3인, 상게서, pp. 306~308.

보관·관리업무를 신탁업자에게 위탁하여야 한다. 집합투자업자는 자신이 운용하는 집합투자재산을 보관·관리하는 신탁업자가 되어서는 안 된다.

4. 집합투자증권의 판매계약 또는 위탁판매계약

투자신탁이나 투자익명조합의 집합투자업자 또는 투자회사 등은 집합투자기구의 집합투자증권을 판매하고자 하는 경우, 투자매매업자와 판매계약을 체결하거나 투자중개업자와 위탁판매계약을 체결해야 한다. 다만, 투자신탁이나 투자익명조합의 집합투자업자가 투자매매업자 또는 투자중개업자로서 집합투자기구의 집합증권을 판매하는 경우에는 판매계약 또는 위탁판매계약을 체결하지 않는다. 이는 투자신탁이나 투자익명조합의 집합투자업자 스스로가 집합투자증권의 판매를 위한 투자매매업자 또는 투자중개업자로서의 지위에서 집합투자증권을 판매하는 것이기 때문에[4] 집합투자증권 판매계약 또는 위탁판매계약 체결을 요구하지 않는 것이다.

이와 같이 투자신탁이나 투자익명조합의 집합투자업자가 자신이 설정 또는 설립한 집합투자기구의 집합투자증권을 판매하기 위해서는 집합투자증권 판매를 위한 투자매매업 인가를 받아야 하며, 제3의 집합투자업자가 설정 또는 설립한 집합투자기구의 집합증권을 판매하기 위해서는 집합투자증권 판매를 위한 투자중개업 인가를 받아야 한다.

5. 투자회사 업무의 일반사무관리회사에의 위탁

투자회사는 상법상 주식회사의 형태이나 투자를 목적으로 설립된 명목상 회사(paper company)에 지나지 않으므로 실질업무를 수행할 수 있는 임·직원이나 본·지점을 두고 있지 않다.

이와 같은 투자회사의 특성을 고려하여 투자회사주식의 발행 및 명의개서, 투자회사재산의 계산, 법령 또는 정관에 의한 통지 및 공고, 이사회 및 주주총회의 소

4) 집합투자업자와 집합투자증권 판매회사의 지위를 동시에 지니고 있음.

집·개최·의사록 작성 등에 관한 업무, 자본시장법 제 238조제8항에 따라 위탁받은 업무, 투자회사의 운영에 관한 업무를 일반사무관리회사에 위탁하도록 의무화하고 있다.

〈표 11-4〉 집합투자기구의 운용

	투자신탁	투자회사	투자유한회 사	투자합자회 사	투자조합	투자익명조 합
운용주체	집합투자업자	법인이사인 집합투자업자	법인이사인 집합투자업자	업무집행사원인 집합투자업자	업무집행조합원인 집합투자업자	영업자인 집합투자업자
참가당사자	①집합투자업자 -신탁업자와 투자신탁계약 체결 -투자신탁재산 운용·운용지시 -투자신탁재산의 평가 ②신탁업자 -투자신탁재산 운용·운용지시의 이행 -투자신탁재산 보관·관리 -투자신탁재산 운용·운용지시의 감시 ③수익자총회 -전체수익자로 구성된 투자신탁의 기관 ④투자매매·중개업자 -수익증권의 판매·환매 ⑤일반사무관리회사 ⑥채권평가회사 ⑦집합투자기구평가회사	①발기인 -투자회사설립 ②이사회 -법인이사(집합투자업자)1인과 감독이사 2인이상 ③주주총회 ④집합투자업자 -투자회사의 법인이사로 주요업무집행 -투자회사의 위탁을 받아 재산을 운용 및 평가 ⑤신탁업자 -결제등의 이행 및 보관·관리 -운용에 대한 감시 ⑥투자매매·중개업자 -투자회사주식 판매·환매 ⑦일반사무관리회사 ⑧채권평가회사 ⑨집합투자기구평가회사	①법인이사 -집합투자업자가 법인이사 -투자유한회사설립·주요업무집행 ②사원총회 ③집합투자업자 -회사의 주요업무집행 -재산운용·평가 ④신탁업자 -결제등의 이행 및 보관·관리 -운용에 대한 감시 ⑤투자매매·중개업자 -지분증권의 판매·환매 ⑥일반사무관리회사 ⑦채권평가회사 ⑧집합투자기구평가회사	①업무집행사원(조합원) -투자합자회사의 설립 및 주요업무집행 ②사원총회 ③집합투자업자 -회사의 주요업무집행 -재산운용·평가 ④신탁업자 -결제 등의 이행 및 보관·관리 -운용에 대한 감시 ⑤투자매매·중개업자 -지분증권의 판매·환매 ⑥일반사무관리회사 ⑦채권평가회사 ⑧집합투자기구평가회사	①업무집행조합원 -집합투자업자인 업무집행조합원(무한책임조합원)과 유한책임조합원으로 구성 ②조합원총회 -조합원 전원으로 구성 -조합원총회는 업무집행조합원이 소집	①영업자 -투자익명조합의 설립 및 주요업무 집행 -투자익명조합의 운용·평가 ②익명조합원총회 ③신탁업자 ④투자매매·중개업자 ⑤일반사무관리회사 ⑥채권평가회사 ⑦집합투자기구평가회사

제3절 집합투자기구의 종류

1. 투자대상자산 기준 집합투자기구의 종류

자본시장법에서는 집합투자기구를 주요 투자대상 자산(집합투자기구 자산의 50% 초과 투자자산)을 기준으로 증권집합투자기구, 부동산집합투자기구, 특별자산집합투자기구, 혼합자산집합투자기구, 그리고 단기금융집합투자기구(MMF: Money Market Fund)로 구분하고 있다.

1) 증권집합투자기구

증권집합투자기구는 집합투자재산의 100분의 50 이상을 초과하여 증권(자본시장법 시행령으로 정하는 증권을 제외하며, 시행령으로 정하는 증권외의 증권을 기초자산으로 한 파생상품을 포함)에 투자하는 집합투자기구로서 부동산집합투자기구, 특별자산집합투자기구에 해당하지 아니하는 집합투자기구를 말한다.

집합투자기구의 종류별로 투자가능한 자산을 경제적 실질과 속성이 동일한 것으로 분류하고 있는 취지에 따라 다음과 같은 것은 증권집합투자기구의 투자대상인 증권에서 제외된다.

① 부동산, 지상권·지역권·전세권·임차권·분양권 등 부동산 관련권리, 기업구조조정촉진법 제2조제1호에 따른 채권금융기관(금융산업의 구조개선에 관한 법률에 따른 금융기관이었던 자로서 청산절차 또는 채무자회생 및 파산에 관한 법률에 따른 파산절차가 진행 중인 법인을 포함)이 채권자인 금전채권(부동산을 담보한 경우만 해당), 법 제229조제3호에 따른 특별자산의 어느 하나에 해당하는 자산이 신탁재산, 집합투자재산 또는 유동화자산의 100분의 50 이상을 차지하는 경우에는 그 수익증권, 집합투자증권 또는 유동화증권

② 부동산투자회사법에 따른 부동산투자회사가 발행한 주식

③ 선박투자회사법에 따른 선박회사가 발행한 주식

④ 사회기반시설에 대한 민간투자법에 따른 사회기반시설사업의 시행을 목적으로 하는 법인이 발행한 주식과 채권

⑤ 사회기반시설에 대한 민간투자법에 따른 하나의 사회기반시설사업의 시행을 목적으로 하는 법인이 발행한 주식과 채권을 취득하거나 그 법인에 대한 대출채권을 취득하는 방식으로 투자하는 것을 목적으로 하는 법인(같은 법에 따른 사회기반시설투융자회사는 제외)의 지분증권

⑥ 부동산개발회사가 발행한 증권, 부동산·부동산관련자산을 기초로 발행된 유동화증권, 금융기관이 지급보증한 주택저당채권담보부채권·주택저당증권, 부동산투자회사가 발행한 지분증권

한편, 이와 같은 6가지의 증권을 제외한 증권을 기초자산으로 한 파생상품은 증권집합투자기구에서 투자가능한 증권의 범위에 포함된다.

2) 부동산집합투자기구

부동산집합투자기구는 집합투자재산의 100분의 50이상을 초과하여 부동산(부동산을 기초자산으로 한 파생상품, 부동산개발과 관련된 법인에 대한 대출, 그 밖에 시행령으로 정하는 방법으로 부동산 및 시행령으로 정하는 부동산과 관련된 증권에 투자하는 경우를 포함)에 투자하는 집합투자기구를 말한다.

즉 부동산집합투자기구에서 투자가능한 부동산의 범위에는 전통적인 부동산 이외에 부동산을 기초로 한 파생상품과 부동산개발관련 법인에 대한 대출, ① 부동산의 개발, ② 부동산의 관리 및 개량, ③ 부동산의 임대, ④ 지상권·지역권·전세권·임차권·분양권 등 부동산 관련권리의 취득, ⑤ 기업구조조정촉진법 제2조제1호에 따른 채권금융기관(금융산업의 구조개선에 관한법률에 따른 금융기관이었던 자로서 청산절차 또는 채무자회생 및 파산에 관한 법률에 따른 파산절차가 진행 중인 법인을 포함)이 채권자인 금전채권(부동산을 담보한 경우만 해당)의 취득의 방법으로 부동산 및 ① 부동산 및 관련권리, 금전채권(부동산담보)을 기초자산(50%)으로 하는 신탁의 수익증권, 집합투자증권, 유동화증권, ② 부동산투자회사 주식, ③ 부동산개발회사가 발행한 증권, 부동산·부동산관련자산을 기초로 발행된 유동화증

권, 금융기관이 지급보증한 주택저당채권담보부채권 · 주택저당증권, 부동산투자회사가 발행한 지분증권에 투자하는 경우를 포함한다.

3) 특별자산집합투자기구

특별자산집합투자기구는 집합투자재산의 100분의 50을 초과하여 특별자산(증권 및 부동산을 제외한 투자대상자산을 말함)에 투자하는 집합투자기구를 말한다.

4) 혼합자산집합투자기구

혼합자산집합투자기구는 집합투자재산을 운용함에 있어서 증권, 부동산, 특별자산의 최저투자비율의 적용을 받지 않는 집합투자기구를 말한다. 혼합자산집합투자기구는 법령상 주된 투자대상 및 최저투자한도 등에 대한 별도의 제한이 없으므로 어떤 자산이든 투자비율의 제한 없이 투자가 가능하다는 장점이 있는 반면에, 환매금지형 집합투자기구로 설정 · 설립되어야 한다는 제한을 받고 있다.

5) 단기금융집합투자기구((MMF: Money Market Fund)

단기금융투자기구(MMF)는 집합투자재산의 전부를 대통령령으로 정하는 단기금융상품에 투자하는 집합투자기구로서 대통령령이 정하는 방법으로 운용하는 집합투자기구를 말한다.

자본시장법 시행령상 대통령령으로 정하는 단기금융투자기구에서 투자가능한 단기금융상품이란 원화로 표시된 자산으로서 다음과 같은 각 호의 어느 하나에 해당하는 것을 말한다.

① 남은 만기가 6개월 이내인 양도성예금증서.

② 남은 만기가 1년 이내인 국채증권, 지방채증권, 특수채증권, 사채권(법 제71조 제4호에 따른 주권관련사채권 및 사모의 방법으로 발행된 사채권은 제외) 및 기업어음증권. 다만, 환매조건부매수의 경우에는 남은 만기의 제한을 받지 아니한다.

③ 남은 만기가 1년 이내인 금융기관이 발행 · 할인 · 매매 · 중개 · 인수 또는 보증하는 어음(기업어음증권은 제외).

④ 금융기관에 대한 30일 이내의 단기대출.

⑤ 만기가 6개월 이내인 법 제79조제2항제5호 각 목의 금융기관에의 예치.

⑥ 다른 단기금융집합투자기구의 집합투자증권의 어느 하나에 해당하는 것.

자본시장법 시행령상 대통령령으로 정한 단기금융집합투자기구를 운용하는 방법이란 다음 각 호의 어느 하나에 해당하는 방법을 말한다.

① 증권을 대여하거나 차입하는 방법으로 운용하지 아니할 것.

② 환매조건부매도는 집합투자기구에서 보유하고 있는 증권총액의 100분의 5 이내 일 것.

③ 각 단기금융집합투자기구 집합투자재산의 남은 만기의 가중평균이 90일 이내일 것.

④ 각 단기금융집합투자기구(법 제76조제2항에 따라 판매가 제한되거나 법 제237조에 따라 환매가 연기된 단기금융집합투자기구는 제외)의 집합투자재산이 다음의 각 목의 기준을 충족하지 못하는 경우에는 다른 단기금융집합투자기구를 설정·설립하거나 다른 단기금융집합투자기구로부터 그 운용업무의 위탁을 받지 아니할 것. 다만, 국가재정법 제81조에 따른 여유자금을 통합하여 운용하는 단기금융투자기구 및 그 단기금융집합투자기구가 투자하는 단기금융집합투자기구를 설정·설립하거나 그 운용업무의 위탁을 받는 경우에는 다음 각 목의 기준을 적용하지 아니한다.

가. 투자자가 개인으로 만 이루어진 단기금융집합투자기구인 경우 : 3천억원 이상

나. 투자자가 법인으로만 이루어진 단기금융집합투자기구인 경우 : 5천억원 이상

⑤ 투자대상자산의 신용등급 및 신용등급별 투자한도, 남은 만기의 가중평균 계산 방법, 그 밖에 자산운용의 안정성유지에 관하여 금융위원회가 정하여 고시하는 내용을 준수할 것.

그리고 집합투자업자는 단기금융집합투자기구의 집합재산을 ① 자산의 원리금 또는 거래금액이 환율·증권의 가치 또는 증권지수의 변동에 따라 변동하거나 계약 시점에 미리 정한 특정한 신용사건의 발생에 따라 확대 또는 축소되도록 설계된 것, ② ①과 같이 원리금 또는 거래금액, 만기 또는 거래기간 등이 확정되지 아니할 것 중 어느 하나에 해당하는 자산에 운용하여서는 아니 된다.

한편, 집합투자업자가 단기금융집합투자기구의 집합투자재산으로 운용할 수 있는 채무증권(양도성예금증서 및 금융기관이 발행·매출·중개한 어음 및 채무증서를

포함)은 취득시점을 기준으로 신용평가업자의 신용평가등급(둘 이상의 신용평가업자로부터 신용평가등급을 받은 경우에는 그 중 낮은 신용평가등급을 말함)이 최상위등급 또는 최상위등급의 차하위등급 이내이어야 한다. 이 경우 신용평가등급은 세분류하지 않은 신용평가등급을 말한다.

이와 같이 단기금융집합투자기구 편입자산의 신용등급 강화에도 불구하고 ① 담보 또는 처분옵션을 감안하여 집합투자재산평가위원회가 상위2개 등급에 상응한다고 인정하는 채무증권, ② 신용평가등급이 없는 채무증권의 어느 하나에 해당하는 채무증권은 신용평가등급이 상위 2개 등급에 미달하거나 신용평가등급이 없는 경우에도 단기금융집합투자기구의 집합투자재산으로 운용할 수 있다.

2. 특수한 형태 기준 집합투자기구의 종류

자본시장법에서는 특수한 형태의 집합투자기구를 환매금지형집합투자기구, 종류형집합투자기구, 전환형집합투자기구, 모자형집합투자기구, 상장지수집합투자기구로 구분하고 있다.

1) 환매금지형집합투자기구

환매금지형집합투자기구는 집합투자증권의 환매를 청구할 수 없는 집합투자기구를 말하는데, 집합투자업자는 존속기간을 정한 집합투자기구에 한하여 집합투자증권의 환매를 청구할 수 없는 환매금지형집합투자기구의 설정·설립이 가능하다.

집합투자업자 등은 집합투자기구를 투자대상자산의 현금화가 곤란한 사정 등을 고려하여 ① 부동산집합투자기구를 설정 또는 설립하는 경우, ② 특별자산집합투자기구를 설정 또는 설립하는 경우, ③ 법 제229조제4호에 따른 혼합자산집합투자기구를 설정 또는 설립하는 경우, ④ 각 집합투자기구 자산총액의 100분의 20을 초과하여 금융위원회가 정하여 고시하는 시장성 없는 자산에 투자할 수 있는 집합투자기구를 설정 또는 설립하는 경우에는 그 집합투자기구를 환매금지형집합투자기구로 설정·설립하여야 한다.

환매금지형집합투자기구로 설정·설립하여야 하는 경우 중 금융위원회가 정하여 고시하는 시장성 없는 자산이란 다음 각 호의 어느 하나에 해당하는 자산을 말한다.

① 법 제229조제2호에 따른 부동산(부동산을 기초로 한 파생상품이나 부동산과 관련된 증권 등 시가 또는 공정가액으로 조기에 현금화가 가능한 경우를 제외).

② 법 제229조제3호에 따른 특별자산(관련자산의 특성 등을 고려하여 시가 또는 공정가액을 조기에 현금화가 가능한 경우를 제외).

③ 다음 각 목의 어느 하나에 해당하지 아니한 경우

가. 증권시장 또는 외국시장에 상장된 증권

나. 채무증권

다. 파생결합증권

라. 모집 또는 매출된 증권

마. 환매를 청구할 수 있는 집합투자증권

투자신탁이나 투자익명조합의 집합투자업자 또는 투자회사 등은 기존 투자자의 이익을 해할 우려가 없는 등 대통령령으로 정하는 때에만 환매금지형집합투자기구의 집합투자증권을 추가로 발행할 수 있다. 여기서 대통령령으로 정하는 때란 ① 환매금지형집합투자기구로 받은 이익분배금의 범위에서 그 집합투자기구의 집합투자증권을 추가로 발행하는 경우, ② 기존 투자자의 이익을 해칠 염려가 없다고 신탁업자로부터 확인을 받은 경우, ③ 기존투자자 전원의 동의를 받은 경우 중 어느 하나에 해당하는 경우로서 기준가격과 증권시장에서 거래되는 가격을 고려하여 산정한 가격으로 발행하는 때를 말한다.

그리고 투자신탁의 집합투자업자 또는 투자회사는 신탁계약 또는 정관에 투자자의 환금성보장 등을 위한 별도의 방법을 정하지 아니한 경우에는 환매금지형집합투자기구의 집합투자증권을 최초로 발행한 날로부터 90일 이내에 그 집합투자증권을 증권시장에 상장하여야 한다.

2) 종류형집합투자기구

종류형집합투자기구는 같은 집합투자기구에서 판매보수의 차이로 인하여 기준가격이 다르거나 판매수수료가 다른 여러 종류의 집합투자증권을 발행하는 집합투자기구를 말한다.

투자신탁이나 투자익명조합의 집합투자업자 또는 투자회사 등은 종류형집합투자기구가 설정 또는 설립된 경우에는 등록신청서에 ① 여러 종류의 집합투자증권별 판매수수료와 판매보수에 관한 사항, ② 여러 종류의 집합투자증권 간 전환할 수 있는 권리를 투자자에게 주는 경우 그 전환에 관한 사항, ③ 각 종류의 집합투자재산이 부담하는 비용에 관한 사항, ④ 여러 종류의 집합투자증권별 취득자격에 제한이 있는 경우 그 내용, ⑤ 여러 종류의 집합투자증권별 환매수수료에 관한 사항, ⑥ 여러 종류의 집합투자증권의 기준가격 산정방법에 관한 사항, ⑦ 종류집합투자자총회에 관한 사항을 포함하여야 한다.

그리고 투자신탁이나 투자익명조합의 집합투자업자 또는 투자회사 등은 종류형 집합투자기구의 투자설명서를 작성하는 경우 해당 투자설명서에 ① 종류형집합투자기구의 집합투자증권의 종류, ② 각 종류의 집합투자증권별 판매보수 · 판매수수료 및 환매수수료의 금액, 부과방법 및 부과기준, ③ 투자자가 각 종류의 집합투자증권 간 전환할 수 있는 경우 전환절차 · 전환조건 · 전환방법 등 전환에 관한 사항을 포함하여야 한다.

한편 여러 종류의 집합투자증권 간에 전환할 수 있는 권리에 기초하여 전환하는 경우에는 그 전환가격은 각 종류의 집합투자증권의 기준가격으로 하여야 한다. 이 경우 투자신탁이나 투자익명조합의 집합투자업자 또는 투자회사 등은 전환을 청구한 투자자에게 환매수수료를 부과하여서는 아니 된다.

또한 투자매매업자 또는 투자중개업자가 종류형집합투자기구의 집합증권을 판매하는 경우에는 판매수수료나 판매보수가 다른 여러 종류의 집합투자증권이 있다는 사실과 각 종류별 집합투자증권의 차이를 설명하여야 한다.

그리고 집합투자업자 등은 종류형집합투자기구를 설정 · 설립함에 있어 종류형집합투자기구의 집합투자증권의 투자자가 직접 또는 간접으로 부담하는 수수료 등 비용은 판매보수 · 판매수수료 및 환매수수료를 제외하고는 각 종류의 집합투자증권로 같도록 하여야 한다. 다만, 종류형집합투자자총회의 운용비용 등 특정 집합투자증권에 대하여만 발생한 비용에 대하여는 그러하지 아니한다.

한편 투자신탁이나 투자익명조합의 집합투자업자 또는 투자회사 등은 종류형집합투자기구의 집합투자재산 운용에 따라 발생한 이익금을 각 종류의 집합투자재산 총액에 비례하여 해당 집합투자재산에 분배하여야 한다. 다만, 특정 집합투자증권에 대하여 비용이 발생한 경우는 그러하지 아니한다.

3) 전환형집합투자기구

전환형집합투자기구는 집합투자업자 등이 복수의 집합투자기구 간에 각 집합투자기구의 투자자가 소유하고 있는 집합투자증권을 다른 집합투자기구의 집합투자증권으로 전환할 수 있는 권리를 투자자에게 부여하는 구조의 집합투자기구를 말한다. 이와 같은 전환형집합투자기구를 설정 · 설립하는 경우에는 ① 복수의 집합투자기구 간에 공통으로 적용되는 집합투자규약이 있을 것, ② 집합투자규약에 집합투자기구간의 전환이 금지되어 있을 것의 요건을 모두 충족하여야 한다.

투자신탁이나 투자익명조합의 집합투자업자 또는 투자회사 등이 전환형집합투자기구를 설정 · 설립하는 경우에는 등록신청서에 전환이 가능한 집합투자기구에 관한 사항을 기재하여야 한다.

전환형집합투자기구의 집합투자증권을 다른 집합투자기구의 집합투자증권으로 전환하는 경우에 그 전환가격은 각 집합투자기구의 집합투자증권의 기준가격으로 한다. 이 경우 투자신탁이나 투자익명조합의 집합투자업자 또는 투자회사 등은 전환을 청구한 투자자에게 환매수수료를 부과하여서는 안 된다.

4) 모자형집합투자기구

모자형집합투자기구는 집합투자업자 등이 모집합투자기구가 발행하는 집합투자증권을 취득하는 구조의 자집합투자기구를 설정 · 설립하는 것을 말하는데, 이 경우에는 다음과 같은 각 호의 요건을 모두 충족하여야 한다.

① 자집합투자기구가 모집합투자기구의 집합투자증권외의 다른 집합투자증권을 취득하는 것이 허용되지 아니할 것.

② 자집합투자기구 외의 자가 모집합투자기구의 집합투자증권을 취득하는 것이 허용되지 아니할 것.

③ 자집합투자기구와 모집합투자기구의 집합재산을 운용하는 집합투자업자가 동

일할 것.

자집합투자기구가 모집합투자기구의 집합투자증권을 취득하는 경우에는 집합재산을 집합투자증권에 운용하는 경우(재간접집합투자기구)의 자산운용제한사항(사모집합투자기구의 집합투자증권에 투자하는 행위제외)을 적용하지 않는다.

투자신탁이나 투자익명조합의 집합투자업자 또는 투자회사 등이 모자형집합투자기구를 설정·설립하는 경우에는 등록신청서에 자집합투자기구가 취득하는 모집합투자기구의 집합투자증권 등에 관한 사항을 포함하여야 한다.

그리고 투자매매업자 또는 투자중개업자는 모집합투자기구의 집합투자증권을 투자자에게 판매하여서는 아니된다.

한편 사모집합투자기구가 아닌 자집합투자기구는 사모집합투자기구인 모집합투자기구의 집합투자증권을 취득할 수 없다.

5) 상장지수집합투자기구(ETF : Exchange Trade Fund)

상장지수집합투자기구는 ① 증권에 관하여 그 종류에 따라 다수 종목의 가격수준을 종합적으로 표시하는 지수 중 대통령령으로 정하는 요건을 갖춘 지수의 변화에 연동하여 운용하는 것을 목표로 할 것, ② 수익증권 또는 주식의 환매가 허용될 것, ③ 수익증권 또는 주식이 해당 투자신탁 또는 투자회사의 설정·설립일로부터 30일 이내에 상장될 것 이라는 요건을 모두 갖춘 집합투자기구를 말한다.

상장지수집합투자기구의 요건 중 대통령령으로 정하는 요건이란 다음 각 호의 요건을 모두 갖춘 경우를 말한다.

① 증권시장(해외포함)에서 거래되는 증권종목의 가격수준을 종합적으로 표시하는 지수일 것.

② 지수가 증권시장을 통하여 투자자에게 적절히 공표될 수 있을 것.

③ 지수의 구성종목 및 지수를 구성하는 종목별 비중, 지수의 변화에 연동하기 위하여 필요한 운용방법 등에 관하여 금융위원회가 정하여 고시하는 요건을 충족할 것.

여기서 지수의 변화에 연동하기 위하여 필요한 운용방법이란 ① 상장지수집합투자기구의 순자산가치의 변화를 지수의 변화의 일정배율(음의 배율도 포함)로 연동하여 운용하는 것을 목표로 할 것, ② 상장지수집합투자기구의 순자산가치의 변화를 지수의 변화를 초과하도록 운용하는 것을 목표로 할 것 의 어느 하나에 해당하는 운용방법을 말한다.

한편 금융위원회가 정하여 고시하는 요건 중 지수의 구성종목 및 종목별 비중은 다음 각 호의 요건을 모두 갖춘 경우를 말한다.

① 지수를 구성하는 종목이 10종목이상일 것.

② 지수를 구성하는 하나의 종목이 그 지수에서 차지하는 비중(그 종목의 직전 3개월의 평균시가총액을 그 지수를 구성하는 종목의 직전 3개월의 평균시가총액의 합으로 나눈 값을 말한다)이 100분의 30을 초과하지 아니할 것.

③ 지수를 구성하는 종목 중 시가총액순으로 100분의 85이상에 해당하는 종목은 시가총액(직전 3개월간 시가총액의 평균을 말한다)이 150억원 이상이고 거래대금(직전 3개월간 거래대금의 평균을 말한다)이 1억원 이상일 것의 요건을 모두 갖춘 경우를 말한다.

투자신탁이나 투자회사 외에 다른 형태의 펀드에 대해서는 상장지수집합투자기구를 허용하지 않는다.

한편 지정참가회사는 상장지수집합투자기구의 설정·설립을 위하여 자기 또는 타인의 계산으로 증권을 매매하는 경우에는 투자일임업으로 보지 않는다.

여기서 지정참가회사는 증권을 대상으로 투자매매업(인수업은 제외)이나 투자중개업을 영위하는 자로서 다음 각 호의 업무를 담당하도록 하기 위하여 집합투자업자가 지정하는 자를 말한다.

① 상장지수집합투자기구의 설정·추가설정 또는 설립·신주발행을 집합투자업자에게 요청하는 업무

② 상장지수집합투자기구의 해지·일부해지 또는 해산·주식의 일부소각을 집합투자업자에게 요청하는 업무.

③ 투자자가 납부한 금전 또는 증권을 금융위원회가 정하여 고시하는 일정단위(설정단위)에 상당하는 자산으로 변경하기 위한 증권의 매매나 위탁매매업무.

④ 상장지수집합투자기구의 집합투자증권이 증권시장에서 원활하게 거래되도록 하고, 그 가격이 그 집합투자증권의 좌수 또는 주수당의 순자산가치에 수렴되도록

하는 업무(금융위원회가 정하여 고시하는 지정참가회사만 해당)

상장지수집합투자기구의 투자자는 그 집합투자증권을 판매하는 투자매매업자 또는 투자중개업자(지정참가회사는 제외)또는 그 집합투자증권의 지정참가회사(그 집합투자증권을 판매한 투자매매업자 또는 투자중개업자가 지정참가회사인 경우만 해당)에 대하여 설정단위별로 집합투자증권의 환매를 청구할 수 있다.[5)]

상장지수집합투자기구의 집합투자증권의 상장은 법 제390조1항에 따른 증권상장규정에서 정하는 바에 따른다. 한편 거래소는 상장지수집합투자기구의 집합투자증권에 대하여 금융위원회가 정하는 고시하는 사유[6)]가 발행한 때에는 그 집합투자증권의 상장을 폐지할 수 있다.

상장지수집합투자기구의 운용에는 다음과 같은 특례를 적용한다.

첫째, 집합투자업자는 동일종목 증권투자제한(10%) 및 계열회사발행증권 투자제한 규정(계열회사 전체주식에 펀드자산총액의 10%)에도 불구하고 상장지수집합투자기구의 집합투자재산을 ① 각 상장지수집합투자기구 자산총액의 100분의 30까지 동일종목의 증권에 투자, ② 각 상장지수집합투자기구 자산총액으로 동일법인 등이 발행한 지분증권 총수의 100분의 20까지 투자하는 방법으로 운용할 수 있다.

둘째, 각 상장지수집합투자지구 자산총액의 100분의 30까지 동일종목의 증권에 투자하는 경우 동일법인 등이 발행한 증권 중 지분증권(그 법인 등이 발행한 지분증권과 관련된 증권예탁증권을 포함)과 지분증권을 제외한 증권은 각각 동일종목으로 본다.

셋째, 집합투자업자는 상장지수집합투자기구의 설정·추가설정 또는 설립·신주의 발행을 위한 목적으로 이해관계인(법 제84조제1항에 따른 이해관계인을 말함)과 증권의 매매, 그 밖의 거래를 할 수 있다.

---

5) 다만, 그 집합투자증권을 판매하는 투자매매업자 또는 투자중개업자가 해산·인가취소·업무정지, 천재·지변 등으로 인한 전산장애, 그 밖에 이에 준하는 사유로 인하여 정상적으로 업무를 영위하는 것이 곤란하다고 금융위원회가 인정하는 경우로 인하여 환매에 응할 수 없는 경우에는 지정참가회사에 대하여 환매를 청구할 수 있다.

6) 여기서 금융위원회가 정하여 고시하는 사유란 ① 추적오차율이 100분의 10을 초과하여 3개월 동안 지속되는 경우, ② 상장지수집합투자기구가 목표로 하는 지수를 산정할 수 없거나 이용할 수 없게 되는 경우의 어느 하나에 해당하는 사유를 말한다.

3. 자본시장법의 적용을 받지 않는 집합투자기구

자본시장법 시행 당시 다음 각 호의 어느 하나에 해당하는 법률에 따라 설정·설립된 것은 자본시장법을 적용하지 아니한다.

〈표 11-5〉 자본시장법의 적용을 받지 않는 집합투자기구

종 류	근 거 법 률
1) 사회기반시설투융자회사	-사회기반시설에 대한 민간투자업
2) 부동산투자회사 (자기관리부동산투자회사 제외)	-부동산투자회사법
3) 선박투자회사	-선박투자회사법
4) 문화산업전문회사	-문화산업진흥기본법
5) 기업구조조정조합	-산업발전법
6) 중소기업창업투자조합	-중소기업창업 지원법
7) 신기술사업투자조합	-여신전문금융업
8) 한국벤처투자조합 9) 개인투자조합	-벤처기업육성에 관한 특별조치법
10) 부품·소재전문투자조합	-부품·소재전문기업 등의 육성에 관한 특별조치법
11) 해외자원개발투자회사	-해외자원개발 사업법
12) 기업구조조정투자회사	-종전의 기업구조조정투자회사법

제3부

금 융 투 자

제12장

기본적 분석

증권분석(Security Analysis)이란 일반적으로 개별증권의 투자와 관련한 일체의 유용한 자료와 정보를 수집하여 분석하는 것을 의미하는데, 이와 같은 증권분석의 과정을 통해 투자자는 보다 유리한 환경 하에서 투자를 할 수 있는 의사결정을 시행할 수 있다.

증권의 수익성과 위험을 측정하는 증권분석의 방법에는 여러 가지의 방법이 있는데, 현실적으로는 기본적 분석(Fundamental Analysis)과 기술적 분석(Technical Analysis)이 가장 널리 이용되고 있다.

본 장에서는 top-down방식에 의거하여 경제분석, 산업분석, 기업분석 순으로 기본적 분석과 관련한 구체적인 내용과 분석기법을 알아봄으로써, 기본적 분석방법에 대한 이해를 증진한다.

제1절 경제분석

1. 기본적 분석의 의의 및 분석방법

증권분석은 크게 내재가치를 평가하여 과소평가된 증권을 매수하고, 과대평가된 증권을 매도하는 투자종목의 선택과 증권의 매매시기선택으로 구분할 수 있다. 이 중에서 전자의 내재가치를 중심으로 한 투자종목선택과 관련한 분석방법을 기본적 분석이라고 하고, 후자의 매매시기의 선택과 관련한 분석방법을 기술적 분석이라고 한다.

기본적 분석은 시장에서 형성된 주식의 가격(주가)은 그 주식을 발행한 기업의 내재가치에 의해 결정된다는 가정에 기초를 둔 분석방법으로, 이를 기초로 주식가치형성에 영향을 미치는 경제, 산업, 기업 등에서의 기본적인 환경요인을 분석하여 기업의 본질가치를 산정하고 이를 시장가치와 비교함으로써 현재의 주가수준을 판단함과 더불어 미래의 주가를 예측하여 투자종목을 선정하는 방법이다.

이와 같은 기본적 분석의 접근방법에는 기업으로 시작하여 산업, 그리고 경제로 분석이 이행해 가는 bottom-top방식(미시방식)과 경제로부터 산업 및 기업의 순으로 분석하는 top-down방식(거시방식)이 있는데, 일반적으로 top-down방식을 많이 사용하고 있다. 왜냐하면 경제분석을 통해 경제의 흐름과 증권시장의 전반적인 흐름에 대해 이해하고, 이를 기반으로 산업분석을 통해 유망업종을 선택하고, 선택된 업종에서 기업분석을 통해 유망종목을 선택하는 것이 보다 효율적인 분석방법이기 때문이다.

2. 경제분석의 의의

주식투자에 있어서 개별기업에 대한 분석도 중요하지만, 이에 못지않게 전체적인 증권시장의 흐름을 파악하는 것도 중요하다. 왜냐하면 개별종목의 주가는 그 종목 자체가 지니고 있는 제반요인뿐만 아니라, 시장전체적인 요인에 의해서도 크게 영향을 받기 때문이다. 여기서 시장전체적인 요인은 일반적으로 경제와 관련된 제반요인으로 볼 수 있기 때문에, 주식투자를 성공적으로 수행하기 위해서는 올바른 경제분석이 선행되어야 할 것이다.

증권분석에서의 경제분석(economy analysis)이란 제반경제현상이 주식가격과 어떠한 관계가 있는가를 규명하기 위해, 주식가격에 영향을 미치는 미래의 국민경제활동의 제반수준을 예측하는 것으로 이를 통해 증권시장의 전반적인 움직임을 예측할 수 있다.

여기서는 경기변동, 경제성장률, 통화량, 금리, 물가, 환율변동 등 주요경제지표가 주가변동과 어떠한 관계를 갖고 있는가를 알아본다.

3. 경제분석의 내용

1) 경기변동과 주가

경기는 국민경제의 전체적인 활동수준을 나타내는 것으로 시간이 경과됨에 따라 확장과 수축을 거듭하면서 변동해 간다. 만약 경제활동이 활발하면 경기가 상승하여 정점에 도달하고, 그 후에 다시 경제활동이 둔화되면 경기가 하락하여 저점에 이르게 되는데, 이를 경기순환(business cycle)이라고 한다. 그런데 일반적으로 경기순환은 확장기를 다시 회복기와 활황기로 나누고, 수축기를 후퇴기와 침체기로 나누는 4단계 구분법이 사용되고 있다.

이와 같이 한나라의 경제는 일정한 주기를 갖고 경기변동을 반복하는데, 개별기업의 내재가치를 반영하는 주식의 가격은 경기변동과 밀접하게 움직인다. 그런데 일반적으로 주가는 경기변동에 선행하여 움직이는 것으로 알려져 있다. 즉 경기가 정점에 도달하기 수개월 전부터 주가는 상승국면에서 하락국면으로 전환하고 경기가 저점에 도달하기 수개월 전부터 주가는 하락국면에서 벗어나 상승국면으로 전환된다는 것이다.

[그림 12-1] 경기변동과 주가지수의 변동

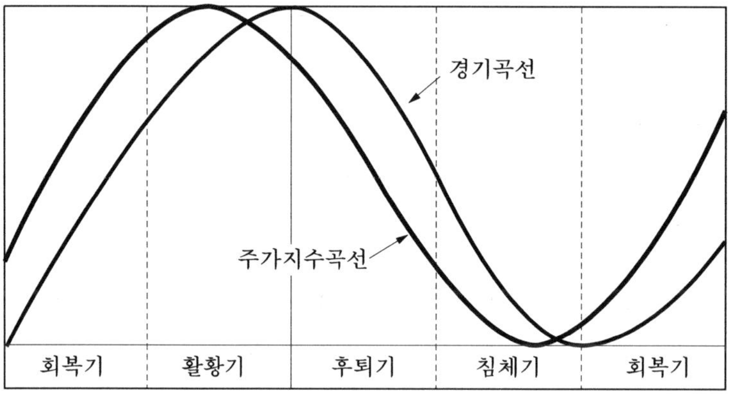

경기변동을 예측하는데 이용하는 경제지표에는 동행지수, 선행지수, 기업실사지수 등이 있다. 동행지수는 현재의 경기상태를 나타내는 것으로 앞으로의 전망에 대해서는 전혀 시사하는 바가 없다. 동행지표에는 실질국민총생산, 기업이익, 산업생산지수, 제조업가동률지수, 실업률, 도매물가지수 등이 포함된다.

한편 선행지수는 장래의 경기변동을 예측하는 지표로서 투자결정에 매우 유용한 정보를 제공해 준다. 선행지표에는 통화, 총유동성, GDP디플레이터, 생산성, 소비, 건축허가면적, 주가지수 등이 포함된다.

기업실사지수(BSI : Business Survey Index)는 경기변동에 대한 경영자의 판단, 전망, 투자계획 등을 설문서를 통해 조사해 경기판단지표로 지수화한 것으로 산출방법은 다음과 같다.

$$\text{기업실사지수} = \frac{\text{경기낙관응답자수} - \text{경기비관응답자수}}{\text{전체응답자수}} \times 100 + 100$$

일반적으로 기업실사지수가 100 이상이면 경기가 상승할 것으로, 100 미만이면 경기가 하락할 것으로 판단한다.

2) 경제성장률과 주가

경제성장률은 한 나라의 국민경제를 파악하는데 중요한 지표로서 일반적으로 국내총생산(GDP : Gross Domestic Product)의 증가율로 나타낸다.

경제성장률이 높을 때에는 생산 · 고용 · 판매 · 소득이 증가하고, 경제규모가 확대되는 동시에 기업의 수익이 증가하여 주가가 상승한다. 그러나 경제성장률이 둔화될 때에는 생산 · 고용 · 판매 · 소득도 줄어들어, 경제활동 및 기업의 수익이 되어 주가도 하락한다.

이와 같은 사실은 우리나라의 경우 1990년대 이후 KOSPI와 국내총생산 성장률의 변동이 유사한 추세를 보이고 있다는 것을 통해서도 알 수 있다([그림 12-2] 참조).

[그림 12-2] 경제성장률과 주가지수의 변동

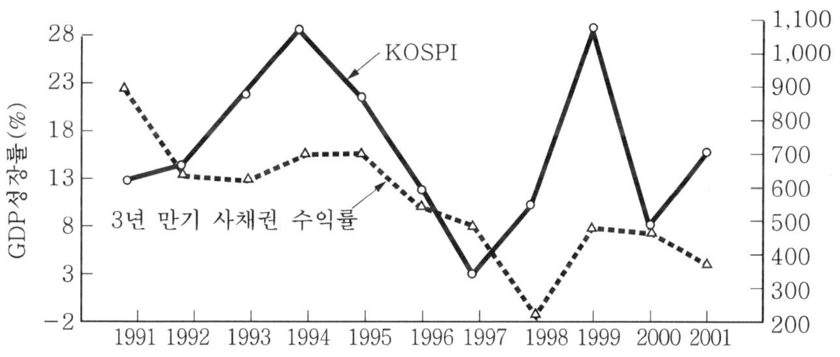

자료 : 거래소, 「주식」, 2002년 3월

3) 통화량과 주가

통화량의 변동은 주식시장에 직접적인 영향을 미치기도 하고, 채무증권시장의 이자율조정을 통해 간접적으로 영향을 미치기도 한다. 먼저 증가된 통화가 기업부문에 투입되면 설비투자의 확대 등으로 투자자들로 하여금 기업수익의 호전을 기대할 수 있게 함으로써 주가를 상승시키고, 또한 통화가 증발되어 시중의 유동성이 풍부하게 되면 그 일부가 증권시장에 유입되어 주식에 대한 매입수요를 증대시켜 주가를 상승시키게 된다. 한편, 통화량의 증가는 채무증권시장을 통해 실세금리를 하락시킴으로써 상대적으로 기대수익률이 커지는 주식의 수요가 늘어나게 되어 주가는 상승하게 된다.

일반적으로 통화량증가는 이자율을 하락시키고 주가의 상승을 초래한다. 통화량증가에 따른 이자율하락이 주가에 미치는 영향은 다음과 같이 구분하여 분석할 수 있다.

첫째, 통화량의 증가에 따른 이자율하락은 기업의 금융비용을 감소시킴으로써 기업의 주가상승을 초래한다.

둘째, 통화량의 증가에 따른 이자율하락은 은행권의 저축으로부터 증권시장으로 자금을 이동시켜 주식수요증가에 의한 주가상승을 초래한다.

그러나 과도한 통화량 증가는 정도의 차이는 있으나 물가를 상승시켜 인플레이션을 유발할 수 있고, 실물자산인 부동산과 금융자산인 주식간에 다른 영향을 미쳐 부동산가격의 상승과 주가의 하락을 동시에 초래할 수 있다.

4) 금리와 주가와의 관계

일반적으로 금리와 주가는 금리가 하락하면 주가가 상승하고, 금리가 상승하면 주가가 하락하는 부(-)의 관계를 나타낸다. 이는 다음과 같이 두 가지의 측면에서 설명할 수 있다.

먼저 기업측면에서 볼 때 금리하락(상승)은 투자를 촉진(위축)시키고 금융비용을 절감(증대)시켜 기업 수익력을 향상(저하)시킴으로써 재무구조를 건실(부실)하게 하여 주식의 본질적 가치를 상승(하락)시키게 된다.

한편 투자자측면에서 볼 때 금리하락(상승)은 대체수단인 예금, 채무증권 등의 기대수익률을 하락(상승)시킴으로써 상대적으로 주식의 수요를 증대(감소)시킨다. 이와 같이 금리의 변동은 본질가치 및 주식수요의 변화를 통해 주가를 변동시키는 주요 요인으로 작용한다.

우리나라의 경우 시중실세금리중의 하나인 사채권수익률과 KOSPI를 비교하면 상당히 명확한 부(-)의 상관관계를 갖고 있음을 알 수 있다.

[그림 12-3] 금리와 주가지수와의 관계

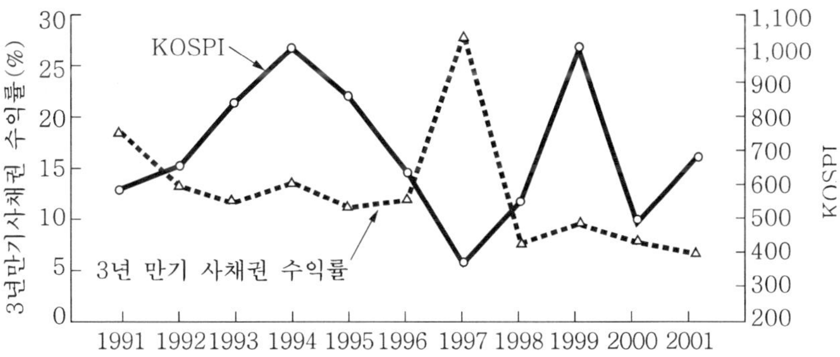

자료 : [그림 12-2]와 동일

5) 물가와 주가와의 관계

인플레이션이 주가에 미치는 영향은 다양하고 복잡하다. 일반적으로 인플레이션은 금융저축을 위축시키고 부동산, 귀금속 등의 실물자산을 선호하게 하여 주가를 하락시키는 요인으로 작용한다. 그러나 완만한 물가상승은 실물경기의 상승을 가져오면서 기업수지의 개선과 기업의 자산가치를 증대시켜 주가를 상승시킨다.

한편, 경기가 침체하면서 물가가 상승하는 스태그플레이션(stagflation)이 계속되는 경제하에서는 비용상승형 인플레이션(cost-push inflation)이 발생하여 기업수지에 마이너스 영향을 미친다. 또한 물가상승으로 인한 소비자의 실질소득감소는 구매력의 악화를 초래하고, 이는 다시 기업수지를 악화시킬 수 있으므로 주가를 하락시키게 된다.

이에 반해 물가상승률이 낮아져 가는 디플레이션(deflation)의 경우에는 실물자산보다 은행예금이나 주식 등의 금융자산을 선호하게 된다. 따라서 금융자산에 대한 수요증대로 주가는 상승한다.

6) 환율과 주가와의 관계

환율의 변동은 수출 및 수입, 경제성장, 경상수지 등 경제전반에 미치는 영향을 통해 주가에 영향을 준다. 특히 우리나라처럼 대외의존도가 높은 경우에는 환율의 변동이 국가경쟁력을 변화시키고 이에 따라 기업의 수익성의 변화하므로 주가에 크게 반영된다.

급격한 환율인하(상승), 즉 평가절상(절하)은 수출비중의 높은 기업의 수출경쟁력을 떨어뜨려(상승시켜) 기업의 수익을 악화(호전)시켜 주가를 하락(상승)시킨다.

그러나 실제에서는 평가절상(절하)→수출감소(증가)→기업수익악화(호전)→주가하락(상승)이라는 단순논리와는 달리 평가절상과 주가상승은 같은 추세를 유지한다. 왜냐하면 평가절상은 한 나라의 경제가 안정되고 수출이 수입보다 많아지면서 경상수지와 종합수지의 흑자폭이 증가할 때 나타나는 것이 일반적이기 때문이다. 이때에 국제수지흑자의 증가로 인해 해외부문으로부터의 자금유입이 증대하면서 시중의 유동성은 풍부해져 주식의 매입수요를 증가시키므로, 안정적인 환율인하는 주가를 상승시키는 요인으로 작용한다.

우리나라의 경우 1986년부터 1989년까지의 소위 3저 호황시에는 큰 폭의 무역수지흑자로 환율이 강세기조를 유지함에 따라 주가도 큰 폭으로 상승하였다. 그러나 그 이후 무역수지가 적자로 반전되고 물가상승압력이 가중되자 주가는 침체기조가 지속되었고 환율은 지속적으로 상승추세를 지속하였다.

이와 같이 기본적으로 환율과 주가는 국가의 경제적 상황이라는 공통요인에 의해 결정되기 때문에 높은 경제성장률, 국제수지흑자 등은 환율인하(평가절상)와 더불어 주가상승도 동반하게 된다. 또한 외환·자본시장이 개방되어 있는 경우에는 평가절상은 환율의 평가차익을 노린 단기 투기자금(hot-money)을 유인하고, 이 자금이 다시 증권시장에 유입됨으로써 결과적으로 주가상승요인으로 작용할 수 있다.

일반적으로 환율변동은 주가에 후행한다고 말할 수 있다. 왜냐하면 환율인하(평가절상)의 누적된 효과는 제이-커브 효과(J-curve effect)에 의해 1~2년 늦게 나타나고, 정책적인 환율인하(평가절상)는 국제수지흑자 등의 절상요인이 어느 정도 사라질 때까지 계속되지만 주가는 이를 반영하여 하락세로 돌아서게 되기 때문이다.

이와는 반대로 환율인상 즉 평가절하는 수출이 부진하여 무역수지가 악화되고, 교역상대국에 비하여 경제성장이 둔화될 때에 나타난다. 따라서 환율인상은 수출비중이 높은 기업에게는 유리하게 작용하나, 물가상승의 우려 및 경제성장의 둔화 등의 요인으로 증권시장전반에 걸쳐 지속적인 주가상승을 기대하기는 어렵다.

[그림 12-4] 우리나라의 환율과 주가

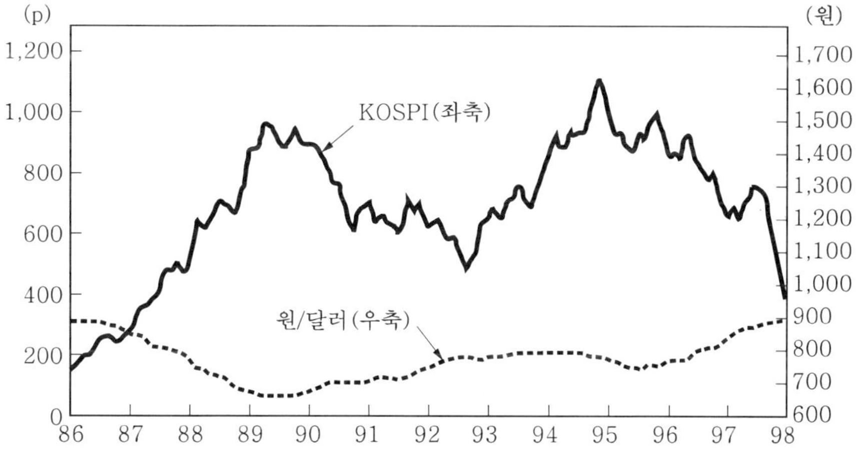

제 2 절 산업분석

1. 산업분석의 의의

기업의 경영성과는 전반적인 경제 환경요인뿐만 아니라, 그 기업이 속해 있는 산업의 특성과 전망에 의해서도 영향을 받는다. 산업분석(industry analysis)은 산업의 특성과 전망에 대한 분석으로서 개별산업 또는 관련산업에 영향을 주는 요인들을 광범위하게 연구, 분석하는 것을 말한다.

산업분석을 행하는 주목적은 유망한 성장산업을 선택하는데 있으며, 이는 또한 기본분석의 최종목적인 유망종목 선정에 대한 전제조건을 부여하는 과정이라고도 말할 수 있다. 이와 같은 관점에서 볼 때 산업분석은 개별종목의 장기적인 전망에 대한 근거를 제공하거나 개별기업간 비교분석을 가능하게 하는 기준치를 제공하여 유망종목선정에 도움을 주는데 그 의의가 있다고 말할 수 있다.

2. 산업분석의 내용

산업분석에서는 과거의 실적, 경기변동에 대한 적응력, 산업의 대체관계, 정부정책, 인력수급 및 노사관계 등에 대해 분석한다.

1) 과거의 실적

효과적인 산업분석을 통해 유효한 투자결정을 시행하기 위해서는 먼저 당해 산업의 과거실적을 조사해야 한다.

산업분석의 과거실적분석에 있어서 가장 주안점을 두어야 할 것은 당해산업의 매출액과 수익률에 대한 분석이다. 이는 매출액과 수익률의 변동상황이 산업의 수익성에 중대한 영향을 미치기 때문이다. 이와 더불어 산업의 원가구조, 즉 고정비와 변동비의 관계에 대한 분석도 함께 이루어져야 한다. 총비용 중에서 고정비가 차지하는 비중이 높으면 손익분기점이 높고 영업레버리지(leverage)효과도 크게 나타나 호황시에는 매출증가에 따른 이익증가율이 높아지는 반면에, 불황시에는 매출감소에 따른 이익감소율이 커지기 때문이다.

2) 경기변동에 대한 적응력

산업에 따라서는 수익성의 변화가 경기순환과 일치하는 산업, 이에 역행하는 산업 혹은 무관한 산업이 있다. 이와 같은 관점에서 볼 때 경기변동에 따라 유망산업의 선정도 바뀌어야 하고 매매전략도 수정되어야 한다.

산업은 경기순환과 수익성의 관계를 중심으로 주기적 산업(cyclical industries), 방어적 산업(defence industries), 성장산업(grow industries)으로 구분할 수 있다.

주기적 산업은 경영성과가 경기순환과 일치하여 아주 민감하게 변동하는 산업으로서 호경기 때에는 매출이나 이익의 신장률이 높은 반면에, 불경기 때에는 매출과 이익이 줄거나 적자까지 볼 수 있다. 이러한 주기적 산업의 예로는 냉장고, 피아노 등과 같은 내구소비재, 철강업, 공작기계 등과 같은 자본재 생산산업, 레저산업, 항공산업 등을 들 수 있다.

방어적 산업은 음식료품산업 등 생필품과 관련된 산업과 같이 경기변동에 거의 영향을 받지 않고 일정한 수준의 경영성과를 꾸준히 유지하는 산업을 말한다.

성장산업은 경기순환과 큰 관계없이 기술혁신과 우수한 판매전략 등으로 지속적으로 높은 수익성이 기대되는 산업을 말하는 데, 우리나라의 경우, 1970년대의 철강, 석유화학, 일반기계산업, 1980년대의 전자부품, 컴퓨터산업, 1990년대의 자동차산업, 정보통신산업 등이 이에 해당된다고 볼 수 있다.

3) 산업의 상대적 영속성

기존산업 중에는 생산력 및 기술의 진보로 새로운 대체산업이 등장함으로써 생산품에 대한 수요가 감소되어 사양화되는 경우의 산업이 있다. 디지털 카메라의 등장은 아날로그 카메라의 수요를 대폭적으로 줄였으며 흑백 티브이(TV)는 칼라 티브이(TV)에 그 자리를 내준 것 등이 이에 해당한다.

특히 오늘날과 같은 급진적인 기술혁신의 시대에는 산업의 대체가 쉽게 일어날 수 있기 때문에 산업의 상대적 영속성여부는 산업분석에 있어서 중요한 위치를 차지하고 있다.

4) 정부정책

정부는 경제정책상 재정적 지원, 관세 및 조세제도 등을 통하여 특정산업을 육성하는 경우도 있고, 경우에 따라서는 기업의 통·폐합, 소비자보호, 경쟁제한 등을 통해 해당산업에 커다란 타격을 주기도 한다.

따라서 증권투자를 시행하기 위한 관점에서의 산업분석에 있어서는 정부의 법률, 금융, 세제상에 있어서의 지원 또는 제한 등과 관련하여 충분한 정보의 수립과 분석이 수반되어야 한다.

5) 인력수급과 노사관계

한 나라의 국민경제에 있어서 노사문제가 미치는 영향이 점차로 증대됨에 따라 산업의 노사문제와 이에 따른 인력수급도 산업분석에 있어서 중요한 부분이 되고 있다.

특히 강력한 노동조합이 조직되어 있는 산업에서는 대체로 노무비상승률이 높고 동맹파업이 발생할 가능성이 높기 때문에 이러한 산업에 속한 기업에 투자할 경우에는 노사관계분석을 반드시 시행해야 한다.

한편 최근의 이른바 3D(Difficult, Dangerous, Dirty)업종의 경우 인력확보에 상당한 애로를 겪고 있는데, 이와 관련된 기업에 투자할 경우에는 업종의 특성을 분석하여 인력수급상의 문제점여부도 검토해야 한다.

6) 경쟁관계

산업에 따라 기업간의 경쟁이 치열한 산업과 그렇지 않은 산업이 있다. 예를 들어 소매업에 있어서는 기업간의 경쟁이 치열한 반면에, 방위산업과 같은 전략산업에 있어서는 비교적 기업간의 경쟁이 심하지 않다.

일반적으로 경쟁이 치열한 산업에서는 수익성이 떨어지고, 비교적 경쟁이 심하지 않은 산업에서는 양호한 수익성을 기대할 수 있다. 완전경쟁상태에 있는 산업에서는 최저경쟁수익률 정도의 수익밖에 올릴 수 없지만, 경쟁이 비교적 덜 치열한 산업에서는 평균이상의 초과수익을 올릴 수 있다. 따라서 분석대상산업의 경쟁관계를 충분히 고려하여야 한다.

3. 산업분석의 종류

1) 산업구조분석

산업구조분석은 해당산업의 경쟁강도를 결정짓는 구조적 경쟁요인을 분석하는 것을 말한다.[1]

포터(M.E. Porter)에 의하면 특정산업의 경쟁강도는 진입장벽, 기존업체간의 경쟁강도, 제품의 대체가능성, 구매자의 교섭력, 공급자의 교섭력 등의 구조적 경쟁요인들에 의해 좌우되며, 이들 요인들의 총체적인 작용에 의하여 해당산업의 궁극적

---

1) Michael E. Porter, "Industry Structure and Competitive Strategy : keys to Profitability", *Financial Analysts Journal* (July-Aug. 1980).
장영광, 『증권투자론』, 신영사, 2003년, pp. 178-180.

인 이윤잠재력이 결정된다는 것이다.

[그림 12-5] 산업의 경쟁강도를 결정짓는 구조적 요인

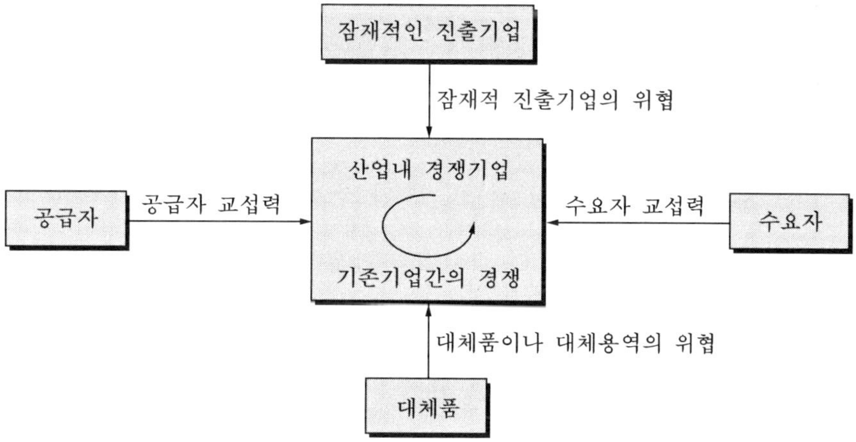

① 진입장벽

진입장벽(barriers to entry)은 신규진입을 막는 장애요인으로 특정산업에 새로 진출하고자 하는 기업들의 진입을 어렵게 만드는 장벽을 말한다. 일반적으로 높은 진입장벽은 기진출한 기업의 수익성을 높게 해주고 영업위험을 낮게 해준다. 이에 비해 진입장벽이 없는 산업내의 기업들은 수익성이 낮고 여러 가지 위험이 높아진다. 다음과 같은 경우 진입장벽이 높은 것으로 알려져 있다.

- 규모의 경제가 잘 나타나는 경우
- 제품치별화기 잘 이루어지는 경우
- 진출에 막대한 소요자본이 드는 경우
- 막대한 교체비용이 드는 경우
- 기존판매량이 견조한 경우
- 기존진출업체의 제조비용이 저렴한 경우
- 정부의 규제가 많은 경우

② 기존업체간의 경쟁강도

특정산업내의 기존경쟁기업들은 가격경쟁, 신제품소개, 대고객서비스의 강화, 품질보증 등 여러 가지 방법을 통하여 시장에서의 유리한 위치를 차지하기 위해 경쟁을 벌인다. 산업 내 기존업체 간의 경쟁강도는 다음과 같은 경우에 높은 경향이 있다.

- 경쟁기업의 수가 많은 경우
- 산업의 성장률이 낮은 경우
- 가격경쟁의 가능성이 높거나 제품차별화가 잘 이루어지지 않는 경우
- 고정비가 높은 경우
- 대규모의 시설확장이 이루어진 경우
- 전략적 이해관계가 걸려 있는 경우
- 경쟁기업 간의 경쟁전략이 상이한 경우

③ 대체가능성

특정산업에 속한 기업들은 대체품을 생산하는 기업과 경쟁하고 있다. 이러한 대체품의 존재는 제품가격을 결정하는 데 일정한 상한선을 제시하여 주며, 이로 인해 그 기업이 속한 산업의 이익잠재력은 제한된다. 일반적으로 대체품의 품질이 우수할수록 대체품의 가격상한선에 대한 압력이 강해진다.

④ 구매자의 교섭력

구매자들은 구매가격의 인하, 품질향상 및 서비스증대 등을 요구하고 공급기업들 상호간의 경쟁을 유발하는 방법 등으로 구매대상 산업과의 경쟁을 벌이는데, 이러한 제반 행위는 그 산업의 수익성을 감소시키는 요인으로 작용한다.

구매자산업과 공급자산업과의 관계에 있어서 어느 쪽이 가격결정, 품질조건, 결제조건 등에 있어서 교섭력이 강한지에 따라 당해산업의 수익성은 구조적으로 영향을 받는다. 다음과 같은 경우에는 구매자의 교섭력이 강하다고 볼 수 있다.

- 구매자의 집중도가 공급자의 집중도보다 높은 경우
- 제품이 규격화되어 있어 제품차별화의 정도가 작은 경우
- 구매자의 이윤폭이 낮은 경우
- 구매자가 소비자의 구매결정에 결정적인 영향을 미칠 수 있는 경우

⑤ 공급자의 교섭력

공급자는 공급가격의 인상, 제품 및 서비스의 질을 하락시키는 위험 등으로 교섭력을 강화시킬 수 있는데, 그만큼 상대 산업의 이익잠재력은 잠식된다. 특히 구매업자가 코스트(cost) 상승분을 제품가격인상으로 흡수할 수 없는 경우에는 공급자의 교섭력이 크게 강화된다. 다음과 같은 경우에는 공급자의 교섭력이 강하다고 볼 수 있다.

· 공급자의 제품에 대한 대체품이 존재하지 않을 경우
· 공급자의 제품이 차별화되어 있거나 교체비용이 소요되는 경우
· 공급자가 몇 개의 기업에 의해 과점되어 있는 경우
· 해당산업이 공급자에게 비중이 큰 고객이 아닌 경우

2) 제품수명주기이론에 의한 산업분석

개별 산업간의 수익성 내지 성장전망 등은 산업내 주력제품의 수명주기상의 단계에 따라 달라진다. 이는 시간이 경과함에 따라 당해산업의 경쟁상태, 제품의 기술, 소비자의 기호 등이 변하기 때문인데, 이와 같이 제품의 수익성과 위험에 미치는 영향을 몇 단계로 나누어 대조적으로 식별하는 분석방법이 제품수명주기(PLC : Product Life Cycle)이론이다.

일반적으로 제품수명주기는 도입기, 성장기, 성숙기, 쇠퇴기 등 4단계로 나누어 볼 수 있는데, 각 단계별로 당해 산업내 기업들의 이윤, 경쟁강도, 사업위험, 중요경영관리기능이 달라지므로, 분석대상기업의 산업이 어느 단계에 있는지를 파악하는 것이 산업분석상 중요하다.

도입기에는 신제품이 처음으로 시장에 소개되어 구매의 대상이 되는 단계로 과도한 고정비 및 판매비지출로 손실을 입거나 이익이 나더라도 극히 저조한 것이 일반적이다. 이 단계에서는 사업성공여부가 불투명하여 높은 위험을 안고 있다.

성장기에서는 수요가 급증하고 경쟁업체들의 진출이 시작됨에 따라 시장규모가 증대된다. 또한 매출이 급증하여 이익이 지속적으로 발생한다. 그러나 급속한 성장에 따라 대부분의 이익이 재투자되어 자금부족과 이로 인한 지불능력의 유지가 중요한 단계이다.

[그림 12-6] 제품의 수명주기

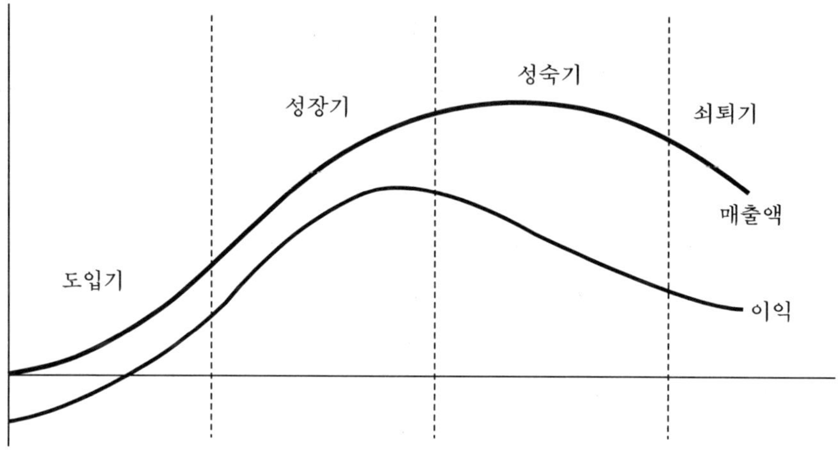

성숙기에서는 안정적인 시장점유율을 확보하고 성장기에 차입한 자금을 상환한다. 그러나 기업이 시장점유율을 확대하기 위하여 가격인하정책이나 판촉비증대 등을 통해 격심한 경쟁을 벌이게 되므로 제품의 단위당 이익이 줄어들게 되어 서서히 사업위험이 커진다. 따라서 이 단계에서는 경쟁력이 약한 기업은 탈락하게 된다. 지속적인 성장을 위해서는 신규업종으로의 진출이 필요한 시기이다.

쇠퇴기에는 매출액이 감소하기 시작하여 유휴생산시설이 증가하고 가격하락과 이윤감소가 일어난다. 따라서 이 단계에서는 많은 기업이 당해산업에서 철수하게 되며, 남아 있는 기업은 제품생산과 가격을 낮추고 광고비 등을 감소시키거나 업종다각화 등을 고려한다.

3) 산업의 수요와 공급분석

특정산업의 성과는 당해 산업에 대한 수요와 공급에 의해서 일차적으로 결정된다. 따라서 수요와 공급요인을 중심으로 특정산업의 특성과 전망을 평가·예측할 수 있다.

① 수요요인

당해 산업의 제품에 대한 수요기반이 넓고, 국내외적으로 신규수요가 증가할 가능성이 높으면 그 산업의 전망은 당연히 밝을 것이다. 분석대상산업의 수요가 증대될 것인가 축소될 것인가의 여부는 다음과 같은 사항에 대한 분석으로 예측할 수 있다.

- 제품수요의 기본특성 : 매출 및 이익의 성장성, 제품수요의 경기순환에 대한 민감도, 수요의 안정성
- 제품수요의 항구성 : 제품수요의 특성, 기술변화속도, 구매자집단의 크기와 소득수준, 제품수용의 지속성
- 수요확대가능성 : 신규시장 확대가능성, 수입대체가능성, 해외수요확대가능성

② 공급요인

당해 산업의 제품을 생산을 생산공급하는 업체들이 품질, 가격, 기술면에서 경쟁력이 높으면 당연히 그 산업의 미래수익성 및 성장성은 유망할 것이다. 분석대상산업이 얼마나 유망할 것인지의 여부는 다음과 같은 사항에 대한 분석으로 예측할 수 있다.

- 공급업체간의 경쟁구조의 기본특성 : 공급자의 구성과 공급 집중도, 산업의 비용구조, 산업전체의 현재와 미래공급능력, 조업도수준, 대체품의 가격수준, 제품수명사이클의 위치
- 공급업체의 경쟁력 : 가격경쟁력(물가수준, 원료비, 인건비, 금융비용 등의 생산원가, 노동생산성, 경영효율성, 환율, 주요원가의 동향 등), 비가격경쟁력(제품의 품질, 디자인, 특허권, 상표권 등의 보유여부), 기술수준 등

제3절 기업분석

경제분석과 산업분석의 다음단계로 요구되는 것이 특정종목을 선정하기 위한 기업분석이다. 기업분석은 구체적으로 수치화할 수 있는 재무제표분석에 의한 경영분석, 즉 양적분석과 회사의 연혁, 사업내용, 경영진, 업계에서의 지위 등 계량화할 수 없는 부문에 대해 분석하는 질적 분석으로 나눌 수 있다.

1. 양적 분석

양적분석은 재무제표에 나타난 수치를 근거로 하여 수익성, 안정성, 활동성, 성장성 등을 분석하는 방법을 의미한다.[2] 기업의 재무제표를 기초로 기업의 경영성과를 측정하는 가장 기본적인 평가방법에는 재무비율분석이 있다.

재무비율분석은 경제적인 의미가 있는 재무비율을 관찰함으로써 기업의 재무상태와 경영성과를 파악하고자 하는데 목적이 있기 때문에, 유용성이 있는 재무비율이 되기 위해서는 반드시 경제적 의미와 논리적 관계가 명확해야 한다. 이하에서는 재무비율분석을 중심으로 살펴보기로 한다.

1) 수익성분석

수익성은 영업활동과 자산·부채관리 등 기업경영에 대한 종합적인 성과를 나타내는 지표이다. 이에 대한 분석은 크게 이익과 자본의 관계를 분석하는 자본수익성과 이익과 매출액의 관계를 분석하는 매출액수익성으로 구분된다. 자본수익성에는 총자산경상이익률, 기업경상이익률, 자기자본이익률, 납입자본이익률 등이 있고, 매출액수익성에는 매출액총이익률, 매출액영업이익률, 매출액경상이익률, 매출액순이익률 등이 있다. 이와 같은 수익성을 측정하는 지표는 주로 손익계산서에 나타나는 항목의 비율로 계산한다. 주요수익성비율의 계산식과 그 의미는 〈표 12-1〉에 표시한 바와 같다.

2) 재무제표는 기업의 영업실적이나 재무상태를 기업의 외부관계자에게 전달하는 재무보고의 핵심적인 형태로서, 기업 및 그 밖의 경제주체들이 경제활동을 수행하는데 있어서 한정된 자원을 효율적으로 배분할 수 있도록 의사결정에 필요한 정보를 제공하는 것을 목적으로 한다. 재무제표에는 대차대조표, 손익계산서, 이익잉여금 처분계산서, 현금흐름표가 있다.

〈표 12-1〉 수익성비율

	계 산 식	의미 및 내용
총자본 이익률	(당기순이익÷총자본)×100(%)	- 기업에 투자된 총자본으로부터 어느 정도의 당기순이익이 발생했는가를 나타내는 지표 - 기업의 수익성을 판단하는 대표적인 지표
총자본 경상이익률	(경상이익÷총자본)×100(%)	- 기업의 가용자원이 정상적인 영업활동을 통해 기업의 이익으로 전환되는 효율성의 척도
자기자본 이익률	(당기순이익÷자기자본)×100(%)	- 기업소유주 지분의 수익성을 나타내는 지표 - 타인자본을 제외한 순수한 자기자본의 효율적 운영을 파악
매출액 이익률	(당기순이익÷매출액)×100(%)	- 기업의 주된 영업활동인 매출이 순이익으로 실현되는 효율성을 측정하는 비율 - 기업활동의 성과를 측정하는 지표로 사용
매출액 경상이익률	(경상이익÷매출액)×100(%)	- 기업이 매출로부터 정상적인 이익을 실현할 때 어느 정도의 효율을 지니고 있는가를 측정하는 지표 - 기업의 전반적인 영업활동의 수익성을 다른 기업과 비교·분석할 때 사용

2) 안정성분석

안정성분석은 단기적 안정성분석과 장기적 안정성분석으로 구분할 수 있는데, 단기적 안정성분석은 기업의 단기적인 채무지급능력, 즉 자금의 유동성을 지니고 있느냐의 여부를 파악하는 분석이고, 장기적 안정성분석은 장기적으로 경기변동이나 시장여건의 변화 등 기업 내·외적인 경제여건변화에 어느 정도의 대응능력을 지니고 있는가를 측정하는 분석이다.

안정성분석, 특히 장기적 안정성분석은 기업의 채무상환능력이나 불황대처능력의 관점에서 재무구조의 건전성을 파악하기 위함인데, 이를 지나치게 강조하면 더 높은 수익창출을 위한 투자기회를 상실할 수 있다. 따라서 경영자는 기업성장을 무리없이 추진할 정도의 안정성을 유지하는 것이 중요하다

기업의 안정성을 분석하려면 자본조달원천은 양호한가, 조달된 자본을 안정적으로 운용하고 있는가, 자본의 원천과 운용면에서 합리적인 관계가 성립되어 있는가 등을 파악해야 한다. 안정성비율에는 유동비율, 당좌비율, 부채비율, 고정비율 등이

있다(〈표 12-2〉 참조).

〈표 12-2〉 안정성비율

	계 산 식	의미 및 내용
유동비율	(유동자산÷유동부채)×100(%)	- 기업의 단기 채무상환능력을 나타내는 지표
당좌비율	(당좌자산÷유동부채)×100(%)	- 기업활동 중 판매활동을 통하지 않고 현금을 조달할 수 있는 능력을 파악하는 척도
자기자본비율	(자기자본÷총자본)×100(%)	- 채권자의 입장에서 원금과 이자상환의 안정성을 파악할 수 있는 지표
부채비율	(타인자본÷자기자본)×100(%)	- 자본구성 건전성여부를 판단하는 대표적 지표 - 100% 이하가 표준비율이나 업종에 따라 차이
고정비율	(고정자산÷자기자본)×100(%)	- 자기자본이 고정자산에 어느 정도 투입되었는지를 알아보기 위한 지표 - 자본사용의 적절성을 평가하기 위한 지표

3) 성장성분석

성장성분석은 기업이 일정기간 중에 경영규모 및 경영성과가 얼마나 신장하였는가, 즉 매출액, 자본금, 순이익 등이 얼마나 신장하고 있으며, 균형적 성장을 하고 있는가의 여부를 측정하는 분석이다.

〈표 12-3〉 성장성비율

	계 산 식	의미 및 내용
매출액증가율	(당기매출액÷전기매출액-1)×100(%)	- 기업의 외형적인 신장세의 대표적 지표
총자산증가율	(기말총자산÷기초총자산-1)×100(%)	- 기업의 전체적인 성장규모를 측정하는 지표로서 총투자규모의 신장률을 측정
순이익증가율	(당기순이익÷전기순이익-1)×100(%)	- 이익발생능력의 개선정도를 측정하는 지표 - 기업활동의 최종적인 성과에 대한 증가율을 나타내는 지표
자기자본증가율	(당기말 자기자본÷전기말 자기자본-1)×100(%)	- 기업의 담보력과 영업잠재력의 성장을 측정하는 지표 - 영업활동이 자기자본 규모에 의해 규제될 경우에는 보다 중요한 성장성지표

성장성분석은 일반적으로 재무제표계정의 증가율로 측정되는데, 이에는 매출액증

가율, 총자산증가율, 순이익증가율 등이 있다(〈표 12-3〉 참조).

4) 활동성분석

활동성분석은 기업에 투하된 자본이 얼마나 활발하게 운용되었는가를 나타내는 분석으로 기업의 매출액과 각 자산구성액과의 관계를 비교하는 회전율로써 측정된다.

기업의 수익은 기업활동의 수준에 의해 크게 영향을 받으므로 수익성비율과 밀접한 관계가 있으며 회전율이 높을수록 자본의 이용도가 높다는 것을 의미한다.

〈표 12-4〉 활동성비율

	계 산 식	의미 및 내용
매출채권 회전율	매출액÷매출채권	- 매출채권의 현금화속도를 나타내며, 기업의 유동성파악에도 유용
총자산 회전율	매출액÷총자산	- 총자산이 수익창출에 이용되는 효율성의 정도를 측정
재고자산 회전율	매출액÷재고자산	- 재고자산이 일정기간동안 현금화 혹은 외상매출금화하는 속도를 측정하여 재고관리의 효율성을 판단하는 비율
매입채무 회전율	매출액÷외상매입금	- 자금의 고정화를 피하면서 타인자본을 이용하여 매출을 시현한 효율을 측정하는 지표

활동성비율에는 매출채권회전율, 총자산회전율, 재고자산회전율, 매입채무회전율 등이 있다(〈표 12-4〉 참조).

5) 재무비율분석의 한계

이상에서 살펴본 것과 같은 재무비율분석방법들은 이해하기 쉽고 비교적 간단하게 사용할 수 있는 장점을 지니고 있다. 또한 의사결정을 위한 자료수집이 거의 필요치 않으며, 단순히 회기 말 혹은 연말에 작성된 재무제표를 활용함으로써 많은 시간과 경비를 절약할 수 있다.

반면에 재무비율분석은 다음과 같은 한계점을 지니고 있다.

첫째, 경영분석의 근본목적이 기업의 미래를 예측하는 데 있다는 점을 고려할 때, 재무비율분석은 과거의 회계정보에 의존하고 있어 미래의 기업경영을 제시하는 데에는 문제가 있다.

둘째, 비율분석에 이용되는 재무제표는 일정시점을 기준으로 작성되므로 기업의 회계기간 동안의 일관된 상태를 왜곡할 수 있다.

셋째, 합리적인 경영을 하는 같은 산업에 속하는 기업들 사이에도 그 경영방침이나 기업의 성격에 따라 재무비율에는 차이가 있다.

넷째, 물가가 큰 폭으로 변동하는 경우에는 역사적 원가(historical cost)에 의해 작성된 재무제표에는 기업의 재무상태나 경영성과가 제대로 반영되지 못하는 문제점이 있다.

다섯째, 전통적으로 재무비율분석에서는 재무비율을 개별적으로 분석하는 방법을 취하고 있기 때문에 비율 상호간에 연관성이 없어 종합적인 결론을 내릴 수 없다.

2. 주가관련비율분석

주가관련비율분석은 재무비율분석의 일종이지만 시장가치측면에서 실용적으로 접근하는 분석방법이다. 이는 기본적으로 기업의 경영활동에서 나타난 영업성과는 시장에서 평가된 주식의 가치로 나타난다는 사실에 근거하여, 증권시장에서 해당기업의 주가를 주당이익이나 장부가치 등 주식과 관련된 각종비율로 분석한다.

1) 주당순이익(EPS : Earning Per Share)

주당순이익은 기업의 당기순이익을 당해 연도까지 발행한 주식수로 나눈 것이다.

$$\text{주당순이익}(EPS) = \text{당기순이익}/\text{발행주식수}$$

이는 주식 1주당 얼마의 이익을 창출하느냐를 나타내는 것으로, 일반적으로 주당순이익이 높을수록 주가가 높다.

2) 주가수익비율(PER : Price Earning Ratio)

주가수익비율은 주가를 주당순이익으로 나눈 것으로 주가가 주당순이익의 몇 배

인가를 나타내는 승수이다.

$$주가수익비율(PER) = 주가/주당순이익(EPS)(배)$$

이론적으로 현재의 주가는 미래 예상수익에 의해 결정되므로, 주가수익비율은 현재의 주가를 예상 주당순이익(EPS)으로 나누어 계산하는 바람직하다. 그러나 예상수익을 구해야 하는 현실적인 문제 때문에 실제로는 현재주가를 당기 또는 전기의 주당이익으로 나누어서 주가수익비율을 계산한다.

예를 들어 주당순이익이 3,000원이고 현재의 주가가 30,000원인 주식의 주가수익률은 10이 된다. 이는 시장에서 기업이 벌어들인 1원에 대해 그 가치를 10배로 평가하고 있음을 의미한다.

만약 주가수익비율이 높다면 주당순이익은 평균수준인데 주가가 높은 경우와 주가는 평균수준인데 주당순이익이 너무 낮은 경우로 나누어 볼 수 있다. 전자의 경우에는 주가가 시장에서 높게 평가받고 있기 때문에 그 기업의 장래 성장성이 있다고 해석할 수 있으나, 후자의 경우는 기업의 수익성이 좋지 못하기 때문에 나타난 결과로 해석할 수 있다.

이와 같이 주가수익비율을 통해 시장에서 평가받고 있는 기업의 위치와 성장성 및 수익성을 파악할 수 있다.

3) 주가순자산비율(PBR : Price Book-value Ratio)

주가순자산비율은 기업의 자산가치에 중점을 둔 지표로서 주가를 1주당 순자산(1주당 장부가치)으로 나누어 계산한다.

$$주가순자산비율(PBR) = 주가/주당순자산 = 주당시장가치/주당장부가치(배)$$

주가순자산비율은 1주당순자산이 주가를 몇 배 창출했는가를 나타내기 때문에 이 비율이 높다는 것은 높은 성장가능성이 있다는 것을 의미한다. 한편 수익성이 높고 사내유보를 많이 한 기업일수록 주당순자산이 많아 주가순자산비율은 낮아지는데,

이와 같이 주가순자산비율이 낮은 주식은 시장에서 저평가되어 있다고 해석할 수 있다.

4) 주가현금비율(PCR : Price Cash flow Ratio)

주가현금비율은 주가를 1주당 현금흐름(CFPS : Cash-Flow Per Share)으로 나눈 것을 말한다.

$$주가현금비율(PCR) = 주가/주당현금흐름(CFPS)(배)$$

주당현금흐름은 순이익에 현금흐름의 지출을 수반하지 않는 비용(감가상각비, 외환 및 평가차손 등)은 가산하고, 현금흐름의 수입이 없는 수익(외환 및 평가차익 등)은 차감한 후, 평균발행주식수로 나누어 계산한다.

주가현금비율(PCR)이 낮으면 그 기업의 주가가 저평가되어 있다고 해석할 수 있다. 반면에 주가현금비율(PCR)이 높다는 것은 주가가 상대적으로 고평가되었다고 볼 수 있다.

5) 주가매출액비율(PSR : Price Sales Ratio)

주가매출액비율(PSR)은 주가를 주당매출액(SPS : Sales Per Share)으로 나누어 계산한다.

$$\begin{aligned}주가매출액비율(PSR) &= 주가/주당매출액(SPS)(배)\\ &= 주가/주당순익 \times 주당순이익/주당매출액\\ &= (PER) \times (매출액순이익률)\end{aligned}$$

주가매출액비율(PSR)은 기업의 성장성에 중점을 두고 상대적으로 저평가된 주식을 개발하는데 이용되는 비율로서, 주가매출액비율(PSR)이 낮은 기업일수록 성장잠재력이 큰 기업임을 의미한다.

한편 주가매출액비율(PSR)은 위의 식에서 보는 것처럼 주가수익비율(PER)과 매출액순이익률 부분으로 나누어 해석할 수 있다. 따라서 주가수익비율(PER)이 동일하더라도 매출액순이익률이 낮은 기업(예: 도소매업종 기업)은 상대적으로 주가매출액비율(PSR)이 낮아지게 된다.

6) 토빈의 q (Tobin's q)

토빈의 Tobin's q(Tobin's q)는 기업의 부채 및 자기자본의 시장가치를 보유자산의 대체비용으로 나눈 비율을 의미한다.

$$\text{Tobin's } q = \text{자산의 시장가치 / 자산의 대체비용}$$

자산의 대체비용은 기업이 보유하고 있는 모든 자산을 장부상의 비용이 아니라 실제로 대체하는 데 드는 비용을 추정한 것이다. 예를 들어 인플레이션이 진행되면 자산의 장부가치에 비해 대체비용이 커지는 것이 보통이다.

토빈의 q는 기업자산에 대한 시장의 가치평가를 나타낸다. 토빈의 q가 1보다 크면 자본설비가 그 자산을 대체하는데 드는 비용보다 더 큰 가치를 지니고 있다는 것을 의미한다. 이는 기업의 자산이 시장에서 높게 평가되고 있다는 것을 의미하기도 한다. 이와 같이 토빈의 q가 높을수록 그 기업이 제품시장에서 경쟁력과 비교우위를 점하고 있어 성장가능성이 크다는 것을 의미한다. 반면에 토빈의 q가 1보다 작으면 자산의 시장가치가 대체비용보다 낮다는 것을 의미한다. 이 경우에는 기업들이 투자의욕을 갖고 있지 못하고 대체비용에 비하여 저렴하게 평가되어 있어 M&A의 대상이 될 수 있다.

3. 질적 분석

질적 분석은 기업마다 지니고 있는 질적인 특성, 즉 기업의 연혁, 경영자의 능력, 사업내용과 전망 등을 분석하는 것이다. 이와 같은 질적 분석은 정보수집 자체가 쉽지 않고 또한 수집된 정보를 기업분석에 적용하는 패턴도 미비하여 분석상 여러 가지 어려움이 있으나, 투자결정에 유용한 자료로 활용되고 있어 기업분석에 있어서 반드시 필요한 분석이다.

1) 기업의 연혁

기업의 설립시기 및 성장과정은 기업분석에서 중요한 고려사항이다. 일반적으로 설립된 지 오래된 기업은 비교적 경영이 안정되어 있고 불황에 대한 저항력이 강한 반면에, 설립된 지 얼마 안 된 기업은 경기변동에 따른 저항력이 약한 경우가 많다.

설립된 지 오래된 기업은 오랜 영업기간 동안에 경영상의 어려움을 극복할 수 있는 경험이 축적되어 있기 때문에 똑같은 양적지표의 결과가 나타날 경우에는 연혁이 긴 기업이 높은 평점을 받으며, 주가의 기복도 적은 편이다.

2) 경영자의 능력

기업경영은 인간 특히 경영자에 의해 그 성패가 좌우되는 경우가 많으므로 경영자의 능력을 검토하는 것은 기업분석에 있어서 중요한 요소이다. 특히 규모가 대형화되어 가고 불확실성과 각종 위험이 증대되는 현대경영에서는 경영자의 역할이 더욱 중요시되고 있다.

경영자 및 경영진을 검토할 때에는 경영자의 경영관, 경영자의 능력(경험, 판단력, 경영지식, 계획성, 리더십, 실천성 등), 경영진의 구성 등을 중점적으로 고려해야 한다.

3) 사업내용과 전망

해당기업의 주된 사업내용이 국민경제에서 어떠한 위치를 차지하고 있으며, 그 기업이 속한 업종의 국내외 경기동향이 어떠한가를 검토하고 수익성 및 성장성과 안정성이 어떠한가를 파악해야 한다. 이와 더불어 사업의 성격상 경기변동에 민감하게 반응하는가 여부도 검토해 보아야 한다.

4) 업계에서의 지위

기업이 시장점유율측면에서 차지하는 지위를 검토해야 할 뿐만 아니라, 거래처, 제품의 품질 등의 측면도 검토해야 한다. 이를 보다 구체적으로 파악하기 위해서는 브랜드의 국내외 인지도 및 이미지, 시장확보 및 침투력, 주요구매자의 품평 등을 분석해야 한다.

우리나라의 증권시장의 경우 해당업계의 주요기업의 주식이 주력주의 역할을 하는 경우가 많다.

5) 기타 요인

이상 언급한 질적 분석요인 이외에도 주주구성, 금융기관과의 관계, 신제품개발능력, 노사관계, 직원자질 등이 분석대상이 된다. 그러나 이러한 요인들은 정보수집 자체가 어려울 뿐만 아니라, 수집된 정보가 있다고 하더라도 이에 대한 평가가 상당히 어렵다는 문제점이 있다.

제13장

기술적 분석(Ⅰ)

본 장에서는 기술적 분석의 의의에 대해 살펴본 후, 다우이론, 엘리어트 파동이론 등 기술적 분석이론에 대해 알아본다. 다우이론에서는 강세시장과 약세시장으로 구분하고, 강세시장은 다시 매집, 상승, 과열국면으로, 약세시장은 분산, 공포, 침체국면으로 각각 구분하여 살펴봄으로써 각 국면의 특징에 대해 알아본다. 엘리어트 파동이론에서는 상승국면의 5파와 하락국면의 3파의 기본형태에 대해 살펴본 후 각 파동의 특징 및 기본법칙에 대한 내용을 파악한다.

제 1 절　기술적 분석의 개념

1. 기술적 분석의 의의

기술적 분석은 증권가격이 증권의 수요와 공급에 의해 결정되며, 증권의 수요와 공급은 투자심리에 의해서 결정된다는 사고에 근거를 두고 있다.

다른 증권분석의 방법보다도 매매시점의 선택에 관심을 기울이고 있는 기술적 분석은 주가자체, 거래활동 등 시장의 각종통계를 이용하여 증권시장에서의 주가의 변화방향과 가격변동범위 및 개별주식의 가격변화를 예측한다.

즉 기술적 분석은 미래의 주가움직임의 향방을 파악하기 위하여 주가를 결정하는 기본적인 재무요인들보다는 주가와 거래량의 과거흐름을 여러 가지의 기법을 동원하여 주가를 예측할 수 있도록 도표한 차트를 분석의 도구로 하여 미래의 주가를 분석하는 방법이다.

2. 기술적 분석의 기본가정

기술적 분석은 다음과 같은 기본가정을 전제로 하여 이론을 전개하고 있다.

첫째, 주가는 그 주식에 대한 수요와 공급에 의해서만 결정된다.

둘째, 수요와 공급은 수없이 많은 이성적·비이성적 요인에 의해 지배되고 있다.

셋째, 수요와 공급의 어떠한 변화도 반드시 챠트 상에 나타난다.

넷째, 수요와 공급의 변동에 따른 주가의 변화는 일정한 추세를 형성하면서 진행하는 습성이 있으며, 진행하던 추세의 방향을 바꿀 때에는 반드시 특수한 모형을 형성하는 속성이 있다.

다섯째, 도표 상에 나타나는 모든 형태의 주가모형은 반복되는 경향을 갖고 있다.

3. 기술적 분석의 유용성과 한계

1) 기술적 분석의 유용성

기술적 분석은 분석방법이 간편할 뿐만 아니라 여러 종목에 동시에 적용할 수 있다는 점에서 기본적 분석보다 실무적으로 우월한 방법이라고 여겨지고 있다. 이외에도 기술적 분석은 기본적 분석에 비하여 다음과 같은 장점을 가지고 있다.

첫째, 기본적 분석의 주요 정보자료는 회계·재무자료로서 이는 과거의 정보이기 때문에 미래수익의 예측이 결여되는 경우가 많을 뿐만 아니라 자의적인 회계처리로 정보의 신뢰성도 문제시되는 경우가 있다. 이와 같은 기본적 분석의 약점을 기술적 분석에서는 주가와 거래량이 모든 정보를 반영한다는 논리로 보완하고 있다.

둘째, 기본적 분석으로는 매매시점을 포착하기 어려우나, 기술적 분석으로는 주가

변동의 패턴을 관찰하여 그 시기를 예측할 수 있다.

셋째, 기본적 분석은 이론이 복잡하고 시간과 노력이 많이 드는데 비하여, 기술적 분석은 도표를 통하여 쉽게 짧은 시간에 이해할 수 있다.

2) 기술적 분석의 한계

기술적 분석이 이론적으로 합리성을 갖기에는 다음과 같은 한계점을 지니고 있다.

첫째, 과거의 주가추세나 패턴이 미래에 그대로 반복되지 않은 경우가 많다. 즉, 주가에 영향을 미치는 정보나 심리적인 요인이 미래에도 반복된다는 가정은 비현실적이다.

둘째, 주가변동의 패턴에 대한 해석이 분석자에 따라 달라질 수 있다.

셋째, 내재가치를 무시하고 시장의 변동에만 너무 집착하기 때문에 주가의 변화요인을 정확히 분석할 수 없다.

넷째, 주가변동이 수요와 공급의 변동에 의하여 발생되지 않는 경우에는 기술적 분석으로 설명하기 어렵다.

다섯째, 기술적 분석은 사실이 알려진 후 사후적으로 추세를 확인할 수 있다는 가정에 기초하기 때문에 논리적인 타당성이 결여되어 있다.

4. 기술적 분석의 이론체계

기술적 분석에는 여러 가지 방법과 수단이 동원되고 있지만 기본적으로는 추세분석(trend analysis) 및 패턴분석(pattern analysis)에 공통적으로 적용되는 목표치계산(countings)으로 구성된다.

주가의 변화를 장기에 걸쳐 관찰하면 주가는 일정한 기간 동안에 반드시 일정한 경향의 흐름이 있는데 이러한 흐름을 추세라고 한다. 따라서 추세분석이란 주가의 움직임으로부터 추출되는 주가추세선이 언제 어떻게 변화되었는가, 혹은 언제 파괴되었는가를 분석함으로써 주식의 매매시점을 포착하려고 하는 기법이다. 추세는 장기적으로 상승 · 하락 · 평행추세의 3가지로 분류되며 추세분석에서 중요한 것은 지지 및 저항의 개념에 입각해 형성되는 추세선의 설정, 추세 채널, 추세선의 신뢰도,

추세의 전환, 추세선의 수정 그리고 추세의 견인효과 등을 들 수 있다.

패턴분석은 주가추세선이 변화할 때 나타나는 여러 가지의 주가변동패턴을 미리 정형화하여 설정해 놓고 실제로 나타나는 주가의 움직임을 이에 맞추어 봄으로써 미래의 주가추이를 예측하는 방법이다. 따라서 시세의 천정권이나 바닥권에서 일어나는 전형적인 주가유형을 분석함으로써 주가흐름의 전환시점을 포착하는 것을 중심내용으로 한다.

목표치계산은 차트를 분석함으로써 주가흐름에 대한 과거변화의 유형을 파악하고 이에 따라 장래주가가 어느 수준까지 상승 또는 하락할 것인지를 예측하는 것을 주요 내용으로 하는 분석기법이다.

제 2 절 다우이론과 엘리어트 파동이론

1. 다우이론(Dow theory)

찰스 다우(Charles H. Dow)가 고안한 다우이론은 기술적 분석의 효시로서 전체 경제나 기업통계와 같은 기본적인 요인보다는 오히려 주식시장에서의 현재 주가수준 자체를 분석대상으로 하여 시장의 흐름을 예측하려는데 기초하고 있다.

1) 다우이론과 추세선

다우이론은 주식시장을 세 가지의 추세, 즉 ① 주 추세(major trend) 또는 1차 추세(primary trend) ② 중기추세(intermediate trend) 또는 2차 추세(secondary trend), ③ 소 추세(minor trend) 또는 일일변동(daily fluctuation)의 상호작용으로 설명하고 있다.

주 추세(major trend)는 1년 이상 수년간 계속되는 주가의 장기적인 상승 또는 하락운동을 일컫는 것으로 주가의 장기추세이다. 일반적으로 주추세선이 상승세에 있을 때에는 강세시장(bull market)이라 하고, 하락세에 있을 때에는 약세시장(bear market)이라고 한다.

중기추세(intermediate trend)는 주추세선이 진행되는 과정에서 장기추세의 진행을 조정하려는 주가의 반동작용에 의하여 나타나는데, 이는 보통 2주 내지 수개월간 지속된다. 강세시장에서는 주가가 중기조정이나 하락할 때 중기추세선이 형성되기 시작하며, 약세시장에서는 주가가 중기회복을 하면서 나타난다. 보통 중기추세는 주추세방향의 1/3 내지는 2/3 정도의 반작용을 나타낸다.

소 추세(minor trend)는 매일매일의 단기적인 주가변동을 의미하는 데, 소추세는 조작이 가능하기 때문에 별로 중요시되지 않는다.

[그림 13-1] 다우이론의 추세선

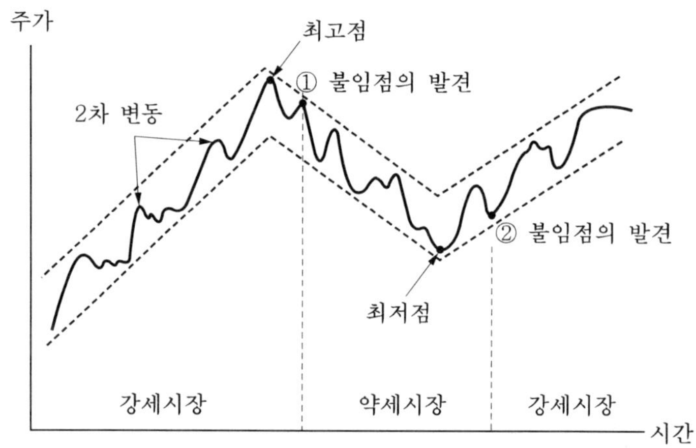

다우이론은 중기추세들의 변화양상을 분석하여 어떤 주 추세에서 다른 주 추세로 전환하게 되는 시기를 포착하고, 이러한 전환이 이루어짐을 알리는 신호를 파악하고자 하는데 주된 목적이 있다([그림 13-1] 참조). 주 주세의 전환을 알려주는 신호로 다우이론에서 가장 중요시 여기는 것은 이른바 붙임점(abortive point)이다.

[그림 13-1]에서 보는 것처럼 주 추세가 상승에서 하락으로 전환되는 경우의 붙임점은 중기추세의 최고점이 선행하는 최고점보다 낮을 때를 가리키며, 반대로 주 추세가 하락에서 상승으로 전환되는 경우의 붙임점은 중기추세의 최저점이 선행하는 최저점보다 높을 때를 가리킨다.

2) 주 추세의 진행과정

주 추세의 진행과정은 시장상황과 관련하여 크게 강세장과 약세장으로 구분할 수 있으며, 이는 다시 강세장은 매집국면, 마크·업(mark-up)국면, 과열국면으로, 약세장은 분산국면, 공포국면, 침체국면으로 각각 구분할 수 있다.

[그림 13-2] 주추세의 진행과정

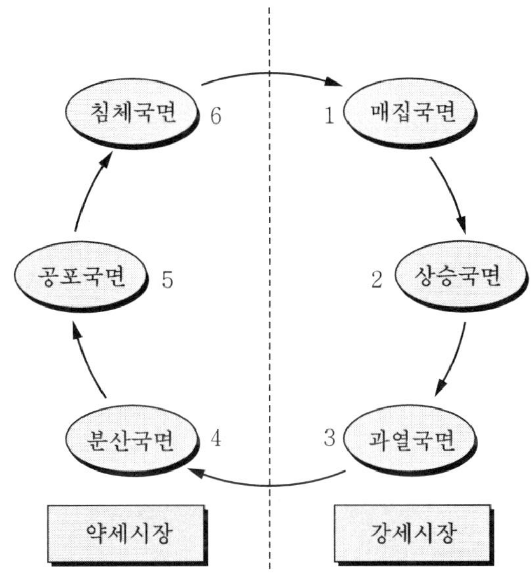

① 매집국면(강세1국면)

강세시장의 초기단계에서는 전반적인 경제상황 및 시장여건은 물론 기업의 환경도 회복되지 못하여 통계상의 수치가 불리한 신호만을 나타냄에 따라, 이에 실망을 느낀 나머지 투자심리마저도 매우 위축된 상태를 보여준다.

이 때 대다수의 일반투자자는 오랫동안 지속된 약세시장에 지쳐서 보유주식을 매도해 버리고 하는 반면에, 전문투자자들만이 현재의 침체국면이 조만간 안정될 것이라는 것을 예측하여 일반투자자들의 매도물량을 매입하려는 활동이 일어나기 때문에, 거래량이 점차 증가하게 된다.

② 마크 · 업(mark-up)국면(강세2국면)

전반적인 경제상황 및 기업의 영업수익이 호전됨으로써 일반투자자들의 관심이 고조되어 신규자금이 증권시장에 유입됨과 더불어 주가가 상승하고 거래량도 증가하게 된다.

이 국면은 기술적 분석에 따라 주식투자를 하는 사람에게 가장 많은 투자수익을 가능케 하여 주는 국면이기도 하다.

③ 과열국면(강세3국면)

경제 및 기업수익에 관한 각종 통계숫자가 극히 호조를 보여 주가도 큰 폭으로 상승하고, 신주발행도 급격히 증가하여 거래량이 지속적으로 증가하는 등 증권시장이 과열기미를 보이게 된다.

이때 보통의 일반투자자나 주식투자의 경험이 없는 사람들은 확신을 가지고 적극적으로 주식매입에 나서는데, 이때의 매수자는 흔히 손해를 보기 때문에 조심하여야 한다.

④ 분산국면(약세1국면)

강세시장의 제3국면에서 시장이 지나치게 과열된 것을 감지한 전문투자자들이 투자수익을 취한 후 빠져나가는 단계이다. 이 단계에서는 주가가 조금만 하락해도 거래량이 증가하는 거래양상을 보인다.

⑤ 공포국면(약세2국면)

경제 및 기업수익에 관한 통계숫자가 실제로 나쁘게 나옴에 따라 주식을 매도하려는 일반투자자들의 마음이 조급하여지고, 주식의 매입세력이 상대적으로 크게 위축되어, 주가는 거의 수직으로 하락하고 거래량도 급격히 감소하는 양상을 보인다.

이와 같은 현상이 나타난 후 상당히 긴 보합상태가 나타나게 된다.

⑥ 침체국면(약세3국면)

주가는 계속 하락하고 기업의 수익성이 악화되고 있다는 정보가 시장에 유포됨에 따라, 공황국면에서 미처 처분하지 못한 일반투자자들의 실망매물이 출회됨으로써 투매현상이 나타나는 것이 특징이다.

투매현상이 나타남에 따라 주가는 계속 하락하지만, 시간이 경과할수록 주가의 낙폭은 작아진다.

3) 다우이론의 응용과 한계

그랜빌(J. E. Granville)은 강세시장과 약세시장에서 일반투자자와 전문투자자는 서로 반대의 생각을 하게 된다고 하였다. 즉, 일반투자자는 강세시장의 1,2국면과 약세시장의 3국면에서 공포심을 갖고 강세시장의 3국면과 약세시장의 1,2국면에서는 확신을 갖는 반면에, 전문투자자는 강세시장의 1,2국면 및 약세시장의 3국면에서는 확신을, 강세시장의 3국면과 약세시장의 1,2국면에서는 공포심을 갖는다는 것이다.

〈표 13-1〉 다우이론에 의한 투자자행동과 투자전략

시장 / 국면 / 투자자	강 세			약 세		
	제 1 국면	제 2 국면	제 3 국면	제 1 국면	제 2 국면	제 3 국면
일반투자자	공포심	공포심	확 신	확 신	확 신	공포심
전문투자자	확 신	확 신	공포심	공포심	공포심	확 신
투자 전략	-	점차매도	매 도	-	점차매수	매 수

따라서 강세시장의 제2국면에서는 점진적인 매도, 제3국면에서는 매도전략을, 약세시장의 제2국면에서는 점진적인 매수, 제3국면에서는 매수전략을 각각 수립하는 것이 바람직하다(〈표 13-1〉 참조).

이와 같이 다우이론은 시장의 흐름을 이해하는 데에는 도움이 되지만, 이를 실제의 투자에 응용하고자 할 때에는 다음과 같은 한계가 있다.

첫째, 주 추세와 중기추세를 명확하게 구분하기 어려울 뿐만 아니라, 주세전환을 확인할 수 있다 하더라도 너무 늦게 확인되기 때문에 실제 투자에는 도움을 주지 못한다.

둘째, 증권시장의 추세를 예측하는데 적절할지는 모르지만, 분산투자의 여부와 방법을 알려주는 단서가 될 수는 없다.

셋째, 특정한 증권의 위험에 대한 어떠한 정보도 제공해 주지 못한다.

이처럼 다우이론은 어떤 주식을 매매할 것인가 하는 실제적인 투자의사결정의 방법으로 활용하기보다는, 투자의사결정에 도움에 주는 추세의 확인수단의 하나로 활용하는 것이 바람직하다.

2. 엘리어트 파동이론(Elliott wave principle)

1) 엘리어트 파동이론의 의의

엘리어트 파동이론은 주식시장에서 주가가 일정한 패턴을 가지고 파동을 그리면서 반복되는 경향이 있다는 사실에 입각해 고안된 분석방법이다.

엘리어트 파동이론에 의하면 주가의 움직임은 5개의 상승파동과 3개의 하락파동으로 하나의 주기(cycle)를 형성하면서 끊임없이 진행된다는 것이다. 따라서 현재의 시점이 이들 파동진행과정 중 어디에 해당하는지를 알아낸다면, 미래의 예측이 가능하며 이를 주식시장에 적용할 수 있다는 것이다.

[그림 13-3] 엘리어트 파동의 기본패턴

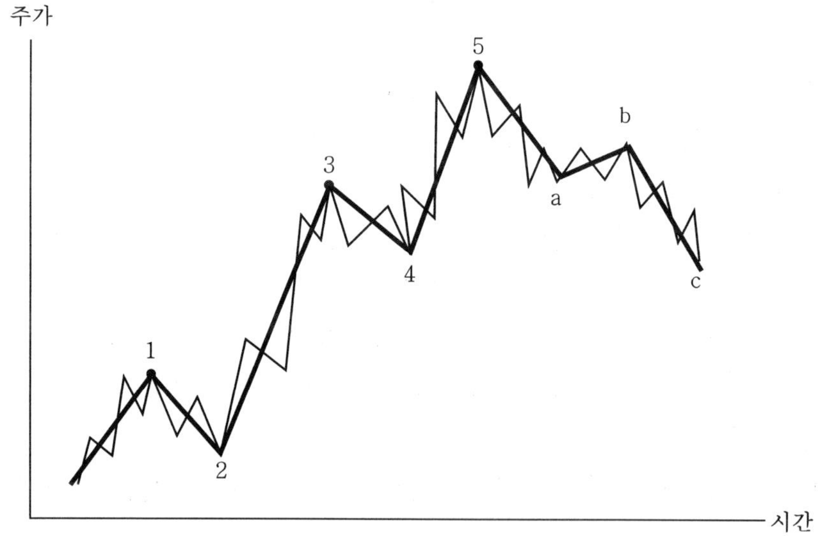

엘리어트 파동이론의 기본형태는 주가움직임을 5개의 상승파동과 3개의 하락파동, 즉 8개의 파동이 하나의 주기를 형성하는 데, 기존 추세와 같은 방향으로 움직

이는 파동을 충격파동이라고 하고, 기존추세와 반대되는 방향으로 움직이는 파동을 조정파동이라고 한다. 이에 따라 상승파동은 3개의 충격파동(1, 3, 5파동)과 2개의 조정파동(2, 4파동)으로 구성되고, 3개의 하락파동은 2개의 충격파동(a, c파동)과 1개(b파동)의 조정파동으로 구성된다.

한편, 파동의 주기에는 대소가 있는데, 대파동의 한 주기(상승 1파와 하락1파)는 소파동의 상승 5파와 하락 3파로 구성되고, 소파동의 1파는 더욱 작은 파동의 상승 5파와 하락 3파로 구성된다([그림 13-3] 참조).

이러한 엘리어트 파동이론은 도표분석상의 일정한 패턴이 왜 발생하며 어떻게 진행될 것인지를 설명해 주는 동시에 시장움직임에 대한 포괄적인 시각을 갖게 해주고, 추세 완성전의 예상고섬과 저섬을 예측할 수 있어, 기존의 다우이론보다 진일보한 이론이라고 말할 수 있다.

2) 엘리어트 파동이론의 기본원칙과 각 파동의 특징

엘리어트 파동이론에는 절대적으로 예외일 수 없는 법칙이 다음과 같이 세 가지 있다.

첫째, 2번 파동은 절대로 1번 파동의 출발점이하로 내려가서는 안 된다.

둘째, 충격파동인 1번, 3번, 5번 파동 중에서 특히 3번 파동은 절대로 짧은 파동이어서는 안 된다.

셋째, 4번 파동은 절대로 1파동과 겹칠 수 없다.

한편, 각 파동의 특징은 다음과 같이 정리할 수 있다.

① 1번 파동

1번 파동은 추세가 전환되는 시점으로 새로운 주기가 시작되는 출발점이다. 1번 파동은 충격파동이기 때문에 반드시 5개의 파동으로 구성되어야 한다.

그런데, 1번 파동은 5개의 파동 중에서 가장 짧으며, 보통의 경우에는 바닥수준에서의 단순한 반등정도로 간주하는 경우가 많아 이를 발견하기가 힘들다.

② 2번 파동

2번 파동은 그 성격이 조정파동이므로 반드시 3개의 파동으로 구성되어야 한다.

보통 2번 파동은 1번 파동을 38.2% 또는 61.8% 비율만큼 되돌리는 경향이 높고, 1 파동을 100% 이상 되돌리는 경우는 없다.

2번 파동에서는 주가가 지속적으로 하락추세를 보이고 있지만, 강력한 상승추세를 나타낼 3번 파동을 눈앞에 두고 있는 시점이기 때문에 적극적으로 주식매입을 시도할 시기이다.

③ 3번 파동

3번 파동은 5개의 파동 중에서 가장 강력하고 주가의 상승 등 가격변동도 활발하게 일어나는 파동으로 5개의 파동 중 가장 길다. 3번 파동에서는 거래량도 대폭적으로 늘어나며 주가의 움직임 중에 갭(gap)이 나타나는 경우가 많다.[1)]

3번 파동에서는 손해를 보더라도 무조건 주식을 매입한다는 자세로 적극적으로 투자하는 것이 중요하다.

④ 4번 파동

4번 파동은 일반적으로 3번 파동을 38.2% 되돌리는 경우가 많으며, 또한 4번 파동의 마지막은 앞서 진행된 3번 파동을 한 등급 낮은 파동으로 세분해 보았을 때, 그 중 4번째 파동의 최저점과 일치하는 경향이 많다. 그리고 4번 파동은 가끔 2번 파동의 길이와 같게 형성되기도 한다.

4번 파동에서는 매도기회를 노리기보다 오히려 4번 파동의 바닥수준에서 앞으로 다가올 5번 파동을 대비한 매입전략을 생각하는 것이 보다 바람직한 전략이라고 볼 수 있다.

⑤ 5번 파동

5번 파동은 이제까지 진행되어온 추세가 막바지에 이르는 국면으로 가격의 움직임도 3번 파동과 비교하여 그리 활발하지 않으며, 거래량도 3번 파동에 비하여 적게 형성된다. 또한 1번 파동과 같은 길이로 형성되거나, 또는 1번에서 3번 파동까지의 길이의 61.8%만큼 형성되는 경향이 높다.

5번 파동은 마지막 상승파동이므로 설사 주가가 좀더 상승할 가능성이 있다 하더라도 앞날을 위해 미리 매도하는 것이 바람직할 것이다. 또한 5번 파동에서는 가끔

1) 이 때 나타나는 갭은 돌파갭이나 계속갭이며 소멸갭은 나타나지 않는다.

주가가 하루 사이에 급등하는 일로 소멸 갭이 나타난다. 3번 파동에서 나타나는 돌파 갭이나 급진 갭과는 달리 소멸 갭은 채워지는 것이 일반적이므로, 5번 파동에서의 적절한 매도시점은 갭이 나타난 바로 그 수준이 되어야 한다.

⑥ a파동

1번 파동에서 시작된 가격움직임의 추세가 5번 파동에 이르러 끝나고 a파동부터는 이제까지의 추세와는 반대로 새로운 추세가 시작된다. 그리고 a파동은 새로운 추세가 시작되는 충격 파동이므로 반드시 5개의 파동으로 구성되어야 한다.

a파동에서도 매도에 치중해야 한다. 만약 5번 파동의 막바지에서 매도하는 타이밍을 놓쳐 버렸다면 a파동이 시작되는 초기에서라도 즉시 주식을 매도해야 한다.

⑦ b파동

b파동은 a파동으로 시작되는 새로운 하락추세에서 반발하여 나타나는 일시적인 상승추세로서 보통의 경우 거래는 활발하지 못하다.

b파동은 1번 파동에서 비롯한 상승세가 잠깐 동안의 조정기 a파동을 거친 후에 다시 상승움직임을 재개하는 것으로 사람들이 속기 쉬운 파동이다. 그러나 b파동이야말로 5번 파동에서 처분하지 못한 주식을 처분할 수 있는 절호의 기회임을 인지해야 할 것이다.

⑧ c파동

c파동은 세 번째 파동으로 거래가 활발히 이루어지며 도중에 갭이 나타나는 등 가격의 변동폭도 크다.

c파동에서는 실망감과 두려움에서 비롯된 투매의 영향으로 가격의 하락폭이 큰 것이 특징이다

3) 엘리어트 파동이론의 한계

엘리어트 파동이론은 투자자들이 현재의 주가가 상승5파와 하락3파 중 어디에 위치하고 있는가만을 파악하면 효율적으로 투자전략을 세울 수 있는 간편한 분석방법이다. 그러나 이를 실제로 적용하는 데에는 다음과 같은 몇 가지의 한계가 있다.

첫째, 각 단계의 전환점을 확인하기 어렵다는 점이다.

둘째, 각 단계의 전환점을 파악했다 하더라도 그것이 시장의 주요흐름을 반영하는 것인지, 세부흐름을 반영하는 것인지 구별하기가 어렵다는 점이다.

셋째, 한 파동이 어디서 시작하는지에 대한 언급이 없다. 즉 파동의 정점과 저점 혹은 정점과 저점사이의 시간적 예측에 대한 어떠한 지표도 없기 때문에 파동이 언제 오는지를 전혀 예측할 수 없다는 점이다.

제14장

기술적 분석(II)

본 장에서는 기술적 분석과 관련한 분석기법을 크게 추세분석, 패턴분석, 지표분석, 기타지표분석 등으로 구분하여 살펴봄으로써 각 분석기법의 개념 및 특징, 투자시의 적용방법 등에 대한 이해를 증진한다.

제 1 절 추세분석

1. 지지선과 저항선

1) 지지선과 저항선의 의의

주가는 어떤 일정수준에서 매물공세로 하락세로 반전되고, 반대로 하락세를 보이던 주가가 일정수준에 이르게 되면 강력한 매수세에 의해 하락을 멈추고 상승으로 전환하는 현상을 볼 수 있다. 이와 같이 주가하락을 정지시키는데 필요한 실제적 혹은 잠재적 매입세력이 형성되는 것을 지지(support)라고 하며, 이러한 현상을 선으로 연결시킨 것이 지지선이다. 따라서 지지선은 주가가 그 이하로 하락하는 것을 저지시키는 최저의 주가수준을 의미한다.

한편 주가상승을 억제시키는 실제적인 또는 잠재적인 매도세력을 형성하는 것을 저항(resistance)이라고 하며, 이러한 현상을 선으로 연결한 것이 저항선이다. 따라서 저항선은 주가가 그 이상 상승하는 것을 저지시키는 최고의 주가수준을 의미한다.

2) 지지선과 저항선의 돌파

① 지지선의 돌파

주가가 상승한 후 매도증가로 저항을 보인 후 지지수준을 하향 돌파하는 것을 지지선 돌파라고 한다. 지지선 돌파 시에는 매도세의 급격한 증가와 매수세의 감소로 인하여 하향 돌파되어 지지선이 무너지며 거래량이 급감하는 현상이 발생된다. 지지선을 하향 돌파하는 점이 적극적인 매도시점이 된다.

[그림 14-1] 지지선 돌파

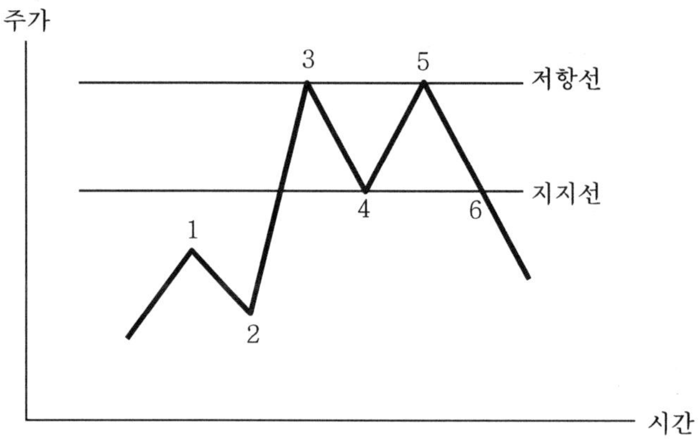

② 저항선 돌파

주가가 하락하다가 지지선을 중심으로 일정한 수요가 발생되어 주가의 하방성을 보인 후 저항선을 돌파하는 것을 저항선 돌파라고 한다. 주가가 저항선을 상향돌파할 때에는 거래량의 현저한 증가를 반드시 수반해야 한다. 저항선돌파에서 거래량은 대단히 중요한 의미를 갖는데 주가가 별다른 저항을 받지 않고 돌파하기 위해서는 대기물량을 완전히 흡수할 수 있는 수요가 있어야 지속적인 주가상승으로 이어질 수 있기 때문이다. 저항선을 상향돌파하는 점이 적극적인 매수시점이 된다.

[그림 14-2] 저항선 돌파

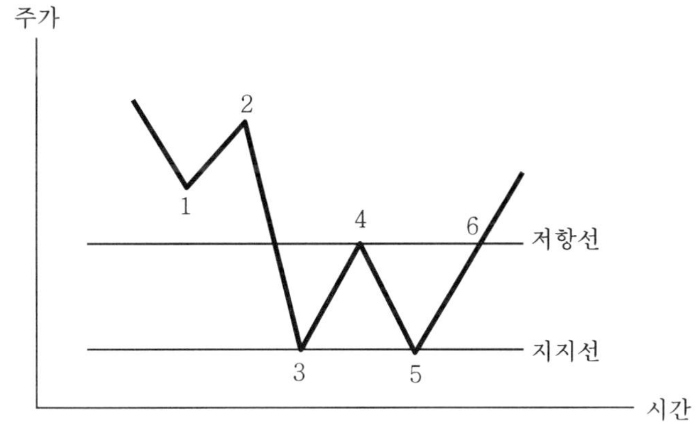

3) 지지권과 저항권

지지권이란 일정한 저항선범위와 지지선에서 주가운동을 보이면서 큰 흐름이 하방경직성을 갖는 것을 의미한다. 이와 반대로 저항선과 지지선 안에서 주가가 움직이다가 지지선을 하향돌파하는 경우의 범위를 저항권이라고 한다.

[그림 14-3] 지지권과 저항권형성

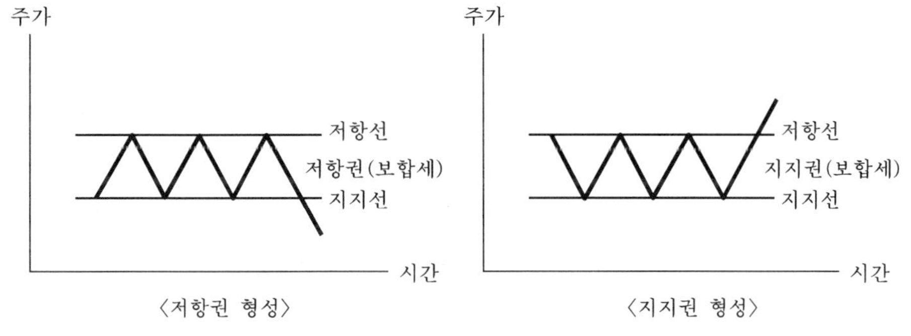

2. 추세분석(trend analysis)

1) 추세분석의 의의

주가는 일정한 방향에 따라 움직이는 경향이 있고 한번 형성된 방향은 상당기간 계속되는 경향이 있다. 이와 같이 이러한 주가의 성질을 이용하여 주가를 분석하고자 하는 방법이 추세분석이다.

추세분석은 과거의 주가움직임으로부터 도출되는 추세선의 양상을 통해 주식의 매매시점을 파악하고자 하는 기법이다. 따라서 추세분석을 통하여 과거의 주가를 관찰하면 주가가 일정기간 동안 상승하는 추세에 있는지, 하락추세에 있는지, 수평으로 움직이는 추세에 있는지를 파악할 수 있다.

추세선은 한번 형성되면 상당기간동안 지속되는 것이 보통이나, 그렇다고 어느 한 방향으로만 계속 움직이는 것은 아니며 어떤 시점에 가서는 다른 방향으로 전환하게 된다. 이와 같은 주가의 성질을 이용하여 투자자는 추세선이 상승하기 시작하는 시점에서 매입하여 추세반전시점에서 주식을 처분함으로써 가장 효율적인 투자성과를 올릴 수 있다. 이처럼 추세분석에 있어서 추세선에 대한 정확한 인식과 예측은 투자전략상 매우 중요한 요소로 작용한다.

2) 추세선(trend line)의 설정

추세선은 고점과 저점 중 의미있는 고점 또는 저점을 연결한 직선을 의미한다. 일반적으로 상승추세선과 평행추세선은 저점끼리, 하락추세선은 고점끼리 연결한다.

일반적으로 추세선의 신뢰도는 추세선의 길이가 길면 길수록, 장기간에 걸쳐 형성된 추세선일수록, 기울기가 완만할수록 높다고 말할 수 있다.

추세선의 반대쪽 점을 잇는 선을 바깥선(outline)이라고 한다. 따라서 상승추세선의 반대선은 상승바깥선이 되고, 하향추세선의 반대선은 하향바깥선이 된다.

추세선과 바깥선 내부의 가격폭을 추세대 혹은 추세통로라고 하는데, 이에는 상승추세대, 하락추세대, 수평추세대가 있다. 이러한 추세대가 분명히 나타나는 주가의 움직임은 추세선만 나타나는 경우보다 훨씬 신뢰할 수 있는 기준이 된다.

[그림 14-4] 추세선의 유형

[그림 14-5] 추세대의 유형

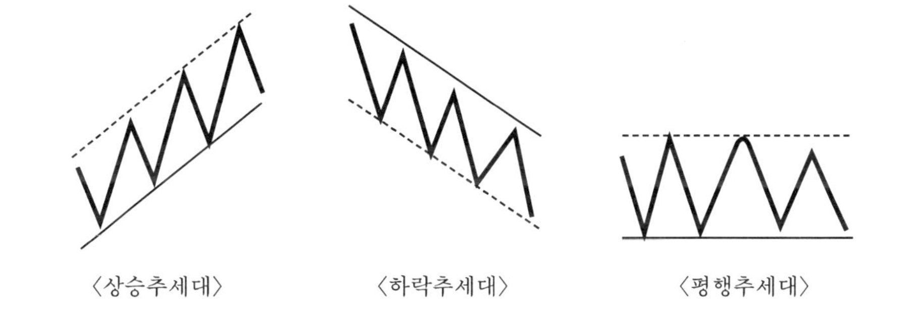

3) 추세선의 수정

주가의 흐름이 이미 설정된 추세선과는 다른 방향으로 진행됨으로써 또 다른 추세를 형성하는 경우가 있다. 이러한 경우 기존의 추세선을 일부 수정하여 새로운 추세선을 유도하는 것을 추세선의 수정이라 한다.

도표 상에서 최초의 추세선이 설정된 후 세 번째 반전점이 최초의 추세선상에 나타나거나 추세선을 다소 이탈하더라도 결정적인 한계를 넘지 않으면 본래의 추세선은 그대로 유지된다. 그러나 제3의 반전점이 기존의 추세선을 상당히 이탈하면 제2의 추세선을 설정하고 그 후 주가흐름의 진행과정을 관찰하여 이미 설정된 두 추세선 중 기술적으로 의미를 갖는 추세선을 진정한 추세선으로 확정하여야 한다.

[그림 14-6] 추세선의 수정

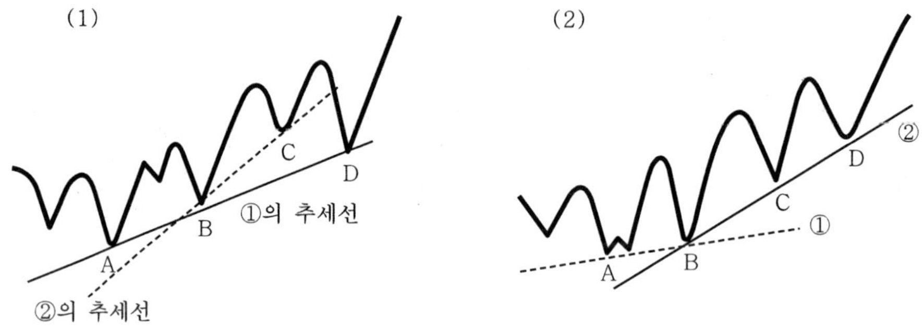

4) 추세선의 전환

추세선은 언제인가는 지금까지 형성된 추세선을 이탈하여 새로운 추세선으로 전환하게 되어 있다. 따라서 추세선분석을 이용해 투자를 시행할 경우에는 추세선이 파괴되는 시점을 파악하는 것이 중요하다. 즉 투자자의 입장에서는 추세선이 상승하기 시작하는 시점에서 주식을 매입하여 추세선이 반전하여 하락하는 시점에서 주식을 매도함으로써 높은 투자성과를 올릴 수 있다.

추세선기존의 추세선이 파괴되고 새로운 추세선으로 전환되는 과정을 확인하는 데에는 다음과 같은 몇 가지의 기준을 유의해야 한다.

첫째, 주가가 지금까지 형성된 추세선에서 3% 이상 이탈할 경우 일단 추세선이 파괴된 것으로 본다.

둘째, 주가가 결정적으로 추세선을 돌파한 때의 거래량을 검토한다. 일반적으로 주가가 일정추세에서 전환시점에 이르게 되면 거래량이 증가하는 것이 보통이다.[1)]

셋째, 추세선상에 나타나는 주가변동의 상태를 검토한다.

이와 더불어 주가가 추세선을 돌파할 때에는 시장전체의 움직임도 반드시 함께 고려해야 한다. 일반적으로 주가가 추세선을 돌파하지 못하고 잘못된 주가변화를

1) 상향돌파시에는 거래량증가가 반드시 수반되어야 하는 조건이지만, 하향돌파 시에는 거래량이 증가하지 않는 경우도 있다.

보이는 것은 개별주식의 움직임이 시장전체의 변화에 영향을 받기 때문이다.

[그림 14-7] 추세선의 전환

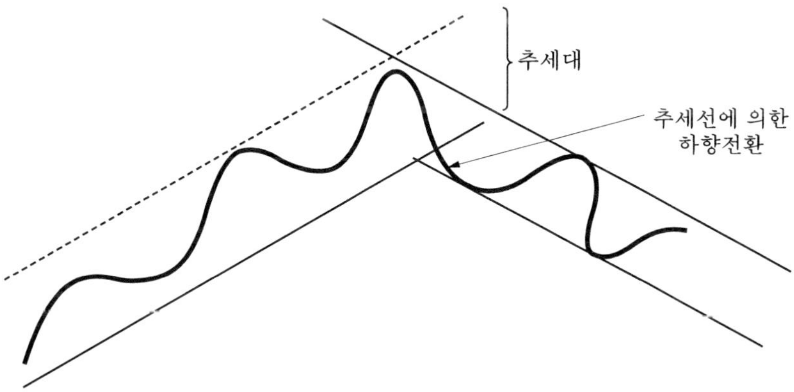

3. 이동평균선

1) 주가이동평균선의 개념 및 작성방법

주가이동평균선(moving average line)은 주가의 흐름에 이동평균법을 적용하여 일정기간 동안 주가평균의 진행방향과 매일의 주가가 어떤 관계에 있는가를 분석함으로써 향후의 주가의 변동을 예측하려는 것이다. 즉 주가의 이동평균선이란 일정기간의 주가를 평균화하여 비교적 조작 가능한 비정상적인 변동을 최대한 줄여 전체적인 주가의 흐름을 가장 객관적으로 관찰할 수 있도록 도표 상에 옮겨 놓은 것이라고 말할 수 있다.

이동평균선은 관측하고자 하는 대상기간에 따라 분류할 수 있는데, 120일, 200일 이동평균선은 장기추세를, 20일, 60일 이동평균선은 중기추세를, 5일 이동평균선은 단기추세를 각각 나타낸다.

주가이동평균선은 일정기간 동안의 주가를 단순 평가한 것으로 매일매일 가장 최근 날짜의 주가가 추가되고 첫 번째 날짜의 주가가 제외되는 방식으로 계산된다.

$$t\text{일의 이동평균치} = \frac{P_1 + P_2 + \cdots + P_{(t-1)} + P_t}{t}$$

2) 주가이동평균선의 분석방법

일반적으로 주가와 이동평균선은 다음과 같은 관계가 있다.

① 강세장에서는 주가가 이동평균선 위에서 파동운동을 계속하면서 상승하는 것이 보통이다.

② 약세장에서는 주가가 이동평균선 아래에서 파동운동을 계속하면서 하락하는 것이 보통이다.

③ 주가가 상승하고 있는 이동평균선을 하향돌파할 때에는 조만간 반전하여 하락할 가능성이 높다.

④ 주가가 하락하고 있는 이동평균선을 상향돌파할 때에는 조만간 반전하여 상승할 가능성이 높다.

⑤ 이동평균의 기준기간이 길면 길수록 이동평균선은 더욱 유연해진다.

⑥ 주가가 이동평균선을 상향돌파할 때에는 매입신호이며, 하향돌파할 때에는 매도 신호이다.

⑦ 주가가 장기 이동평균선을 돌파할 때에는 주추세가 반전될 가능성이 높다.

⑧ 보합국면에서 주가가 이동평균선과 밀착되어 있을 때에는 파동운동을 하면서 방향을 결정하여 이탈해 나간다.

이동평균선에는 단기·중기·장기이동평균선이 있다. 그런데 단기이동평균선은 시세의 전환은 빠르지만 주가는 미미한 변동에도 민감하게 움직이는 단점이 있다. 이에 비해 중기 및 장기이동평균선은 시세의 전환은 느리지만 주가흐름의 기조확인에는 신뢰성이 높은 장점이 있다. 따라서 한가지의 이동평균선보다는 몇 개의 이동평균선을 동시에 활용하면 매매시점을 효과적으로 찾아낼 수 있다. 세 가지 이동평균선을 활용하였을 때의 주가예측과 투자전략은 다음과 같다.

① 상승추세에서의 주가예측 및 투자전략

첫째, 단기이동평균선이 아래로부터 위를 향해 중·장기 이동평균선을 돌파할 때에는 골든 크로스(golden cross)라고 하며, 이는 강력한 강세전환신호로서 매입신호이다.

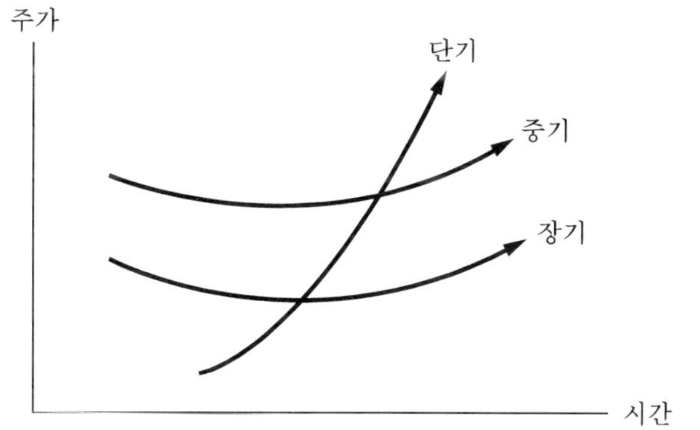

둘째, 위로부터 단기 · 중기 · 장기 이동평균선의 순으로 나란히 형성되면 강세국면이다.

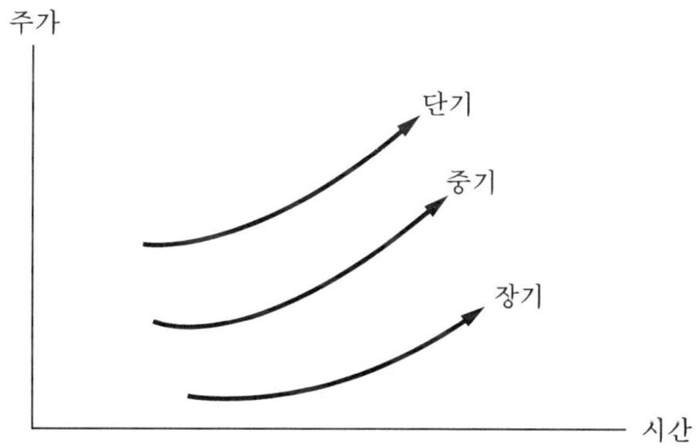

셋째, 중 · 장기 이동평균선의 상승국면이 상당히 진행된 후 단기이동평균선이 하락세로 돌아서면 천정권으로 예상된다.

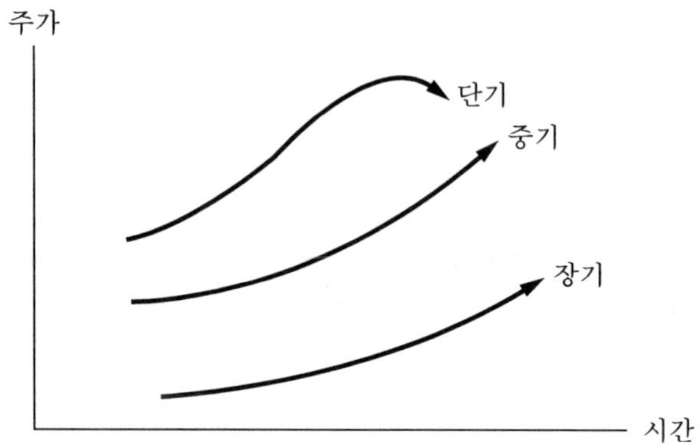

넷째, 단기·중기·장기 이동평균선이 혼란하게 얽혀 있는 경우 장세의 향방이 불투명하므로 매입을 보류하라는 신호로 본다.

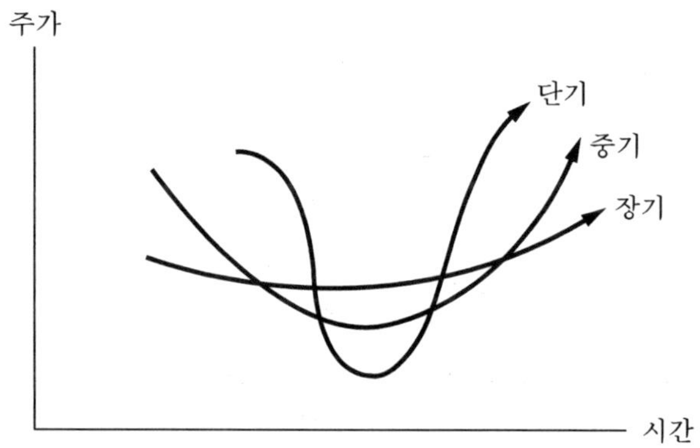

② 하락추세에서의 주가예측 및 투자전략

첫째, 단기이동평균선이 위로부터 아래를 향해 중·장기 이동평균선을 하향돌파 할 때에는 데드 크로스(dead cross)라고 하며, 이는 강력한 약세전환신호로서 매도 신호이다.

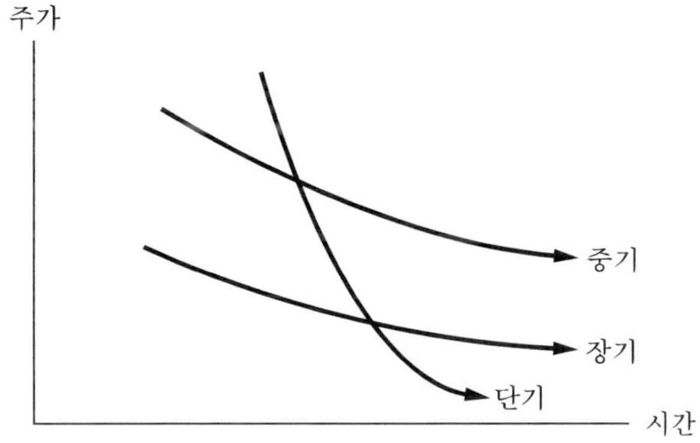

둘째, 단기 · 중기 · 장기 이동평균선이 나란히 하락할 경우 약세장이다.

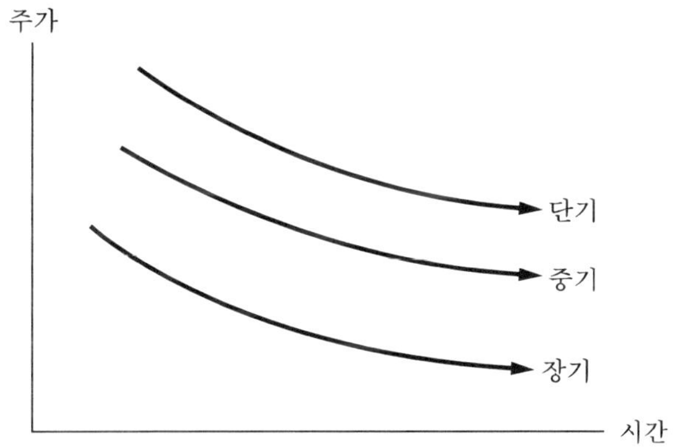

셋째, 중 · 장기 이동평균선의 하락국면이 상당히 진행된 후 단기이동평균선이 더 이상 하락하지 않고 상승세로 돌아서면 바닥권으로 예상된다.

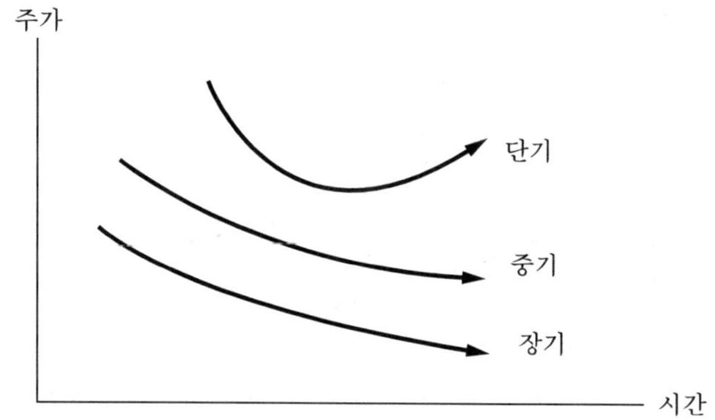

한편, 그랜빌(J. E. Granville)은 다음과 같이 주가와 이동평균선과의 관계에서 매매시점을 포착하는 방법 8가지를 제시하였다.

① 매입신호

첫째, 이동평균선이 하락한 뒤에 보합이나 상승국면으로 진입할 경우 주가가 이동평균선을 상향돌파할 때에는 매입신호이다.

둘째, 이동평균선이 상승하고 있을 때, 주가가 이동평균선 아래로 하락하는 경우 매입신호이다.

셋째, 주가가 이동평균선 위에서 급격히 하락하다가 이동평균선 부근에서 반등하는 경우 매입신호이다.

넷째, 주가가 이동평균선 밑에서 급격히 하락하다가 이동평균선으로 접근하려고 하는 경우 매입신호이다.

② 매도신호

첫째, 이동평균선이 상승한 후 평행 또는 하락국면에서 주가가 이동평균선을 하향 돌파시 매도신호이다.

둘째, 이동평균선이 계속 하락하고 있을 때 주가가 이동평균선 밑에서 위로 뚫고 올라갈 경우 매도신호이다.

셋째, 주가가 이동평균선 밑에서 상승세를 보이다가 상향돌파를 못하고 하락하는 경우 매도신호이다.

넷째, 주가가 상승하고 있는 이동평균선을 상향돌파한 후 다시 급등하다가 반락할 기미가 보일 경우 매도신호이다.

3) 이격도

이격도는 주가가 이동평균선으로부터 떨어져 있는 정도를 의미하는데, 이는 당일의 주가를 이동평균치로 나눈 백분율로 구한다.

$$\text{이격도} = \frac{\text{주가}}{\text{이동평균주가}} \times 100(\%)$$

이격도는 주가와 이동평균선과의 관계에 있어서 주가가 이동평균선으로부터 멀리 떨어진 주가는 어떤 형태로든 파동운동을 반복하면서 이동평균선으로 회귀하려는 수정운동이 뒤따른다는 특성을 이용한 투자기법이다.

이격도가 100% 이상이라는 것은 주가가 이동평균선 위에 있는 상태이고, 100% 이하라는 것은 이동평균선 아래에 있는 상태를 의미한다. 따라서 매매신호는 현재의 주가수준이 어느 위치에 있는가에 따라 각기 다르게 나타난다.

〈표 14-1〉 이격도를 이용한 매매전략

국 면	이격도 상태	투자전략
상 승	-20일선 이격도 98% 수준 -60일선 이격도 98% 수준	매 입
	-20일선 이격도 106% 이상 -60일선 이격도 110% 이상	매 도
하 락	-20일선 이격도 92% 수준 -60일선 이격도 88% 수준	매 입
	-20일선 이격도 102% 이상 -60일선 이격도 104% 이상	매 도

4) 거래량이동평균선

주가도 수요와 공급의 관계에 의해서 결정된다. 즉 일반적으로 매입수요가 상대적으로 증가할 때 주가는 상승하고 이에 따라 거래량도 증가한다. 반대로 매입수요가 감소하면 주가가 하락하여 거래량도 줄어드는 경향이 있다. 이와 같은 기본적인 원리에 입각하여 주가의 예측과 매입 및 매도신호를 찾고자 하는 것이 거래량 이동평균선이다.

$$\text{거래량}(t\text{일})\ \text{이동평균} = \frac{V_1 + V_2 + V_3 + \cdots V_t}{t}$$

(V:거래량, t:거래일수)

주가와 거래량과는 다음과 같은 상관관계가 있다.

첫째, 거래량이 감소추세에서 증가추세로 전환되면 앞으로 주가는 상승할 것으로 예상된다.

둘째, 거래량이 증가추세에서 감소추세로 전환되면 앞으로 주가는 하락할 것으로 예상된다.

셋째, 주가가 천정국면에 진입하면 주가가 상승함에도 불구하고 거래량은 감소하는 경향을 보인다.

넷째, 주가가 바닥국면에서 진입하면 주가가 하락함에도 불구하고 거래량은 증가하는 경향을 보인다.

이러한 일반적인 성질을 바탕으로 거래량이동평균선을 이용하여 다음과 매매신호를 찾아낼 수 있다.

첫째, 거래이동평균선의 기준기간이 짧은 이동평균선이 기준기간이 긴 이동평균선을 상향돌파하면 거래량을 증가시키는 강한 힘을 갖기 때문에 매입시점이 되고, 하향돌파하면 거래량을 감소시키는 강한 힘을 갖기 때문에 매도시점이 된다.

둘째, 단기가 중기를 돌파하는 것보다 중기가 장기를 돌파하는 것이 더욱 강력한 매매시점이 된다.

제 2 절 패턴분석

패턴분석은 여러 가지 패턴을 미리 만들어 놓고 실제로 나타나는 주가움직임을 패턴에 맞추어 해석함으로써 향후의 주가추이를 예측하고자 하는 분석기법이다.

투자자는 일정기간동안 도표를 작성하고 주가움직임을 관찰하여 추세를 분석한 뒤, 정형화된 패턴과 비교함으로써 매매시점을 파악할 수 있는데, 특히 패턴분석은 시세의 천정권이나 바닥권에서 발생하는 주가의 패턴을 분석함으로써 주가흐름의 전환시점을 파악하는데 주로 이용된다.2)

패턴은 추세의 전환여부에 따라 반전형과 지속형으로 나눌 수 있다. 반전형은 추세가 전환되는 형태로 삼봉형, 원형모형, V자형, 확대형이 있고, 지속형에는 삼각형, 깃대형, 다이아몬드형, 쐐기형, 직사각형 등이 있다.

1. 반전형

1) 삼봉형(head and shoulder formation)

삼봉형은 주가의 전환을 나타내는 각종 모형 가운데 가장 널리 알려져 있는 모형으로 머리어깨모형이라고도 한다. 삼봉형은 천정형, 바닥형, 다중형으로 구분된다.

① 삼봉천정형

삼봉천정형은 극히 단순한 형태로서 상승과 하락이 세 번 반복해서 일어나며, 두 번째의 정상이 다른 좌우의 정상보다 높은 것이 일반적인 경우이다. 이에 따라 두 번째의 정상을 머리(head)라고 하고, 왼쪽의 것을 어깨(left shoulder), 오른쪽의 것을 오른쪽 어깨(right shoulder)라고 한다.

2) 천정권은 상승하던 주가가 더 이상 상승하지 않고 하락으로 전환하는 가격대이며, 바닥권은 하락하던 주가가 더 이상 하락하지 않고 상승으로 전환하는 가격대이다.

[그림 14-8] 삼봉천정형

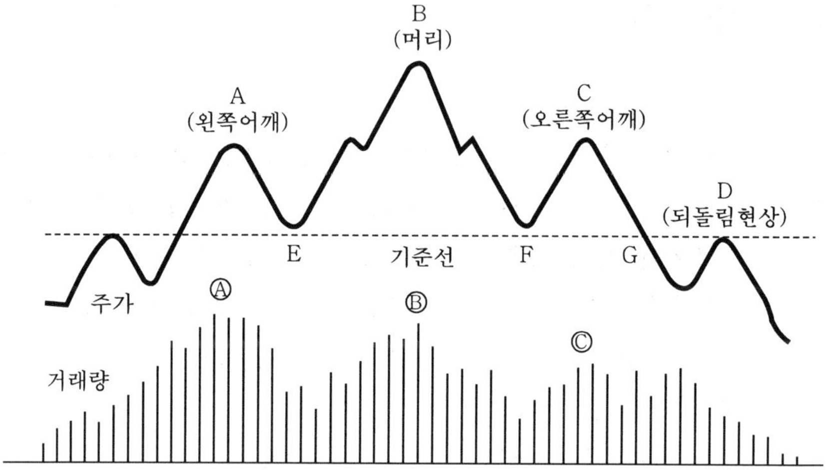

왼쪽어깨는 제1국면으로서 주가는 강력하고 가파른 상승추세가 형성되어 고점 A를 형성하면서 대량거래를 수반한다.

머리부분은 앞에서 형성된 고점 A에서 주가가 반락하여 E수준까지 하락한 후 다시 새로운 상승을 시작함으로써 형성된다. 머리부분이 형성되는 과정에서 수반되는 거래량은 제1국면에서보다 상대적으로 적은 거래량을 나타낸다.

오른쪽 어깨가 형성될 때의 거래량은 고점 A와 B를 형성할 때보다 상대적으로 적은 거래량을 수반한다. 이때 주가상승은 고점 B의 가격수준까지 연결되지 못하고 그 이하에서 멈추게 되는데, 대부분 왼쪽 어깨 정상부근에서 고점이 형성된다.

되돌림현상은 주가가 고점 C에서부터 하락하여 기준선을 하향돌파한 후 다시 기준선까지 상승하는 현상을 말한다. 되돌림운동 후 주가가 기준선을 상향돌파하지 못하고 다시 하락직전의 저점수준 밑으로 떨어지면 삼봉천정형은 완성된다.

② 삼봉바닥형

삼봉바닥형은 삼봉천정형과 반대의 모형으로, 주가추세선이 하향에서 상향으로 반전되는 과정에서 형성된다. 거래량 변화양상을 제외하고는 모형의 확인방법은 물론, 모형돌파시 예상되는 변화폭까지 삼봉천정형과 유사하다.

[그림 14-9] 삼봉바닥형

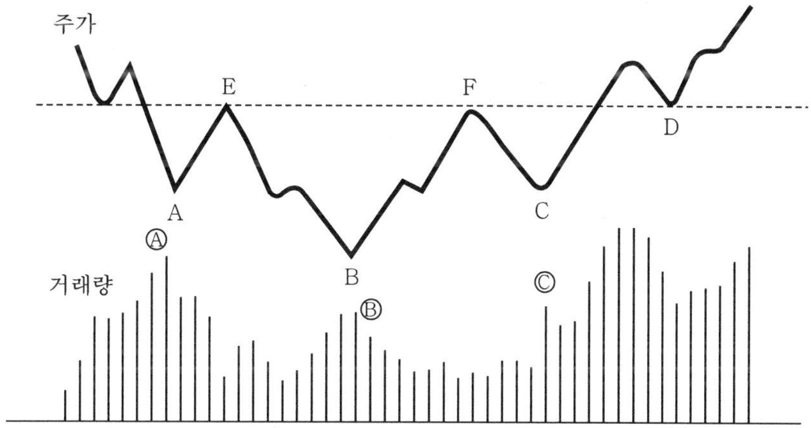

2) **원형모형**(rounding formation)

① 원형천정형

원형천정형은 주가가 상향추세를 따라 상당한 기간동안 상승한 후 추세선의 기울기가 완만해진 후 하향추세로 반전하는 형태를 나타낸다. 한편, 거래량은 주가의 움직임과 반대방향으로 움직인다.

[그림 14-10] 원형천정형

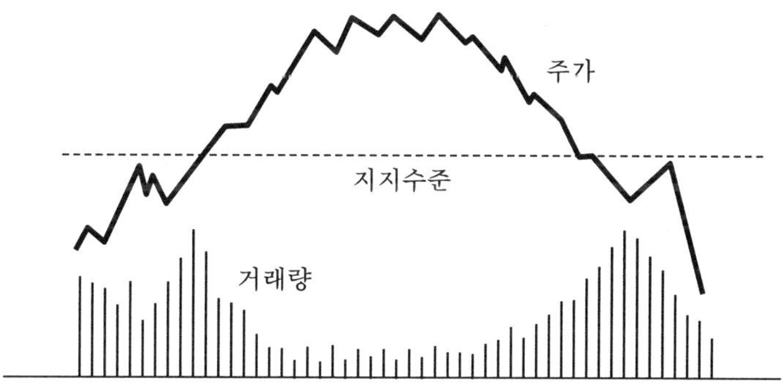

② 원형바닥형

원형바닥형은 원형천정형을 뒤집어 놓은 형태로, 이는 하향추세에서 매도세가 점차 줄어들고 매수세가 상대적으로 늘어남에 따라 추세선이 하향에서 상향으로 반전하는 과정에서 형성된다. 주가가 대폭적으로 하락한 후에 이 모형이 형성되면 이는 대세의 상승반전을 나타내는 것이므로 상당폭의 주가상승이 기대된다.

[그림 14-11] 원형바닥형

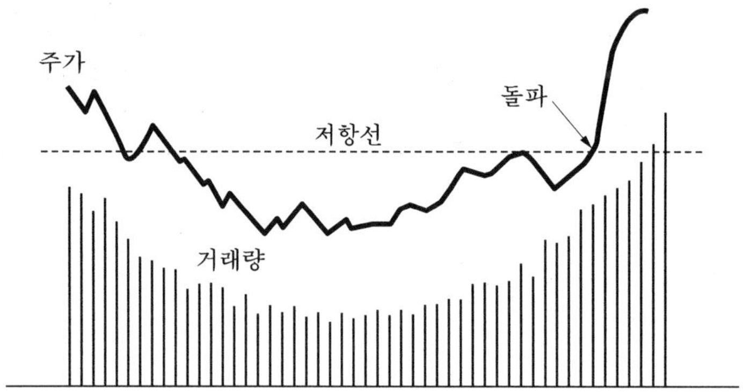

3) V자 모형(V formation)

이는 비교적 단기간에 증권시장내의 세력이 매수세에서 매도세로, 매도세에서 매수세로 갑자기 변화함에 따라 주가가 전환되는 패턴으로, 상승추세선과 하락추세선의 기울기의 절대값이 같은 것이 특징이다.

천정V형은 주가가 정점에 이르기까지 급상승하는 과열현상을 보이고 정점이후 급등락하는 형태를 나타내는데, 정점을 전후로 평균거래량은 감소한다.

바닥V형은 주가하락이 매우 급격한 것이 일반적인 현상으로 저점을 중심으로 평균거래량은 증가한다.

[그림 14-12] V자형

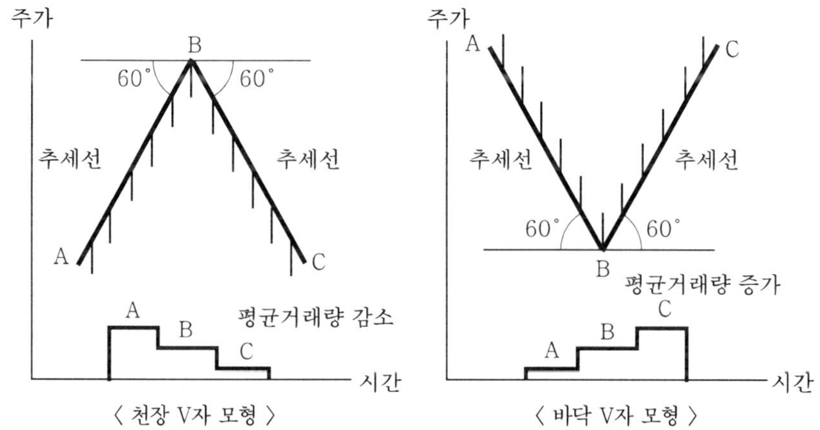

4) 확대형(broadening formation)

확대형은 주가의 변동폭이 좁은 형태로부터 점차 넓은 형태로 변화해 가는 모형으로, 고점은 계속상승하고 저점은 계속하는 형태를 띠고 있다.

[그림 14-13] 확대형

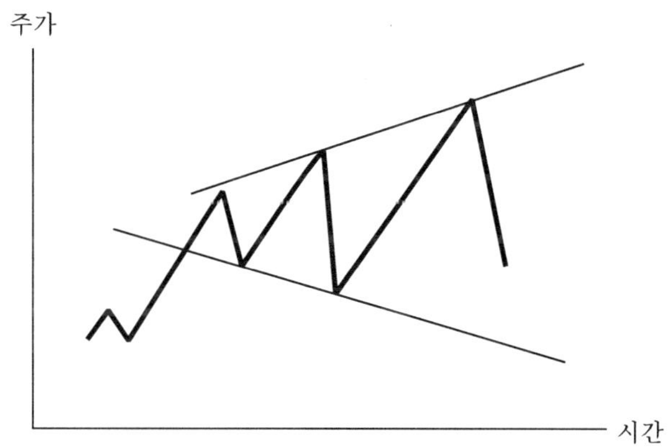

확대형은 강세시장의 말기국면에 형성되는 특징이 있다. 따라서 이 모형이 나타

나면 주가상승이 절정에 달하였거나 아니면 경계수준에 접근하고 있음을 암시해 주기 때문에 향후 장세가 곧 약세국면으로 전환된다는 것을 예측할 수 있다.

2. 지속형

1) 삼각형모형(triangle formation)

삼각형모형은 주가변동폭이 점차 축소되어 한 점에 수렴하려는 일련의 주가변화에 의해 형성되는데, 이에는 대칭삼각형모형, 직각삼각형모형, 쐐기형모형이 있다.

① 대칭삼각형모형

이는 삼각형모형의 가장 일반적인 형태로 먼저 발생한 가격변화보다 나중에 발생한 가격변화의 변동폭이 감소하면서 오른쪽의 꼭지점으로 수렴하는 형태를 취하고 있다.

[그림 14-14] 대칭삼각형모형

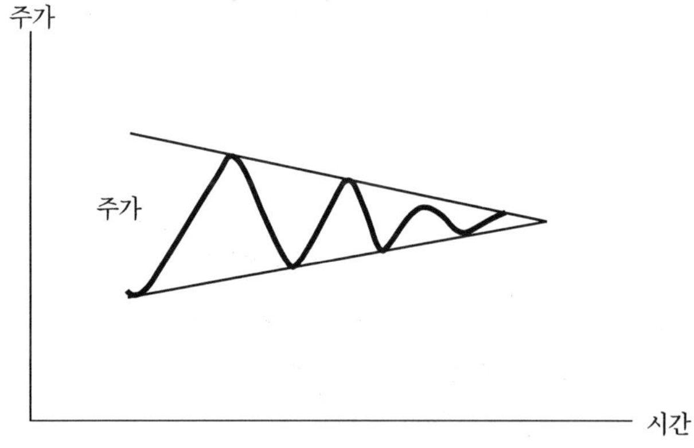

② 직각삼각형모형

직각삼각형모형은 상향직각삼각형과 하향직각삼각형으로 구분되는데, 상향직각삼각형모형의 고점경계선은 수평을 이루고 저점경계선은 반드시 상향기울기를 가져야 한다. 한편 하향직각삼각형모형의 고점경계선은 하향기울기로 나타나며 저점경계선은 수평을 이루게 된다.

상향직각삼각형은 어떤 고정된 가격수준에서 대기하고 있는 대량의 매도물량이 점점 증가하는 매수세력에 의해 흡수되어 가는 과정에서 형성되기 때문에 매도물량이 완전히 흡수되고 나면 주가는 저항선인 고점경계선을 돌파하여 본격적인 상승국면에 돌입하게 된다.

하향직각삼각형은 매도측이 보유주식에 대하여 스스로 평가를 낮추어 가는 형태로서 주가는 지지선이 저점경계선이 붕괴될 때까지 계속 하락한다.

[그림 14-15] 직각삼각형모형

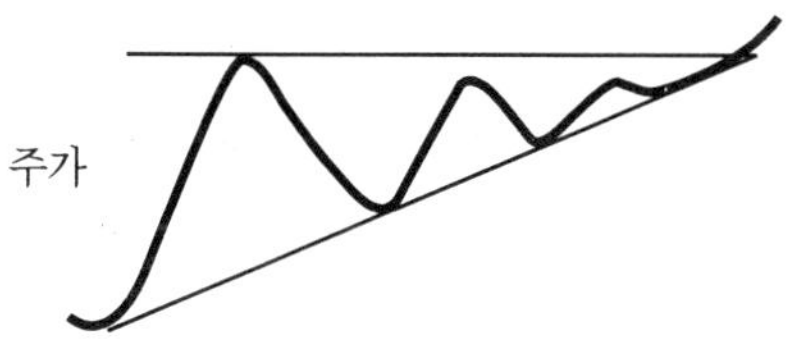

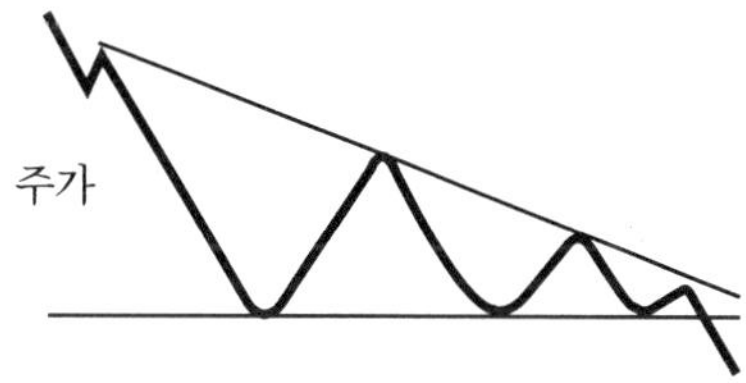

2) 깃대형(flag formation)

깃대형은 직사각형으로 형성되는 과정에서 나타나며 주가파동이 자주 일어나기 때문에 밀집된 영역으로 나타나 모형의 폭이나 크기가 훨씬 작고 좁은 특징을 갖는다. 외관상 깃대와 유사한 형태로 나타나는 이 모형은 주가가 거의 수직에 가까울 정도의 기울기 추세에 따라 매우 빠르고 급격한 상승세를 보인 후에 형성되는 경향이 있다.

[그림 14-16] 깃대형

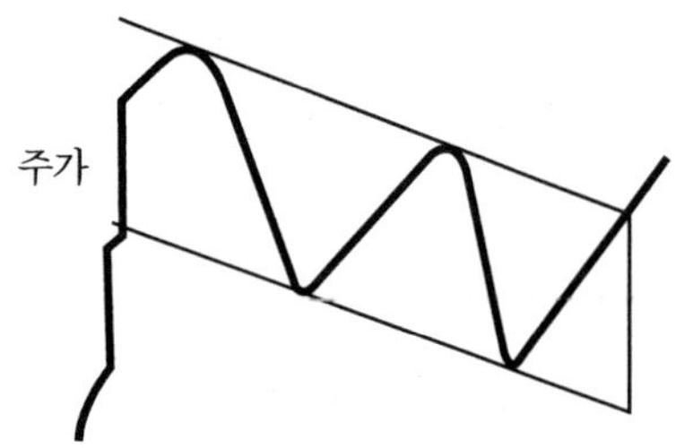

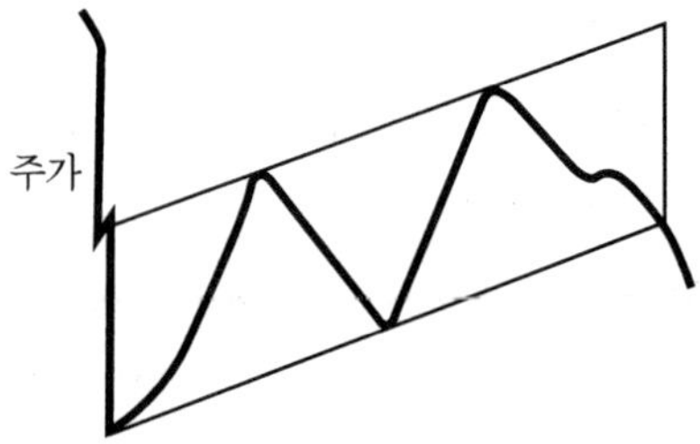

깃대형은 약 45도 각도의 방향으로 경사진 평형사각형이 보편적이며 이에는 상승깃대형과 하락깃대형이 있다. 상승깃대형은 주가가 수직에 가깝게 대폭적으로 상승한 직후에 나타나며, 하락깃대형은 주가가 크게 하락한 뒤에 나타나게 된다.

3) 쐐기형(wedge formation)

쐐기형은 크게 상승쐐기형과 하락쐐기형으로 구분된다. 상승쐐기형은 주로 추세선의 천정권에서 형성되며 저점과 고점경계선이 모두 상향 기울기로 나타나지만, 고점경계선의 기울기가 저점경계선의 기울기보다 완만한 것이 특징이다. 한편 하락쐐기형은 추세선의 바닥권에서 나타나며 저점과 고점경계선이 모두 하락 기울기로 나타나지만, 저점경계선의 기울기가 고점경계선의 기울기보다 완만히 나타나는 것이 특징이다.

이처럼 상승쐐기형은 주가의 하락반전을, 하락쐐기형은 주가의 상승반전 가능성을 각각 시사해 준다.

[그림 14-17] 쐐기형

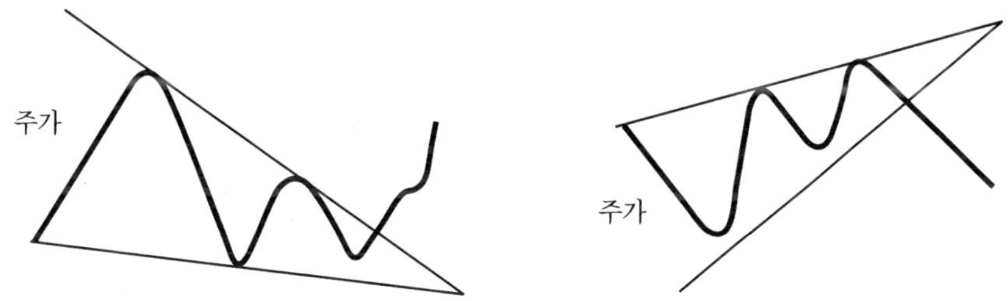

〈하락쐐기형〉 〈상승쐐기형〉

4) 직사각형모형(rectangle formation)

이는 두 개의 평행한 추세선 사이에서 가격이 변화하는 것을 나타내는 모형으로, 시장에서 매도세력과 매수세력이 균형을 이루고 있으며 거래가 활발하지 못한 경우에 이루어지는 형태이다.

직사각형모형을 이루기 위해서는 저항선을 형성하는 두 개의 산과 지지선을 형성하는 두개의 골이 존재해야 하며 네 번 이상의 주가등락이 있어야 한다.

직사각형모형은 상승직사각형모형과 하락직사각형모형으로 구분되는데, 상승직사각형모형은 상승추세에서 일정기간 보합권을 유지할 때 나타나며 저항선을 돌파하면 지속적인 상승국면을 시현하는 모형이다. 반면에 하락직사각형모형은 하락추세에서 일정기간 보합권을 유지할 때 나타나며 지지선을 돌파하면 기존 하락추세가 지속되는 모형이다.

[그림 14-18] 직사각형 모형

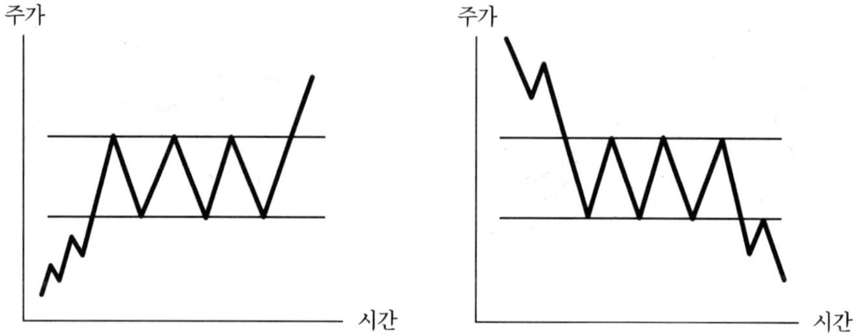

〈상승직사각형〉 〈하락직사각형〉

5) 다이아몬드형(diamond formation)

이는 역삼각형과 대칭삼각형이 합쳐진 모형으로 주가의 큰 변동이 있은 후에 자주 나타나는 모형이다. 일반적으로 주가가 상승할 때 거래량이 증가하고 주가가 하락할 때 거래량이 감소한다.

제3절 지표분석

1. OBV선(On Balance Volume Line)

1) 개념 및 작성방법

OBV(On Balance Volume)선은 그랜빌이 만든 거래량지표로서 거래량은 주가에 선행한다는 전제하에서 주식의 매집활동과 분산활동을 광범위하게 분석하고자 하는 데 그 목적이 있다.

*OBV*선의 작성방법은 어느 특정일을 기준으로 하여 주가가 상승한 날의 거래량

누계와 하락한 날의 거래량 누계의 차를 구한다. 단, 변동이 없는 날의 거래량은 무시한다. 즉 주가상승일의 거래량은 더하고 주가하락일의 거래량을 차감하여 이를 누적집계하여 도표화한 것이다.

2) 분석방법

*OBV*선의 분석방법으로는 그랜빌의 기본법칙이 있는데, 이를 정리하면 다음과 같다.

① 강세장에서는 *OBV*선의 고점이 이전의 고점보다 높게 형성되고, 약세장에서는 *OBV*의 저점이 이전의 저점보다 낮게 형성된다. 이때 전자의 경우에는 U마크(Up)로 표시하고, 후자의 경우에는 D마크(Down)로 표시한다.

② *OBV*선의 상승은 매입세력의 집중을 나타내고, *OBV*선의 하락은 매입세력의 분산을 나타낸다.

③ *OBV*선이 장기적인 상승추세선을 상향돌파하는 경우에는 강세장을, 장기적인 하락추세선을 하회하면 약세장을 예고한다.

④ *OBV*선이 상승함에도 불구하고 주가가 하락하면 조만간 주가상승이 예상되고, *OBV*선이 하락함에도 불구하고 주가가 상승하면 조만간 주가하락이 예상된다.

2. VR(Volume Ratio)

1) 개념 및 작성방법

*OBV*의 결점, 즉 그 자체만으로는 시세를 판단하거나 과거와의 비교가 어렵다는 점을 보완하기 위해 개발된 지표가 *VR*이다. *VR*지표는 일정기간동안에 걸쳐 주가상승일의 거래량과 주가하락일의 거래량간의 비율로 나타낸 것이다. 보통 1개월간의 거래량을 기준으로 하며 주가상승일의 거래량합계를 하락일의 거래량합계로 나누어 계산하는데, 주가가 변동하지 않은 날의 거래량의 반은 상승일에, 나머지의 반은 하락일의 거래량합계에 더한다.

$$VR = \frac{\text{주가상승일의 거래량합계} + \text{변동없는 날의 거래량합계} \times 0.5}{\text{주가하락일의 거래량합계} + \text{변동없는 날의 거래량합계} \times 0.5} \times 100$$

2) 분석방법

경험적으로 볼 때 VR이 150% 이상이면 보통수준이고, 450%를 초과하면 대개 천정권에 속하여 단기적으로 주가의 경계신호가 되며, 70% 이하이면 바닥권으로 볼 수 있다.

VR은 주가가 천정권일 때보다는 바닥권일 때 더 신뢰도가 높은 것으로 알려져 있다.

3. 등락주선(ADL : Advanced Decline Line)

1) 개념 및 작성방법

등락주선은 시장의 내부세력을 측정하는데 가장 널리 이용되고 있는 지표로서, 주가가 전체적으로 볼 때 상승추세에 있는지 하락추세에 있는지를 판단하는데 사용된다. 만약 종합주가지수가 상승세를 보이고 있음에도 불구하고 상승종목수가 감소한다면 시장내부세력이 약화되고 있음을 알 수 있으며, 반대로 종합주가지수가 하락세를 보이고 있더라도 상승종목수가 오히려 증가한다면 시장내부세력이 강화되고 있음을 알 수 있다.

등락주선은 일정기준일 이후부터 전일의 종가에 비하여 오른 종목 수에서 내린 종목수를 차감한 것을 매일 매일 누계하여서 이를 선으로 연결하여 작성한다.

2) 등락주선과 주가와의 관계

등락주선은 주가의 선행지표로서 일반적으로 주가와는 다음과 같은 관계가 있다.

① 종합지수가 상승하고 있어도 ADL이 하락하고 있으면 시장은 곧 하락세로 전환되고, 종합주가지수가 하락중에 있어도 ADL이 상승하고 있다면 시장은 곧 상승세로 전환된다.

② 종합주가지수가 ADL과 함께 상승하는 경우에는 강세기조를, 종합주가지수가

ADL과 함께 하락하는 경우에는 약세기조를 각각 나타낸다.

③ 종합주가지수가 이전의 최고치에 접근하고 있을 때 ADL이 그 이전의 최고치보다 낮을 경우에는 약세국면의 장세가 예상되고, 종합주가지수가 이전의 바닥권에 접근하고 있을 때 ADL이 그 이전의 바닥권보다 상당수준 상회할 경우에는 강세국면의 장세가 예상된다.

4. 등락비율(ADR: Advanced Decline Ratio)

1) 개념 및 작성방법

등락비율은 ADL의 결점, 즉 시세의 상승국면에서는 투자대상이 집중화되는 경향이 있고, 약세시장의 바닥지표로서는 완전하지 못하며, 권리락, 배당락 등이 수정되지 않는다는 점 등을 보완하기 위한 보조지표로서 활용된다.

등락비율은 일정기간동안 등락종목비율에 의해 시장 기조를 분석하고자 하는 지표로서 지수와 비교하여 시세가 어느 정도인가를 파악하고자 하는데 사용된다.

등락비율은 분석기간 동안의 상승종목수를 하락종목수로 나누어 백분비로 나타내는데, 우리나라의 경우 20일 이동평균으로 산출하여 많이 사용하고 있다.

$$\text{등락비율}(\%) = \frac{\text{분석대상기간 동안의 상승종목수}}{\text{분석대상기간 동안의 하락종목수}} \times 100$$

2) 분석방법

ADL은 일반적으로 천정권의 예측보다는 바닥권의 예측기능이 뛰어난 것으로 알려져 있는데, ADL이 120% 이상일 경우에는 과열국면으로 경계시점을 나타내기 때문에 매도신호로 간주하고, 70% 이하일 때에는 침체국면으로 안정지대로서 매수신호로 간주한다.

5. 투자심리선(psychological line)

1) 개념 및 작성방법

투자심리선은 재료에 입각한 주가예측의 어려움이나 재료가 지니고 있는 한정을 탈피하여 투자심리의 변화를 일정기간 동안 파악함으로써 증권시장이 과열인가 침체상태인가를 알고자 한 지표분석이다.

작성방법은 최근 10일간 중 전일대비 상승일수를 누계하여 10으로 나누어 %로 나타낸다.

$$\text{투자심리선} = \frac{\text{10일 동안 주가상승일수}}{10} \times 100(\%)$$

2) 분석방법

투자심리선이 75% 이상이면 과열상태로 경계지대를 의미하고, 25% 이하이면 침체상태로 안전지대에 속한다. 따라서 75% 이상이면 주식을 매도하고 25% 이하이면 주식을 매입하는 전략을 추구하는 것이 바람직하다.

6. 삼선전환도(three line break)

1) 개념 및 작성방법

삼선전환도는 주가가 상승에서 하락으로 또는 하락에서 상승으로 전환되는 시점을 포착하는데 활용하는 도표이다.

삼선전환도는 시간의 흐름을 무시하고 주가가 신고가나 신저가를 형성할 때에만 도표에 표시한다. 즉, 상승선이 계속될 때 계속 상승선을 그려나가다가 주가가 하락한다고 하여 바로 하락선을 그리는 것이 아니라, 그 이전의 상승선 3개에 해당하는 주가하락이 있을 때 비로소 하락선(음선)을 표시하고, 이와 반대로 하락선이 계속될 때에는 이전의 하락선 3개에 해당하는 주가의 상승이 있을 때 상승선(양선)을 표시한다.

2) 분석방법

삼선전환도는 기본적으로 상승선(양선)의 출현시점, 즉 상승전환(양전환)시점이 매입신호이고, 하락선(음선)의 출현시점, 즉 하락전환(음전환)시점이 매도신호이다. 이와 같이 삼선전환도는 특별한 분석기법이 필요하지 않아 이용에 편리하나, 다음과 같은 이용상의 한계점을 지니고 있다.

첫째, 증권시장의 주변환경의 불안 등으로 단시일내에 주가등락이 반복되는 경우에는 이용하기 적합하지 않다.

둘째, 주가가 지속적으로 상한가, 하한가 등과 같이 급격하게 변동하는 경우에도 적합하지 않다.

3) 10% 플랜 병용법

이는 위에서 언급한 삼선전환도의 한계점을 보완하기 위해 방법으로, 주가가 큰 폭으로 상승할 때 상승정점에서 10% 이상 하락하면 음전환이 일어나지 않더라도 매도하고, 반대로 큰 폭으로 하락할 때 하락저점에서 10%이상 상승하면 양전환이 일어나지 않더라도 매입하는 방법이다. 그러나 10%의 적용이 정형화된 것은 아니고 상황에 따라 7%, 5%e 등으로 축소시켜 활용도를 높일 수 있다.

7. P&F 차트(Point and Figure Chart)

1) 개념 및 작성방법

P&F 차트는 사소한 주가변화의 시간개념을 무시하고 의미 있다고 여겨지는 중요한 변화만을 표시함으로써 주가의 주 추세를 파악하고자 하는 투자기법이다. 따라서 P&F 차트가 강조하는 것은 주가움직임의 방향이며 보합국면에서의 이탈에 따른 패턴분석을 제일 중요하게 여긴다. P&F 차트의 특징은 다음과 같다.

첫째, 시계열을 무시한 것이지만, 그 자체로서 장기추세파악이 가능하다.

둘째, 자체의 패턴분석에 의해 매매신호를 파악할 수 있다.

셋째, 시계열이 무시되어 X축이 절약됨으로써 좁은 지면에 장기간의 기록이 가능하다.

넷째, 주가예측에서 어려운 목표치계산이 가능하다는 점 등 다른 지표에서 찾아볼 수 없는 폭넓은 활용도를 지니고 있다.

2) 작성방법

P&F 차트의 작성방법은 다음과 같다.

① 한 칸의 가격폭을 결정하되, 해당주가의 가격수준을 판단하여 고주가이면 폭을 크게 하고 저주가이면 작게 한다.

② 주가가 상승할 때에는 ×표로, 하락할 때에는 ○표로 구분하여 주가가 계속 상승할 때에는 ×표만을, 계속 하락할 때에는 ○표만을 Y축에 표시한다.

③ 주가가 상승에서 하락으로 반전될 때에는 ×표에서 ○표로 바꾸되 한 칸에 아래에 표시하고, 하락에서 상승으로 반전될 때에는 ○표에서 ×표로 바꾸되 한 칸 위에 표시한다.

〈표 14-2〉 P&F 차트의 작성예

월일	주가	점수	월일	주가	점수
7. 1	11,000	×	7. 10	10,900	-
7. 2	11,500	×	7. 11	11,500	-
7. 3	12,200	×	7. 12	11,400	-
7. 4	11,700	-	7. 15	12,000	××××
7. 5	11,000	-	7. 16	13,100	××
7. 8	10,400	○○○○	7. 17	12,600	-
7. 9	11,100	-	7. 18	12,000	-

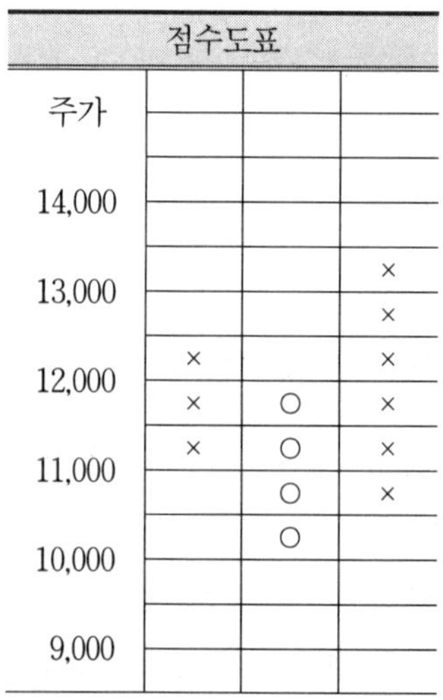

3) 분석방법

P&F 차트의 기본적인 전제는 주식의 수급관계가 가격을 형성한다는 것이고, 이러한 수급의 강약이 만들어 내는 여러 패턴에 따라 매매시점을 포착할 수 있다는 것이다. 이러한 패턴은 크게 강세패턴과 약세패턴으로 나누어지는데, 강세패턴은 매입신호를 나타내고 약세패턴은 매도신호를 나타낸다.

한편 P&F 차트는 다음과 같은 한계성을 지니고 있다.

첫째, 도표분석방법이 갖는 후행성 및 분석의 자의성이 개입될 가능성이 있다.

둘째, 주가가 하락하였다가 상승하는 경우에는 이전의 고점을 상회하여야 매입신호가 나타나기 때문에 실제보다 매입신호가 훨씬 높게 나타날 수 있다.

셋째, Y축 상의 한 칸의 범위에 연속성이 결여될 수 있다.

넷째, 매도신호가 나타날 때에는 이미 상승했던 부분의 절반이상 하락한 경우가 많아 매도신호로서의 가치가 없을 수 있다.

8. 역시계곡선

1) 개념 및 작성방법

일반적으로 주가가 상승하면 거래량이 증가하고, 시장이 침체하면 거래량이 감소한다. 그리고 거래량은 주가에 선행하는 경향이 있다. 즉 주가가 상승하기 전에 거래량이 미리 증가하기 시작하고, 주가가 하락하기 앞서서 거래량이 먼저 감소하기 시작한다. 역시계곡선은 이와 같이 주가와 거래량간의 상관관계가 매우 크다는 점과 거래량이 주가에 선행하는 경향이 있다는 관점에서 중기에 있어서 주가를 예측하는 방법이다.

역시계곡선은 주가와 거래량의 20일 이동평균을 계산하여 가로축에는 거래량을 세로축에는 주가를 나타내어 매일매일의 교점을 연결하여 작성한 것이다.

2) 분석방법

역시계곡선의 형태를 단순화시켜 각 국면의 특징과 매매시점에 대한 판단을 정리하면 다음과 같다.

[그림 14-19] 역시계곡선의 각 국면별 신호

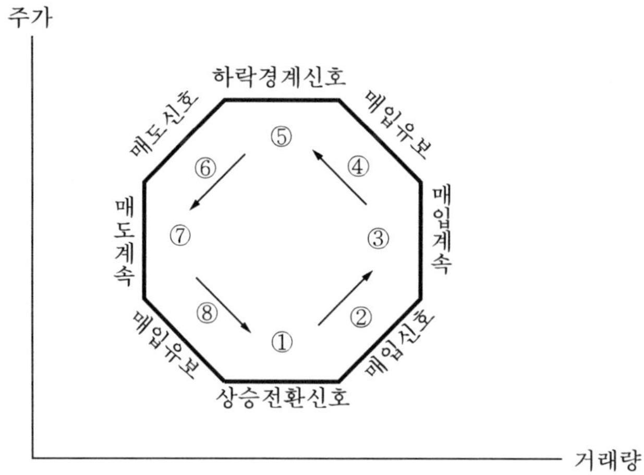

① 거래량이 증가하고 주가가 바닥수준일 때에는 하향에서 상승으로의 전환신호이다.

② 거래량이 더욱 증가하고 주가가 올라갈 때에는 매입신호이다.

③ 거래량은 더 이상 증가하지 않으나 주가는 계속해서 올라가고 있을 때에는 계속 매입해도 좋다는 신호이다.

④ 거래량이 감소하기 시작하고 주가만 올라갈 때에는 신규매입을 보류해야 하는 신호이다.

⑤ 거래량이 더욱 감소하나 주가는 더 이상 오르지 않을 때에는 상승에서 하락으로 전환될 것이라는 신호이다.

⑥ 거래량도 줄어들고 주가도 하락하면 매도신호가 된다.

⑦ 거래량은 전과 같으나 주가가 계속 하락할 때에는 계속 매도해도 좋다는 신호이다.

⑧ 주가는 계속 하락하나 거래량이 점차 증가하기 시작하면 매도는 일단 보류하고 주가의 추이를 관망하는 것이 좋다.

제4절 기타 지표분석

1. MAO(Moving Average Oscillator : 이동평균 오실레이터)

1) 개념

MAO는 단기이동평균값에서 장기이동평균값을 뺀 값을 도표화하여 추세를 분석하는 기법이다. 여기서 오실레이터(oscillator, 진동자)는 지표들이 위아래로 진동하면서 움직이는 현상을 표현한 것으로, 시간에 따라 그 값이 중심선의 위아래로 또는 설정수준 사이에서 변동하는데, MAO는 시장의 과열 또는 침체를 나타내는 선행지표로 주로 사용되고 있다. 왜냐하면 MAO가 시장움직임을 일정범위로 한정해 과열과 침체를 구분하는 특성을 갖고 있기 때문이다.

$$MAO = \text{단기이동평균-장기이동평균}$$

2) 분석방법

만약 오실레이터의 값이 양(+)이면 현재시장은 상승추세임을 나타내고, 음(-)이면 현재 시장은 하락추세에 있음을 나타낸다.

오실레이터의 값이 0이면 단기이동평균선과 장기이동평균선이 교차하는 시점이며, 이 시점에서 매입신호나 매도신호를 포착할 수 있다. 즉 오실레이터의 값이 양(+)에서 0을 하향돌파하여 음(-)으로 바뀌는 순간이 매도시점이며, 오실레이터의 값이 음(-)에서 0을 상향돌파하여 양(+)으로 바뀌는 순간이 매입시점이 된다.

〈표 14-3〉 단기이동평균과 장기이동평균의 관계에 따른 오실레이터의 값

가격의 추세	단기이동평균과 장기이동평균의 관계	오실레이터
상승추세	단기이동평균 〉 장기이동평균	+
하락추세	단기이동평균 〈 장기이동평균 단기이동평균 = 장기이동평균	- 0

2. MACD(Moving Average Convergence & Divergence : 이동평균수렴 · 확산지수)

1) 개념 및 작성방법

*MACD*는 제럴드 아펠(Gerald Appel)에 의해 개발된 지표로 단기이동평균선과 장기이동평균선이 주가의 변화에 따라 언젠가는 만나며(수렴), 이렇게 만난 이동평균선은 새로운 가격흐름에 따라 다시 멀어진다는(확산) 경향을 이용하여 매매시점을 파악하는 분석지표이다.

장기지수 이동평균과 단기지수 이동평균의 차이를 *MACD*라 하고, 이 *MACD*의 지수이동평균을 시그널(signal)이라 부르는데, 이 두 곡선의 교차점과 divergence를 이용하여 매매시점을 포착한다.

MACD = 단기 지수 이동평균-장기 지수 이동평균

시그널(signal) = *MACD*의 n일 지수이동평균

*MACD*오실레이터 = *MACD* - 시그널

2) 분석방법

*MACD*의 가장 일반적인 분석방법은 *MACD*가 시그널을 교차하여 위로 통과할 때 매입하고, 시그널을 뚫고 밑으로 떨어질 때 매도한다는 것이다.

한편 *MACD*오실레이터의 값은 주가움직임을 미리 선도하는 경향이 크므로 전일의 *MACD*오실레이터의 움직임과 반대방향으로 움직이면 매매 신호로 인식해야 한다. 또한 주가의 움직임과 *MACD*오실레이터의 사이에 divergence가 발견되면

추세반전을 예견할 수 있다. 그리고 $MACD$오실레이터의 값이 0을 돌파할 때에도 추세전환이 임박했음을 알려준다. 만약 음(-)에서 0을 상향 돌파하여 양(+)으로 변하면 상승추세로의 전환, 즉 매수시점을, 양(+)에서 0을 하향 돌파하여 음(-)으로 변하면 하락추세로의 전환, 즉 매도시점을 의미한다.

3. 스토캐스틱(stochastic)기법

1) 개념과 작성방법

스토캐스틱은 현재의 주가가 일정기간 동안의 주가변동폭 중 어디에 위치하는지를 백분율로 나타낸 지표이다. 이는 주가가 상승추세에 있을 때에는 매일의 종가가 최근의 시장변동폭 중에서 최고가 수준에서 형성될 가능성이 높고, 하락추세에 있을 때에는 매일의 종가가 최근의 시장변동폭 중에서 최저가 수준에서 형성될 가능성이 높다는 점에 기초하여, 당일 종가와 최근주가의 변동폭과의 관계를 나타내는 $\%K$선과 $\%D$선을 이용하여 주가를 예측하는 기법이다.

$$\%K\text{선} = \frac{\text{당일종가} - \text{최근5일 중 최저가}}{\text{최근5일 중 최고가} - \text{최근5일 중 최저가}} \times 100(\%)$$

$$\%D\text{선} = \%K\text{선의 3일 이동평균}$$

여기서 $\%K$선은 0에서 100까지의 값을 갖는데, $\%K$선의 값이 100이면 당일종가가 최근 5일 동안 형성된 시장가격 중에서 최고가임을 의미하고, $\%K$선의 값이 0이면 당일종가가 최근 5일 동안 형성된 시장가격 중에서 최저가임을 의미한다. 또한 $\%K$선의 값이 80 이상이면 과열권, 20 이하이면 침체권으로 간주한다.

2) 분석방법

스토캐스틱 기법의 기본적인 분석방법은 $\%K$선과 $\%D$선이 교차하는 시점에서 매매거래를 하는 것이다.

$\%K$선이 아래로부터 $\%D$선을 상향돌파할 때는 매입시점으로, $\%K$선이 위로부터 $\%D$선을 하향돌파할 때는 매도시점으로 인식하게 된다. 특히 $\%K$선의 값이 20

이하일 때 $\%K$선이 $\%D$선을 상향돌파하면 강력한 매입신호로 판단할 수 있고, $\%K$선의 값이 80 이상일 때 $\%K$선이 $\%D$선을 하향돌파하면 강력한 매도신호로 판단할 수 있다.

4. 볼린저밴드(Bollinger band)

1) 개념 및 작성방법

볼린저밴드는 이동평균을 이용한 가격변동띠 분석의 일종으로, 주가의 변동성을 이용하여 가격변동띠를 탄력적으로 변동시켜 유용한 매매시점을 파악하고자 하는 지표분석이다.

볼린저밴드는 중심선인 이동평균선에 일정한 표준편차를 더하거나 빼어서 상·하한의 밴드를 만들어 주가가 변함에 따라 상·하한밴드도 함께 움직이도록 만든 그래프이다. 따라서 가격의 변동이 심하면 밴드의 폭도 커지고, 가격이 안정적으로 움직이면 밴드의 폭도 작아진다.

볼린저밴드는 다음과 같이 3가지의 선으로 구성되어 있다.

추세중심선 : n일의 이동평균선
상한선(upper band) : 추세중심선 + (승수×표준편차)
하한선(lower band) : 추세중심선 - (승수×표준편차)

여기서 추세중심선은 주로 20일 이동평균선을 많이 이용하고, 밴드의 상·하한선을 계산할 때 이용하는 승수는 일반적으로 2를 많이 이용한다.

2) 분석방법

볼린저밴드는 추세가 강하고 하루 중에 주가변동폭이 클 때에는 밴드폭이 넓어지고, 추세가 보합이거나 횡보국면에서는 밴드폭이 좁아진다. 밴드의 상한선을 저항선, 하한선을 지지선으로 보고 매도나 매입을 결정한다. 즉 상한선 근처에서 주가가

움직일 때에는 매도하고, 하한선 근처에서 주가가 움직일 때에는 매입한다.

그리고 주가가 가격변동띠를 상향, 혹은 하향돌파할 경우 진행중인 추세의 강화나 연장을 의미한다. 따라서 밴드폭이 좁은 상태에서 주가가 상한밴드를 상향돌파하면 매입시점으로, 하한밴드를 하향돌파하면 매도시점으로 파악할 수 있다.

5. 피봇분석(pivot analysis)

1) 개념 및 작성방법

피봇분석은 일일매매(day trading)에 주로 이용되는 지표로, 피봇포인트(pivot point), 1차저항, 1차지지, 2차저항, 2차지지로 구성되어 있다.

전일의 고가, 저가, 종가를 이용하여 당일의 피봇포인트인 피봇가격(pivot value)을 계산하고, 피봇가격을 기초로 당일의 지지 및 저항가격을 계산한다.

피봇가격 = (고가 + 저가 + 종가)/3
1차 저항 = (2 × 피봇가격)-저가
1차 지지 = (2 × 피봇가격)-고가
2차 저항 = 피봇가격 + 고가 - 저가
2차 지지 = 피봇가격 - 고가 + 저가

피봇분석에 의하면 전일의 가격변동폭이 클수록 당일의 지지 및 저항 가격수준이 넓어지고, 전일의 가격변동폭이 작을수록 지지 및 저항 가격수준은 좁아진다.

2) 분석방법

주가가 피봇가격보다 크면 주가의 상승확률이 높은 것으로, 주가가 피봇가격보다 작으면 주가의 하락확률이 높은 것으로 판단할 수 있다. 또한 각각 1, 2차 저항 및 지지 값을 주가변동폭의 예상치로 활용하여 매일 매일의 매매시점을 파악할 수 있다.

제15장

채무증권투자(1)

채무증권(이하에서는 채권을 광의의 개념인 채무증권으로 규정하여 내용을 전개한다)의 매매는 가격으로 이루어지지만, 채무증권매매를 하기 위한 채무증권의 호가는 채무증권의 수익률로 이루어진다. 따라서 수익률을 알면 채무증권의 가격이 어떻게 결정되는지를 알 수 있다. 본 장에서는 채무증권투자를 위한 기본적인 이해의 하나로 채무증권의 수익률에 대하여 중점적으로 알아본다. 먼저 수익률의 개념 및 종류에 대하여 알아보고, 다음으로 채무증권가격의 계산과 관련하여 사례를 중심으로 학습한다. 그리고 채무증권의 수익률의 결정요인을 내적요인, 외적요인으로 분류하여 살펴봄으로써, 채무증권의 가격이 어떻게 환경요인에 의하여 영향을 받는가를 이해한다.

제 1 절 채무증권의 수익률

1. 수익률의 기초개념

1) 화폐의 시간가치

투자에 대한 평가는 현재의 가치와 기대되는 수익의 미래가치에 대해 시간이 어떠한 영향을 미치고 있는가를 파악하는 것으로서, 이와 같은 시차의 조정은 보통 이자율을 통하여 이루어진다. 이때 현재의 금액에 대한 미래의 가치(future value)는 통상 복리식을 사용하여 구한다.

$$\text{미래가치} = \text{현재가치} \times (1+r)^n$$

단, r: 이자율, n: 기간

예를 들어 연이율 10%의 6개월 복리로 2년간 재투자하면 현재의 10,000원은 2년 후에는 $10{,}000(1+0.05)^4 = 12{,}155$원이 된다. 이는 10,000원의 투자액이 21.55% 증가하였다는 것을 의미하는 것으로 이때 12,155원을 "현재의 10,000원에 대한 2년 후의 미래가치"라고 한다.

한편 미래에 받는 금액을 현재의 시점으로 환산하여 평가하는 것을 현재가치(present value)라고 하는데, 이는 미래가치의 역수로 구할 수 있다.

$$\text{현재가치} = \text{미래가치} \times 1/(1+r)^n$$

앞에서 언급한 2년 후에 받는 12,155원의 가치는 10,000원이 된다.

미래가치를 현재가치로 환산할 때 사용하는 이자율을 할인율이라고 하고, 현재가치를 미래가치로 환산할 때 사용하는 이자율을 수익률이라고 한다. 결국 수익률과 할인율은 동일한 개념으로서 통상 자본시장에서 말하는 시장수익률은 미래의 일정금액을 현재가치로 환산하는데 쓰이는 할인율을 의미한다.

2) 수익률의 개념 및 기능

통상, 금융시장에서 자금의 대차를 결정하는 것을 이자율이라 하고, 채무증권시장에서 자금의 대차를 결정하는 것을 수익률이라고 한다. 이와 같이 수익률이란 예금의 이자율과 같은 개념으로서 채무증권의 투자성과를 평가함에 있어 보편적으로 사용하는 척도이다. 이것은 채무증권투자에서 얻어지는 현금흐름의 현재가치와 채무증권의 시장가격을 일치시켜 주는 할인율로서 채무증권에 투자했을 때 일정기간에 발생된 투자수익을 투자원본으로 나누어 투자기간으로 환산하는 것을 말한다.

수익률은 채무증권의 가격을 나타내는 수단으로 볼 수 있다. 따라서 채무증권의 시장가격을 알면 수익률을 계산할 수 있고 수익률이 주어지면 채무증권가격을 알 수 있다.

한편 채무증권수익률은 타 금융상품과의 비교수익률로도 사용되고 있다. 예를 들어 수익률은 표면이자율, 잔존기간, 시장가격이 서로 다른 채무증권을 비교하는 기준으로 이용되고 있다.

2. 수익률의 종류

채권수익률은 통상 만기수익률을 의미하지만 이용목적 및 산출방법에 따라 다양한 개념의 수익률이 사용되고 있다.

1) 표면이율

채무증권의 권면에 기재된 이율로서 1년간 발행자가 지급하는 이자를 액면으로 나눈 비율을 나타낸 수익률로서 재투자의 개념이 없고 단리로 총수령하는 이자율을 말한다. 재투자의 개념이 없으므로 1년 동안의 이지지급회수에 관계없이 표면이율은 동일하다.

표면이율 = 연간 표면이자수입 / 액면가액 × 100

2) 발행수익률

발행시장에서 처음 발행되어 매출될 때 매출가액과 이로부터 발생되는 모든 수익을 연단위로 환산한 것을 의미하며, 매출에 응모한 사람이 얻을 수 있는 수익률이라는 개념으로 응모자 이율이라고도 한다.

$$r = \sqrt[n]{\frac{F{\cdot}V}{\text{매출가액}}} \times 100$$

r = 발행수익률 n = 채무증권의 잔존기간
$F.V$(FutureValue) : 현금흐름의 미래가치

〈예〉 산업금융채권 3년 할인채의 발행조건이 다음과 같을 때 발행수익률은?

발행조건
- 표면이율 : 9.61%
- 매출가액 : 7,117원{10,000-(961×3)}
- 만기상환액 : 10,000원

$$발행수익률(r) = \left(\sqrt[3]{\frac{10,000}{7,117}} - 1\right) \times 100 = 12.0\%$$

3) 직접수익률(단순수익률, 경상수익률)

채무증권투자 원금에 대한 연간표면이자수입의 비율로서 경상적인 표면이자 수입을 중요시하는 투자자에게 중요한 지표이다.

$$직접수익률 = C/P \times 100(\%)$$

C: 표면이자
P: 채무증권가격

〈예〉 사채권(3년 만기)을 다음과 같은 발행조건하에서 8,860원에 매입했다면 직접수익률은?

발행조건
- 표면이율 : 13.0%
- 매출가액 : 8,860원
- 만기상환액 : 10,000원

$$직접수익률(r) = \frac{1,300}{8,860} \times 100 = 14.67\%$$

단순수익률은 상환차익을 무시하고 연간 표시이자수입만을 평가한 수익률로서 단순수익률과 표면이자 만기수익률 잔존기간에는 일반적으로 다음과 같은 관계가 있다.

첫째, 표면이율이 높은 채무증권은 단순수익률이 높다.

둘째, 만기수익률이 높은 만큼 단순수익률이 높다. 이는 표면이자는 고정되어 있고 만기수익률이 높은 경우 채무증권가격이 낮기 때문이다.

4) 만기수익률

최종수익률이라고도 불리는 만기수익률(yield to maturity)은 채무증권을 만기까지 보유할 경우 받게 되는 모든 수익이 투자원금에 대하여 1년당 어느 정도의 수익을 가져오는가를 나타내는 예상수익률이다.

통상 수익률이라고 하는 것은 만기수익률을 말하며, 이 지표가 가장 대표적인 수익률이다. 예를 들어 유통시장에서 계속 매매되는 과정에서 시장의 여건에 따라 형성되는 유통수익률은 모두 이 만기수익률로 표시된다.

만기수익률은 일반적으로 채무증권에 투자한 후부터 만기상환일까지의 기간동안에 그 채무증권으로부터 유입된 현금의 현재가치와 시장에서 그 채무증권이 매매되는 가격을 일치시키는 할인율이라고 정의되고 있다.

$$P_{\circ} = C/(1+r) + C/(1+r)^2 \pm --- \mp C + F/(1+r)^n$$

단, $P_{\circ}$: 채무증권의 현재 시장가격
C : 매기의 이자지급액
F : 상환가액(= 액면가액)
r : 만기수익률 = 내부수익률

만기수익률을 계산하는 방법에는 시행착오법, 수익률표 이용법, 근사법 등이 있다

시행착오법은 채무증권투자에서 얻어지는 현금흐름의 현재가치를 채무증권의 시장가격과 같게 하는 할인율은 언제나 하나밖에 없다는 사실에 착안하여, 위의 식의 우변의 현재가치가 좌변의 시장가격과 같게 하는 할인율을 시행착오를 거듭하면서 찾아나가는 방법이다.

수익률표 이용법은 채무증권은 발행될 때부터 원금과 정기적인 이자지급액의 크기가 확정되어 있다는 것을 이용하여 작성한 수익률표를 이용하는 방법이다. 즉 수익률표에서 표면이율과 만기, 현재가격만 확인이 되면 이로부터 만기수익률을 구할 수 있다.

근사법은 시행착오법이 시간이 많이 소요되고 번거로운 단점을 지니고 있고, 수익률표를 이용할 수 없는 경우 개략적으로 만기수익률을 구하는 방법이다.

$$r = \frac{\text{연평균투자수입}}{\text{평균투자액}} = \frac{C + (F - P_O)/n}{(P_O + F)/2}$$

단, P_O : 채무증권의 현재 시장가격
C : 매기의 이자지급액
F : 상환가액(= 액면가액)

이 식에서 평균투자액은 채무증권의 시장가격과 액면가액의 평균으로, 연평균 투자수입은 연간이자수입과 연평균 매매손익의 합으로 계산된다.

그런데 만기수익률에 의해 투자된 채무증권의 투자수익률이 만기수익률과 동일하다는 것을 의미하는 것은 아니다라는 점에 유의해야 할 것이다. 왜냐하면 만기수익률을 계산할 때에는 도중에 받는 표면이자의 재투자수익까지 고려하여 복리로 계산하기 때문에 재투자이율이 달라지면 실제의 투자수익률은 달라진다.

만기수익률이 실제로 실현되는 수익률이 되기 위해서는 첫째, 투자채무증권을 만기까지 보유해야 하고, 둘째, 표면이자 등 만기 전까지 발생되는 현금흐름을 최초 투자시의 만기수익률로 재투자해야 한다는 조건을 충족해야 한다.

5) 실효수익률

실효수익률은 투자로부터 얻어지는 총 현금수입, 즉 투자에서 발생된 최종 총수입에 의거한 미래가치를 연리로 표시한 것으로 다음과 같은 순서에 입각해 산출한다.

① 미래의 수익률에 대해 예측한 후, ② 예측된 수익률에 근거한 가격수익, 이자수입 및 재투자수익을 구하고 이를 합하여 총수익을 계산한다. ③ 총미래 현금흐름과 채무증권가격을 일치시키는 실효수익률을 산출한다.

$$F.V = (1 + R^*)^T \times P.V$$

$$R^* = \left(\sqrt[T]{\frac{F \cdot V}{P \cdot V}} - 1 \right) \times 100$$

단, R^* : 실효수익률
T : 복리기간
$F.V$: 미래가치
$P.V$: 현재가치

〈예〉 산업금융채권(2년 만기)이 아래와 같은 발행조건일 때, 실효수익률은?

발행조건 : 표면이율 : 연 10.06%
매출가액 : 7,988원
만기상환액 : 10,000원

$$실효수익률(R^*) = \left(\sqrt[2]{\frac{10,000}{7,988}} - 1 \right) \times 100$$
$$= 11.89\%$$

한편, 만기수익률과 실효수익률과의 관계는 다음과 같다(이표채의 경우).
① 재투자수익률 〉 만기수익률이면 만기수익률 〈 실효수익률 〈 재투자이율이 되고,
② 재투자수익률 〈 만기수익률이면 만기수익률 〉 실효수익률 〉 재투자이율이 되며,
③ 재투자수익률 = 만기수익률이면 만기수익률 = 실효수익률 = 재투자이율이 된다.

6) 세전수익률과 세후수익률

세전수익률은 채무증권에서 발생하는 소득에 대한 세금을 고려하지 않은 상태에서의 수익률을 말하고, 세후수익률은 채무증권에서 발생하는 소득에서 세율에 따른 세금을 공제한 후의 수익률을 말한다. 통상 채무증권투자에 대한 의사결정과 성과측정은 세후수익률을 기준으로 이루어진다. 한편 세후수익률의 계산은 구체적인 과세방법에 따라 다르다.

세후수익률(r) = 세후수익/ 원금 × 100 (%)

제 2 절 채무증권가격의 계산

1. 가격계산의 일반식

채무증권가격을 계산한다는 것은 미래에 발생하는 현금흐름을 현재의 수익률로 할인하여 현재가치를 구한다는 것을 의미한다. 만약 채무증권의 만기가 정확히 n 년 남았다면 채무증권의 계산식은 다음과 같다.

$$P = S/(1+r)^n \quad \text{..........(1)}$$

단, P : 채무증권가격, r: 수익률, S: 만기금액, n: 잔존년수

그런데 위의 식(1)에서 n이 정수가 되는 것은 채무증권의 발행일과 매매일이 일치할 경우이기 때문에 현실적으로 n년이 정수가 되지는 않는다. 따라서 (1)식을 변형하면 상환시기까지 $(n-1)$년과 d일(잔존일수)이 남을 때,

$n = (n-1) + d/365$ 이므로

$$P = S/(1+r)^{(n-1)+d/365}$$

$$P = S/(1+r)^{n-1} \times 1/(1+r)^{d/365}$$

$$P = \frac{S/(1+r)^{n-1}}{(1+r)^{d/365}} \quad \text{..............................(2)}$$

이와 같은 수익률의 기본공식을 도출할 수 있다. 이는 채무증권매매시의 가격을 산정할 때 미래가치를 $(1+r)$이라는 율로 복할인하여 현재가치화 한다는 의미를 지니고 있다.

그런데 위와 같은 복할인 계산방법은 실제 계산과정이 복잡하므로 실무에서 관행적으로 다음과 계산방법을 관행적으로 사용하고 있다.

$$P = \frac{S/(1+r)^{n-1}}{(1+r)^{d/365}}$$

$$P = \frac{S/(1+r)^{n-1}}{1+\frac{d \times r}{365}} \quad \text{.....................(3)}$$

2. 가격 계산방법

1) 가격계산시의 유의사항

채무증권시장에서 형성되는 유통수익률을 기준으로 채무증권가격을 정확히 계산하기 위해서는 해당채무증권의 다음과 같은 사항에 유의할 필요가 있다.

① 해당채무증권이 단리채, 할인채, 복리채, 이표채, 거치채 중에서 어디에 해당하는지를 확인한다.

② 원리금상환은 어떠한 방법(일시상환 혹은 분할상환)에 의해 이루어지며, 만기상환금액은 얼마인가를 확인하다.

③ 발행일, 만기일, 매출일이 언제이고, 표면이율(발행이율)이 몇 %인가를 확인한다.

2) 가격 계산방법

일반적으로 채무증권유통시장에서 관행적으로 사용하는 채무증권가격 계산방법은 다음과 같다.

① 채무증권의 액면 10,000원을 기준으로 단가를 계산한다.

② 일수 계산시 초일불산입 말일산입을 원칙으로 하고, 윤달이 포함된 경우에는 윤달의 날짜를 추가로 고려한다.

② 세전단가는 소수점 이하를 절사한다.

③ 세후단가 계산시 경과이자(과표)와 세금은 소수점 한 자리의 값으로 산출한다

④ 세후단가는 세전단가에서 ③에서 계산된 세금을 차감한 값을 원 미만에서 절사하여 사용한다.

3) 채무증권투자와 세금

채무증권투자에서 발생하는 수익의 원천은 약정이자율에 의한 이자소득과 보유기간 중에 채무증권을 매도하는 경우 발생하는 자본차익(양도차익)으로 이루어진다. 이자소득은 채무증권발행자가 발행일로부터 만기일까지 채무증권보유자에게 지급하는 총지급액에서 발행원금을 차감한 금액을 말하고, 자본차익(양도차익)은 채권의 매도시와 매수시의 가격 차이에 의해 발생하는 소득으로 채무증권의 총 투자수익에서 보유기간 중 발생한 이자소득을 차감한 금액을 말한다.

현행 세법에서는 개인에 대해서는 채무증권 투자수익 중 이자소득에 대해서만 과세를 규정하고 있으며 법인에 대해서는 법인세 세부조정을 통해 자본차익(양도차익)까지 과세하고 있다.

이와 같이 이자소득은 개인 또는 법인을 불문하고 원칙적으로 원천징수 후 종합과세되지만 개인의 경우는 원천징수 및 종합과세의 적용에 있어 부분적으로 예외적인 취급을 받고 있다. 즉 개인의 경우에는 특정한 이자소득에 대해서는 원천징수로서 당해소득에 대한 납세의무를 종결시키는 분리과세제도[1]를 두고 있으며, 채무증권 등의 이자를 포함한 금융소득에 대해서는 당해 금융소득이 4천만원을 초과하는 부분에 대해서만 종합과세토록 하고 있다. 한편 양도소득은 원칙적으로 원천징수에 의해 과세되지 않지만, 법인의 경우 법인소득에 합산되어 법인세율에 따라 과세된다.

〈표 15-1〉 채무증권의 소득에 대한 과세

구 분	개 인	법 인
이자소득	- 분리과세(완납적 원천징수) - 예납적 원천징수 후 종합과세(개인별로 다른 금융소득과 합산한 전체금융소득이 4천만원 초과 금융소득만 종합과세)	- 예납적 원천징수 후 종합과세
자 본 차 익	-과세 않음	- 종합과세

일반적으로 금융기관들은 보유채권에 대한 소득을 자체징수하지만, 일반법인이나

1) 이와 같이 원천징수로서 납세의무를 종결시키는 방법을 완납적 원천징수라고 하는데, 이는 다른 일반적 원천징수방법인 예납적 원천징수와 구별된다.

개인들은 계좌가 소속된 금융투자회사(투자중개업자)가 원천징수한다. 원천징수율은 2005년 1월이후 현재 개인은 15.4%(소득세 14%, 주민세 1.4%), 법인은 법인세 14%가 각각 적용되고 있다.

3. 가격계산의 사례

1) 단리채

다음과 같은 발행조건하에서 단리채를 2009년 4월 5일 유통수익률 5.2%에 매입하여, 만기까지 보유할 경우 세금 및 세후단가는?

*발행일 : 2008년 11월 10일	*만기일 : 2009년 11월 10일
*표면이율 : 5.50%	*원리금지급방법: 단리식, 만기시일시상환

① 만기상환금액계산식

$$S = A(1 + n \times i)$$

(단, S: 원리금(만기상환액), A: 원금 n :잔존년수, i: 표면이율)

* 만기상환금액 : 10,000 ×(1+0.055×1) =10,550(원)

② 단가계산식

$$P = \frac{S/(1+r)^{n-1}}{1 + \frac{d \times r}{365}}$$

(단, S: 만기상환액, r :유통수익률 n: 잔존년수 d :잔존일수)

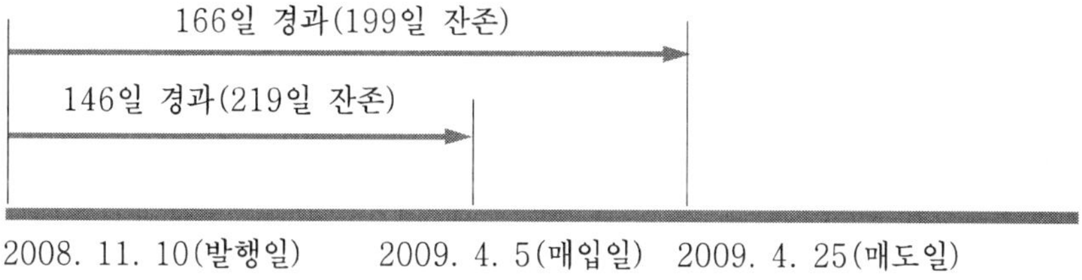

ㄱ. 세전단가

잔존기간이 219일이므로

$$P = \frac{10,550}{(1+0.052\times 219/365)} = 10,230(\text{원})(\text{소수점이하 절사})$$

ㄴ. 경과이자(과표)

경과이자(과표)=10,000원 × 표면이율 × 경과일수/ 총일수

경과이자 = 10,000원 × 0.055 × 146/365=220.0(원)

ㄷ. 세금

a. 소득세(법인세) = 220.0원 × 0.14=30.8(원)

b. 주민세 = 30.8 × 0.1=3.0(원)

c. 개인세금계 = 30.8 + 3.0 = 33.8

ㄹ. 세후단가(매입단가)

세후단가 = 10,230- 33.8 = 10,196(원 미만 절사)

2) 할인채

다음과 같은 발행조건하에서 할인채를 2009년 4월 20일에 유통수익률 4.43%에 매입시, 세금 및 세후단가는?

*발행일 : 2008년 12월 26일	*만기일 : 2009년 12월 26일
*표면이율 : 4.67%	*원리금지급방법: 이자선지급, 만기상환

① 만기상환금액 : 10,000원

② 단가계산식

$$P=\frac{S/(1+r)^{n-1}}{1+\frac{d\times r}{365}}$$

(단, S : 만기상환액, r :유통수익률 n : 잔존년수 d :잔존일수)

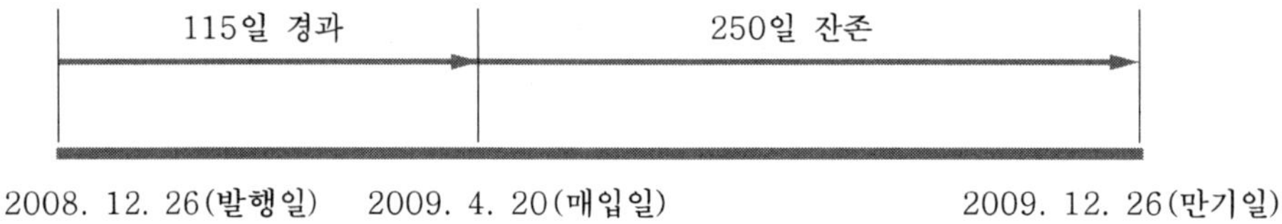

ㄱ. 세전단가

잔존기간이 250일이므로

$$P=\frac{10,000}{(1+0.043\times 250/365)}=9,713(원)$$

ㄴ. 경과이자(과표)

경과이자(과표)=10,000원 × 표면이율 × 경과일수/ 총일수

경과이자 = 10,000원 × 0.0467 × 115/365=147.1(원)

ㄷ. 세금

a. 소득세(법인세) = 147.1원 × 0.14=20.5(원)

b. 주민세 = 20.5원 × 0.1=2.0(원)

c. 개인세금계 = 20.5 + 2.0 = 22.5(원)

ㄹ. 세후단가(매입단가)

세후단가 = 9,713.- 22.5 = 9690(원)(원 미만 절사)

3) 복리채(연단위 복리채)

다음과 같은 발행조건하에서 복리채를 2008년 4월 17일에 유통수익률 4.5%에 매입시, 세금 및 세후단가는?

*발행일 : 2008년 1월 31일	*만기일 : 2013년 1월 31일
*표면이율 : 3.0%	*원리금지급방법: 연단위복리, 만기시 일시상환

① 만기상환금액계산식

$$S = A(1+i)^n$$

(단, S: 원리금(만기상환액), A: 원금 n :잔존년수, i: 표면이율)

*만기상환금액 : 10,000 ×(1+0.03)^5=11,592(원)

② 단가계산식

$$P = \frac{S/(1+r)^n}{1+\dfrac{d\times r}{365}}$$

(단, S: 만기상환액, r :유통수익률 n: 잔존년수 d :잔존일수)

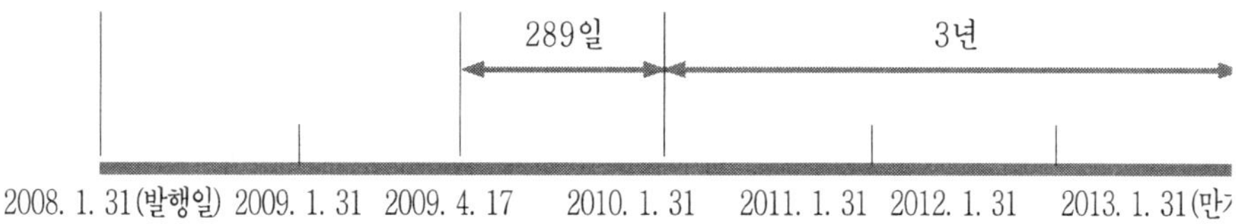

ㄱ. 세전단가

만기일까지의 잔존기간이 3년 289일이므로

$$P = \frac{11,592}{(1+0.045)^3(1+0.045\times 289/365)} = 9,808(\text{원})$$

ㄴ. 경과이자(과표)

연단위복리채(국민주택채권(제1종, 제2종) 등)의 경과이자는 다음과 같이 산출

경과이자(과표)=10,000원×[(1+ i)$^{(경과년수+경과일수/365)}$ -1]

경과이자 = 10,000원 × [(1+0.03)$^{(1+76/365)}$ - 1]=363.5(원)

ㄷ. 세금

a. 소득세(법인세) = 363.5원 × 0.14=50.8(원)

b. 주민세 = 50.8 × 0.1=5.0(원)

c. 개인세금계 = 50.8 + 5.0 = 55.8

ㄹ. 세후단가(매입단가)

세후단가 = 10,230- 55.8 = 10,174(원 미만 절사)

4) 이표채

다음과 같은 발행조건하에서 이표채를 2008년 5월 27일에 유통수익률 4.8%에 매입시, 세금 및 세후단가는?

*발행일 : 2008년 1월 8일	*만기일 : 2011년 1월 8일
*표면이율 : 5.1%	*이자지급 단위기간: 매3개월 후급
*매기 이자지급금액 : 127.5(=10,000×0.051/4)	

① 단가계산식

$$P=\frac{a/(1+r/m)^1+a/(1+r/m)^2+\cdots\cdots a/1(1+r/m)^t+A/(1+r/m)^t}{1+d/\text{이자지급구간총일수}\cdots r/m}$$

(단, a: 이표금액, A: 액면금액, r :유통수익률, m : 연간 이자지급횟수 t : 잔여이자지급횟수, d : 매매일로부터 최근 이표이자지급일까지의 잔존일수)

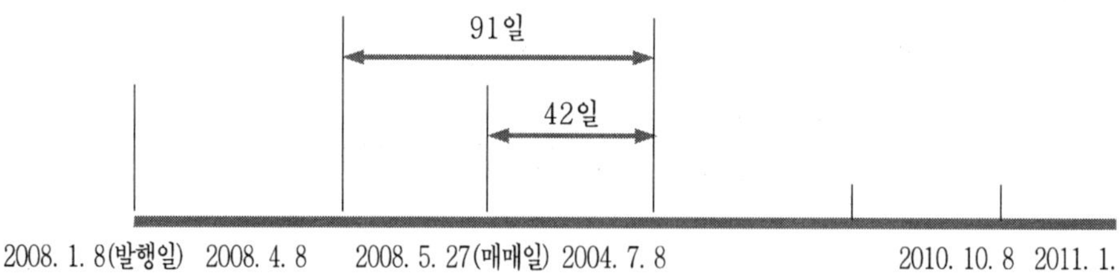

ㄱ. 세전단가

매매일로부터 이자지급일까지의 잔존일수가 42일, 매매일이 속한 이자지급 단위기간의 총일수가 91일이므로

$$P=\frac{127.5/(1+0.048/4)^1+127.5/(1+0.048/4)^2+\ldots 127.5/(1+0.048/4)^9+127.5/(1+0.048)^{10}}{1+0.048/4\times 42/91}$$

$=10,141$(원)

ㄴ. 경과이자(과표)

*경과이자(과표) =

$$=10,000\times\frac{\text{표면금리}}{\text{연간이자지급횟수}}\times\frac{\text{이자지급 단위기간중 경과일수}}{\text{이자지급 단위기간총일수}}$$

$= 10{,}000 \times 0.051/4 \times 49/91 = 68.6$(원)

ㄷ. 세금

a. 소득세(법인세) = 68.6원 × 0.14 = 9.6(원)

b. 주민세 = 9.6 × 0.1 = 0.9(원)

c. 개인세금계 = 9.6 + 0.9 = 10.5(원)

ㄹ. 세후단가(매입단가)

세후단가 = 10,141 - 10.5 = 10,130(원) (원 미만 절사)

제3절 수익률(채무증권가격)의 결정요인

채무증권은 유통시장에서 매일매일 가격이 변하고 있다. 가격은 여러 가지 요인에 의하여 변동되는데 시중금리, 경제상황과 같은 외적요인과 채무증권의 만기, 발행주체의 지급불능 위험과 같은 내적요인의 두 가지 유인에 의해서 결정된다고 볼 수 있다.

따라서 채무증권에 투자하는 투자자는 채무증권의 내적요인인 만기, 표면이자율, 상환조건, 과세문제를 비롯하여 채무증권가격에 영향을 주는 경기동향, 정부의 재정금융정책, 채무증권의 수요와 공급, 금융시장의 계절적 변동 등 전반적인 경제여건에 대한 기본적인 이해가 필요하다.

1. 외적요인

1) 채무증권의 수요와 공급

수익률의 가장 큰 변동요인은 채무증권의 수요와 공급에 있다. 이는 채무증권의 수요와 공급의 변동 → 채무증권수익률의 변화 → 채무증권가격의 변화라는 과정으로 설명된다. 이와 같이 수익률의 가장 큰 변동요인은 채무증권의 수요와 공급이라 할 수 있는데 수익률은 공급보다는 수요에 더 큰 영향을 받는다.

이는 채무증권의 수요는 가격에 대하여 탄력적인 반면에, 채무증권의 공급은 채무증권가격에 대하여 비탄력적이다. 다시 말해서 채무증권의 공급은 채무증권의 수요가 급증한다고 하여 공급이 급증하지 아니한다. 왜냐하면 채무증권의 공급은 일정한 계획에 의하여 이루어지기 때문에 수요에 의하여 큰 영향을 받지 않는다. 반면에 채무증권의 수요는 채무증권의 가격이 탄력적이기 때문에 채무증권의 수요가 증가하면 채무증권가격은 상승하고 채무증권의 수요가 감소하면 채무증권가격은 하락한다.

따라서 수익률 변화의 가장 큰 요인은 금융시장의 자금사정 변동에 의하여 채무증권의 수요가 증가하는가에 있다. 채무증권의 시세가 강세라는 말은 채무증권의 공급이 감소하는 것이 아니라 채무증권의 수요가 증가하는 현상이 많으며 채무증권의 시세가 약세라는 말은 채무증권의 공급 증가보다는 채무증권의 수요가 감소한 경우가 일반적이다.

2) 시중의 자금사정과 금융정책

시중의 자금사정과 수익률은 밀접한 상관관계가 있다. 시중의 자금흡수 및 공급은 금융시장에 민감하게 반영되어 콜시장, 어음할인시장 등에 영향을 주어 단기 수익률을 좌우하게 된다.

〈표 15-2〉 금융정책과 채무증권수익률

금융정책수단	정책 방향	수익률	채무증권가격
재할인율 정책	인 하 인 상	하 락 상 승	상 승 하 락
공개시장조작정책	중앙은행 매입조작 중앙은행 매각조작	하 락 상 승	상 승 하 락
지급 준비율 정책	인 하 인 상	하 락 상 승	상 승 하 락
선택적 금융정책	금융완화 금융긴축	하 락 상 승	상 승 하 락

일반적으로 시중의 자금이 풍부한 경우 시중의 실세금리가 하락하고, 기존의 수익률로 채무증권을 매입하는 것이 유리하게 됨에 따라 채무증권의 수요가 증가하게 되어 수익률의 하락을 가져온다. 반대로 법인세, 부가세, 배당금 등과 같이 일시적으로 시중의 자금이 경색되면 시중의 금리가 상승하여 기존의 수익률로 채무증권을 매입하는 것보다 높은 금리의 금융상품에 투자하게 됨으로 채무증권의 수익률은 상승하게 된다.

또한 경제의 안정적인 성장을 위하여 저금리, 저물가 정책을 실시한다고 하면 장기채의 수익률은 일시적인 자금사정의 불균형에 영향받지 않고 정부의 정책에 따라 결정된다.

이와 같이 수익률은 단기채의 경우 당시의 시중 자금사정, 장기채의 경우는 정부의 재정금융정책에 의하여 영향을 받는다.

3) 경기동향

금융시장의 자금수급관계가 채무증권의 수급에 영향을 미치는데, 금융시장의 자금수급관계는 기본적으로 경기상황에 좌우된다.

일반적으로 경기가 상승국면에 진입하면 각 기업들은 설비투자를 중심으로 자금수요가 급증한다. 이때 기업은 필요한 자금을 금융기관에서 차입하던가 사채권을 대량으로 발행하게 되며, 금융기관은 필요한 자금을 확보하기 위하여 보유하고 있는 증권을 매각하며 금융시장에서는 자금 사정이 궁핍하여진다. 이 경우 채무증권의 공급은 증대되고 채무증권의 수요가 감소함으로써 수익률은 상승하게 된다.

반대로 경기가 하강국면에 진입하면 각 기업은 투자의욕이 감소하고 시설투자의 증가보다는 축소를 도모하며 금융기관에서는 대출 자금의 압박에서 벗어나 자금의 여유가 발생, 자금사정은 풍부하여져 채무증권수요가 증가하게 되므로 수익률은 하락하게 된다.

4) 물가상승

물가상승과 수익률은 정의 상관관계가 있다. 물가상승시 명목금리는 상승하나 실질금리는 하락한다. 시장의 명목금리의 상승은 기존의 채무증권투자보다는 다른 실물투기를 발생시키면서 채무증권의 수요는 감소하게 된다. 반대로 물가의 하락시 시장의 실질금리는 상승하고, 기존의 수익률로 채무증권을 투자하는 것이 유리하여 채무증권의 수요가 증대하게 되므로 수익률은 하락하게 된다.

5) 환율동향

환율과 수익률 사이에는 명확한 상관관계가 존재한다. 원화 평가절상(원화환율 하락)은 국내의 채무증권가격에 긍정적인 요인으로 작용하여 수익률이 하락하고, 원화 평가절하(원화환율 상승)는 이와 반대로 채무증권가격에 부정적인 요인으로 작용하여 수익률은 상승한다.

만약 원화환율이 하락(원화 평가 절상)하면, 외국제품과의 가격경쟁력이 약해지기 때문에 국내 상품의 수출이 둔화되고, 이어서 국내경기가 후퇴하기 시작한다. 이와 같은 상황이 지속되면 어느 정도 경기를 자극·회복시킬 필요성이 대두됨에 따라 금리도 하락하는 방향으로 유도될 것이다.

한편, 원화환율 하락(원화 평가 절상)은 수입상품가격의 실질적인 하락을 가져오기 때문에 석유 등 원자재가격이 하락하고 이는 다시 국내 도매물가에도 긍정적인 영향을 미쳐 인플레 기대심리를 후퇴시키게 된다. 또한 수입상품의 가격하락이 국산상품에 대해서 가격상승 억제효과를 가져올 것으로 기대되어 국내물가 하락, 나아가서는 금리 하락으로 이어진다.

또한 원화환율 하락(원화 평가 절상)은 달러자산을 보유한 투자자의 입장에서는 원화기준으로 볼 때 달러자산의 가치가 감소되는 반면에, 원화자산의 가치는 상대적으로 상승하게 된다. 따라서 달러자산으로부터 원화자산으로의 자금이동이 일어날 가능성이 높다. 이대로 실현이 되면, 원화자산의 일종인 채무증권에 대한 수급이 호전되기 때문에 금리는 하락하게 된다.

이와 같이 원화환율 하락(원화 평가 절상)은 금리하락을 야기시키고 이에 따라 수익률은 하락하게 된다.

6) 기타 요인

이밖에도 수익률은 연말이나 추석과 같은 금융시장의 계절적인 변동요인, 부동산경기, 주식시장의 장세여부 등 경제적 요인에 의해 영향을 받는다.

2. 내적요인

채무증권의 수익률은 위에서 설명한 채무증권의 외적요인에 의해서도 결정되지만 채무증권의 만기와 같은 발행조건이나 발행주체가 지니는 지급불능 위험과 같은 채무증권의 내적요인에 의해서도 영향을 받는다.

1) 채무증권의 잔존기간

채무증권은 만기까지의 잔존기간에 따라 수익률이 달라진다. 다른 조건이 일정할 때 만기까지의 잔존기간이 길수록 채무증권가격의 변동위험은 크고 유동성이 줄어들어서 장기채일수록 수익률이 높아진다. 즉 채무증권의 잔존기간이 길수록 시장이자율에 따라 이자가 복리로 계산되는 기간이 더 많아지거나 수익률로 할인하는 기간이 길기 때문에 장기채일수록 수익률 변화에 따른 채무증권가격의 변동성은 크다. 결국 채무증권만기의 장단에 따라 수익률 변화에 따른 채무증권가격의 변동폭이 달라지므로 만기까지의 잔존기간에 따라 수익률에 차이가 생기게 된다.

이러한 수익률과 만기까지의 잔존기간과의 관계를 수익률의 기간구조 또는 만기구조라고 하며, 이는 수익률곡선으로 표시된다.

2) 채무증권의 표면이율

채무증권의 다른 조건이 일정할 때 채무증권의 표면이율에 따라 수익률은 달라진다. 표면이율이 상승하면 첫째로, 자본한계 생산성의 증가에 따른 높은 이자 부담으로 이자율 상승이 나타나고, 둘째로, 그 이자율 상승분만큼 세금부담이 커진다. 그러므로 세후수익률은 떨어져서 표면이율 상승 이전의 세후수익률을 보상받기 위해서는 그만큼 시장수익률이 올라가야 한다. 이와 같이 표면이율 상승은 수익률 상승의 요인이 된다.

3) 채무불이행위험

채무증권은 원금과 표면이자수입이 약속된 확정이자부 증권이지만 위험이 전혀 없는 것은 아니다. 발행주체의 재정난, 실적부진 등으로 인하여 이자뿐만 아니라 원금상환도 제대로 이행하지 못하는 경우도 있는데 이러한 위험을 채무불이행 위험이라고 한다.

따라서 여타 조건이 동일하다면 채무불이행 위험이 높은 채무증권일수록 투자자는 높은 위험프리미엄을 요구하게 되고 이로 인하여 수익률은 올라간다.

채무증권분석에서는 채무증권의 발행조건, 발행주체가 지니는 위험수준에 따라 발생하는 수익률의 차이를 위험구조라고 부른다.

4) 유동성

채무증권의 유동성이란 채무증권을 적절한 가격으로 원하는 시점에서 매각할 수 있는 정도를 말하는데, 일반적으로 유동성이 높은 채무증권은 거래가 활발하기 때문에 당해 채무증권 보유자는 언제든지 원할 때 쉽게 현금화할 수 있는 장점을 가지고 있다.

따라서 합리적인 투자자라면 다른 조건이 같다고 할 때 유동성이 낮은 채무증권보다는 유동성이 높은 채무증권을 선호할 것이므로 유동성이 낮은 채무증권은 그만큼 발행하기가 어려워진다.

결국 유동성이 낮은 채무증권이 발행되거나 또는 유통시장에서 거래가 되기 위해서는 그 대가로 유동성 프리미엄을 제공해야 되기 때문에 낮은 유동성은 채무증권의 수익률을 올리는 요인이 된다.

제16장

채무증권투자(Ⅱ)

본 장에서는 수익률과 관련하여, 먼저 채무증권의 만기와 수익률의 관계를 설명하는 이론인 수익률의 기간구조에 관한 이론을 살펴보고, 다음으로 채무증권의 발행주체가 지니고 있는 위험수준이나 발행조건으로 이한 불확실성에 따라 나타나는 수익률의 차이를 설명하는 이론인 수익률의 위험구조에 관한 이론에 대해 알아본다. 그리고 수익률변동과 채무증권가격변동과의 관계, 특히 채권가격의 변동성에 관한 분석으로 채권가격정리, 듀레이션, 볼록성 등에 대하여 구체적으로 알아본다.

제 1 절 수익률의 기간구조

1. 기간구조와 수익률곡선

1) 기간구조와 수익률곡선의 의의

수익률의 기간구조란 어느 일정시점에서 채무증권의 다른 조건(발행조건, 위험 등)은 모두 동일하고 만기만 상이한 채무증권들의 수익률과 만기와의 관계를 말한다. 따라서 기간구조를 만기구조라고도 한다.

기간구조를 그림으로 표시한 것을 수익률 곡선(yield curve)이라고 하는데, 이는 일반적으로 횡축에 만기까지의 잔존기간을, 종축에 만기수익률을 표시하여 특정시점을 기준으로 만기까지의 기간차이에 따라 달라지는 수익률의 차이를 분석하고 있다.

이와 같이 수익률곡선은 기간구조를 추정가능하게 하여 줌으로써 채무증권의 장·단기 수익률을 상대적으로 비교 가능하게 해주고 미래의 단기수익률의 기대에 대한 정보를 제공하여 주기도 한다. 따라서 수익률곡선은 현시점에서 투자할 채무증권을 선택하는데 있어서 뿐만 아니라, 향후 채무증권투자전략을 결정하는 데 하나의 기준으로 활용되기도 한다.

2) 수익률곡선의 형태

① 하강형곡선

단기채권의 수익률이 장기채의 수익률보다 더 높은 형태로서, 앞으로 단기이자율이 장기이자율보다 떨어질 것이라고 기대되거나, 현재의 이자율수준이 상당히 높은 수준에 있을 때 나타나는 형태이다.

② 상승형곡선

단기채의 수익률보다 장기채의 수익률이 높은 형태로서, 앞으로 이자율이 상승할 것으로 전망되거나 일반적인 이자율수준이 낮은 시기에 나타나는 형태이다.

③ 수평형곡선

단기채의 수익률과 장기채의 수익률이 차이가 없는 형태로, 향후의 수익률수준이 현재수준과 다르지 않을 것으로 기대되거나, 하강형에서 상승형, 또는 상승형에서 하강형으로 변화할 때 일시적으로 나타나는 경향이 있다.

④ 낙타형

단기이자율이 급격히 상승하고 장기이자율은 서서히 하강하는 곡선의 형태로서 자금사정의 일시적인 악화로 단기적으로 금리가 높아지지만 장기적으로는 금리가 안정된다고 기대될 때 나타나는 곡선형태이다.

[그림 16-1] 수익률곡선의 형태

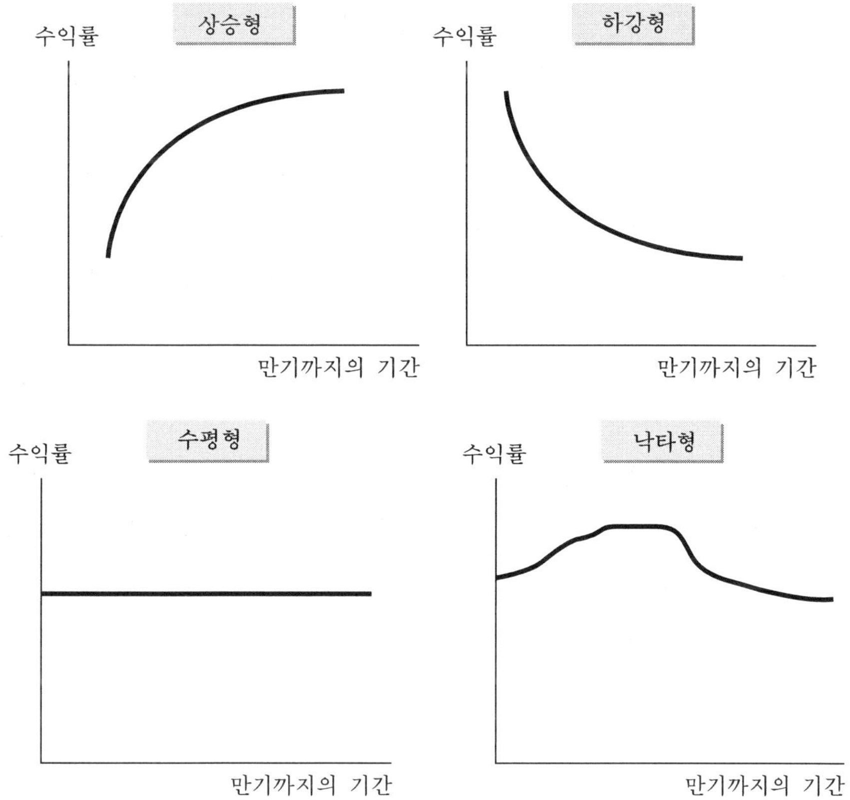

2. 기간구조설명이론

수익률의 기간구조를 설명하는 이론에는 불편기대이론, 유동성프리미엄이론, 시장분할이론 등이 있다.

1) 불편기대이론(unbiased expectation theory)

불편기대이론은 투자자들이 미래이자율에 대하여 정확히 동질적인 기대를 가지며 수익률구조는 이러한 기대수익률에 따라 결정된다는 이론으로서 장기채수익률은 그 기간 중에 성립될 것으로 예상하는 단기채수익률의 기하평균과 같다는 이론이다. 이와 같은 불편기대이론이 성립되기 위해서는 ① 모든 투자자는 위험중립형이고, ② 단기채와 장기채는 완전대체관계이기 때문에 단기수익률과 장기수익률간 차이가 나타날 경우 차익거래를 통하여 곧 균형상태가 이루어지며, ③ 미래의 이자율은 정확하게 예측가능하다는 것 등이 전제되어야 한다.

불편기대이론에서는 현시점에서 형성된 선도이자율(forward interest rate)이 기대이자율과 같다고 가정한다. 즉 이자율변동에 대한 기대에 의해 만기가 다르면 수익률도 각각 다른 수준에서 결정된다는 사실에 의거해, 단기이자율에 대한 기대에 의해 수익률곡선의 형태가 결정된다는 것이다.

만약에 대부분의 사람이 현재의 이자율수준이 낮아 향후 이자율이 상승할 것으로 기대한다면, 채무증권투자자는 수익률상승으로 인한 가격손실을 최소화하거나 투자이익을 극대화하기 위해 장기채를 팔고 단기채를 매입하려고 할 것이다. 이에 따라 장기채의 수익률은 상승하고 단기채의 수익률은 하락하게 된다. 이러한 경우의 수익률곡선은 우상향하는 형태([그림 16-2]에서의 곡선①)가 된다.

[그림 16-2] 불편기대이론에 의한 수익률곡선

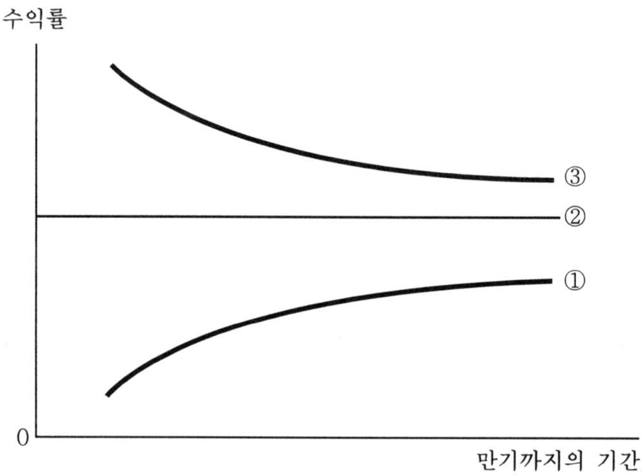

반면에 현재의 이자율수준이 높아 향후 이자율이 떨어질 것으로 기대한다면, 수익률하락에 의한 가격차익을 제고하기 위해 단기채의 매입을 줄이는 대신에 장기채

의 매입을 적극화할 것이다. 이에 따라 장기채의 수익률은 하락하고 단기채의 수익률은 상승하게 되어 수익률곡선은 우하향([그림 16-2]에서의 곡선③)이 된다.

한편 이자율이 당분간 변하지 않고 현재의 수준을 유지할 것으로 기대되는 경우에는 수익률도 변하지 않을 것이기 때문에 수익률곡선은 수평([그림 16-2]에서의 곡선②)의 형태가 된다.

2) 유동성프리미엄이론(liquidity premium theory)

채무증권에 대한 위험을 고려할 경우 일반적으로 장기채일수록 이자율변동으로 인한 가격변동폭이 크고 원리금지급불능위험이 커진다. 따라서 장기채에 투자하는 투자자들은 만기가 길수록 증가하는 위험부담과 상실하는 유동성에 대해 프리미엄을 요구하게 된다.

[그림 16-3] 유동성프리미엄이론에 의한 수익률곡선

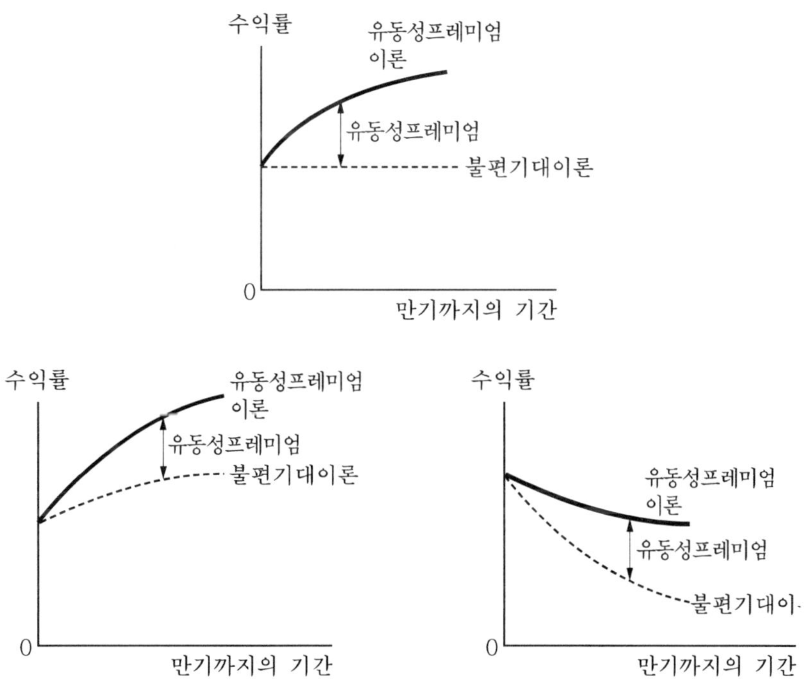

이와 같이 유동성프리미엄이론은 불편기대이론에 유동성프리미엄을 추가하여 상환기간에 따라 수익률에도 차이가 있다는 이론이다. 이 이론에 의하면 채무증권에 투자하는 사람은 근본적으로 위험회피자이기 때문에 장기에 걸쳐서 높은 이자소득을 얻는 것보다는 투자원금의 가치를 상실하지 않는 것에 보다 중점을 두는 경향이 있다는 것이다. 이에 비해 자금차입자는 자금차입에 따르는 이자율부담보다는 자금의 안정적 확보를 더 중요시하는 경향이 있기 때문에, 장기차입에 대해서는 유동성을 안정적으로 확보하는 데에 대한 대가로 기꺼이 프리미엄을 지불하고자 한다는 것이다.

이에 따라 채무증권의 보유기간 예상수익률은 장기 채권일수록 프리미엄만큼 더 높게 되어 유동성프리미엄이론에 의한 수익률곡선은 불편기대이론에 의한 수익률곡선보다 항상 유동성프리미엄만큼 위에 존재한다.

3) 시장분할이론

시장분할이론은 채무증권은 그 상환기간에 따라 시장이 각각 분할되어 있으며, 그 기간에 해당하는 채무증권의 수익률은 그 기간을 선호하는 집단의 수요와 공급에 의해 결정된다는 이론이다.

이 이론은 채무증권시장에서의 많은 투자자들이 관계법규, 만기선호도, 관례 때문에 수익률에 차이가 나더라도 다른 만기의 시장으로 쉽게 이동하지 못한다는 구조적 경직성을 전제하고 있다는 점에서 기대이론과 대비된다.

이 이론의 이론적 근거는 금융기관들을 비롯한 기관투자자들은 이자율변동위험을 회피하기 위하여 그들의 부채와 만기가 일치하는 자산에 투자한다는 것이다. 이에 따라 단기부채가 많은 기관투자자들은 단기채에 투자하고 장기부채가 많은 기관투자자들은 장기채에만 투자하게 되는데, 이들 장단기 채무증권시장은 완전히 분리된 시장이므로 장단기수익률은 양자간에 아무런 관련없이 각각 분할된 시장에서 각각의 수요에 따라 결정된다는 것이다.

이와 같은 결과 수익률곡선은 [그림 16-4]에서 보는 바와 같이 상향, 하향, 수평형 등 모든 형태가 가능하다.

[그림 16-4] 시장분할이론에 의한 수익률곡선

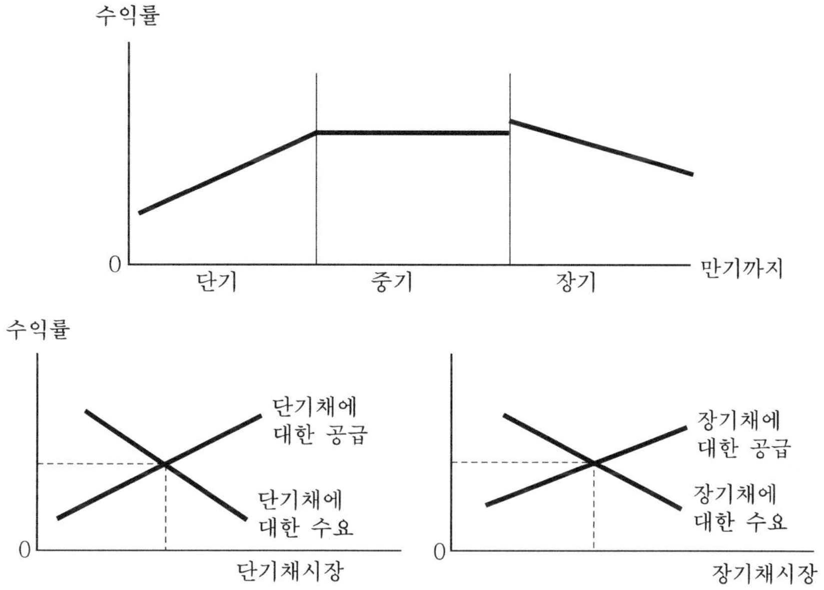

제 2 절 수익률의 위험구조

1. 수익률의 위험구조

채무증권은 만기까지의 이자와 원금상환액이 계약에 의해 확정되어 있는 확정소득증권이지만, 이자와 원금상환이 항상 계약대로 실현되는 것은 아니며 채무증권발행주체의 경영위험이나 재무위험 등으로 원리금지급불능의 상황이 나타날 수도 있다. 또한 경우에 따라서는 수의상환가능성과 같이 채무증권계약자체가 불확실성을 내포할 수도 있다.

이와 같이 채무증권에서 발생하는 위험의 크기에 따라 채무증권의 수익률은 달라지는데, 이렇게 채무증권의 위험이 달라짐에 따라 나타나는 수익률의 체계적 차이를 수익률의 위험구조(risk structure)라고 한다.

채무증권의 위험을 구성하는 요인 중에서 채무증권의 발행주체 혹은 발행조건과 관련된 것으로는 채무불이행의 위험, 가격변동위험, 재투자위험, 유동성위험, 인플레이션위험, 수의상환위험 등이 있다.

2. 채무증권의 위험

채무증권의 기대수익률에 영향을 미치는 여러 위험요인들은 크게 회피가능한 위험과 불가능한 위험, 즉 체계적 위험과 비체계적 위험으로 나누어 볼 수 있다.

1) 채무증권의 체계적 위험

채무증권투자와 관련한 체계적 위험이라 하면, 시장전체 이자율의 변동에 따른 위험으로 분산투자로서도 회피하기 불가능한 위험이다. 이자율위험과 인플레이션위험이 이에 속한다.

① 이자율위험(interest rate risk)

이자율위험이란 이자율의 변동으로 인하여 채무증권가격과 재투자수익률에 미치는 위험으로 이는 가격위험(price risk)과 재투자수익률위험(reinvestment rate risk)으로 구분된다.

가격위험이란 시장이자율의 변동으로 인하여 발생하는 채무증권가격의 상승 혹은 하락의 변동위험을 말하고, 재투자수익률위험은 이자지급액이나 원금상환액을 재투자함으로써 얻어지는 재투자수익률의 변동위험을 말한다.

그런데 위의 두 위험은 근본적으로는 이자율위험의 서로 다른 두 가지 현상으로 서로 반대방향으로 작용한다. 예를 들어 시장이자율이 상승하게 되면 이자지급액의 재투자로부터 얻어지는 재투자수익률도 상승하게 되지만, 채무증권의 가격은 하락하게 된다.

[그림 16-5] 가격위험과 재투자수익률위험

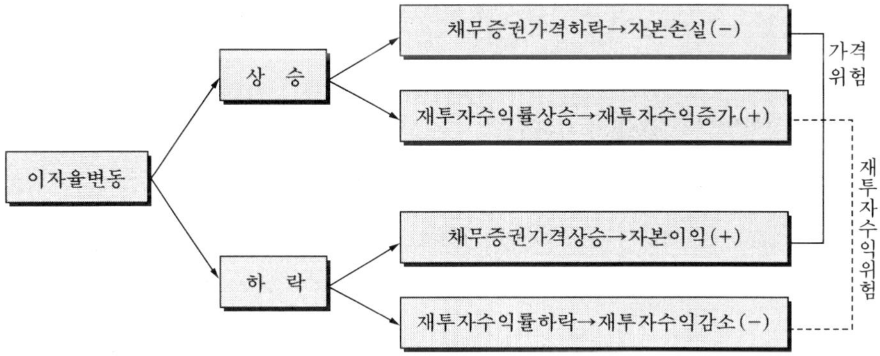

② 인플레이션위험(inflation risk)

인플레이션위험이란 물가상승에 따른 실질수익률 하락의 위험으로 특히 중요시되는 것은 예상되지 않은 인플레이션이다.

명목이자율은 실질이자율과 예상인플레이션의 합으로 이루어진다는 피셔효과(Fisher effect)와 같이 수익률은 실질이자율과 기대인플레이션의 합으로 결정된다. 따라서 미래의 예상되는 인플레이션이 높을수록 수익률은 상승하며 동시에 채무증권가격은 하락한다.

그런데 피셔효과는 예상된 인플레이션을 설명하고 있지만 예상되지 않은 인플레이션까지를 고려하고 있는 것은 아니다. 이와 같이 예상되지 않은 인플레이션에 따른 채권의 실질수익률의 하락을 인플레이션위험 또는 구매력위험이라고 한다.

2) 채무증권의 비체계적 위험

채무증권투자와 관련한 비체계적 위험이란 채무증권발행주체 자체의 특성에 따라 달라지는 개별위험으로 이는 분산투자에 의해 위험회피가 가능하다. 이에는 채무불이행위험, 수의상환위험, 유동성위험 등이 있다.

① 채무불이행위험(default risk)

채무불이행위험은 채무증권의 발행자가 원금 또는 이자를 약속한 대로 지급하지 못하게 될 가능성 또는 위험을 말한다. 수익률은 채무불이행위험의 크기에 따라 증가하는데, 이때 위험이 없는 것으로 간주되는 무위험채무증권의 수익률과 채무불이행위험을 갖는 채무증권의 수익률과의 차이를 위험프리미엄 또는 스프레드(spread)라고 한다.

② 수의상환위험(callable risk)

어떤 채무증권은 만기 전이라도 채권의 발행자가 원금을 상환할 수 있는 권리인 수의상환권(call option)이 부여되기도 한다. 이처럼 채권발행자가 수의상환권을 가지려 하는 이유는 이자율의 변동에 대처하기 위함이다. 즉 이자율이 하락할 것으로 예상되는 경우에 채무증권발행자는 기 발행된 채무증권을 매입하여 소각하고 보다 낮은 표면이율로 채무증권을 다시 발행함으로써 발행주체의 이자비용을 절약할 수 있다. 따라서 수의상환가능성을 지닌 채무증권의 가격은 수의상환가능성이 없는 채무증권의 가격보다 일반적으로 낮다.

③ 유동성위험(liquidity risk)

이는 시장성위험이라고도 하는데 보유채무증권을 특정시점에서 매각하여 환금하고자하는 경우 적절한 가격으로 단시일 내에 처분할 수 없는 경우에 발생하는 위험을 말한다. 일반적으로 채무증권유통시장에의 시장참여자가 많지 않아 거래량이 크지 않고 거래가격이 불연속적으로 형성되는 채무증권의 경우 현금화하는데 어려움을 겪을 뿐만 아니라 거래시 가격상의 불이익을 겪을 가능성이 크다.

3. 채무증권의 등급평정

1) 등급평정의 의의

등급평정이란 등급평정전문기관이 채무증권발행주체가 지니는 신용도를 원리금 지급능력에 따라 등급을 결정하는 것으로 질적 평정(quality ratings)이라고도 한다. 구체적으로 채무증권의 원리금이 약정대로 상환될 확실성의 정도, 즉 채무불이행의 가능성 및 채무불이행에 따른 손실의 정도를 중립적인 위치에서 객관적으로 평가하고 그 결과를 불특정다수의 투자자에게 제공하는 과정을 말한다. 이와 같은 등급평정은 ① 투자정보의 제공 및 투자자보호, ② 발행조건 및 발행주체 보호, ③ 증권의 인수위험감소 및 매출촉진, ④ 등급을 이용함에 따른 사회전체적인 면에서의 정보비용의 절감 등의 역할을 수행함으로써 효율적인 자본배분에 기여한다.

2) 등급의 기준과 평가방법

등급은 일반적으로 발행주체의 위험정도, 즉 원리금을 상환할 수 있는 확실성의 정도에 따라 기호로 표시한다. 통상 어느 평가기관이든 트리플 B(Baa, BBB)까지를 원리금상환면에서 투자적격으로 평가하고 있으며, 더블 B(Ba, BB) 이하의 등급은 안정성이 있는 투자라는 관점에서 볼 때 투자부적격으로 평가하고 있다(〈표 16-1〉 참조).

〈표 16-1〉 등급기준

구분	평 정 기 준	S&P 등급	Moody's 등급
AAA	원리금 지급능력이 최고수준	AAA	Aaa
AA	원리금 지급확실성이 매우 높지만 AAA증권보다 비해 다소 열등함	AA+ AA AA_	Aa1 Aa2 Aa3
A	원리금 지급확실성은 높지만 장래환경변화에 따라 다소 영향을 받기 쉬운 면이 있음.	A+ A A_	A1 A2 A3
BBB	원리금 지급확실성은 인정되지만 장래 환경변화에 따라 저하될 가능성을 내포하고 있음.	BBB+ BBB BBB_	Baa1 Baa2 Baa3
BB	원리금 지급능력에는 문제가 없으나 장래의 안전성은 보장할 수 없는 투기적인 면이 있음.	BB+ BB BB_	Ba1 Ba2 Ba3
B	원리금 지급능력에는 문제가 있고 투기적인 면이 강함	B+ B B_	B1 B2 B3
CCC	채무불이행이 발생할 위험요소를 내포하고 있음	CCC	Caa
CC	채무불이행이 발생할 위험이 큼	CC	Ca
C	현재 이자지급이 연기되고 있고, 채무불이행의 위험이 매우 높음	C	C
D	원금 또는 이자가 지급불능상태에 있음	D	

3) 등급평정과 만기수익률과의 관계

등급평정은 채무증권가격에 직접적인 영향을 주게 된다. 일반적으로 등급평정이 높은 고급채무증권일수록 수익률이 낮고 스프레드[1] 역시 낮으며, 등급평정이 낮은 저급채무증권일수록 수익률이 높고 스프레드도 높다. 그러나 이와 같이 등급평정과 만기수익률의 관계가 항상 일정한 것은 아니다. 이는 정부의 재정금융정책, 자금의 수요와 공급 그리고 경기변동 등에 따라 변할 수 있기 때문이다.

4) 등급평정과 채무불이행 및 잔존기간과의 관계

등급평정의 높은 채무증권인가 아니면 낮은 채무증권인가의 여부에 따라 채무불이행과 잔존기간과의 관계도 달라진다. 만약 등급평정이 높은 채무증권이라면 잔존기간이 짧아질수록(만기에 가까울수록)채권불이행의 위험은 감소한다.

그러나 등급평정이 낮은 채무증권의 경우에는 위와 반대의 현상이 일어난다. 왜냐하면 잔존기간이 짧아진다는 것은(만기가 도래한다는 것은) 원금을 상환하지 않으면 안 된다는 사실을 의미하는 것으로 채무증권 발행주체의 재무상황이 좋지 않은 것을 고려할 때, 원금상환의 가능성은 금융차환이 잘 되느냐의 여부에 달려 있는 경우도 많을 것이기 때문이다.

[그림 16-6] 잔존기간과 채무불이행위험

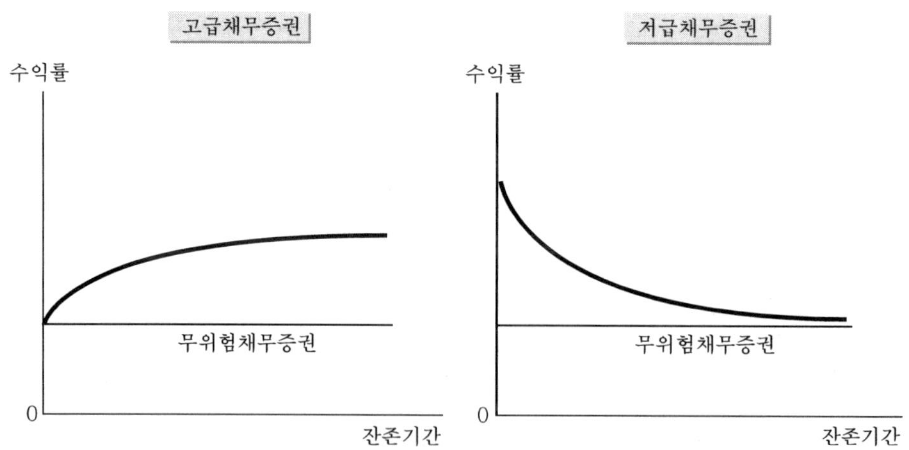

1) 채무증권의 위험에 따라 생기는 수익률의 차이를 수익률 스프레드라고 한다.

제 3 절 채무증권(채권)가격변동 분석

1. 채권가격정리

일반적으로 채무증권가격은 표면이율, 잔존기간 및 만기수익률 등에 의해 결정된다. 말킬(B. G. Malkiel)은 이와 같은 요인들의 변화가 채무증권 구체적으로 채권가격의 변동에 미치는 영향을 채권가격정리(bond price theorem)로 제시하였다.

1) 채권가격은 수익률과 반비례한다.

동일한 조건을 지닌 채권의 경우 수익률이 오르면, 채권가격은 하락하고 수익률이 내리면 채권가격은 상승한다. 〈표 16-2〉에서 보는 것처럼 액면가 10,000원, 표면이율 13%, 만기3년, 이자지급방법 3개월 후급인 사채권의 시장수익률이 10%에서 11%로 상승하면, 채권가격은 8,860원에서 8,651원으로 하락하는 반면에, 시장수익률이 9%로 하락하면 9,074원으로 채권가격이 상승함을 알 수 있다.

〈표 16-2〉 수익률, 채권가격, 표면이율, 만기와의 관계

만 기	표면이율	수익률 r=10%일 때 채권가격	수익률 r=11%		수익률 r=9%	
			채권가격	가격변동률	채권가격	가격변동률
3년	11%	8,404	8,202	-2.404	8,612	2.475
	13%	8,860	8,651	-2.359	9,074	2.415
	15%	9,316	9,101	-2.308	9,537	2.372
	17%	9,772	9,550	-2.272	10,000	2.333
5년	11%	7,723	7,453	-3.496	8,005	3,651
	13%	8,374	8,090	-3.391	8,670	3,535
	15%	9,024	8,726	-3.302	9,335	3,446
	17%	9,674	9,363	-3.215	10,000	3,370

[그림 16-7] 채권가격변동률, 이자율, 만기와의 관계(액면가=10,000원, 표면이율=13%)

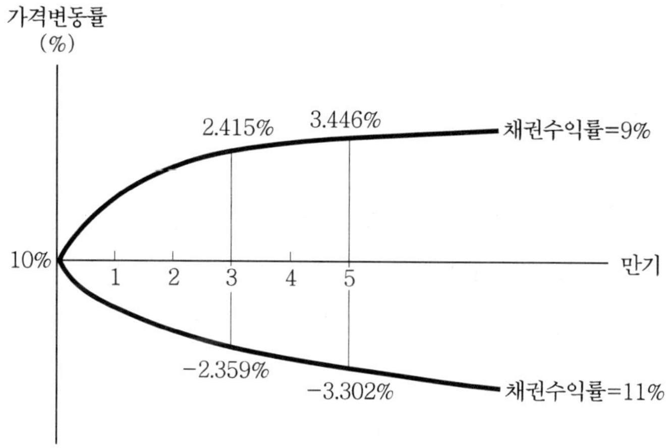

2) 채권의 만기가 길수록 동일한 수익률변동에 대한 채권가격변동률은 커진다.

〈표 16-2〉에서 보는 것처럼 3년채보다는 5년채의 경우가 1%의 수익률변동에 대한 가격변동률이 큼을 알 수 있다. 따라서 채무증권 특히 채권투자시 이자율하락이 예상되면 장기채에 대한 투자에 주력하여 시세차익을 극대화하고, 반대로 이자율이 상승할 것으로 예상하면 단기채로의 교체매매로 투자수익률을 높이는 것이 유리함을 알 수 있다.

3) 이자율변동에 의한 채권가격변동률은 만기가 길어질수록 증가하나 그 변동률은 체감한다.

〈표 16-2〉와 [그림 16-7]에서 보는 바와 같이 만기 또는 잔존기간이 길어질수록 그 증감률이 체감함으로 한계효율적인 측면에서 볼 때 만기가 너무 긴 채권은 투자효율이 체감하여 그 필요성이 그만큼 적어진다는 것이다.

4) 만기가 일정할 때 수익률하락으로 인한 가격상승률은 같은 폭의 수익률상승으로 인한 가격하락률보다 크다.

〈표 16-2〉에서 표면이율 13%, 3년만기 사채권의 경우 수익률이 10%에서 1%만큼 하락하여 시현된 가격변동률 2.475%는 수익률 10%에서 1%만큼 상승하여 시현

된 가격변동률 2.359%보다 크다. 이는 수익률 하락시 채권투자 성과가 더욱 크게 나타나므로 더욱 더 많은 양의 채권을 매입하는 것이 유리하다는 것이다.

5) 표면이율이 낮은 채권이 큰 채권보다 일정한 수익률변동에 따른 채권가격변동률이 크다.

〈표 16-3〉 표면이자율과 채권가격과의 관계

표면이율	r=11%	r=10%	가격변동폭	변동률(%)
11%	8,202	8,404	202	2.463
12%	8,426	8,632	206	2.445
13%	8,651	8,860	209	2.416
14%	8,876	9,088	212	2.388
15%	9,101	9,316	215	2.362

주 : 이자지급 매3월 후급 3년 만기 사채권 기준

〈표 16-3〉에서 보는 것처럼 잔존기간이 일정할 때 표면이율이 낮은 채권일수록 일정한 이자율변동에 따른 채권가격 변동률이 커지게 된다. 이는 표면이율이 낮은 채권이 수익률변동시 높은 표면이율의 채권보다 높은 매매차익을 얻을 수 있음을 의미한다.

이와 같이 채권가격정리에 의하면, 채권가격은 ① 수익률변동에 반비례하며, ② 만기 또는 잔존기간이 길수록 ③ 표면이율이 낮을수록, 그리고 ④ 채권수익률이 낮을수록 채권가격의 변동률은 커짐을 알 수 있다.

따라서 수익률이 하락할 시에는 장기채 및 표면이율이 낮은 저쿠폰 채권을 매입하여 매매차익을 극대화하고 수익률이 상승 시에는 채권매입을 보류하는 것이 최선이나, 만약 매입해야 한다면 단기채 및 표면이율이 높은 고쿠폰 채권을 매입하여 수익률상승에 따른 위험부담을 줄이는 전략을 구사하는 것이 바람직할 것이다.

그러나 이들 요인들이 복합적으로 변할 경우 이와 같은 일반적인 경향이 반드시 나타나는 것은 아니다. 각 요소들이 채권가격의 탄력성에 미치는 방향과 그 정도가 서로 다를 수 있기 때문이다. 예를 들어 표면이율이 커지고 만기가 길어질 경우 이들 두 요소가 복합되어 채권가격에 어떠한 영향을 미칠 것인가는 이와 같은 일반적인 기준으로는 말할 수 없다. 왜냐하면 전자는 채권의 가격탄력성을 작게 하는 방향으로 후자는 채권의 가격탄력성을 크게 하는 방향으로 움직이기 때문이다.

2. 듀레이션(duration)

1) 듀레이션의 의의

앞에서 언급한 바와 같이 말킬의 채권가격정리에 의거하여 예를 들어 잔존기간이 길고 표면이율이 높은 채권과 잔존기간은 짧으나 표면이율이 낮은 채권을 놓고 선택하는 경우, 어느 채권의 가격변동성이 더 큰가를 결정하는 데에는 한계에 봉착한다.

이와 같은 문제를 타개하기 위한 일환으로 채권의 가격변동에 미치는 여러 요인을 동시에 고려하여 수익률의 변화가 채권가격의 변동에 미치는 영향을 측정할 수 있는 개념으로 체계화된 것이 1938년 매콜리(F. R. Macaulay)의 듀레이션 개념이다.

듀레이션이란 채권투자의 투자수입(이자수입 및 원금상환)의 현재가치와 그 현금흐름의 유입시기를 고려한 투자원금의 가중평균회수기간을 말한다. 다시 말하면 채권의 원금뿐만 아니라 이자수입의 현금흐름까지 고려하여 상환기간을 현재가치로 표시한 것이 듀레이션이다. 이러한 의미에서 듀레이션을 평균상환기간이라고도 한다.

이와 같이 듀레이션은 각 기간에 들어오는 현금흐름(이자수입과 원금)의 현재가치에 가중하여 투자원금의 만기를 표시한 가중평균만기라고 할 수 있다.

$$\text{Duration} = \sum(\text{기간})\cdot\frac{\text{기간별 현금흐름의 현재가치}}{\text{채권가격}}$$

$$= \frac{\sum_{t=1}^{n}\frac{t\cdot CF_t}{(1+r)^t}}{\sum_{t=1}^{n}\frac{CF_t}{(1+r)^t}} = \frac{\sum_{t=1}^{n}\frac{t\cdot CF_t}{(1+r)^t}}{P} \quad \cdots(1)$$

한편, 듀레이션은 수익률변동에 대한 채권가격 민감도의 개념으로도 표시할 수 있다.

$$\text{Duration} = \frac{\frac{dP}{P}}{\frac{dr}{(1+r)}} = \frac{\frac{dP}{dr}}{\frac{P}{(1+r)}} = -\frac{dP}{dr} \cdot \frac{(1+r)}{P} \cdots (2)$$

단, n : 만기까지의 이자지급횟수
t : 현금흐름 발생기간(t=1,2,3, …, n)
CF_t : 채권에서 발생하는 각 기의 현금흐름
r : 채권의 만기수익률
P : 채권의 가격

〈예〉 잔존기간 3년, 표면이율 8%, 연단위 후급이표채의 만기수익률이 10%일 때 이 채권의 듀레이션은?

t	CF_t	$CF_t/(1+r)^t$	$t \cdot CF_t/(1+r)^t$
1	800	$800/(1+0.1)^1$ = 727.27	1 × 721.27 = 727.27
2	800	$800/(1+0.1)^2$ = 661.16	2 × 661.16 = 1,322.32
3	10,800	$800/(1+0.1)^3$ = 8,114.20	3 × 8,114.20 = 24,342.60
합계		9,502.63	26,392.19

$$\text{듀레이션} = \frac{26,392.19}{9,502.63} = 2.78(\text{년})$$

2) 듀레이션과 가격변동률 및 가격변동폭과의 관계

앞의 식 (2)에서 보는 것처럼 듀레이션의 개념을 이용하여 듀레이션이 채권가격 및 그 변동성과 어떠한 관계를 지니고 있는가를 표시할 수 있다.

먼저 듀레이션이 주어질 때 수익률의 변동에 따른 채권가격의 변동률은 다음과 같다.

$$\triangle P/P(\text{채권가격 변동률}) = -\text{Duration}/(1+r) \times \triangle r$$
$$\triangle r = \text{시장 만기수익률의 변동폭}$$

위에서 우항의 Duration/($1+r$)을 수정듀레이션이라고 하기도 한다. 즉

$$\text{수정 듀레이션} = \text{DM} = \text{Duration}/\ (1 + r)$$

따라서 수익률변동에 의한 채권가격 변동폭은 다음과 표시할 수 있다.

$$\triangle P(\text{채권가격 변동폭}) = -D_M \times \triangle r \times P$$

이와 같이 듀레이션의 크기는 채권가격의 변동률 및 가격변동폭과 정(+)의 관계를 갖고 있음을 알 수 있다.

3) 듀레이션과 표면이율, 만기수익률, 만기와의 관계

듀레이션은 표면이율, 만기수익률, 만기에 의해 결정되며 다음과 같은 관계가 있다.

첫째, 표면이율이 높을수록 듀레이션은 짧아진다.

표면이율이 높다는 것은 채권투자에 대한 수익이 상대적으로 일찍 실현되는 것을 의미하는데, 이는 짧은 듀레이션으로 나타난다.

둘째, 만기수익률이 높을수록 듀레이션은 짧아진다.

듀레이션의 산정에 있어서 듀레이션의 크기를 결정하는 가중치의 역할을 하는 각 기의 현금흐름의 현재가치값은 미래의 현금흐름일수록 낮게 나타난다. 따라서 만기수익률이 높으면 먼 미래에 발생하는 현금흐름이 상대적으로 많이 할인되어 가중치가 감소하기 때문에 듀레이션은 짧아진다. 즉 먼 미래에 발생하는 현금흐름의 기여도가 감소하여 듀레이션이 짧아진다.

셋째, 만기와 듀레이션관의 관계는 채권의 발행형태에 따라 달라지는데, 일반적으로 만기기간이 길수록 듀레이션이 커진다.

[그림 16-8]에서 보는 것처럼 할인채의 경우 듀레이션과 만기는 같고, 영구채의 듀레이션은 만기에 관계없이 일정하다. 한편, 이표채의 경우 듀레이션은 항상 만기보다 짧으며, 만기가 증가함에 따라 듀레이션도 증가하여 영구채의 듀레이션에 접근한다.

[그림 16-8] 듀레이션과 만기와의 관계

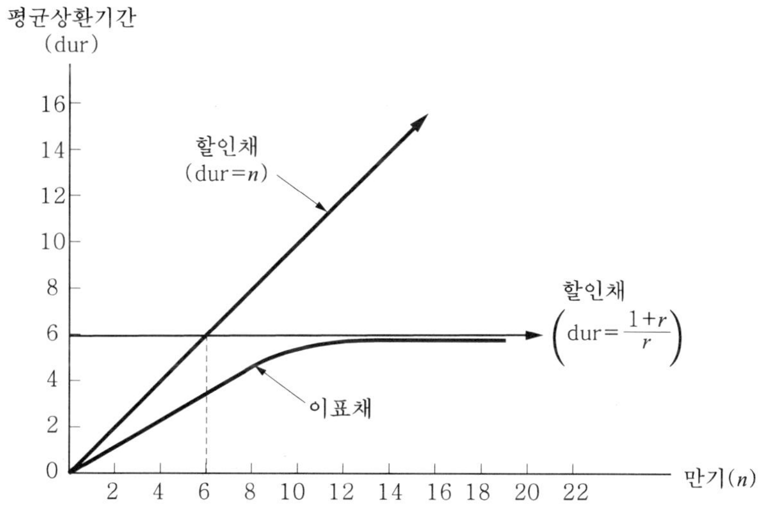

3. 볼록성

1) 볼록성의 의의

듀레이션은 채권가격결정요인들에 대한 포괄적인 정보를 지니고 있어 수익률변동에 의한 채권가격변동을 추정하는 데 유용한 개념이다. 그러나 듀레이션을 이용하여 추정된 채권가격의 변동은 수익률변동폭이 작은 경우에는 실제 가격변동과 큰 차이가 없으나, 수익률변동폭이 커질수록 실제 가격변동치와 비교해 오차가 증가하는 경향이 있다.

이는 기본적으로 실제 채권가격과 만기수익률은 원점에 대하여 볼록한 곡선모양의 관계를 갖는데 비해, 듀레이션을 이용해 추정된 채권가격과 만기수익률의 관계는 듀레이션 산출의 기준이 되는 만기수익률을 접점으로 선형관계를 갖고 있기 때문이다.

[그림 16-9]에서 보는 것처럼 듀레이션을 이용해 추정된 채권가격변동폭은 만기

수익률이 하락하는 경우에는 실제 채권가격상승폭보다 과소평가되는 반면에, 만기수익률이 상승하는 경우에는 실제 가격하락폭보다 과대평가되고 있으며, 이러한 경향은 수익률변동폭이 확대될수록 크게 나타난다.

[그림 16-9] 듀레이션에 의해 추정된 채권가격과 실제가격과의 차이

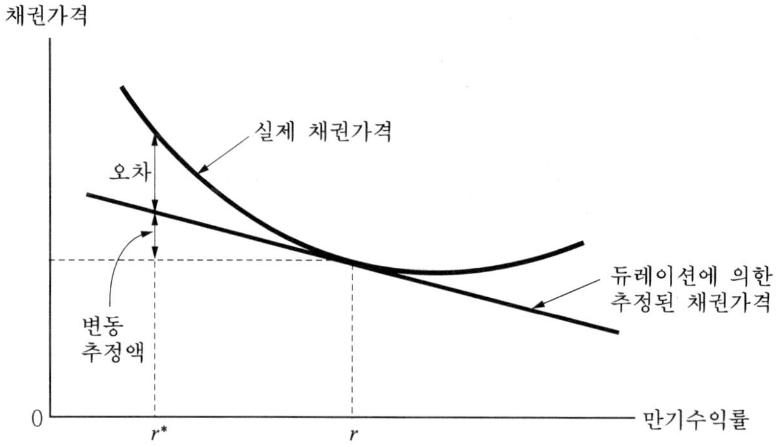

이와 같이 듀레이션에 의한 가격변동산출에서 발생하는 추정오차를 감소시키기 위한 개념이 볼록성(Convexity)이다. 볼록성은 채권가격과 만기수익률의 관계가 원점에 대해 볼록한 비선형적 관계를 갖고 있는 것을 측정한 것으로써 다음과 같이 표시된다.

$$\text{볼록성(Convexity)} = \frac{d^2P/dr^2}{P}$$

$$\text{단, } d^2P/dr^2 = \sum_{t=1}^{n} t(t+1) \ \ CF_t/(1+r)^{t+2}$$

위의 식에서 보는 것처럼 볼록성은 만기수익률에 대한 채권가격의 2차도함수를 채권가격으로 나눈 것이다. 즉 듀레이션이 채권가격에 대한 수익률곡선의 기울기를 나타내는데 비해, 볼록성은 채권가격에 대한 수익률곡선 기울기의 변화를 나타낸다.

〈예 1〉 잔존기간 3년, 표면이율 8%, 연단위 후급이표채의 만기수익률이 10%일 때 이 채권의 가격은 9,502.63원이다. 이 채권의 볼록성은?

t	CF_t	$t(t+1)CF_t$	$t(t+1)\cdot CF_t/(1+r)^{t+2}$
1	800	1·2·800= 1,600	$1{,}600/(1+0.1)^{(1+2)}$ =1,202.10
2	800	2·3·800= 4,800	$4{,}800/(1+0.1)^{(2+2)}$ =3,278.46
3	10,800	3·4·10,800=129,600	$129{,}600/(1+0.1)^{(3+2)}$ =80,471.40
합계			84,951.96

볼록성(Convexity) = 84,951.96/ 9,502.63= 8.94

2) 볼록성과 가격변동폭 및 가격변동률의 관계

볼록성에 의한 채권가격의 변동폭은 다음과 같이 산출된다.

$$\triangle P = 1/2 \times P \times \text{Convexity} \times (\triangle r)^2$$

따라서 볼록성에 의거한 채권가격 변동률은 다음과 같이 산출된다.

$$\triangle P/P = 1/2 \times \text{Convexity} \times (\triangle r)^2$$

〈예 2〉 〈예 1〉에서 산출된 볼록성을 지닌 채권의 만기수익률이 10%에서 9%로 하락할 때의 볼록성에 의한 채권가격변동폭과 채권가격변동률은?

채권가격변동폭($\triangle P$) = 1/2 × 9,502.63(원) × 8.94 × $(0.01)^2$≒4(원)

채권가격변동률($\triangle P/P$) = 1/2 × 8.94 × $(0.01)^2$≒0.000447 약 0.045%

이와 같이 전체 채권가격의 변동폭과 변동률은 듀레이션과 볼록성의 개념을 동시에 고려하여 실제값에 가까운 근사치를 얻을 수 있다.

채권가격변동폭$(\triangle P) \fallingdotseq [-D_M \times \triangle r \times P] + [1/2 \times P \times \text{Convexity} \times (\triangle r)^2]$

채권가격변동률$(\triangle P/P) \fallingdotseq [-D_M \times \triangle r] + [1/2 \times \text{Convexity} \times (\triangle \text{r})^2]$

3) 볼록성과 표면이율, 만기수익률, 만기와의 관계

볼록성과 표면이율, 만기수익률, 만기는 다음과 같은 관계를 가진다.

첫째, (만기수익률과 만기기간이 일정할 경우) 표면이율이 낮아질수록 볼록성이 커진다.

둘째, (만기수익률과 표면이율이 일정한 경우) 만기기간이 길수록 볼록성은 커진다.

셋째, (표면이율과 만기기간이 일정한 경우) 만기수익률이 낮을수록 볼록성은 커진다.

제17장

채무증권투자(Ⅲ)

본 장에서는 채무증권투자의 기본적 체계를 투자목표의 설정, 투자전략, 투자성과의 세 가지 단계로 분류하고, 각 단계의 구체적인 내용에 대해 알아보고자 한다. 먼저, 투자목표 설정시의 유의점을 살펴본 후, 다음으로 채무증권투자전략을 크게 적극적 투자전략과 보수적 투자전략으로 분류하고, 각 전략의 구체적인 투자기법 및 그 투자기법의 특징에 대해 알아본다. 다음으로 채무증권투자성과의 평가방법에 대하여 알아본다.

제 1 절 채무증권투자의 기본적 체계

채무증권투자의 기본적 체계는 ① 투자목표의 설정, ② 투자전략, ③ 투자성과의 평가라는 세 가지의 단계로 구분할 수 있다([그림 17-1] 참조). 즉 투자자가 채권에 투자하고자 할 때에는 먼저 투자할 자금의 성격을 명확히 하여 투자목표를 설정하고, 채권수익률수준, 변동상황 및 변동요인 등을 분석・예측하여 설정된 목표에 따라 투자전략을 수립・실행하고, 투자성과의 평가를 통해 목표치와 달성치를 비교・평가하여 새로운 투자목표를 설정한다.

[그림 17-1] 채무증권투자의 기본체계

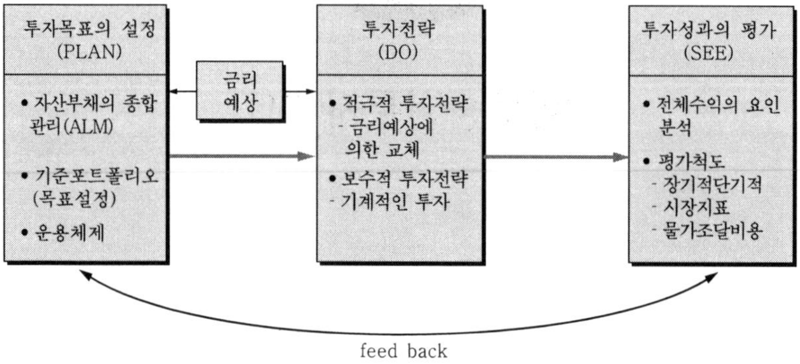

1. 투자목표의 설정

투자목표는 투자자가 투자 자금의 성격을 명확히 한 후 경영적 판단에 의거해 수익성, 유동성, 세금관리, 이익관리, 리스크 허용 등을 고려하여 설정하게 되는데, 이렇게 결정된 포트폴리오를 기준포트폴리오라고 한다.

자금의 성격에 따라 투자목표가 설정되는데, 일반적으로 금융기관의 경우에는 예금의 형태로 조달된 자금을 대부분 대출과 채무증권으로 운용하고 있기 때문에 자산・부채의 종합관리(ALM : Assets-Liabilities Management) 중에서 채무증권포트폴리오의 목표를 설정해야 한다. 한편 연금자산운용의 경우에는 자금의 성격상 운용목표가 단기적인 유동성보다도 장기적인 수익성확보에 중점이 두어지게 된다.

그리고 투자목표는 투자자의 자금성격뿐만 아니라 운용체제, 운용능력, 정보수집체제 등에 의해서도 영향을 받는다.

2. 투자전략

투자전략은 설정된 투자목표에 기초를 두고 실제로 투자를 행하는 것으로 이는 크게 적극적 투자 전략과 보수적 투자전략으로 구분된다.

적극적 투자전략은 이자율 변동의 위험을 유리하게 이용하여 수익을 극대화시키고자 하는 전략을 말한다. 이 전략은 기본적으로 금리전망에 기초하여 포트폴리오의 만기구성을 상황변화에 대응하여 적절히 변경시키는 전략으로, 금리하락이 예상되면 만기구성을 장기화하고 금리상승이 예상되면 만기구성을 단기화한다는 원칙을 적용한다. 이 전략의 예로는 교체매매전략, 스프레드 운용전략, 수익률곡선 타기 전략 등이 있다.

보수적 투자전략은 기계적인 일정한 룰(rule)에 의거해 운용하는 전략으로 사다리형의 운용, 바벨형의 운용, 면역전략 등이 이에 속한다.

그런데 실제로 채무증권에 투자하는 경우에는 적극적 투자전략과 보수적 투자전략을 혼합시켜 운용할 때가 많다. 예를 들어 채무증권포트폴리오의 기본방향은 보수적 투자전략에 의거해 운용하되, 부분적으로는 상황에 따라 적극적 투자전략을 가미하여 고수익을 추구하는 경우도 있다.

3. 투자성과의 평가

투자성과의 평가는 장기적으로 투자실적, 즉 총투자 수익률과 만기별, 종류별 투자내역을 분석하여 투자목표 달성여부를 확인하고, 포트폴리오 관리자의 투자전략, 전술의 타당성 여부를 평가 분석하는 것이다. 이는 기본적으로 채권투자목표의 설정・투자・평가라는 과정의 최종단계로서 시행착오를 줄여 투자개선을 추구하고자 하는데 그 목적이 있다. 따라서 채무증권의 투자성과를 높이기 위해서는 투자목표를 명확히 하는 한편, 그 목표에 기초를 둔 평가기준을 확립하여 투자성과를 정확하게 평가하는 것이 중요하다.

제2절 채무증권투자전략

1. 보수적 투자 전략

보수적 투자전략은 투자목표를 결정한 후 포트폴리오를 구성 만기일까지 계속 보유하고 상환시점에서 이와 비슷한 채무증권 포트폴리오를 구성하여 정하여진 투자원칙에 따라 기계적으로 운용하는 전략을 말한다.

이는 기본적으로 투자기간 동안 이자율변동이 심하지 않아서 수익률에 큰 영향을 주지 않는다고 가정하는 방법으로, 만기보유전략, 사다리형 만기전략, 바벨형 만기전략, 채권면역 전략, 인덱스펀드전략, 현금흐름일치전략 등이 있다.

1) 만기보유전략(Buy and hold strategy)

이는 채무증권을 만기까지 보유함으로써 투자시 미리 수익률을 확정짓는 전략이다. 이 전략의 장점은 금리변동에 대한 투자위험이 없고 향후 수익률예측이 필요없다는 점이다. 다만 채무증권투자 후 수익률상승(채무증권가격하락)으로 인하여 더욱 낮은 시장가격으로 채무증권을 매입할 수 있는 경우에 기회손실이 발생할 수도 있다.

만기보유전략은 다른 전략에 비해 투자채무증권의 신용분석이 중요하다. 이는 만기까지 보유해야 하기 때문에 만기 전에 발행회사가 부도나게 되면 큰 손실을 볼 가능성이 있기 때문이다. 따라서 채무불이행위험을 파악하기 위한 신용분석이 일층 요구된다.

2) 사다리(Ladder)형 만기구성전략

이는 잔존기간이 상이한 채무증권의 보유량을 동일하게 유지함으로써 시세변동에 따른 위험을 평준화함과 동시에 수익성도 어느 정도 확보하고자 하는 전략이다.

즉 자금을 잔존기간 혹은 만기가 짧은 채무증권부터 긴 채무증권까지를 균등하게 분배하여 보유하는 전략이다.

이 전략은 다음과 같은 장점을 지니고 있다.

① 보유채무증권의 만기가 도래했을 때 상환자금으로 장기채에 재투자하기만 하면 되므로 관리가 용이하다.

② 평균수익률이 상대적으로 높다는 점이다. 일반적으로 수익률곡선이 투자기간이 길수록 우상향함으로 만기상환되는 자금이 장기채에 재투자되므로 장기채의 수익률이 높다고 볼 때, 가장 높은 수익률로 운용되는 것이다.

③ 금리예측이 필요 없다는 점이다. 향후 금리동향과 관계없이 상환자금을 그 시점에서의 장기채에 재투자하면 되므로 금리예측을 하지 않아도 된다.

그러나 한편으로는 ① 평균적으로 수익률은 높으나, 효율적이고 적극적인 투자에 비해서는 수익이 낮을 수밖에 없고, ② 투자자가 투자자금을 좀 더 효율적으로 운용하기 위해 투자시기선택과 수익률동향에 집착하게 되면 이 전략의 장점을 상실하게 되는 문제점을 지니고 있다.

[그림 17-2] 사다리형 만기구성전략

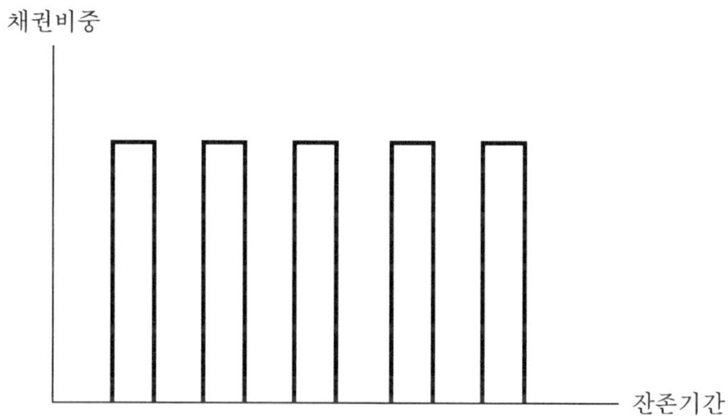

3) 바벨(Babell)형 만기구성전략

이는 잔존기간 혹은 만기가 짧은 단기채(유동성확보)와 긴 장기채(수익성확보)만을 투자 또는 보유하고 그 중간인 중기채는 포트폴리오에 편입하지 않는 전략이다.

이 전략의 기본개념은 '중기채는 장기채에 비해 표면이율 및 가치상승에 의한 이익이 적고, 또한 단기채만큼 가치하락에 대해 강하지 않다'는 것이다.

이 전략의 장점은 다음과 같은 장점을 지니고 있다.

① 〈표 17-1〉에서 보는 것과 같이 단기채와 장기채의 장·단점을 조화시킬 수 있다는 점이다. 즉, 단기채의 높은 유동성과 장기채의 높은 수익성을 조화시킴으로써 리스크 상쇄가 가능하다는 것이다.

② 장기채 주력, 혹은 단기채주력의 포트폴리오 전환이 사다리형 만기구성 전략보다 용이하여 보다 높은 수익성 창출이 가능하다는 점이다. 예를 들어 수익률하락이 예상되면 가격상승폭이 보다 큰 장기채의 편입을 증가시키고, 그 반대의 경우에는 단기채의 편입을 증가시켜 수익성을 제고시킬 수 있다.

〈표 17-1〉 장기채와 단기채의 비교

구 분	단 기 채	장 기 채
유동성(환금성)	대	소
수익성(표면이율)	저	고
가격변동성(탄력성)	소	대
위 험	소	대

그러나 이 전략은 ① 시간이 경과함에 따라 중기채화한 채무증권을 매각, 장기채를 매입하는 교체매매를 되풀이해야 하므로 포트폴리오 관리가 어렵고, ② 교체매매에 따른 비용이 발생하는 등의 문제점을 지니고 있다.

[그림 17-3] 바벨형 만기구성전략

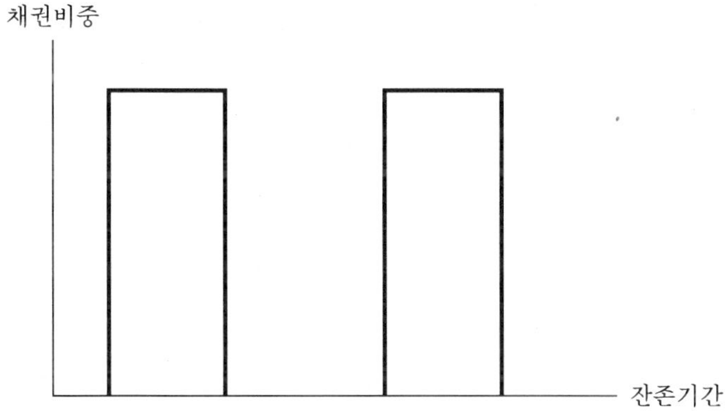

4) **채권면역전략**(immunization bond portfolio strategy)

채권수익률이 변하면 채권가격이 변하게 되므로 채권매입당시의 수익률과 실현수익률이 달라지게 된다. 따라서 채권매입 당시에 비록 높은 수익률을 지닌 채권에 투자했다고 하더라도 채권매각시 당초 예상했던 고수익률이 반드시 실현되리라는 보장이 없다. 왜냐하면 채권수익률의 변화정도, 채권의 매각시기 등에 따라 채권투자로부터 얻을 수 있는 수익률은 채권매입당시의 수익률보다 클 수도 있고 적을 수도 있기 때문이다.

이러한 관점에서 채권면역전략이란 향후 채권수익률이 어떻게 변화하더라도 채권매입 당시의 목표수익률과 거의 동일하게 실현하는 방법을 말한다. 즉, 이는 채권 또는 채권포드폴리오의 듀레이션을 투사기간과 일치시킴으로써 투자기산 중 금리변동에 따른 채권가격 변동위험과 표면이자 또는 상환에 따라 발생한 현금의 재투자위험을 서로 상쇄시켜 채권투자 종료시 채권포트폴리오의 실현수익률을 투자당시의 목표수익률과 같게 해주는 투자전략이다.

〈표 17-2〉 투자기간과 듀레이션 차이에 따른 이자율변동효과

	듀레이션〈투자기간	듀레이션〉투자기간	듀레이션=투자기간
이자율 상승시	재투자수익증가〉가격하락손실 실현수익률〉약정수익률	재투자수익증가〈가격하락손실 실현수익률〈약정수익률	재투자수익증가=가격하락손실 실현수익률=약정수익률
이자율 하락시	재투자수익감소〉가격상승이익 실현수익률〈약정수익률	재투자수익감소〈가격상승이익 실현수익률〉약정수익률	재투자수익감소=가격상승이익 실현수익률=약정수익률
비 고	재투자수익효과〉가격효과	재투자수익효과〈가격효과	재투자수익효과=가격효과

환언하면, 금리가 하락하면 채권가격이 상승하나 재투자수익(중도에 받는 표면이자는 하락된 금리로 재투자)은 감소하고 금리가 상승하면 그 반대현상이 일어남으로 두 효과를 적절히 상쇄시키게 되면 이자율변동위험을 제거할 수 있다. 따라서 급변하는 투자환경 속에서도 투자자산을 방어할 수 있게 되는데, 이는 듀레이션과 투자기간을 일치시킴으로써 이루어진다.

이와 같이 채권면역전략은 이자율 변동위험을 제거시키는 투자기법으로 이용되고 있으나, 일반적으로 적용하기에는 다음과 같은 문제점이 있다.

① 채무증권에 대한 투자규모가 상당액 이상이어야 하므로 소액투자자는 이용하기 어렵다.

② 수많은 채권의 듀레이션을 계산하기 위해서는 전산시스템의 이용이 전제된다.

③ 완벽한 면역전략을 수립하기 위해서는 이자율이 변경될 때마다 포트폴리오의 재편이 뒤따라야 한다. 이에 따라 거래비용이 증가한다는 점이다.

④ 원하는 목표투자기간과 같은 듀레이션을 갖는 채권을 찾기가 현실적으로 어렵다.

5) 인덱스펀드전략(Index Fund Strategy)

이는 채무증권시장지표를 모방하여 이와 동일한 수익률을 추구하는 포트폴리오 운용전략을 말한다. 이와 같이 인덱스펀드를 구성하는 목적은 채무증권시장을 대표하는 지수의 성과를 복제하는 데 있다고 말할 수 있다. 실무에서는 채무증권지수를 구성하는 채무증권을 여러 특성별로 구분한 후 각 부분을 대표하는 채무증권을 추출하여 인덱스펀드를 구성하는 방법을 주로 이용한다.

인덱스펀드전략은 추구하는 인덱스를 구성하는 채무증권들과 완전히 동일한 포트폴리오를 구성하려고 할 경우에는 높은 거래비용이 수반될 수 있는 반면에, 비용

때문에 구성종목이 지나치게 제약될 경우에는 채무증권지수를 모방하기 힘드는 제약성을 지니고 있다.

6) 현금흐름 일치전략

이는 채무증권에서 발생하는 현금흐름 수입이 채권투자를 위해 조달된 부채의 상환흐름과 일치하거나 상회하도록 포트폴리오를 구성하는 전략이다.

이 전략은 ① 일치시켜야 할 현금흐름이 단순할수록 효과적인 포트폴리오를 구성할 수 있고, ② 일단 구성된 포트폴리오는 변경할 필요가 없다는 장점이 있는 반면에, ① 현금흐름이 일치되는 채무증권을 구하기 어려울 수가 있고, ② 부채의 현금흐름이 복잡할 경우 채무증권선택이 어려울 뿐만 아니라 해당채무증권의 취득비용도 높을 수 있다는 문제점도 있다.

2. 적극적 투자전략

적극적 투자전략은 단기적인 관점에서 투자에 따른 위험을 감수하면서 이자율변동을 유리하게 활용하여 투자수익을 극대화하려는 전략이다. 이 전략은 향후의 수익률, 수익률의 변동성이나 혹은 수익률간의 스프레드 등과 같이 채무증권가격에 영향을 미치는 요인들에 대한 예측을 근거로 채무증권에 투자하는 전략이기 때문에 무엇보다도 미래의 이자율의 변동을 정확하게 예측하는 것이 중요하다. 적극적 투자전략에는 교체매매전략, 수익률곡선타기전략, 스프레드운용전략 등이 있다.

1) 교체매매전략(Swap strategy)

스왑거래는 단기적인 매매차익을 얻고자 보유증권을 다른 증권으로 교체하는 것을 말한다. 따라서 교체매매전략이란 향후 수익률의 변동 등 채무증권가격에 영향을 미치는 요인을 고려하여 현재 보유하고 있는 채무증권보다 수익성이 더 좋다고 판단되는 새로운 채무증권으로 교체하는 전략이다.

교체매매전략에는 다음과 같은 전략이 있다.

① 수익률 예상교체

이는 향후 수익률의 변화를 미리 예측하여 채무증권을 교체 매매하는 전형적인 전략이다.

수익률 예상교체전략은 채무증권의 만기가 길수록, 표면이율이 낮을수록 이자율 변동에 따른 가격탄력성이 크다는 원리를 적용하여, 수익률이 상승할 것으로 예상되면, 장기채를 단기채로 이표채의 경우에는 저쿠폰 채권을 고쿠폰 채권으로 각각 교체하고, 반대로 수익률이 하락할 것으로 예상되면, 단기채를 장기채로 이표채의 경우에는 고쿠폰 채권을 저쿠폰 채권으로 각각 교체하는 전략이다.

〈표 17-3〉 수익률 예상교체전략

이자율 전망	채무증권투자전략(포트폴리오 구성)
이자율 하락	장기채 및 저 쿠폰채권형 포트폴리오
이자율 상승	단기채 및 고 쿠폰채권형 포트폴리오
전망 불투명	유동적인 포트폴리오(사다리형 또는 바벨형)

② 동종채무증권 교체

동종채권(예를 들어 채권A, 채권B)의 경우, 표면금리, 잔존기간, 신용도 등이 같기 때문에 이론적으로 두 채무증권의 수익률은 같아야 한다. 그런데, 일시적인 시장의 수급사정으로 수익률이 서로 다를 경우, 보다 유리한 쪽으로 교체 매매하는 것으로 일종의 금리 재정거래라고 할 수 있다.

③ 이종채무증권 교체

이는 보유채무증권을 전혀 다른 채무증권으로 교체하는 전략이다.

수익률은 개별채무증권의 위험, 만기 등에 따라 수익률 차이를 보이게 되는데, 수익률 차이가 확대되면 고쿠폰채권을 매입하고, 수익률 차이가 축소되면 저쿠폰채권으로 교체하는 전략이다.

2) 수익률곡선타기전략

이자율의 변동은 수익률곡선의 변동을 의미하는데 이는 수익률곡선자체의 이동

(이자율수준의 변화)뿐만 아니라 수익률곡선의 형태(만기별 수익률)의 변화로 나타난다.

수익률곡선의 형태를 이용한 투자전략은 수익률곡선 자체의 이동이나 형태의 변화에 대한 예측을 기초로 채무증권의 포트폴리오를 교체하여 투자수익을 확보하려는 전략을 말하는데, 수익률곡선타기전략은 만기(잔존기간)가 커질수록 우상향하되 그 증가율은 체감하는 수익률곡선의 형태가 투자기간 동안에 변동없이 유지된다고 예상할 때 이용하는 투자전략이다.

이 전략에는 수익률곡선 상의 롤링효과(Rolling Effect)와 숄더효과(Shoulder Effect)가 있다.

① 롤링효과

수익률곡선은 일반적으로 우상향의 형태를 보인다. 따라서 금리수준이 일정하더라도 잔존기간이 짧아지면 그 만큼 수익률이 하락하여 채무증권가격이 상승하는데 이를 롤링효과라고 한다.

이 경우 투자기간과 만기가 일치하는 장기채를 매입하여 만기 상환하는 것보다 매입한 채무증권을 일정기간 후에 매도하고 다시 장기채를 재매입하는 투자를 반복하면 투자수익을 증대시킬 수 있다. 예를 들어 10년 만기채에 투자 시 만기상환할 경우에는 매입시의 만기수익률만이 실현되나, 이를 1년 경과후 매도하고 다시 10년 만기채권에 재투자하는 방법을 반복하면 채무증권보유에 의한 이자소득 외에 10년 만기채가 1년 경과후 나타나는 만기수익률하락에 의한 가격차익도 반복적으로 획득할 수 있다.

② 숄더효과

투자기간 동안 수익률곡선의 변동이 없다고 예상할 때 투자 후 일정기간 경과시 수익률하락이 더 큰 채무증권에 투자하여 투자수익을 높일 수 있는데 이를 숄더효과라고 한다.

예를 들어 [그림 17-4]에서 보는 것처럼 일정기간 투자하려고 할 경우 장기채인 채권A에 투자할 경우의 수익률하락폭이 $\triangle A$이고, 이보다 잔존기간이 짧은 채권B에 투자할 경우의 수익률하락폭이 $\triangle B$라고 하면, 비록 잔존기간은 상대적으로 짧지만 수익률하락폭이 더 커 가격상승이 더 크기 때문에 채권B에 투자하는 것이 수익을 극대화할 수 있다.

[그림 17-4] 수익률곡선상의 롤링효과와 숄더효과

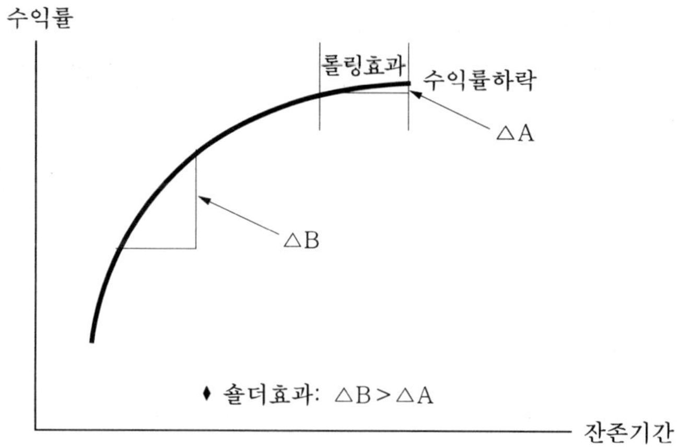

3) 스프레드(Spread) 운용전략

스프레드운용전략은 매매시점을 포착하여 운용수익률이 큰 종목으로 매매함으로써 투자 수익을 높이려는 전략이다. 다시 말하면 이는 서로 다른 두 종목간의 일시적인 수익률 격차가 확대 또는 축소되었다가 시간경과 후 다시 원상태로 돌아가는 채무증권의 특성을 이용하여, 수익률 확대, 축소시점을 파악하여 교체매매함으로써 투자수익률을 높이는 전략이다.

이를 정리하면 아래와 같다.

수익률 격차가 확대되는 경우→수익률이 낮은 종목에서 높은 종목으로 교체
수익률 격차가 축소되는 경우→수익률이 높은 종목에서 낮은 종목으로 교체

[그림 17-5] 스프레드운용전략

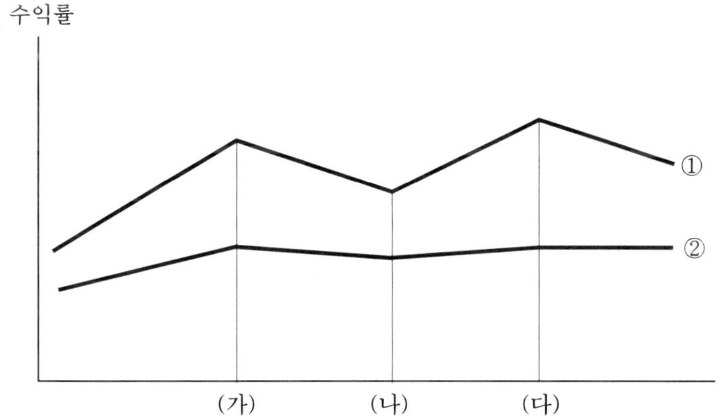

주 : ① 채권 A의 수익률 변동추이
② 채권 B의 수익률 변동추이

예를 들면 [그림 17-5]에서 보는 바와 같이 채권A와 채권B의 수익률이 변하고 있을 때 채권B를 보유하고 있는 투자자는 A, B 채권의 수익률격차가 확대되는 시점(가)에서 B채권으로부터 A채권으로 교체하고, 수익률격차가 축소되는 시점(나)에서는 반대로 채권A로부터 채권B로 교체한다. 다시 수익률격차가 확대되는 시점(다)에서는 또다시 B에서 A로 교체한다.

이와 같이 스프레드운용전략은 상대적으로 비싼 것을 매각하고 싼 것을 매입함으로써 채무증권보유기간의 수익률을 높이기 위한 전략이다.

제 3 절 채무증권투자성과의 평가

1. 투자성과 측정방법

투자성과를 측정하는 척도로는 투자수익률, 채무증권지수, 포트폴리오 동결법, 타기관투자가와의 비교 등이 있다. 그런데 채무증권의 투자성과는 어느 한 척도에 의해서 평가하는 것이 아니라 복수의 척도에 의해 평가한다. 예를 들면 투자수익률을 절대치로써 평가함과 아울러, 채무증권지수와의 비교 및 타 기관투자자나 사내 운용담당자간의 실적비교 등을 상대척도로서 평가한다.

1) 투자수익률

이는 투자수익률에 의한 평가운용자산의 증가율로 평가하는 것으로서, 평가기간 중에 투자금액의 유입과 유출이 있을 경우에는 이를 감안하여 평가한다. 주로 단순평균보다는 기하평균으로 산출하고, 시간 또는 금액을 가중하여 수익률을 산정한다.

2) 채무증권지수

채무증권지수란 채무증권시장 전체의 투자수익률을 보는 지수로서, 이 지수와의 비교를 통해 개별운용이 시장전체보다 좋은가 어떤가를 판단할 수 있다.

3) 포트폴리오 동결법

포트폴리오 동결법(portfolio freezing method)은 포트폴리오의 운용전략에 따라 투자하지 않고 그대로 보유한 경우와 비교함으로써 투자성과를 평가하는 방법을 말한다.

이 방법은 ① 투자전략(금리예상, 포트폴리오 교체 등)과 투자결과를 비교함으로써 투자전략의 한계점을 알 수 있고, ② 채무증권뿐만 아니라 전 자산의 운용을 쉽게 평가할 수 있다는 장점을 지니고 있다. 반면에 ① 시장의 환경에 따라서 포트폴리오를 변화시키지 않는 것이 가장 유리하다고 판단되는 경우, 그 비교의 평가기준이 될 수 없으며, ② 다른 목표를 위해 단기적인 성과의 손실을 감수하더라도 단기적인 운용을 해야 하는 경우, 그 부가적인 가치를 평가할 수 없다는 문제점도 지니고 있다.

2. 기준 포트폴리오와의 비교에 의한 평가

이는 운용담당자가 기준 포트폴리오에서 괴리시켜 투자하는 경우와 비교 시 이용하는 방법으로, 운용담당자가 기준포트폴리오에 대해서 장래의 금리예상 및 채무증권시장의 동향을 판단하여 수익성 및 유동성을 제고하기 위해 기준포트폴리오에서 괴리시켜 투자하는 경우에 사용된다.

이 경우 기준 포트폴리오에서 얻어지는 수익과 위험은 정책적 판단에 기초하는 것으로 이를 폴리시 리턴(policy return)과 폴리시 리스크(policy risk)라고 부른다. 이와 비교하여 운용담당자가 자신의 전략적, 전술적 판단에 의해 기준 포트폴리오로부터 괴리시켜서 운용함으로써 얻는 부가적인 투자수익과 리스크를 운용자투자수익(manager return) 및 운용자리스크(manager risk)라고 한다.

전체투자수익 = 기준포트폴리오의 투자수익(policy return)
+ 적극적 운용에 의한 투자수익(manager return)

기준포트폴리오의 금리리스크와 투자수익과 관련하여 실제로 운용한 포트폴리오의 금리변동리스크와 투자수익의 관계를 나타낸 [그림 17-6]의 예에서 볼 수 있는 것처럼, 운용자의 기여도는 투자위험의 증가에 대해 투자수익이 충분히 증가하였는가를 분석함으로 평가할 수 있다.

[그림 17-6] 기준 포트폴리오로부터 괴리의 평가

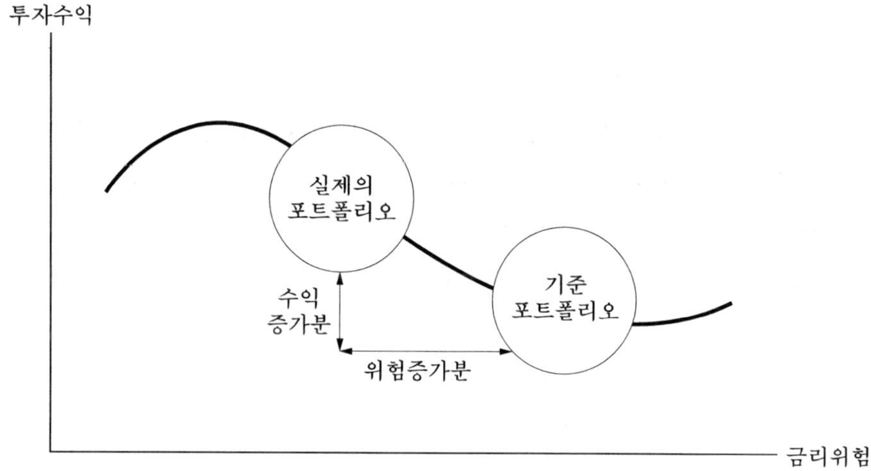

3. 투자수익의 구성요소 분석에 의한 평가

이 방법은 채무증권의 적극적 투자전략을 평가함에 있어서 투자수익의 원천에 대한 분석을 시행하는 방법으로 아래와 같이 투자수익의 원천을 네 가지로 분류해 각각 분석하고 있다.

투자수익-1) 확 실(이자수입)-만기수익률 효과
　　　　　2) 불확실(가격변동)-금리변동 효과, 종목차이 효과, 잔차효과

1) 만기수익률 효과

이는 수익률 곡선이 변하지 않는 경우 어느 정도의 투자수익을 얻을 수 있는가를 나타내는 효과로서, 채무증권투자자가 어떻게 하든지 수익률곡선이 변하지 않는다면 이 투자수익은 얻을 수 있다는 것이다.

2) 금리변동 효과

이는 수익률곡선이 변함으로써 달라지는 투자수익의 부분으로서, 수익률곡선을 기준으로 상대적인 개별종목의 금리 변화분을 측정하여 산출한다.

3) 종목차이의 효과

이는 여러 종목을 시장데이터에 의해 등급, 연수, 종류 등의 주요부문별로 나누어 투자수익을 평가시점별로 측정함으로써 종목의 선택효과를 산출한다는 것이다.

4) 잔차(殘差)효과

이는 앞에서 언급한 세 가지 효과에서 발생하는 것으로 콜 조건이나 가격의 비정상성 등에 의해 생기는 효과를 말한다.

이와 같이 투자수익의 원천에 대한 분석방법을 포트폴리오에 적용하면 그 운용성과가 금리예상에 의한 것인지, 신용등급선택에 의한 것인지, 개별종목만의 영향에 의한 것인지 등을 알 수 있으며, 이와 더불어 채무증권투자자가 어떻게 효과적으로 채무증권을 투자했는가를 평가할 수 있다.

제4부

금융투자업

제18장

금융투자업(Ⅰ)

본 장에서는 금융투자업에 대한 기본적인 이해를 증진시키기 위해 먼저 금융투자업에 대해 금융기능별 규제체제로 전환된 것과 관련하여 금융기능의 개념 및 유형에 대해 살펴보고, 다음으로 금융투자업에 대해 정의함과 아울러 그 유형에 대해 구체적으로 알아본다. 그리고 기타 금융투자업이 적용되는 경우와 배제되는 경우에 대해서도 살펴보고자 한다.

제 1 절 금융투자업의 기본방향

1. 금융기능별 규제체제로 전환

자본시장법에서는 종래의 금융기관별 규제체제를 금융기능별 규제체제로 전환하였다. 종래에는 증권거래법, 선물거래법, 간접투자자산운용법 등 자본시장과 관련된 각 개별법별로 각각의 규제대상 금융투자회사를 증권회사, 선물회사, 자산운용회사, 신탁회사 등으로 구분하여, 당해 법에서 규제하고 있는 각 금융투자회사에 대해서만 기능별로 규제하는 방식을 채택하였다. 그런데 이와 같은 기관별 규제방식은 동일한 금융기능임에도 불구하고 개별법에 따라 별도의 규제시스템을 마련하다보니

권역별 규제차익(regulatory arbitrage)이 발생하여 투자자보호에 있어서 공백이 발생하는 문제점이 있었다.[1)]

이러한 문제점을 타개하기 위하여 자본시장법에서는 자본시장관련법들을 단일법으로 통합함과 아울러 동일한 금융기능에 대해서는 그 기능을 수행하는 주체에 관계없이 동일한 요건이 적용되도록 하고 있다. 즉 투자자, 금융투자상품, 금융투자업을 경제적 실질에 따라 각각 새분류하고 취급 금융투자회사를 불문하고 경세적 실질이 동일한 금융기능을 동일하게 규제하는 동일기능 동일규제의 원칙을 적용하고 있다.

2. 금융기능의 개념 및 유형

기능별 규제체제의 기본이 되는 금융기능은 "투자자를 상대로 하는 금융투자상품의 금융투자업"으로 정의되는데, 자본시장법에서는 투자자, 금융투자상품, 금융투자업을 [그림 18-1]과 같이 각각 경제적 실질에 따라 분류하고, 이 세 가지 요소를 조합하여 가능한 모든 금융기능을 정의하고 있다.

[그림 18-1] 금융기능의 정의 및 적용

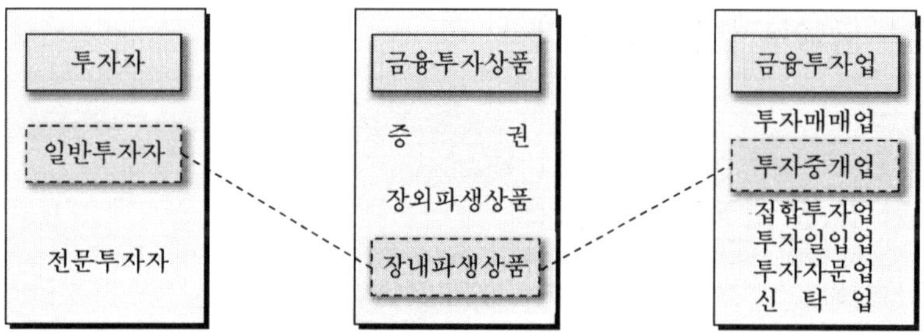

즉, 투자자를 투자위험에 따른 감수능력에 따라 전문투자자와 일반투자자로, 금융투자상품을 위험의 크기에 따라 증권, 장내파생상품, 장외파생상품으로, 금융투자업을 경제적 실질에 따라 투자매매업, 투자중개업, 집합투자업, 투자일임업, 투자자문

1) 김병연 외 3인, 상게서, p. 43.

업, 신탁업으로 각각 분류하고 투자자 + 금융투자상품 + 금융투자업의 조합을 금융기능으로 정의하고 있다. [그림 18-1]에서 점선으로 연결하여 조합한 것을 예를 들면 일반투자자를 상대로 하는 장내파생상품의 투자중개업으로 정의된다.

제 2 절 금융투자업의 정의와 유형

1. 금융투자업의 정의

금융투자업이란 이익을 얻을 목적으로 계속적이거나 반복적인 방법으로 행하는 행위로서 ① 투자매매업, ② 투자중개업, ③ 집합투자업, ④ 투자일임업, ⑤ 투자자문업, ⑥ 신탁업의 어느 하나에 해당하는 업을 말한다(법 제6조).

이와 같이 자본시장법에서는 금융투자업을 경제적 실질에 따라 6개의 업으로 구분하여 6가지의 금융행위 +'업'으로 수행하는 것을 금융투자업으로 정의하고 있는데, 이들 모든 금융투자업 상호간에 겸영이 허용되고 있어 단일의 금융투자회사(금융투자업자)가 각각의 금융기능별 진입요건을 갖추어 인가(혹은 등록)를 받으면 이들 금융투자업을 자유롭게 겸업할 수 있다.

2. 금융투자업의 유형

1) 투자매매업

투자매매업이란 누구의 명의로 하든지 자기의 계산으로 금융투자상품을 매도·매수, 증권의 발행·인수 또는 그 청약의 권유·청약·청약의 승낙을 영업으로 하는 것을 말한다.

이러한 의미를 지니고 있는 투자매매업은 종전의 증권거래법 상 증권회사의 매매업·인수업·매출업, 종합금융회사의 매매업과 인수업, 그리고 간접투자자산운용법상 간접투자증권의 판매가 해당되는데, 누구의 명의로 하든지 자기계산으로 매매가 이루어진다는 점에서 투자중개업과 구별된다. 투자매매업을 영위하기 위해서는 금융투자업 인가를 받아야 한다.

2) 투자중개업

투자중개업이란 누구의 명의로 하든지 타인의 계산으로 금융투자상품을 매도·매수, 그 청약의 권유·청약·청약의 승낙 또는 증권의 발행·인수에 대한 청약의 권유·청약·청약의 승낙을 영업으로 하는 것을 말한다.

이와 같이 투자중개업은 법률적 명의와 경제적 계산관계가 달라지는 것으로서 종전 증권거래법상 증권회사의 위탁매매업, 중개업, 대리업, 매매위탁의 중개·주선·대리업·모집·매출의 주선업, 선물거래법상 선물회사의 선물거래업, 종합금융회사의 중개업 등이 이에 해당된다. 투자중개업을 영위하기 위해서는 금융투자업 인가를 받아야 한다.

3) 집합투자업

집합투자업이란 2인 이상에게 투자권유를 하여 모은 금전(또는 국가재정법 제81조의 여유자금)을 투자자(또는 기금관리주체)로부터 일상적인 운용지시를 받지 아니하면서 자산을 취득, 처분 그 밖의 방법으로 운용하고 그 결과를 투자자에게 배분하여 귀속시키는 것을 영업으로 하는 것을 말한다.

종전의 간접투자자산운용법에서는 간접투자라는 개념을 투자자로부터 자금 등을 모아서 일정한 자산에 운용하고 그 결과를 투자자에게 귀속시키는 것이라고 정의하고 각종규제를 해 왔는데, 자본시장법에서는 간접투자라는 개념대신 집합투자라는 개념을 도입한 것으로 볼 수 있다. 집합투자업을 영위하기 위해서는 금융투자업 인가를 받아야 한다.

〈표 18-1〉 금융투자업의 기능별 분류에 따른 우리나라의 금융업

기관별 분류(현행)	기능별 분류(2009년 이후)		
금융업	금융업	정의	전업단위
보험업 / (방카슈랑스)	보험계약 체결·이행업	보험계약의 체결(인수)과 계약상 의무를 이행하는 업무	보험업(종전과 동일)
은행업 / 상호저축은행업 / 신협 / (어음관리계좌)	여수신업	예금계약을 통해 금전을 수취하여 지급보증 등 신용계약을 체결하고 금전을 지급하는 업무	은행업(종전과 동일)
(채권인수) / 은행, 보험사, 자산운용사(펀드판매) / 증권업 / 선물업 / 종금업	① 투자중개업	자기 계산으로 금융투자상품을 매매 등을 하는 업무	금융투자업
	② 투자중개업	타인 계산으로 금융투자상품을 매매등을 하는 업무	
은행 / 보험사 / 부동산·선박투자회사 등	③ 집합 투자업	집합투자를 영업으로 하는 업무	
자산운용업 / 투자 일임업	④ 투자 일임업	투자판단의 전부 또는 일부를 일임받아 투자자별로 구분하여 운용하는 업무	
자산운용업 / 투자 자문업	⑤ 투자자문업	투자판단에 관한 자문을 영업으로 하는 업무	
은행, 증권, 보험사 / 신탁업	⑥ 신탁업	신탁을 영업으로 하는 업무	

자료 : 재정경제부(현재의 기획재정부)

4) 투자일임업

투자일임업이란 투자자로부터 금융투자상품에 대한 투자판단의 전부 또는 일부를 일임받아 투자자별로 구분하여 금융투자상품을 취득·처분, 그 밖의 방법으로

운용하는 것을 영업으로 하는 것을 말한다. 이와 같은 투자일임업을 영위하기 위해서는 등록을 받아야 한다.

5) 투자자문업

투자자문업이란 금융투자상품의 가치 또는 금융투자상품에 대한 투자판단(종류, 종목, 취득 · 처분, 취득 · 처분의 방법 · 수량 · 가격 및 시기 등에 대한 판단을 말함)에 관한 자문에 응하는 것을 영업으로 하는 것을 말한다. 이와 같은 투자자문업을 영위하기 위해서는 등록을 받아야 한다.

6) 신탁업

신탁업이란 신탁법에 의한 신탁을 수탁하는 업을 말한다. 이와 같이 자본시장법에서는 신탁의 개념정의를 구체적으로 제시하지 않고 있어 신탁법의 개념을 원용하고 있다. 신탁의 경우에는 원본보전신탁의 수익권을 제외한 모든 신탁의 수익권, 즉 처분신탁 · 운용신탁 · 관리신탁의 수익권은 모두 자본시장법상 금융투자상품에 해당된다. 다만, 처분 · 운용이 결부되지 않은 순수 관리신탁은 처분신탁 · 운용신탁에 비해 원본손실의 가능성이 적어 투자자의 보호 필요성이 크지 않아 관리신탁의 수익권은 금융투자상품에서 배제되고 있다. 또한 양도성예금증서도 투자자보호의 필요성이 적다고 판단되어 금융투자상품에서 배제되고 있다. 한편 기업어음(CP)은 기업어음증권이라는 문자가 인쇄된 어음용지를 사용하는 법이 정하는 일정한 경우에는 금융투자상품의 범위에 포함시키고 있다.

제 3 절 기타 금융투자업의 적용 및 배제

1. 금융투자업의 적용배제

금융투자업의 정의가 포괄적으로 이루어지고 있어서 금융투자업 여부의 판단이 모호한 부분이 발생하는데, 자본시장법에서는 이를 명시적 배제규정으로 처리하고 있다(법 제7조).

① 자기가 증권(투자신탁의 수익증권, 파생결합증권 중 대통령이 정하는 것[2] 및 투자성있는 예금, 보험을 제외한다)을 발행하는 경우에는 투자매매업으로 보지 아니한다.

② 제 51조 제9항의 투자권유대행인이 투자권유를 대행하는 경우에는 투자중개업으로 보지 아니한다.

③ 불특정 다수인을 대상으로 발행 또는 송신되고, 불특정 다수인이 수시로 구입 또는 수신할 수 있는 간행물, 출판물, 통신물 또는 방송 등을 통하여 자문을 하는 경우에는 투자자문업으로 보지 아니한다.

④ 투자중개업자가 투자자의 매매주문을 받아 이를 처리하는 과정에서 불가피하다고 인정되는 경우로서 대통령령이 정하는 경우에는 투자일임업으로 보지 아니한다.

⑤ 담보부사채신탁업에 따른 담보부사채에 관한 신탁업, 저작권법에 따른 저작권신탁관리업 및 컴퓨터프로그램 보호법에 따른 프로그램저작권 위탁관리업무의 경우에는 신탁업으로 보지 아니한다.

⑥ ① 내지 ⑤외에 다음 각 호의 어느 하나에 해당하는 경우에는 대통령령으로 정하는 바에 따라 제6조제1항 각 호의 금융투자업으로 보지 아니한다.

가. 제373조에 따라 설립된 거래소가 증권시장 및 파생상품시장을 개설운영하는 경우
나. 투자매매업자를 상대방으로 하거나 투자중개업자를 통하여 금융투자상품을 매매하는 경우
다. 그 밖에 당해 행위의 성격 및 투자자보호의 필요성 등을 감안하여 금융투자업의 적용을 배제할 필요가 있는 것으로서 대통령령으로 정하는 경우

2) 대통령령으로 정하는 것이란 ① 지분증권(지분증권과 관련된 증권예탁증권을 포함한다)의 가격이나 이를 기초로 하는 지수의 변동과 연계된 파생결합증권, ② ①외의 파생결합증권으로서 발행과 동시에 투자자가 지급한 금전 등에 대한 이자 등 과실뿐만 아니라 그 금전 등도 해당 기초자산의 가격 · 이자율 · 지표 · 단위 또는 이를 기초로 하는 지수 등의 변동과 연계된 파생결합증권의 어느 하나에 해당하는 것을 말한다.

2. 타 금융업종의 금융투자업 영위

자본시장법에서는 투자성있는 예금과 보험에 대해서는 특례를 적용하여 금융투자업을 영위할 수 있도록 하고 있다(법 제77조).

은행이 투자성있는 예금계약을 체결한 경우에는 제12조에 의한 투자매매업의 인가를 받은 것으로 본다. 이 경우 제15조, 제39조 내지 제45조까지, 제49조 제3호, 제56조, 제58조, 제61조부터 제65조까지 및 제2편 제2장, 제3장, 제4장, 제2절 제1관을 적용하지 아니하며, 제3편 제1장은 은행이 투자성 있는 외화예금계약을 체결하는 경우에는 이를 적용하지 아니한다.

보험회사(보험업법 제2조제8호 내지 제10호의 자를 포함한다)가 투자성있는 보험계약을 체결하거나 그 중개 또는 대리를 하는 경우에는 제12조에 의한 투자매매업 또는 투자중개업의 인가를 받은 것으로 본다. 이 경우 제15조, 제39조 내지 제45조까지, 제49조 제3호, 제51조부터 제53조까지, 제56조, 제58조, 제61조부터 제65조까지, 제2편제2장, 제3장, 제4장 제2절 제1관 및 제3편제1장을 적용하지 아니한다.

3. 기존 금융투자업자에 대한 진입규제의 특례

자본시장법 공포 후 1년이 경과한 날(2008년 8월 4일) 당시 금융투자업 중 어느 하나에 상당하는 업을 영위하고 있는 자는 그 업무의 범위에서 인가유지조건 또는 등록유지요건을 갖추어 자본시장법 공포 후 1년이 경과한 날로부터 2개월이내(10월 3일)에 금융위원회에 신고할 수 있다(부칙 제5조1항).

금융위원회는 신고를 받은 경우 인가유지요건 또는 등록유지요건을 갖추었는지를 확인하여 그 결과를 시행일 전일(2009년 2월 3일)까지 신고인에게 통보하여야 한다. 이 경우 요건을 갖춘 것으로 통보받은 자는 금융투자업 인가 또는 등록을 한 것으로 본다(부칙 제5조2항).

요건을 갖추지 못한 것으로 통보받은 자는 그럼에도 불구하고 법 시행 후 6개월(2009년 8월 3일)까지는 종전에 영위하고 있는 업무를 영위할 수 있다. 이 경우 그

업무를 영위하는 범위에서 이 법에 의한 금융투자업자로 간주한다(부칙 제5조3항).

요건을 갖추지 못한 것으로 통보받은 자는 자본시장법 시행일부터 3개월(2009년 5월3일)이내에 요건을 갖추어 금융위원회에 다시 신고할 수 있다(부칙 제5조4항). 금융위원회는 신고를 받은 경우에는 신고인이 요건을 갖추었는지를 확인하여 자본시장법 시행일부터 6개월(2009년 8월 3일)이내에 그 결과를 신고인에게 통보하여야 한다(부칙 제5조5항).

제19장

금융투자업(II)

금융투자업과 관련한 규제는 크게 진입규제, 건전성규제, 영업행위규제 등으로 구분할 수 있는 데, 본 장에서는 이와 같은 금융투자업과 관련한 제반 규제에 대하여 크게 3가지로 나누어 구체적으로 살펴보고자 한다.

제 1 절 금융투자업 진입규제

1. 금융투자업 진입규제

자본시장법에서는 종래의 금융기관별 규제체제에서 금융기능별 규제체제로 전환됨에 따라 금융기능(투자자 + 금융투자상품 + 금융투자업)별로 진입요건을 적용하여 동일한 기능에 대해서는 그 기능을 수행하는 주체에 관계없이 동일한 진입요건을 적용하고 있다. 또한 자본시장법은 금융투자회사(금융투자업자)가 필요한 업무단위를 추가함으로써 업무영역을 확장하도록 하는 금융기능 추가방식(add-on방식)을 채택하고 있다.

〈표 19-1〉 금융투자업의 인가·등록 단위 및 최저자기자본

코 드	금융투자업 종류	금융투자상품 범위			투자자 유형	최저 자기자본
1-1-1	투자매매업 (인수포함)	증권			일반 + 전문	500[1]
1-11-1			채무증권[2]		일반 + 전문	200[1]
1-111-1				국공채[2]	일반 + 전문	75[1]
1-12-1			지분(집합제외)[2]		일반 + 전문	250[1]
1-13-1			집합투자증권[2]		일반 + 전문	50[1]
11-1-1	투자매매업 (인수제외)	증권			일반 + 전문	200[1]
11-11-1			채무증권[2]		일반 + 전문	80[1]
11-111-1				국공채[2]	일반 + 전문	30[1]
11-112-1				사채권[2]	일반 + 전문	40[1]
11-12-1			지분(집합제외)[2]		일반 + 전문	100[1]
11-13-1			집합투자증권[2]		일반 + 전문	20[1, 3]
11r-1r-1			RP대상증권[4]		일반 + 전문	60
12-112-1	투자매매업 (인수만)	증권	채무증권[2]	사채권[2]	일반 + 전문	60[1]
1-2-1	투자매매업	장내 파생			일반 + 전문	100[1]
1-21-1			주권기초		일반 + 전문	50[1]
1-3-1		장외 파생			일반 + 전문	900[1]
1-31-1			주권기초		일반 + 전문	450[1]
1-32-1			주권외기초		일반 + 전문	450[1]
1-321-1				통화·이자율기초	일반 + 전문	180[1]
2-1-1	투자중개업	증권			일반 + 전문	30[1]
2-11-1			채무증권[2]		일반 + 전문	10[1]
2-12-1			지분(집합제외)[2]		일반 + 전문	10[1]
2-13-1			집합투자증권[2]		일반 + 전문	10[1]
2r-1r-2			RP대상증권[4]		전문	5
2-2-1		장내 파생			일반 + 전문	20[1]
2-21-1			주권기초		일반 + 전문	10[1]
2-3-1		장외 파생			일반 + 전문	100[1]
2-31-1			주권기초		일반 + 전문	50[1]
2-32-1			주권외기초		일반 + 전문	50[1]
2-321-1				통화·이자율기초	일반 + 전문	20[1]

2e-121-1	투자중개업(ECN)	증권	지분(집합제외)[2]상장주권		일반 + 전문	150[1]
2i-11-2i	투자중개업(장외채권중개)	증권	채무증권[2]		전문[5]	30
3-1-1	집합투자업	모든집합투자기구(혼합집합투자기구)			일반 + 전문	80[1]
3-11-1			증권집합투자기구(MMF포함)		일반 + 전문	40[1]
3-12-1			부동산집합투자기구		일반 + 전문	20[1]
3-13-1			특별자산집합투자기구		일반 + 전문	20[1]
4-1-1	신탁업	모든 신탁재산			일반 + 전문	250[1]
4-11-1			금전만 신탁		일반 + 전문	130[1]
4-12-1			금전제외 신탁		일반 + 전문	120[1]
4-121-1				부동산신탁	일반 + 전문	100[1]
5-0-1	투자자문업	모든 금융투자상품			일반 + 전문	50[1]
6-0-1	투자일임업	모든 금융투자상품			일반 + 전문	15[1]

주 : 1) 전문투자자만을 대상으로 하는 경우 1/2 경감(코드번호는 0-0-2 형태)
2) 해당 증권을 기초로 하는 증권예탁증권 포함
3) 자신이 운용하는 집합투자기구의 집합투자증권을 매매하는 경우 1/2 경감 적용
4) RP대상증권 : 국공채, 상장법인 · 공기업 공모사채권 · 보증사채권 · 공모ABS · MBS, 수익증권 등
5) 전문투자자중 일부제외

자료 : 김병연 외 3인, 상게서, p.44.

자본시장법은 각 금융기능별 투자자에게 노출되는 위험의 크기에 따라 인가제와 등록제를 차별적으로 적용하고 있다. 고객과 채권 · 채무관계에 있게 되거나 고객의 자산을 수탁하는 금융기능(투자매매업, 투자중개업, 집합투자업, 신탁업)의 경우 인가제가 적용되고, 그렇지 않은 금융기능(투자일임업, 투자자문업)의 경우 등록제가 적용된다. 이와 같이 금융기능의 특성에 따라 진입요건을 차등화하고 있는데 차등화의 주요 특징을 살펴보면 다음과 같다.

첫째, 인가제를 채택한 금융투자업의 진입요건은 등록제를 채택한 금융투자업에 비해 엄격하게 설정하고 있다. 인가제의 경우 객관적인 요건만을 요구하는 등록제와는 달리[1], 사업계획의 타당성과 같은 감독당국의 재량적인 판단을 허용하는 요건

1) 등록제의 경우 집행과정에서 사실상의 인, 허가제로 운영되지 않도록 주관적인 판단에 개입되는 진입요건(사업계획의 타당성 등)은 적용하지 않고 등록처리기한을 2개월로 법률에 명시하고 있다.

이 추가되어 있다. 인가제 내에서도 고객과 채권채무관계를 가지는 금융투자업에 대해서는 고객의 자산을 수탁하는 금융투자업에 비해 강화된 요건을 적용하고 있다. 이와 같은 관점에 의거하여 금융투자업에 대해서는 ① 투자매매업, ② 투자중개업·집합투자업·신탁업, ③ 투자자문업·투자일임업의 순으로 강화된 진입요건이 적용된다.

둘째, 금융투자상품의 특성을 진입요건에 반영하여 취급대상 금융투자상품의 위험크기에 따라 강화된 진입요건을 설정하고 있다. 이에 따라 ① 장외파생상품, ② 장내파생상품, ③ 증권의 순으로 강화된 진입요건이 적용된다.

셋째, 투자자의 특성, 특히 투자자의 위험감수능력의 크기를 반영하여 일반투자자를 상대로 하는 금융투자업의 경우에는 전문투자자를 상대로 하는 경우보다 강화된 진입요건을 설정하고 있다. 이와 같은 관점에 의거하면 일반투자자를 상대로 하는 장외파생상품의 투자매매업의 진입요건이 가장 강하고 전문투자자를 상대로 하는 증권의 투자자문업의 진입요건이 가장 약하게 적용된다고 말할 수 있다.

넷째, 전반적인 자기자본수준은 종전보다 낮추어 진입장벽을 완화하되, add-on방식에 입각하여 일부 금융투자업만을 영위하는 금융투자회사(금융투자업자)에 비해 모든 금융투자업을 영위하는 금융투자회사(투자은행)는 높은 자기자본요건을 설정하고 있다.

한편 진입요건 중 주요한 요건은 진입이후에도 계속 충족해야 하는 유지요건으로 규정하고 있다.

2. 금융투자업의 인가[2)]

1) 인가업무단위의 구분기준

앞에서 언급한 것처럼 인가업무단위는 투자자, 금융투자상품, 금융투자업이라는 3가지 사항을 구성요소로 하는 금융기능을 중심으로 정해지는데, 자본시장법에서는 구체적인 사항을 대통령령으로 위임하고 있다(법 제12조1항, 영 제15조1항 및 [별

2) 김병연 외 3인, 상게서, pp. 46~53.

표 1]).

금융투자업을 영위하려는 자는 ① 금융투자업의 종류, ② 금융투자상품의 범위, ③ 투자자의 유형을 조합하여 설정되는 1단위의 금융기능을 인가업무단위로 하여 그 전부나 일부를 선택하여 금융위원회로부터 하나의 금융투자인가를 받아야 한다.

인가업무단위의 전제로서 인정되는 금융투자업의 종류에는 투자매매업, 투자중개업, 집합투자업, 신탁업이 있다.

2) 인가요건

금융투자업을 영위하려는 자는 자본시장법에서 정하고 있는 인가요건을 모두 갖추어야 하는데, 이들 요건은 에서 크게 7가지로 대별되며(법12조2항), 필요한 세부적인 사항은 대통령령으로 정하고 있다.

첫째, 금융투자업인가를 받으려는 자는 상법에 따른 주식회사이거나 대통령령으로 정하는 금융기관[3]이거나, 외국 금융투자업자[4](외국법령에 따라 외국에서 금융투자업에 상당하는 영업을 영위하는 자를 말한다)로서 외국에서 영위하고 있는 영업에 상당하는 금융투자업 수행에 필요한 지점, 기타영업소를 설치한 자이어야 한다. 다만, 투자중개업 중에서 전자증권중개업무(ECN)를 하고자 하는 경우에는 상법상의 주식회사로서 거래소의 회원이어야 한다.

둘째, 최저자기자본 요건을 충족해야 한다. 즉 인가업무 단위별로 5억원 이상으로서 대통령령이 정하는 금액이상의 자기자본을 갖추어야 한다[5]. 따라서 취급하고자 하는 인가업무의 단위가 추가되면 될수록 갖추어야 할 자기자본의 금액이 증가하게

---

3) 여기서 대통령령으로 정하는 금융기관이란 다음 각호의 어느 하나에 해당하는 금융기관을 말한다(법 시행령 제16조 제1항).
① 한국산업은행법에 따른 한국산업은행, ② 중소기업은행법에 따른 중소기업은행, ③ 한국수출입은행법에 따른 한국수출입은행, ④ 농업협동조합법에 따른 농업협동조합중앙회, ⑤ 수산업협동조합법에 따른 수산업협동조합 ⑥ 은행법에 따른 외국금융기관의 국내지점, ⑦ 보험법에 따른 외국보험회사의 국내지점, ⑧ 그 밖에 금융위원회가 정하여 고시하는 금융기관

4) 외국금융투자업자는 다음 각 호의 요건에 적합하여야 한다(법 시행령 제16조 제2항).
① 별표 2 제4호 나목부터 마목까지의 요건을 갖출 것
② 외국 금융투자업자에 대한 본국의 감독기관의 감독내용이 국제적으로 인정되는 감독기준에 부합될 것

5) 법 시행령은 [별표 1]에서 인가업무단위별 최저자기자본을 정하고 있다

된다.

셋째, 사업계획이 타당하고 건전해야 한다. 다른 인가요건들이 객관적인 기준을 제시하는데 비해, 이는 일종의 적합성기준으로 인가를 하는 감독당국자의 재량이 개입할 수 있는 여지를 허용하고 있는 진입요건이다(영 제16조4항).

넷째, 투자자의 보호가 가능하고 그 영위하고자 하는 금융투자업을 수행하기에 충분한 인력과 전산설비, 그 밖의 물적 설비를 갖추어야 한다. 이러한 인력과 전산설비, 그 밖의 물적 설비는 ① 영위하려는 금융투자업에 관한 전문성과 건전성을 갖춘 주요직무 종사자와 업무수행을 위한 전산요원 등 필요한 인력을 적절하게 갖추고, ② 전산설비 등의 물적 설비를 갖추는 데에 적합하여야 한다.

다섯째, 임원이 법 제24조의 결격사유에 해당하지 말아야 한다. 여기서 임원이란 이사와 감사를 말하고, 임원의 결격사유로 열거되어 있는 사항으로는 미성년자, 금치산자, 한정치산자와 같은 행위무능력자, 파산선고를 받고 아직 복권되지 않은 자 등을 들 수 있다.

여섯째, 대주주나 외국금융투자업자가 다음 각목의 구분에 따른 요건을 갖추어야 한다.

가. 제1호가목의 경우 대주주(최대주주의 특수관계인인 주주를 포함하며, 최대주주가 법인인 경우 당해법인의 중요한 경영사항에 대하여 사실상 영향력을 행사하고 있는 자로서 대통령령이 정하는 자를 포함한다. 여기서 대통령령으로 정하는 자란 최대주주인 법인의 최대주주와 최대주주인 법인의 대표자를 말한다. 다만 법인의 성격 등을 고려하여 금융위원회가 정하여 고시하는 경우에는 최대주주인 법인의 최대주주를 제외한다. 대주주는 [별표 2]의 요건에 적합하여야 한다.)가 충분한 출자능력, 건전한 재무상태 및 사회적 신용을 갖출 것.

나. 제1호나목의 경우 외국금융업자가 충분한 출자능력, 건전한 재무상태 및 사회적 신용을 갖출 것.

일곱째, 금융투자업자와 투자자간, 특정투자자간의 이해상충을 방지하기위한 체계를 갖추어야 한다. 여기서 이해상충을 방지하기 위한 체계는 법 제44조에 따라 이해상충이 발생할 가능성을 파악·평가·관리할 수 있는 적절한 내부통제기준을 갖추고, 법 제45조 제1항 및 제2항 각 호의 행위가 발생하지 아니 하도록 적절한 체계를 갖추어야 한다.

금융투자업자는 제12조에 따른 금융투자업인가를 받아 그 영업을 영위함에 있어서 제12조제2항 각 호의 인가요건(다만, 자기자본요건이나 대주주나 외국금융투자업자 요건만큼은 대통령령으로 정하는 바에 따라 완화된 요건을 적용한다)을 유지하여야 한다(법 제15조).

한편, 금융투자업자는 인가업무이외에 다른 업무를 추가하려는 경우에는 금융위원회에 변경인가를 받아야 한다. 이 경우 예비인가제도는 적용되지 않는다(법 제16조). 변경인가시 대주주요건에 대해서는 진입요건보다 완화된 유지요건이 적용된다.

3. 금융투자업의 등록

금융투자업 중 투자자문업과 투자일임업에 대해서는 보다 완화된 진입규제가 적용되지만 등록은 반드시 받아야 한다(법 제17조). 자본시장법에서는 투자자문업이나 투자일임업을 영위하려는 자는 투자자, 금융투자상품, 금융투자업을 구성요소로 하는 금융기능으로 정해진 등록업무 단위의 전부나 일부를 선택하여 금융위원회에 하나의 금융투자업 등록을 하도록 규정하고 있다(법 제18조).

투자자문업이나 투자일임업을 영위하려는 금융투자업자는 자본시장법에서는 정하는 자기자본, 인력, 대주주 등과 같은 6가지의 등록요건을 모두 갖추어야 한다(법 제18조 2항). 다만, 등록제하에서는 사업계획의 타당·건전성과 같은 적합성 기준은 적용되지 않는다. 주요사항은 다음과 같다.

첫째, 투자자문업이나 투자일임업을 영위하고자 하는 자는 상법상의 주식회사이거나, 외국 투자자문업자로서 투자자문업의 수행에 필요한 지점, 기타 영업소를 설치한 자이거나 또는 외국 투자일임업자로서 투자일임업의 수행에 필요한 지점, 기타 영업소를 설치한 자이어야 한다. 다만, 외국 투자자문업자나 투자일임업자로서 국내에 영업소를 설치하지 않고 외국에서 직접 국내 거주자를 상대로 영업을 하거나 통신수단을 이용하여 업무를 영위하는 경우에는 이러한 요건의 적용이 면제된다.

둘째, 등록업무 단위별로 1억원 이상으로서 대통령령에서 정하는 금액이상의 자기자본을 갖추어야 한다. 이에 따라 취급하려는 등록업무의 단위가 추가되면 될수록 갖추어야 할 자기자본의 금액이 증가하게 된다. 투자자문업의 경우 일반투자자를 대상으로 하면 5억원이 그리고 전무투자자만을 대상으로 하는 경우에는 그 1/2인 2.5억원이 필요하다. 투자일임업의 경우에는 일반투자자를 대상으로 하면 15억원이 필요하고 전문투자자만을 대상으로 하면 그 1/2인 7.5억원이 필요하다.

셋째, 투자자문업을 영위하려는 자는 대통령령으로 정하는 수 이상의 투자권유자문인력을 갖추어야 하며, 투자일임업을 영위하려는 자는 대통령령이 정하는 수 이상의 투자운용인력을 갖추어야만 한다. 다만, 외국 투자자문업자나 투자일임업자로서 국내에 영업소를 설치하지 않고 외국에서 직접 국내거주자를 상대로 영업을 하거나 통신수단을 이용하여 업무를 영위하는 자가 해당 국가에서 이러한 인력에 상당하는 자를 상기 수 이상으로 확보하고 있는 때에는 이러한 요건을 구비한 것으로 간주한다.

넷째, 임원이 미성년자, 금치산자, 한정치산자와 같은 행위무능력자, 파산선고와 같은 법 24조의 결격사유에 해당하여서는 안된다.

다섯째, 금융투자업 등록을 하려는 자의 대주주는 사회적 신용을 갖추어야 한다.[6] 외국 투자자문업자나 외국 투자일임업자의 경우에도 그 대주주는 사회적 신용을 갖추어야 한다.

여섯째, 금융투자업자와 투자자간, 특정투자자와 다른 투자자 간의 이해상충을 방지하기위한 체계로서 대통령령으로 정하는 요건을 갖추어야 한다. 여기서 이해상충을 방지하기 위한 체계는 법 제44조에 따라 이해상충이 발생할 가능성을 파악·평가·관리할 수 있는 적절한 내부통제기준을 갖추고, 법 제45조 제1항 및 제2항 각 호의 행위가 발생하지 아니 하도록 적절한 체계를 갖추어야 한다.

금융투자업의 등록자업자도 인가업자와 동일하게 진입이후에도 계속 충족해야 하는 유지요건으로 규정하여 진입시의 적격성이 지속되도록 하고 있다(법 제20조). 다만 자기자본요건과 대주주요건은 진입요건보다 완화된 요건을 유지요건으

6) 여기서 사회적 신용이란 대주주가 별표 2 제1호부터 제3호까지 또는 제5호(라목을 제외)에 해당하는 자인 경우 같은 표 제1호 마목의 요건을 갖출 것. 그리고 대주주가 별표 2 제4호 또는 제5호 라목에 해당하는 자인 경우 같은 표 제4호 가목·라목 및 마목의 요건을 갖출 것을 말한다(법 시행령 제21조 제4항).

로 한다.

한편 등록업무이외에 다른 업무단위를 추가하려는 경우에는 금융위원회에 변경등록을 하여야 한다. 변경등록시 대주주요건에 대해서는 진입요건보다는 완화된 유지요건이 적용된다.

제 2 절 금융투자업 건전성규제

1. 건전성규제의 의의

건전성규제(prudential regulation)란 규제당국이 금융기관경영의 건전성유지와 금융제도의 안전성확보를 위하여 금융기관의 자산운용, 자금조달 등의 행태를 규제하는 것을 의미한다. 이는 금융업이 공공성과 외부성이 큰 분야이기 때문에 금융기관경영의 건전성과 안전성을 확보하는 것이 금융제도의 안정성유지에 무엇보다도 중요하기 때문이다.

건전성규제의 대표적인 예로는 자기자본규제, 자산운용규제 등의 대차대조표규제(balance sheet regulation)와 적기시정조치(prompt corrective action) 등이 있다.

자기자본규제는 금융기관의 도덕적 해이 문제 등의 발생을 감소시키기 위해 행하는 규제로서 주로 최저자본금 요건 및 자기자본비율 유지에 대해 규제를 행하고 있다. 자기자본규제가 필요한 이유는 ① 은행 등 금융기관은 각종 위험에 직면하고 있음에도 불구하고 예금보험제도 등으로 인하여 도덕적 해이를 증가시킬 가능성이 높으며, ② 또한 개별은행은 예금인출사태와 같은 외부효과를 충분히 고려하지 못한다는 데에 있다. 따라서 규제당국은 은행 등의 금융기관의 도덕적 해이를 감소시키고 외부불경제 효과를 방지하기 위하여 금융기관으로 하여금 충분한 자기자본비율을 유지하도록 규제한다는 것이다.

자산운용에 대한 규제는 은행 등 금융기관이 위험자산을 지나치게 보유하는 것을 방지하기 위한 규제이다. 이는 예금주 등 이해관계자가 위험자산의 증대 등 은행의 위험한 영업활동에 대해, 충분히 정보를 입수해 감시할 수 있는 능력이 없기 때문에, 규제당국이 이를 대신해 규제를 행함으로써 은행들의 위험한 영업활동을 감소시키고자 하는데서 연유된다. 자산운용규제의 대표적인 예로는 은행들이 주식 및 부동산과 같은 위험자산의 보유를 직접 제한하거나, 분산투자를 촉진시키기 위해 편중여신을 규제하는 것 등을 들 수 있다.

한편, 적기시정조치(prompt corrective action)는 금융기관에게 부과된 자본충실도가 일정수준 이하로 저하된 금융기관에 대해 규제당국이 시정조치를 의무적으로 시행하는 제도를 의미한다. 이와 같은 적기시정조치는 금융기관의 경영상태를 상시적으로 분석하고 이에 따른 건전성의 정도에 따라 시정 내지는 제재조치를 단계적으로 취함으로써 금융기관경영의 부실을 미리 예방함과 아울러, 금융제도의 안정성확보와 사회적 비용을 최소화하고자 하는데 그 목적이 있다.

2. 건전성규제의 기본방향

금융제도의 안전성확보 측면에서 볼 때 금융투자업은 상대적으로 은행보다 시스템리스크(system risk)가 발생할 소지가 작다. 왜냐하면 금융투자업의 고객은 일반적으로 자기책임 하에서 투자하는 것이 원칙이기 때문이다. 그럼에도 불구하고 최근에는 금융의 글로벌화 등 급격한 금융환경의 변화와 더불어 겸업화의 진전, 이에 따른 금융기관간의 경쟁력격화 등에 기인하여 세계적인 금융위기가 발생함에 따라 자본시장에서의 리스크관리도 중요한 과제로 부각되고 있다.

자본시장법은 금융투자업에 대한 건전성규제에 대하여 다음과 같이 기본적인 방향을 설정하고 있다.

첫째, 동일한 금융기능에 대해서는 동일한 건전성규제를 적용한다.

둘째, 다음과 같은 건전성규제는 모든 금융투자업자에게 적용한다.

- 자기자본규제비율(보유하고 있는 위험에 대한 적절한 자기자본유지)
- 대주주와의 거래제한
- 재무 및 경영상황 공시 등

셋째, 금융투자업자별 고객의 위험정도에 따라 자기자본규제비율을 차등적으로 적용한다. 고객과 채권채무관계를 가지는 금융투자업에 대해서는 고객의 자산을 수탁하는 금융투자업과 고객의 자산을 수탁하지 않는 금융투자업에 비해 강화된 요건을 적용하고 있다. 이와 같은 관점에 의거하여 ① 투자매매업, ② 집합투자업 · 투자중개업 · 신탁업, ③ 투자일임업 · 투자자문업의 순으로 강화된 요건이 적용된다.

넷째, 금융투자업자의 자율적 경영을 보장하기 위해 고유계정의 자산운용규제는 폐지한다.

3. 주요 건전성규제의 내용

1) 재무건전성 유지

금융투자업자는 영업용순자본을 총위험액 이상으로 유지하여야한다(법 제30조). 여기서 영업용순자본이란 금융투자업자의 자본금과 준비금 그밖에 자본금과 유사한 기능을 하는 자산에 해당하는 금액에서 고정자산과 그 밖에 유동화 즉 현금화가 어려운 고정자산에 해당하는 금액을 공제한 금액을 말하고, 총위험액이란 자산 및 부채에 내재하거나 업무를 수행하는데 발생할 수 있는 위험을 금액으로 환산하여 이를 모두 합한 금액을 말한다.

이와 같이 영업용순자본을 유지하도록 하는 것은 금융투자업자의 건전성을 제고하여 시스템리스크를 방지하고 부실경영으로 인한 금융투자업자의 고객 등에 대한 피해를 최소화하기 위한 것이다. 따라서 대부분의 금융투자업자에게 영업용순자본 유지의무가 부과되고 있다. 다만, 금융투자업자의 부실경영이나 파산이 시스템리스크을 야기시키지 않고 고객에 대해서도 피해를 주지 않는 경우에는 영업용순자본 유지의무가 부과되고 있지 않다. 이에 따라 ① 투자자문만을 영위하는 금융투자업자, ② 투자일임업만을 영위하는 금융투자업자, ③ 투자자문 및 투자일임업만을 영위하는 금융투자업자는 영업용순자본 유지위무가 면제된다.

금융투자업자는 영업용순자본을 총위험액 이상으로 유지함과 더불어 금융위원회가 설정한 자기자본비율, 자산건전성, 유동성에 관한 기준을 준수해야 한다. 이러한 경영건전성기준은 금융투자업자가 영위하는 금융투자업의 종류를 고려하여 금융투자업별로 기준을 다르게 함으로써 각 금융투자업에 따른 위험수준에 따라 규제기준을 조절하고 있다(법 31조2항).

2) 대주주와의 거래제한 등

모든 금융투자업자는 법 34조에서 정하는 거래제한 대상에 포함된다. 다만, 겸영금융투자업자는 각각의 법률에 따라 대주주와의 거래제한을 받게 된다.

금융투자업자의 일정 거래제한 상대방은 당해 금융투자업자의 대주주 또는 계열회사이다. 여기서 대주주는 최대주주와 주요주주로 구분할 수 있다. 최대주주란 당해 금융투자업자의 의결권있는 발행주식 총수를 기준으로 본인 및 그와 특수한 관계가 있는 자(특수관계인)가 누구의 명의로 하든지 자기의 계산으로 소유하는 주식을 합하여 그 수가 가장 많은 경우의 그 본인을 말한다(법 제9조1항 1호). 주요주주란 ① 누구의 명의로 하든지 자기의 계산으로 당해 금융투자업자의 의결권있는 발행주식총수의 100분의 10이상의 주식을 소유한 자 또는 ② 임원의 임면 등의 방법으로 법인의 중요한 경영사항에 대하여 사실상의 영향력을 행사하는 주주로서 단독으로 또는 다른 주주와의 합의·계약에 따라 대표이사 또는 이사의 과반수를 선임한 주주나 경영전략·조직변경 등 주요 의사결정이나 업무집행에 지배적인 영향력을 행사한다고 인정되는 자로서 금융위원회가 고시하는 주주에 해당하는 자를 말한다(법 제9조1항2호). 계열회사란 독점규제 및 공정거래에 관한 법률에 따른 계열회사를 말한다.

금융투자업자는 자신의 대주주가 발행한 증권을 소유할 수 없다(법 제34조1항). 다만, 다음의 경우에 해당하면 대주주가 발행한 증권을 소유할 수 있다(단, 소유기간은 금융위원회가 각 사유별로 정하여 고시한 기간이다).

① 대주주가 변경됨에 따라 이미 소유하고 있는 증권이 대주주가 발행한 증권으로 되는 경우

② 인수와 관련하여 해당 증권을 취득하는 경우

③ 관련 법령에 따라 사채보증업무를 영위할 수 있는 금융기관 등이 원리금의 지급을 보증하는 사채권을 취득하는 경우

④ 특수채증권을 취득하는 경우(대주주가 법률에 의하여 직접 설립된 법인인 경우에 한함)

⑤ 금융투자업을 영위하기 위하여 발행인 본인외의 자로부터 증권을 증거금 용도로 취득하는 경우

⑥ 금융투자업자의 경영건전성을 해하지 아니하는 경우로서 금융위원회가 정하여 고시하는 경우

금융투자업자는 자기계열회사가 발행한 주식, 채권 및 사업에 필요한 자금을 조달하기 위해 발행한 약속어음을 금융투자업자의 자기자본 100분의 8을 초과하여 소유할 수 없다. 다만, 다음에 해당하는 경우에는 계열회사가 발행한 주식, 채권 또는 약속어음을 자기자본 100분의8을 초과하여 소유할 수 있다.

① 계열회사가 변경됨에 따라 이미 소유하고 있는 주식, 채권 및 사업에 필요한 자금을 조달하기 위하여 발행한 약속어음이 소유가 제한되는 계열회사가 발행한 주식, 채권 및 약속어음으로 되는 경우

② 인수와 관련하여 해당 증권을 취득하는 경우

③ 관련 법령에 따라 사채보증업무를 영위할 수 있는 금융기관 등이 원리금의 지급을 보증하는 사채권을 취득하는 경우

④ 특수채증권을 취득하는 경우(계열회사가 법률에 의하여 직접 설립된 법인인 경우에 한함)

⑤ 금융투자업을 영위하기 위하여 발행인 본인외의 자로부터 증권을 증거금 용도로 취득하는 경우

⑥ 금융위원회가 정하여 고시하는 출자로서 주식을 취득하는 경우

⑦ 금융위원회가 정하여 고시하는 차익거래 또는 투자위험을 회피하기 위한 거래를 목적으로 주식, 채권 및 약속어음을 소유하는 경우

⑧ 자기자본의 변동이나 계열회사가 발행한 주식, 채권 및 약속어음의 가격변동으로 인하여 자기자본의 100분이 8을 초과하는 경우

⑨ 금융투자업자의 경영건전성을 해하지 아니하는 경우로서 금융위원회가 정하여 고시하는 경우

금융투자업자는 당해 금융투자회사의 대주주 및 그의 특수관계인에게 다음과 같은 신용공여를 할 수 없다.

① 금전·증권 등 경제적 가치가 있는 재산의 대여

② 채무이행의 보증, 자금 지원적 성격의 증권의 매입

③ 대주주를 위하여 담보를 제공하는 거래

④ 대주주를 위하여 어음을 배서(어음법 제15조제1항에 따른 무담보배서는 제외)하는 거래

⑤ 대주주를 위하여 출자의 이행을 약정하는 거래

⑥ 대주주에 대한 신용공여의 제한을 회피할 목적으로 제3자와의 계약 또는 담합 등에 의하여 서로 교차하는 방법으로 행하는 거래 또는 장외파생상품거래, 신탁계약, 연계거래 등을 이용하는 거래

⑦ 채무인수 등 신용위험을 수반하는 거래로서 금융위원회가 정하여 고시하는 거래

3) 대주주의 부당한 영향력 행사의 금지

금융투자업자의 대주주와 그의 특수관계인은 금융투자업자의 이익에 반하여 부당한 영향력을 행사하여서는 아니 된다(법 제35조). 부당한 영향력이란 금융투자업자의 이익에 반하여 대주주 자신의 이익을 얻을 목적을 가지고 다음의 행위를 하는 경우이다.

① 부당한 영향력을 행사하기 위하여 금융투자업자에 대하여 외부에 공개되지 아니한 자료 또는 정보의 제공을 요구하는 행위(소수주주가 회계장부열람권을 행사하는 경우는 제외)

② 경제적 이익 등 반대급부의 제공을 조건으로 다른 주주와 담합하여 금융투자업자의 인사 또는 경영에 부당한 영향력을 행사하는 행위

③ 금융투자업자로 하여금 위법행위를 하도록 요구하는 행위

④ 금리, 수수료, 담보 등에 있어서 통상적인 거래조건과 다른 조건으로 대주주자신 또는 제삼자와의 거래를 요구하는 행위

⑤ 조사분석자료의 작성과정에서 영향력을 행사하는 행위

대주주(그의 특수관계인을 포함)가 자신의 이익을 목적으로 위와 같은 행위를 한 경우에는 5년 이하의 징역 또는 2억원 이하의 벌금에 처하며(법 제444조5호), 이 경우 징역과 벌금을 병과할 수 있다(법 447조).

4) 재무 및 경영상황 공시 등

금융투자업자는 매 분기의 말일을 기준으로 영업용순자본에서 총위험액을 뺀 금액을 기재한 서면을 해당 분기의 말일부터 1개월(45일 이내로서 대통령령으로 정하는 기간)이내에 금융위원회에 보고하여야 하고, 보고기간 종료일로부터 3개월간 본점과 지점, 그 밖의 영업소에 비치하고 인터넷 홈페이지 등을 이용하여 공시하여야 한다.

금융투자업자는 매 사업년도 개시일로부터 매 분기간 업무보고서를 작성하여 그 기간경과 후 1월 내에 금융위원회에 제출해야 한다. 그리고 업무보고서를 금융위원회에 제출한 날로부터 1년간 중요사항을 발췌한 공시서류를 본점과 지점, 그 밖의 영업소에 비치하고 인터넷 홈페이지 등을 이용하여 공시하여야 한다.

금융투자업자는 부실채권 또는 특별손실의 발생 등 금융투자업자의 경영상황에 중대한 영향을 미칠 사항으로서 종류별로 대통령령으로 정하는 사항이 발생한 경우에는 금융위원회에 보고하고 인터넷 홈페이지 등을 이용하여 공시하여야 한다.

금융투자업자가 정기경영공시 및 수시경영공시를 하면서 투자자의 합리적인 투자판단 또는 해당 금융투자상품의 가치에 중대한 영향을 미칠 수 있는 사항에 관하여 거짓의 사실을 공시하거나 중요한 사항을 누락하는 등 불성실하게 공시한 경우에는 당해 금융투자업자에 대해 정정공시 또는 재공시를 요구할 수 있다.

업무보고서를 제출하지 아니하거나 거짓으로 작성하여 제출한 자, 공시서류를 비치 또는 공시하지 아니하거나 거짓으로 작성하여 비치 또는 공시한 자, 경영상황보고 또는 공시를 하지 아니하거나 거짓으로 보고 또는 공시한 자에 대하여는 5천만원 이하의 과태료를 부과한다(법 제 449조1항).

제 3 절 금융투자업 영업행위규제

1. 영업행위규제의 기본방향

자본시장법은 금융투자업에 대한 영업행위규제에 대하여 다음과 같이 기본적인 방향을 설정하고 있다.

첫째, 동일한 금융기능에 대해서는 동일한 영업행위규제(공통된 규제 + 금융투자업별 규제)를 적용한다.

둘째, 다음과 같은 영업행위규제는 모든 금융투자업자에게 적용한다.

- 신의성실의무
- 손실보전금지
- Know-your-customer-Rule
- 원하지 않는 권유금지
- 적합성원칙
- 설명의무

셋째, 금융투자업자별로 준수해야 할 영업행위규제를 부과한다. 예를 들어 투자매매업자의 경우 자기계약 금지, 투자중개업자의 경우 임의매매금지, 집합투자업자의 경우 집합투자재산의 운용제한, 투자자문·투자일임업자의 경우 금전대여금지, 신탁업자의 고유재산 및 신탁재산의 분리 등을 들 수 있다.

넷째, 고객에 따라 적용되는 공통영업행위규제를 차등화하여 적용한다.

	일반투자자	전문투자자
신의성실의무	적 용	적 용
손실보전금지	적 용	적 용
Know-your-customer-Rule	적 용	적 용
원하지 않는 권유금지	적 용	적 용
적합성 원칙	적 용	×
설명의무	적 용	×

2. 공통영업행위규제의 내용

1) 신의성실의무

금융투자업자는 신의성실의 원칙에 따라 공정하게 금융투자업을 영위해야한다. 그리고 금융투자업자는 금융투자업을 영위함에 있어서 정당한 사유없이 투자자의 이익을 해하면서 자기가 이익을 얻거나 제3자가 이익을 얻도록 하여서는 안 된다. 이와 관련하여 자본시장법에서는 각 업무유형별로 개별적인 이해상충행위를 매우 구체적으로 유형화함과 아울러 선행매매와 인수와 관련된 이해상충행위와 같은 새로운 유형의 이해상충행위를 규제하고 있다.[7)]

2) 손실보전 등의 금지

금융투자업자는 금융투자상품의 매매, 그 밖의 거래와 관련하여 제103조제3항에 따라 손실의 보전 또는 이익의 보장을 하는 경우, 그 밖에 건전한 거래질서를 해할 우려가 없는 경우로서 정당한 사유가 있는 경우를 제외하고는 다음의 어느 하나에 해당하는 행위를 하여서는 아니 된다(법 제55조). 이러한 규제는 금융투자업자의 임직원이 자기의 계산으로 하는 경우에도 동일하게 적용된다.

① 투자자가 입을 손실의 전부 또는 일부를 보전하여 줄 것을 사전에 약속하는 행위

② 투자자가 입은 손실의 전부 또는 일부를 사후에 보전하여 주는 행위

③ 투자자에게 일정한 이익을 보장할 것을 사전에 약속하는 행위

④ 투자자에게 일정한 이익을 사후에 제공하는 행위

3) Know-your-customer-Rule[8)]

이는 투자자의 특성을 파악하기 위해 투자권유를 하기 전에 투자목적, 재산상태, 투자경험 등에 대하여 면담 등을 통하여 파악하고 서면으로 확인받도록 하는 것을

7) 김병연 외 3인, 상게서, pp. 80~81.

8) 김병연 외 3인, 상게서, p. 90.

말하는데, 일반투자자와 전문투자자 모두에게 적용된다.

4) 원하지 않는 권유 금지

투자자가 원하지 않는 투자권유는 투자자의 사생활을 해치고 불필요한 투자를 유발시킬 가능성이 있기 때문에 자본시장법에서는 투자자가 요청하지 않는 투자권유를 금지하고 있다. 다만 투자자보호 및 건전한 거래질서를 해할 우려가 없는 행위로서 증권과 장내파생상품에 대하여 투자권유를 행하는 행위는 제외한다.

5) 적합성원칙

적합성원칙이란 금융투자회사(금융투자업자)가 전문투자자가 아닌 일반투자자를 상대로 투자권유를 하는 경우에 투자대상이 투자자의 투자목적이나 재산상태, 그리고 투자위험에 대한 태도 등에 비추어 당해 투자자에게 적합하다고 볼 수 있는 합리적인 근거를 가지고 해야 한다는 원칙이다.[9]

이러한 적합성의 원칙은 투자자에게 적합한 투자상품과 투자방향을 제공하기 위해 도입된 것으로 위험감수능력이 상대적으로 미약한 일반투자자에게만 적용한다.

6) 설명의무

금융투자업자는 일반투자자를 상대로 투자권유를 하는 경우에는 금융투자상품의 내용·투자에 따르는 위험, 금융투자상품의 투자성에 관한 구조와 성격, 법 제58조 제1항에 따른 수수료에 관한 사항, 조기상환조건이 있는 경우 그에 관한 사항, 계약의 해제·해지에 관한 사항을 일반투자자가 이해할 수 있도록 설명하여야 한다(법 제47조1항). 그리고 금융업자는 이와같이 설명한 내용을 일반투자자가 이해하였음을서명, 기명날인, 녹취, 그 밖의 대통령령으로 정하는 방법 중 하나 이상의 방법으로 확인를 받아야 한다.

9) 김병연 외 3인, 상게서, p. 92.

제20장

금융투자업(III)

본 장에서는 금융투자업자(금융투자회사)의 업무유형을 크게 본 업(핵심업무), 겸영업무, 부수업무로 구분하여 금융투자업자가 취급할 수 있는 업무영역에 대하여 구체적으로 알아보고, 마지막으로 업무수행과 관련한 투자자보호제도에 대하여 정리해 보고자 한다.

제 1 절 금융투자업자의 업무

1. 금융투자업자의 업무범위확대

금융투자업자(금융투자회사)의 업무유형은 크게 본 업(핵심업무), 겸영업무, 부수업무로 구분된다.

본 업(핵심업무)은 금융투자업자가 주된 업무로서 영위하고자 인가 혹은 등록을 받은 업무를 말하고, 겸영업무는 타 금융업의 본업이나 금융투자업자가 본 업에 추가하여 본체에서 허용하는 것이 허용되어 있는 금융업무를 말하며, 부수업무는 금융투자업은 아니나 본업인 금융투자업을 영위함에 있어 부수하는 업무를 말한다.

본 업의 경우, 예를 들어 주식을 중개하는 금융투자업(투자중개업)은 자본금 10억원 등의 조건을 구비하여 인가를 받으면 영업할 수 있다. 전문투자자만을 대상으로 주식거래를 중개할 경우에는 자본금 5억원 등의 조건을 구비하여 인가를 받으면 금융투자회사의 설립이 가능하다.

한편, 종전에는 금융투자업을 증권업, 선물업, 집합투자업, 신탁업, 투자자문업, 투자일임업 등으로 세분화하여 상호간 겸영을 제한함으로서 이해상충의 가능성이 있는 업무의 본체 겸영을 금지하였으나, 자본시장법에서는 앞에서 언급한 것처럼 경제적 실질에 따라 분류된 6개의 금융투자업(증권업, 선물업, 집합투자업, 신탁업, 투자자문업, 투자일임업)간의 겸영을 일정한 이해상충방지체제의 구축을 전제로 허용하고 있다.

이에 따라 예를 들어 증권 중개업자가 일정 자기자본을 늘린 뒤 선물·옵션 등 장내파생상품 중개업무를 추가하는 식으로 업무영역을 늘릴 수가 있고, 기존의 금융투자회사(종전의 증권회사)가 집합투자업무, 신탁업무도 할 수 있게 되었다. 또한 단일 금융투자회사가 6개의 금융투자업을 영위하는 소위 투자은행(investment bank)의 출현도 가능하게 되었다. 이와 같이 단일 금융투자회사가 투자은행업무를 수행하면 다음과 같은 시너지효과를 창출하는 것이 가능하다.

첫째, 모든 금융투자상품을 대상으로 매매·중개가 가능하므로 종합적인 고객서비스가 가능하게 되었다.

둘째, M&A주선 등 기업금융 업무시 자산관리를 통해 조달한 자금이나 금융투자상품판매 등을 통해 조달한 고유재산을 직접 투자할 수 있어 거래에 소요되는 비용과 시간을 줄이고 수익을 높일 수 있게 되었다.

셋째, 파생결합증권 등 구조화증권, 각종 집합투자증권관련 상품, 일임형 랩, 특정금전신탁상품 등 다양한 상품을 직접 설계하여 제공하는 종합자산관리서비스가 가능하게 되었다.

2. 이해상충방지 체제의 강화

이해상충(conflict of interest)이란 복수의 이익이 합법적으로 존재하고 있는 가운데 각 경제주체의 이익이 충돌, 경합하는 상황을 지칭하는 것으로, 어느 일방의 희생하에서 자기 혹은 타인의 이익을 실현하는 현상을 의미한다. 이러한 이해상충문제는 금융업에서 발생할 가능성이 높은데, 특히 겸영을 했을 때 그 피해가 크기 때문에 겸영시 이해상충방지체제를 강화하는 것이 일반적이다.

자본시장법에서는 각 업무유형별로 개별적인 이해상충행위를 매우 구체적으로 유형화하고 있다. 즉 자본시장법은 금융투자업을 개별적으로 영위하는 경우 외에도 2개이상의 영업을 자체겸영하는 경우 발생할 가능성이 있는 여러 가지의 이해상충행위를 규제하며, 기존의 법제에서 사안에 따라 규제하였던 과당매매와 자기거래·쌍방대리를 모든 금융투자업으로 확대하고 있다. 그리고 자본시장법은 선행매매(scalping)와 인수와 관련된 이해상충행위와 같은 새로운 유형의 이해상충행위를 규제하고 있다.[1)]

자본시장법에서는 이해상충방지 체제를 마련하였는데, 주요 내용을 보면 다음과 같다.

첫째, 상시적으로 이해상충 내용을 파악·관리하는 내부관리시스템구축을 의무화하고 있다.

둘째, 이해상충이 존재하는 경우에는 투자자에게 이를 공시하도록 하고 이해상충을 해소한 후에 당해 서비스를 제공하도록 하고 있다. 즉 내부관리시스템을 통하여 이해상충을 파악한 경우 이해상충이 발생할 가능성이 있다고 인정되는 때에는 그 내용을 해당투자자에게 공시하도록 의무화하고, 이해상충의 발생가능성을 내부통제기분이 정하는 바에 따라 투자자보호에 문제가 없는 수준까지 낮춘 후 금융서비스를 제공하도록 요구하고 있다. 그럼에도 불구하고 이해상충의 가능성을 낮추는 것이 곤란하다고 판단되는 경우에는 금융투자업자로 하여금 아예 금융서비스의 제공을 단념하도록 하고 있다.

셋째, 이해상충의 가능성이 높은 것으로 인정되는 금융투자업자 간에는 정보교류의 차단장치(Chinese Wall)의 구축을 의무화하고 있다. 즉 투자매매업과 집합투자업 등 이해상충가능성이 큰 금융투업자간에 대하여 금융투자상품의 매매에 관한 정보 등 이해상충의 소지가 큰 정보의 제공을 금지하고, 임원과 직원의 겸직을 금지하며, 이해상충의 발생을 예방할 수 있는 수준으로 사무공간과 전산설비의 공동이용을 금지하고 있다.

---

1) 김병연 외 3인, 상게서, pp. 80~81.

제 2 절 금융투자업자의 다른 금융업무의 영위

1. 개관

금융투자업자는 투자자보호 및 건전한 거래질서를 해할 우려가 없는 금융업무로서 다른 금융업무를 영위할 수 있다. 즉, ① 자본시장법 또는 대통령령으로 정하는 금융관련 법령에서 인가·허가·등록 등을 요하는 금융업무 중 보험업법 제91조에 따른 보험대리점의 업무 또는 보험중개사의 업무, 그 밖에 대통령령으로 정하는 금융업무, ② 자본시장법 또는 대통령령으로 정하는 금융관련 법령에서 정하고 있는 금융업무로서 해당 법령에서 금융투자업자가 영위할 수 있도록 한 업무, ③ 국가 또는 공공단체 업무의 대리, ④ 투자자를 위하여 그 투자자가 예탁한 투자자예탁금(법 제74조제1항의 투자자예탁금을 말한다)으로 수행하는 자금이체업무, ⑤ 그 밖에 그 금융업무를 영위하여도 투자자보호 및 건전한 거래질서를 행할 우려가 없는 업무로서 대통령령으로 정하는 금융업무의 경우이다. 그런데 이러한 경우 금융투자업자는 ②부터 ⑤까지의 업무를 영위하고자 하는 때에는 그 업무를 영위하고자하는 날의 7일전까지 이를 금융위원회에 신고하여야 한다(법 40조).

2. 금융투자업자의 겸영업무

겸영금융투자업자는 보험대리점업무, 보험중개사 업무, 집합투자기구에서의 일반사무관리회사업무, 외국환업무, 전자자금이체업무, 퇴직연금사업자업무, 담보부사채신탁업무, 기업구조조정회사업무, 중속기업창업투자회사의 업무, 신기술사업금융업, 기타 금융위원회가 추가로 정하여 고시하는 업무를 겸영할 수 있다(법 제40조1호와 영 제43조2항, 3항, 그리고 5항).

그리고 겸영금융투자업자는 국내의 모든 금융관련법이 명문으로 금융투자업자의 업무겸영을 허용하였다면 역시 동 업무를 겸영할 수 있게 하고 있다(법 제40조2호와 영 제43조2항, 제27조1항).[2)]

또한 겸영금융투자업자는 자산유동화증권에서의 자산관리자업무, 유동화전문회사(SPC)업무의 수탁업무, 투자자계좌에 속한 증권·금전 등에 대한 제3자 담보권의 관리업무, 사채모집의 수탁업무 등을 제한없이 겸영할 수 있다(법 제40조5호와 영 제43조5항).

〈표 20-1〉 금융투자업자의 겸영업무의 범위

	업무범위	수행가능업자
유형1	보험대리점 및 보험중개사업무, 일반사무관리회사업무, 담보부사채신탁업무, 퇴직연금사업자 업무, 외국환업무, 전자자금이체업무, CRC, 벤처캐피탈, 신기술사업금융	-해당 법령에서 인,허가를 받을 수 있는 금융투자업자
유형2	전자자금이체업무	-해당 법령에서 정한 금융투자업자
유형3	국가, 공공단체 업무대리, 투자자예탁금으로 수행하는 자금이체업무	-투자매매업자, 투자중개업자
유형4[1)]	기업금융업, 대출, 대출중개업, 지급보증업무, SPC 자산관리자 및 수탁업무, 원화표시 CD매매·중개·주선·대리, 대출채권 등 매매·중개·주선·대리·증권대차거래·중개·주선·대리	-투자매매업자, 투자중개업자, 집합투자업자, 신탁업자

주 : 1) 기업금융업은 인수포함 투자매매업자에 한정. 지급보증업무는 인수포함 투자매매업자 및 장외파생매매업자에 한정. CD, 대출증권 등 매매·중개는 채무증권매매·중개업자에 한정. 증권대차거래는 투자매매업자·중개업자에 한정.

자료 : 신인석, 「자본시장통합법 시행령 공청회자료」, 2008년 4월 21일, p.5.

이와 같이 겸영금융투자업자가 다양한 업무를 겸영할 수 있는 데 반해, 투자자문업, 투자일임업 또는 투자자문업과 투자일임업 만을 영위하는 금융투자업자는 자본시장법 제40조 제5호 및 시행령 제43조 제5항에서 정하는 다양한 금융업무(다른 금융투자업자가 겸영할 경우 투자자보호 및 건전한 거래질서를 해할 우려가 없다고 인정되는 것)를 겸영할 수 없다.

한편 다음과 같은 경우에는 개별 금융투자업종에 따라 겸영할 수 있는 업무의 내용이 제한된다.[3)]

첫째, 증권에 대한 투자매매업자만이 법 제71조 제3호에 따른 기업금융업무와 관

2) 김병연 외 3인, 상게서, pp. 84~85.

3) 김병연 외 3인, 상게서, pp. 85~86.

련한 대출업무 및 기타 투자매매업에 관한 것으로서 금융위원회가 정하여 고시하는 업무와 관련한 대출업무를 겸영할 수 있다(영 제43조 5항).

둘째, 투자매매업자 또는 투자중개업자에 한하여 취급하는 증권에 대한 대차거래와 그 중개·주선 또는 대리업무를 겸영할 수 있다.

셋째, 증권 및 장외파생상품에 대한 투자매매업자 만이 지급보증업무[4]를 겸영할 수 있다(영 제 43조5항).

넷째, 채무증권에 대한 투자매매업자나 투자중개업자만이 원화로 표시된 양도성 예금증서의 매매와 그 중개·주선 또는 대리업무 그리고 대출의 중개·주선 또는 대리업무를 겸영할 수 있다(영 제45조5항).

3. 금융투자업자의 부수업무

종전의 법체계는 금융투자업자가 영위할 수 있는 부수업무를 사전에 법령에 열거하는 체계(positive체계)이어서 부수업무의 확대를 위해서는 매번 법령의 개정이 필요하였고, 업무확대가 적시성있게 이루어지지 못하였다.

자본시장법에서는 영위가능한 부수업무를 법률에 사전에 열거하지 않고, 원칙적으로 모든 부수업무의 취급을 허용하되, 예외적으로 제한하는 체제(negative체제)로 전환하였다. 이에 따라 금융투자업자는 부수업무 개시 7일전에 감독당국에 부수업무 개시사실을 신고하여야 하고, 금융위원회는 부수업무가 금융투자업자의 건전성 또는 투자자보호, 시장질서에 문제를 야기할 경우 부수업무 영위를 제한하거나 시정을 요구할 수 있게 하고 있다.

4. 금융투자업자의 지급결제시스템에의 참여

자본시장법에서는 금융투자업자가 소액결제시스템에 직접 참여하는 것을 허용하고 있다. 따라서 금융투자업자가 직접 금융결제원의 소액결제시스템에 가입할 수

4) 여기서 지급보증이란 금융투자업자가 타인의 채무를 보증하거나 인수하는 것을 말하는데, 자기자본이 충분한 금융투자업자에게만 제한적으로 지급보증업무의 겸영을 허용하고 있다.

있게 함으로써 금융투자업자의 계좌를 통해 결제, 송금, 수시입출금 등의 부가서비스를 제공할 수 있게 하고 있다.

다만, 금융투자업자의 중개계좌(위탁매매)내의 현금만(투자자예탁금)을 소액결제의 대상으로 삼고 있기 때문에, 지급결제업무는 지급결제업무에 대한 수요가 존재하고 투자자예탁금이 존재하는 투자매매업자와 투자중개업자에게만 허용되고, 투자매매업이나 투자중개업을 영위하지 않는 금융투자업자는 지급결제업무에 참여할 수가 없다.

제 3 절 기타 금융투자업 관련업무

1. 투자권유대행인제도의 도입

종전의 규제체계 하에서는 투자자가 금융투자상품을 구매하기위해서는 직접 금융기관의 점포를 방문해야 하는 불편을 감수해야 했다. 그런데 자본시장법에서는 투자자가가 금융투자회사의 영업점을 방문하지 않아도 금융투자상품에 대하여 보다 다양한 경로를 통해 접근할 수 있도록 투자권유대행인(introducing broker)제도를 도입하고 있다.

투자권유대행인은 금융투자회사의 위탁을 받아 금융투자상품 판매의 실질적인 중개업무를 수행하는 자로서 증권관련 자격증 등 전문지식을 갖추어야 한다.

한편 투자권유대행인에게도 금융투자회사에 적용되는 투자권유규제를 동일하게 적용하여 불완전판매를 방지하고, 판매시 투자자보호를 위하여 금융투자상품의 내용, 위험에 대한 설명의무를 부과하고 손해배상책임의무를 지도록 하고 있다. 또한 금융투자회사에게 금융위원회 등록 · 관리책임을 부여하고 불법행위로 투자자에게 손해를 끼친 경우 위탁한 금융투자회사에게도 손해배상책임을 병과하고 있다.

2. 비금융투자회사가 겸영가능한 업무

은행, 보험회사 등 금융투자회사가 아닌 비금융투자회사의 경우, 기존에 허용되어 있는 금융투자업무는 자본시장법 시행 후에도 요건을 충족 시 겸영할 수 있게 하고 있다.

〈표 20-2〉 비금융투자회사에게 허용된 금융투자업무

금융투자업	허용업무
투자매매업	-은행 : 국공채증권 매매업, RP매매업, 수익증권판매업, 장외파생상품 매매업 -보험회사 : 수익증권판매업
투자중개업	-은행 : 국공채증권 창구판매업, 수익증권판매업, 장외파생상품 중개업 -보험회사 : 수익증권 판매업 -자금중개사 : 채무증권중개, 장외파생상품 중개업
집합투자업	-은행 : 집합투자업(집합투자기구 판매) -보험회사 : 집합투자업(변액보험)

제4절 투자자보호

자본시장법에서는 투자권유규제를 도입하여 투자자 보호장치를 제도화하고 있다. 주요내용은 다음과 같이 정리할 수 있다.

1. 설명의무의 전면도입

금융투자회사가 투자자에게 금융투자상품의 투자를 권유할 경우 상품의 내용과 위험 등을 투자자가 이해할 수 있도록 설명하여야 한다(법 제47조1항). 이와 더불어 투자자가 이해하였음을 서명, 기명날인, 녹취, 그 밖의 대통령령으로 정하는 방법 중 하나 이상의 방법으로 확인하여야 한다.

설명의무의 불이행으로 인하여 발생한 투자자의 손해에 대해서는 금융투자회사에게 손해배상책임을 부과하고 있다. 이러한 설명의무는 금융투자상품에 대한 전문지식과 분석능력이 부족한 일반투자자에게만 적용하도록 하고, 전문투자자에게는 적용하지 않는다.

2. 적합성원칙의 도입

투자자의 특성에 적합하게 투자를 권유하도록 하는 적합성(suitability)원칙을 도입하여, 위험감수능력이 상대적으로 미약한 일반투자자에게만 적용시키고 있다. 그리고 적합한 투자권유가 이루어질 수 있도록 투자자의 특성을 파악하기 위해, 투자권유를 하기 전에 투자목적, 재산상태, 투자경험 등을 투자자와의 면담 등을 통해 파악하여 서면으로 확인받도록 하는 소위 Know-your-customer-rule을 도입하고 있다.

이와 같은 적합성원칙을 위반 시 금융위원회는 금융투자업 인가 또는 금융투자업 등록을 취소할 수 있다(법 제420조).

3. 요청하지 않은 투자권유규제

투자자가 원하지 않는 전화, 방문 등을 통한 투자권유는 투자자의 사생활과 평온한 삶을 침해할 수 있으므로 자본시장법에서는 투자자가 요청하지 않은 투자권유를 금지하고 있다. 따라서 방문, 전화 등 실시간 대화를 통한 투자권유는 투자자가 원할 경우에만 허용되고, 재권유는 금지된다.

이러한 투자권유의 규제는 투자성있는 보험계약이나 증권 등에 대해서는 적용하지 않는다.

4. 투자광고에 대한 규제

자본시장법에서는 금융투자업자의 무분별한 광고로부터 투자자를 보호하기 위해 다음과 같이 투자광고에 대한 규제를 도입하였다.

첫째, 금융투자업자가 아닌 자는 금융투자업자의 영위업무 또는 금융투자상품에 관한 광고(이하 투자광고라고 함)를 하여서는 안 된다. 다만, 협회와 금융투자업자를 자회사 또는 손자회사로 하는 금융지주회사법에 따른 금융지주회사는 투자광고를 할 수 있으며, 증권의 발행인 또는 매출인은 그 증권에 대하여 투자광고를 할 수 있다(법 제57조1항).

둘째, 금융투자업자는 투자광고를 하는 경우는 그 금융투자업자의 명칭, 금융투자상품의 내용, 투자에 따른 위험 등이 포함되도록 해야 한다(법 제57조2항).

셋째, 금융투자업자는 투자광고를 함에 있어서 손실의 보전 또는 이익의 보장을 하는 경우를 제외하고는 손실보전 또는 이익의 보장을 오인하게 하는 표시를 하여서는 안 된다(법 제57조 4항).

참고문헌

강병호, 『금융기관론』, 박영사, 2008년.
구맹회 · 김병곤, 『채권투자의 이해』, 법문사, 2000년.
금융감독원, 「금융통계월보」, 각호
김석진 외 2인, 『선물 · 옵션의 기초와 거래전략』, 삼영사, 2006년.
김병연 외 3인, 『자본시장과 금융투자업에 관한 법률이해』, 한국증권업협회 증권연수원, 2008년.
박수용, 『증권시장』, 삼영사, 2006년.
송지영, 『증권시장과 증권투자의 이해』, 청목출판사, 2005년.
_____, 『금융시장과 금융상품의 이해』, 청목출판사, 2007년.
_____, 『금융제도와 금융기관의 이해』, 청목출판사, 2008년.
신인식, 「자본시장 통합법 시행령 공청회자료」, 2008년.
양대정, 「우리나라 채권시장의 이해와 최근 동향」, 한국은행, 2007년.
이일균, 『현대증권투자론』, 도서출판 청람, 2005년.
장영광, 『증권투자의 이해』, 신영사, 2003년.
재정경제부, 「자본시장과 금융투자업에 관한 법률제정안 설명자료」, 2006년.
_________, 「자본시장과 금융투자업에 관한 법률제정과 투자자보호제도 선진화」, 2006년.
증권선물거래소, 「주식시장 매매제도의 이해」, 2006년.
_____________, 「선물거래시장거래제도의 이해」, 2007년.
_____________, 「채권시장 해설」, 2008년
_____________, 「알기쉬운 선물시장이야기」, 2008년
_____________, 「증권선물」, 각호
한국은행, 『우리나라의 금융시장』, 2007년.
한국증권업협회, 『자본시장통합법 해설서』, 한국증권업협회, 2008년
_____________, 『자본시장과 금융투자업에 관한 법률 편람-법률, 시행령, 시행규칙 및 금융투자업규정-』, 2008년.
한국증권연수원편저, 「증권투자상담사(Ⅰ Ⅱ Ⅲ)」, 한국증권업협회, 2008년.
허　화, 『증권시장론』, 삼영사, 2007년.
Michael E. Porter, “Industry Structure and Competitive Strategy : keys to Profitability”, *Financial Analysts Journal* (July-Aug. 1980).

찾아보기

[ㅊ]

[ㅋ]

[J], [K]

[L]

[M]

[N], [O]

[P]

[Q], [R]

[S]

[저자 약력]

성균관대학교 졸업(경제학사)
日本 同志社(DOSHISHA)大學 대학원 졸업(상학석사)
日本 同志社(DOSHISHA)大學 대학원 졸업(상학박사)
JAFCO(Japan Associated Finance Co.), 한국투자증권(구 동원증권) 근무.
현재 수원과학대학 증권금융과 교수

〈저서 및 주요논문〉
『아시아NIEs의金融・證券市場(일본어판)』(晃洋書房, 共著 1991年).
『금융기관론(개정판)』(창민사, 2004년)
『증권시장과 증권투자의 이해』(청목출판사, 2005년)
『현대경제학원론』(청목출판사, 2007년)
『금융시장과 금융상품의 이해』(청목출판사, 2007년)
『금융제도와 금융기관의 이해』(청목출판사, 2008년)
한국에 있어서의 경제발전과 금융제도발전과정의 상호관계에 관한 연구(일본어판)
한국증권시장의 국제화에 대하여(일본어판)
한국에 있어서의 증권업재편성과 증권시장개혁에 대하여(일본어판)
한국의 금융재편성과 증권업의 변화-일본과의 비교-(일본어판)
증권거래의 전자화와 증권회사경영
금융・자본시장의 환경변화와 증권산업의 대응방안-투자은행업과 자산관리업을 중심으로-
시장중심금융시스템으로의 전환과 금융개혁의 과제-한국과 일본의 케이스를 중심으로-
시장중심금융시스템으로의 이행과 증권산업의 구조개편 등 다수.

자본시장-금융투자와 금융투자업-

2009년 3월 1일 초판인쇄
2009년 3월 5일 초판발행

저 자 송 지 영
발행인 유 성 렬
발행처 **청목출판사**
서울특별시 영등포구 신길동 233-96
전화 (02) 849-6157(代)・2820
FAX (02) 849-0817
등록 제318-1994-000090호

파본은 바꾸어 드립니다. 값 25,000원

http : //www.chongmok.co.kr

ISBN 978-89-5565-291-8